蝉蜕

晚清大变局中的经学家

胡小远　陈小萍　著

北京大学出版社

图书在版编目（CIP）数据

蝉蜕：晚清大变局中的经学家 / 胡小远，陈小萍著. — 北京：北京大学出版社，2018.11
ISBN 978-7-301-29907-4

Ⅰ. ①蝉… Ⅱ. ①胡… ②陈… Ⅲ. ①中国历史 – 史料 – 清后期 Ⅳ. ① K252.06

中国版本图书馆 CIP 数据核字 (2018) 第 214409 号

书　　　名	蝉蜕——晚清大变局中的经学家 CHANTUI
著作责任者	胡小远　陈小萍　著
责 任 编 辑	闵艳芸
标 准 书 号	ISBN 978-7-301-29907-4
出 版 发 行	北京大学出版社
地　　　址	北京市海淀区成府路 205 号　100871
网　　　址	http://www.pup.cn　新浪微博：@北京大学出版社
电 子 信 箱	minyanyun@163.com
电　　　话	邮购部 010-62752015　发行部 010-62750672　编辑部 010-62752824
印 刷 者	北京大学印刷厂
经 销 者	新华书店 787 毫米 ×1092 毫米　16 开本　24.5 印张　499 千字 2018 年 11 月第 1 版　2019 年 9 月第 2 次印刷
定　　　价	92.00 元

未经许可，不得以任何方式复制或抄袭本书之部分或全部内容。
版权所有，侵权必究
举报电话：010-62752024　电子信箱：fd@pup.pku.edu.cn
图书如有印装质量问题，请与出版部联系，电话：010-62756370

孙诒让像（刘旦宅）

目录

导读　古典的终结　　/i

第一章　澄怀明志　　/1

　　国子监大街，一排银杏立于红墙之外。鲜嫩的叶子，被清晨的阳光染得透亮，犹如片片绿蝶，悬挂在枝头，漫空飞翔。静谧与神圣，就在这无限延伸的红墙与树木之间弥漫开来。元、明、清三个王朝的最高学府，都设在这里面。

第二章　入宫应对　　/10

　　兰贵妃想不到早在数千年前的周朝，就有博大精深的经典之书《周礼》，而那时候她的祖先，还在冰天雪地的北方过着茹毛饮血的生活呢，禁不住暗中汗颜，感叹道：此书难得，可致太平。

第三章　金钱会变　　/21

　　当天下被洋人和长毛、会匪搅得天翻地覆时，外忧内患的朝廷便一批又一批地派出在京为官的儒生，让熟读经书、胸怀"修身齐家治国平天下"大志的文官们领兵打仗，为处于危难中的大清国尽忠。

第四章　诒谷之死　　/38

　　从温州撤出来的金钱会各路人马数万人南下，再次包围瑞安城。会首朱秀山率领的五千部下最厉害，皆黑衣黑帽，举着黑旗，号称"黑鸦军"。

第五章　茶山品梅　　/45

　　孙诒让把自己关在房中，每日伏案读书，但哥哥的音容笑貌老是浮现在字里行间，他又怎能读得下书来。悲痛难忍的孙诒让写了数十首《温州杂事诗》，诗的内容涉及这些年来国家遭受的践踏、家人面临的苦难。

第六章　锵鸣遭陷　　/50

孙家的厄运并没有结束。一封弹劾孙锵鸣的密奏，已经从闽浙总督兼署浙江巡抚左宗棠处火速送往北京。

第七章　紫阳讲学　　/63

"我最尊敬的先师莫过于许叔重和郑康成了，你们要认真读他们的书。"俞樾诚恳地说，"所谓训诂名物以求义理，其基础要通晓古代语言，懂得古代制度，这样才能寻找出经学中的微言大义。"

第八章　素帕传情　　/77

诒让看过，竟是阮校刻本《薛尚功钟鼎款识》，知是善本，便捧了爱不释手。

第九章　入住瞻园　　/83

曾国藩修冶城山飞霞阁，作为勘书之所，称金陵书局。于是，通经知古者纷至沓来，有独山莫友芝、南汇张文虎、海宁唐仁寿，以及孙诒让引为知己者的德清戴望、仪征刘寿曾、江都梅延祖等。诒让在江宁的一大乐事，就是可以与金陵书局的士子们一起切磋学问。

第十章　金焦之游　　/94

如果说孙衣言是永嘉学派的传人，对儒学各派的态度是包容和接纳，可置身于今古经学论争之外，与今文经派的邵懿辰结为挚友。那么醉心古文经的孙诒让和专注今文经的戴望，他们两人之间亲密无间的友谊，便使人疑窦丛生，很难理解。

第十一章　南皮识才　　/101

作为清流派崛起的新一代，张之洞紧随恩师李鸿藻和自己的叔叔张之万，以维护纲常名教为己任，坚持操守，鞭挞骄悍，蔑视洋务，抨击疆吏，声望日隆。与此同时，各种讥讽和垢语也随之而来。

第十二章　江宁风波　　/111

"国脉衰微，列强相迫，为救一时之难，为舒一时之忧，老夫倡'师夷之长'，办洋务，设同文馆，购洋船洋炮，建江南制造局，聘洋人传授技艺，近日更全力支持容闳率幼童出洋留学，凡此种种，不见经学，有背义理，罪孽深重。时运不济，身陷教案，竟不能克全保名。名既裂矣，身败在即……"渐渐地，曾国藩的声音衰弱下去，握住孙诒让的手也无力地松开了。

第十三章　扬州寻梅　/119

容闳道:"我自归国为臣以来,从不曾说过一句冒犯儒学名教的话。我所要说的,只是国民在敬天祭祖祀孔之余,能放眼望世界,学习外国先进的技艺乃至学术、制度、文化、法律。容闳还是那句话,世界在变,中国在变。以我就学的弥利坚为例,建国不过区区百年,因为实现共和,国势强盛,有目共睹。而我大清,虽有康乾盛世,但时境迁风光不再,待积重难返病入膏肓,悔之晚矣。"

第十四章　碧池残墨　/135

窗口不断地有外国军舰和中国木帆船闪过,汽笛声也越来越多,上海外滩渐渐逼近。一幢幢高大巍峨的欧式大楼,矗立在黄浦江边,这些用坚硬的大石块筑就的灰色建筑,用冷峻生硬的建筑语言,蔑视它们所面临的一切。

第十五章　督藩之隙　/144

最令人费解又最令人钦佩的是,沈葆桢竟然在声名日隆官运亨通的时候,在浙闽总督左宗棠的恳请下,自愿降级,担任前途未卜的福州马尾船政大臣,白手起家,创办了福州马尾海军造船厂。在任八年,造"镇海""镇武""万年青""伏波"等军舰十艘。同治十一年建成下水的"扬武"号巡洋舰,是福州马尾海军造船厂的经典之作,

第十六章　香销梅园　/158

在题有父亲和叔叔名字的青石碑前,诒让长跪不起。在耗尽心血苦读过无数遍圣贤的书籍之后,在经历了一次又一次长途跋涉和科场拼搏之后,光绪九年,他再一次与金榜无缘。

第十七章　击鼓御敌　/167

清流出身的钦差大臣张佩纶,怀着满腔热血出京行至天津时,被他未来的岳父、直隶总督兼北洋大臣李鸿章,兜头浇了一盆凉水。

第十八章　书藏玉海　/184

前线捷报频传之时,李鸿章却与法国使臣签订丧权辱国的《中法条约》。黄体芳大怒,痛恨李鸿章治兵二十年,花费国库银两无数,却奉行投降路线,拥兵自保,消极避战,递递上折子,要求朝廷革去他的海军衙门会办一职,把他的北洋水师统帅权让给曾国藩的公子曾纪泽。

第十九章　颐园听梅　/195

诒让道:"洋人的测算和浑盖之器、地圆之说,全都不出《周髀》的范围,这事清楚明了,不必细谈。连西洋人自诩不可一世的制作技艺,其根源亦来自《周礼》,《考工记》中记载的挈壶氏,有以火爨鼎而水沸腾之法,这恰恰就是蒸汽机的动力原理发源自中国的证明。至于洋人的声学、光学、力学、化学,在《墨子》中是一应俱全,其源肇始于中国是一清二楚的事。"

第二十章　武昌之行　　　/204

　　宋恕说："张中堂是何等聪明之人，以中庸之策上奏，说修筑逼近京城门户的津通铁路，不如兴修腹省干线芦汉铁路，平日便利漕运、赈务、商务、矿务、行旅，战时则可用于调兵运械。此议一出，满朝皆喜，张中堂也奉旨从两广调往湖广。倒不是官职升了，而是人气之旺远超李中堂，从过气的清流派摇身一变，成了新的洋务派首领。"

第二十一章　雪飞人归　　　/215

　　中法战争时为守城御敌，诒让亲自击鼓守城，为办团防花费了几千两银子。父亲孙衣言回乡后致力讲学，办了诒善祠塾，求学者不限孙家子弟，温州各地凡慕名来投者一并收留，这又是一大笔开销。灾害连年，大街小巷常见弃婴孤儿，父子二人先办了育婴堂收留弃婴孤儿，后来人数多了，又办了养济院，为筹款购买屋基，雇用奶娘、杂役及蒙师等，竟把祖上传下来的田地卖出许多。

第二十二章　八试礼闱　　　/220

　　光绪八年，朝鲜发生"壬午兵变"，吴长庆奉旨率庆军督援朝鲜，委派张謇筹划前敌军事。张謇临敌不乱运筹帷幄，大胆举荐他的学生袁世凯指挥前敌先锋营，迅速平定兵变。翁同龢时任太子少保、工部尚书，在读到从朝鲜归来的张謇拟就的《朝鲜善后六策》《乘时规复流虬策》后，不禁为张謇能文亦武的雄才击节而赞，从此把他视为国家栋梁之材。

第二十三章　琉球诗吟　　　/232

　　林世功闻讯大惊，中日两国的这个条约，岂不是活生生把琉球国拆分了去么！怪不得清廷对琉球使臣所提求，一直态度暧昧，不作正面回应，原来是迫于日本淫威，助纣为虐要把琉球瓜分了去。琉球国完了，这个世界不再有容身之地了，才学也好功名也罢，对于亡国奴而言有什么用处！林世功越想越气愤，越想越绝望，提了把剑跑到大清国总理衙门，往喉前用力一割，顿时鲜血迸溅，瞪着双眼而亡。

第二十四章　甲午之殇　　　/240

　　李鸿章在写给旧属朋僚的信中反思道："我办了一辈子的事，练兵也好，建海军也好，都是纸糊的老虎，什么时候能够真正放手去干？这一切不过是勉强涂饰，虚有其表，就好像一间破屋，由裱糊匠东补西贴，看上去虽然像是新房子，但如果一旦真相败露，因为没有预备好修葺的材料，也没有选好改造的方式，其结果一定不可收拾。"

第二十五章　兴儒救国　　/257

因战败而激起的维新变革思潮，像狂飙似的席卷中国，这是诒让愿意看到的；十八省一千三百名举人公车上书，请求"拒和、迁都、练兵、变法"，这也是诒让愿意支持的；北京成立了鼓吹变法的强学会，达官贵人甚至洋教士趋之若鹜，这更是诒让愿意接受的。但诒让没有料想到的是，引导这场维新变革的旗手，竟然是他所蔑视的康有为。

第二十六章　扬帆重洋　　/274

盛宣怀定下主意，托古改制，堵住守旧者之口，以古学力挽狂澜，推行新政。当然，提到古学，康有为借今文经变法维新是已经证明彻底失败了的，现在唯一的途径是借古文经变法实行新政，而今首屈一指的古文经大师，便是以研究《周礼》闻名于世的鸿儒孙诒让。

第二十七章　总理之任　　/287

诒让滔滔不绝道："西方技法虽然奥妙，却源于咱们中国，《周礼》《墨子》里有详尽的记载。国人迂腐，不去发扬光大源于中国的技艺，却被西人捷足先登，后来居上，反制于我。但现如今只要明白了道理，亡羊补牢犹未晚矣。"

第二十八章　重拾墨学　　/303

一气呵成《光不灭说》，共一千六百字。诒让想，墨子虽是东周末年的人，与他相隔两千多年，可他们脾性相同，都是这样地喜欢光，都想知道光的质地是什么，都为了光的原理研究探求，那么，他们的心必定是相通的。

第二十九章　集资办矿　　/310

诒让对孙世彪道："民间开矿好处很多。山中有矿，自行开掘，则权在我手，可保祖宗坟墓，否则列强外人必来开采，一切任其所为听其摆布，蛮力万无可拒，地方种族必受害无穷，此为一；开采矿产，办厂冶炼，不至于事事依靠西人，国家强大起来，可以复仇雪耻，此为二；利用卖出矿砂之钱，可解我民用，助我办学，此为三。"

第三十章　学子东渡　　/316

湖广轮一声长笛，缓缓向东驶去。先前还看见学生们向自己招手，逐渐就模糊了，即使摘下眼镜去看，也看不清楚了。

第三十一章　痴情甲骨　　/320

　　《契文举例》写成了，还得再做一件事，论证甲骨文字与绘画同源，继而独立成文字，从此文字有象形、指事、会意、形声、转注、假借之分，称为六书。文字随着世事内容而变，由简到繁，又由繁回到简，会不断地造出新字，淘汰掉旧字，谁也无法阻挡中国象形文字的规律。

第三十二章　恩怨香师　　/327

　　长久地凝视着深宫中的琉璃金瓦、汉白玉栏杆和青砖地面，张之洞坐在书案前默默沉思。他是时时懊悔着的，他的懊悔在于，越是用力办新学，越是把门生送往外国深造，回国造反的人就越多，自己手上沾的鲜血也就更多，招致的怨恨与蔑视也就更多。

第三十三章　东瓯三士　　/344

　　诒让摇头行至北门，隔河望那挂了白纱白花的利济医学堂，仰天叹息道："世间之事不可思议，都在图谋富国强民，都在探求变法自强，为何同道者不相与谋？"

第三十四章　乾嘉绝笔　　/351

　　随着朴学大师俞曲园的辞世，乾嘉之学的时代将要彻底结束了，无情的历史之笔，将把辉煌一时的朴学一笔勾销。想到此处，怔怔地坐在文泉边的诒让不寒而栗。

第三十五章　光无能灭　　/358

　　孩子们发一声喊，各自拿了红纸春联去了。延畇、延钊跑得最快，爬上富贵端去的凳子，把一副对联贴在玉海楼台门。诒让擦去眼镜片上的雪花看去，这副对联写着：殷周国粹，法美民权。他觉得心里暖和，于是，雪中的大宅也是暖和的，在寒气中流溢着春意。

参考征引书目　　/365

跋　/367

导读　古典的终结

赵柏田

一

2015年秋，我住杭州。忽一日，一众人去小远、小萍伉俪府上吃茶，顺便拉上了我。我知温州有一对夫妻作家，上世纪90年代初就以小说集《太阳酒吧》名动江湖，一见之下，却是这一对妙人，即大起相契之感。那天吃了茶，又去外面吃了酒，散席时天空飘起了小雨，小远还兀自兴致很高，陪着我们走到六公园一带，去看了夜的西湖。事后回想那晚，我们几个人如剪影一般在湖边痴坐半夜，我忽地觉得，小远身上是有些名士气的，就好像几百年前，那些盘桓此间沉醉不归的湖山主人。

那一夜雨中回去，我腋下是挟着一本书的。书是小远、小萍所赠，他们合著的长篇历史小说，《末代大儒孙诒让》，写一个经学家的跌宕一生。对于孙诒让，我除了知道他是晚清时与俞曲园、章太炎齐名的经学大师，知道他家里有一个藏书十万卷的"玉海楼"，其他都不甚了了。其实那天是很想跟小远、小萍聊聊这个人的，特别是聊聊一百多年前由古典时代向现代性转型的时代夹缝中的那些学人，他们的困惑，梦醒后的仿徨无依与突围；见同去的小说家和诗人朋友对这般沉重的话题并无多大兴致，也就识相地不提。心里却存下了一个疑惑，以中短篇小说起家的小远和小萍，为什么会把目光投向这样一个久远的人物、去写这样一部以学术史为背景的小说？他们又在这部小说里寄寓了什么？世人所热称的"温州作家群"一向给我的印象是面向现实写作，历史意识相对淡薄，似乎总怕一不小心就会掉入区域性写作的坑里去，这本书却让我隐隐觉得，这一对作家大不一样，他们是温州作家中的一个异数。

大概是读完那本书后不久，我曾寻思去温州瑞安，看看那个"如玉般珍贵、如海般浩瀚"的玉海楼。这座藏书楼是孙诒让四十岁那年他的老翰林父亲孙衣言送给他的，里面贮藏着父子两代人历年购存的近十万册图籍。一个进京会试屡屡不第的儿子（那一年他已六上公车不第了），凭什么得到父亲送的这么大一件礼物？"爱他就送他一个藏书楼"，被这个故事吸引着，我几乎是迫不及待要出发了。近十万册的善本孤本包括宋版元刻、孙家父子手稿本批校本，带着主人的手泽，再加上这个家族历年收藏的金石鼎彝，虽然过去了一百多年，总归会留下些遗存吧。有心与小远小萍相约，但他们忽而居沪，忽而在杭，在瑞安的时候反而少，也就一直没有成行。忽焉到了今年秋天，桂花开得正烈的时候，小远和小萍相偕来看天一阁了，还带来了一个新朋友，孙诒让的曾孙，孙建森先生。

浙南瑞安的这户望族，一门双翰林，香火有续，不算太旺，却也一直没有中断过，现大多如建森先生一样，从事理工科类职业，如中科院院士孙义燧、核工程师孙宝麟、高级经济师洪焕松等，这或许与先人孙诒让倡导后辈学习声光电化有关，但文化的精气，如书间的一脉幽香，总是凝而不散。血脉传承中基因之强大，说来真是堪惊。

那日，在天一阁里游过范大司马家的南园、东园，看过明经堂、尊经阁，又去书库看了玻璃柜里用恒温小心保管着的明刻善本，建森先生的脸色愈发凝重了。后来他告诉我，现在瑞安的玉海楼只是一座空楼，里面几乎没有一本真正的古书了。

上世纪40年代末、50年代初，大兵们驻扎在书楼，把那些书用作生火的引子；60年代，所剩之书则被堆沙包、做枪托，用作文攻武卫。幸亏孙诒让之子孙孟晋先生，于1915年、1947年、1951年先后三次将藏书赠予瑞安公立图书馆、浙江大学文学院、温州图书馆，才有玉海缥缃残存浙地。

我忽然想起鲁迅评说孙诒让身后寂寞的一段话来，那段话是在写他的先师章太炎的一篇文章里："清末，治朴学的不止太炎先生一个人，而他的声名，远在孙诒让之上者，其实是为了他提倡种族革命，趋时，而且还'造反'。"后世彰显者，莫不因造反而起，而那个被硬生生拧断、中止了的传统，也皆因20世纪以来一场接一场的革命风暴所赐。这自然是孙诒让那一代学人所无能想象的了。

我安慰他，好在有《蝉蜕》，建构起了一个纸上的"玉海楼"，也在另一个时空维度里，让这些逝去的人物，重新对着今天说话。

二

寂寞，是《蝉蜕》主人公孙诒让一生的精神底色。这寂寞，不只是一个天才的寂寞，更是一朝梦醒、已在万重山外的那种广大的寂寞。

在古典时代，或曰"前近代社会"（沟口雄三语）的中国，人们普遍相信，这世上存在着一本终极之书。这本书神秘、博大，是世间一切秩序的源头。从童年时代起，孙诒让就在寻找这样一本终极之书。他很早就知道，这本书叫《周礼》，或者叫《周官礼》，一本记载三代之治典章、职官制度的古书，这本书纤悉无遗地记载着大同之世的伦常纲维，后世只要对其中的礼制一一奉行，国家自可强盛。唯因年代久远，这本书散佚了，书上的词义也变得模糊，它的真相渐渐如同雾中的山巅，寻常人走近不得。

他明白，为了寻找到这本终极之书，拨去遮蔽着它本来面目的层层云翳，他只能像前辈大师一样，先是做一个通经者，然后更要善于运用训诂、校雠这些工具，即所谓的"小学家法"，在对名物、典章、经籍等等如同剥洋葱一般的校勘考证中，让每一个字和词归到原位，焕发出太初所有的光亮。

这是一项具有巨大挑战性的工作。自然，比之以时文策论叩开仕途的大门，赢得世人对金榜题名的歆羡，这条在古文世界的探勘之路，更注定是寂寞者的事业。

他首先得是一个崇古主义者，因为崇古，相信一切皆在鸿蒙开辟时安排妥当，所以他对一切都须取怀疑的立场，疑古，更疑今。外人看他神神鬼鬼，实则他是被求真的职志所驱使。其次，他得是一个技艺高超的匠人，能熟稔运用金石、古音韵、古文字学等被乾嘉大佬学者运用纯熟的"小学"功夫。再者，也是最磨砺一个人意志的，他得有数十年治一经的劲头，抵挡得住内心里和外面世界的种种诱惑。如同欧洲启蒙时代的百科全书编纂者们所做的那样，这几乎称得上是一项带有疯狂意味的工作，其过程，很像是伏身到一条幽暗的地道里去作业；他像土拨鼠一样蹭蹭前行，照耀着他的，只有前头一点微茫的光亮。甚或有时候，连这光亮也不可寻，而只能以自身作一个燃灯者。

在孙诒让之前，有清以来两百年学术思想史，一代代学人就是这样终老文字的。时代学风所被，这些先驱者也是孙诒让从少年时代起就矢志追随的文化英雄。对孙诒让这样的贵胄公子来说，红尘中所有的绮丽加起来，也抵不过上古文字的光亮对他的诱引，这只能说天性使然了，当然也有着他父亲孙衣言和叔父孙锵鸣对他的影响。而走上这条治经之路，更大的意义或在于，在日复一日的劳作中，从一个词到另一个词，从一部经籍到另一部经籍，渐次勾连而成的知识全息图景中，呈现出了这个世界的"道"。这个被一代代学人孜孜追寻的"道"，系连着国之兴衰，也系连着天下苍生。由字到词，由辞通道，天下重器，岂惟雕虫，经学家们兴奋了，所有刻板、枯燥的工作细节，所有寒夜里经受过的寂寞，也终于在获致最高意义的"道"后有了回报。

在孙诒让之前的时代，这几乎称得上一个学人的理想一生。草木一秋，人生一世，其价值之有无，之大小，皆在于留痕。官场遭逢，起起落落，放长历史的视野看去，不过浅浅一痕。而在这一名山事业中，远接汉儒，近承乾嘉诸老，把自己的名字深深嵌入这条文化长链中去，在孙诒让和他之前的学人看来，那便是成功的留痕者。

大概在孙诒让还是一个活泼稚童时，在他的翰林父亲孙衣言在上书房轮值之暇用《周官礼》给他发蒙开始，他就立志要揭开这本传说中的终极之书的真正面目。太平天国之乱后，中兴的华美袍子下那个内忧外患的世界，更使他认定，他要找的是一部经世致远之书，更是一部致太平之书。以后的年代里，世乱日深，他也从少年、青年渐至少壮，心中的这个念头也愈来愈强烈。在杭州书院，他向父执辈的经学大师俞曲园说起过这个宏愿。日后，在北京龙树寺的古槐树下，他向即将成为朝廷柱石的座师张之洞说起时，眉宇间已是掩不住的家国忧色。他说出的这个念头总是把这些前辈吓得不轻，因为以往的大师们包括被视作不世出的天才戴东原在内，谁也没有看清过这本书的真面目。但他们无一例外都把这个故友之子看作一个堪当大任的人，用《蝉蜕》里张之洞的话来说，国需大臣，更需儒臣，前者以事功谋国，后者以名教兴国，而年轻的孙就有儒臣之才。他们都小心翼翼地把生于1848年的孙诒让看作日后文化复兴的一颗种子。

正是抱着那样一种信念，他几乎是心甘情愿地把自己放入到了一个时代的学术主流中去，那就是绵亘两百余年仍香火有续的乾嘉学派；并在不长的一生里（他只活了六十岁）以一个天才加杰出匠人的劳动，使自己成为朴学的最后一个大师。《蝉蜕》一书中，借俞曲园之口说出了这个学派两百年间的传承，由明清之际的顾亭林发其端，后分流为皖派、吴派和声名稍逊的常州学派："乾嘉学派中的皖派开始于江慎修，成立于戴东原，师承戴东原的有段若膺和王怀祖、王伯申父子，而我的学问就是来自王氏父子。"而孙氏之学的另一个重要来源，则是发轫于他的浙南老家、讲求经世致用的永嘉学派，在他还是一个孩子时，父亲就经常以自豪的语气向他说起这一学派的两个伟大前驱：南宋时的叶水心和陈傅良。

这原本是一幅多么宁静、美好的文化愿景。一代代的传承、改良、整合，融会贯通，使这一生长于本土的知识之树葳蕤而迷人，值得后世的学人为之梦魂萦绕，直至托付性命。尽管当孙诒让降临这个世界时，西方已开始用武力叩响古老中国的大门，但心如止水的学人们完全可以充耳不闻，继续生活在那个一成不变的世界里。

乱世挟着加速度的到来让孙诒让感到了紧迫，他要尽快寻找到这本终极之书，使之恢复本相，让更多人尤其是上层集团的人读到它，以之为蓝本恢复三代前的盛世。他用了二十六年，耗费了一个学者一生中最为精粹的年华，他终于找到这本书了，他给这本古老而年轻的书取名叫《周礼正义》（初稿是《礼疏长编》），一个"正"字，显出他是多么自信。

但命运似乎在1890年给他开了个恶意的玩笑，当他自以为寻找到了这部终极之书时，这个在东西文化冲突中渐渐失衡的世界已经不再需要这本书了。甚至连一向对他寄予厚望、答应书成后予以刊刻的张之洞也收回了当初的承诺。要知道，这二十多年，当他面壁写作时，这个被他视作人生和学术导师的中兴名臣一直是隐含的一个读者。

这就好比一只攥紧的拳头，打出去却是空的。近代中国史真是一部"苦笑录"，一出处处充满着非理性和无厘头的黑色幽默剧，随处都会爆出黑暗中的笑声。作为两百年乾嘉朴学的最后一位大师，孙诒让一生的悲剧由寻找一部终极之书而起，他却不会任由这种挫败感覆盖自己的一生。在人生的最后几年里，有关这部书的故事还会余波泛起，但他将走出困境，重起炉灶。孙诒让作为现代性降临前夜寻求突围的知识人的一个鲜活个案，作为洋洋三十万言历史小说《蝉蜕》主人公的意义，也悉由此而来。

俞曲园死后，孙诒让来到人去楼空的俞楼，在一池冷水、残叶瑟瑟中，小说这般写他的浩茫心事：

> 诒让深知，现如今的中国乃至全球，没有人相信西国的政治制度源于《周礼》。今文经学者恶毒地咒骂过《周礼》，视它为伪经；维新人士痴迷西学，视

《周礼》为旧学；只有盛宣怀心血来潮，嘱他以《周礼》为纲，西学为目，使他得以赍二旬之时，汲取《周礼》精华，匆匆草成《周礼政要》，结果束之高阁。同样，没有人相信西国的科学技艺源于《考工》《墨子》，人们的目光是那样的短浅，只看到支流而不见正源。究其原因，是因为中国实在太弱了……

三

飞云江，是温州第二大河流，那是流经孙诒让老家瑞安的一条著名河流。一百多年前，俞曲园对好友孙衣言和其子孙诒让居住的浙南曾有过一个想象，称"所居合在水云乡"。对于俞曲园这样的粹然儒者而言，隐于深园，藏身书斋，实在是古典时代里一个学者的最好归宿了。而俞曲园也确实是幸运的，直到他去世，这个世界依然是宁静的，至少在他心里，是可以当它宁静的。而无数的困惑，说不清的委屈，倒是要让小他二十七岁的孙诒让一代人去经受了。

俞曲园去世时，孙诒让挽联中有一句"朴学销沉同坠泪"，此时他已经预感到，时代的担子将越过他们这一代落到更为操切的一群人身上，他们都同样逃脱不了被冷落甚至被抛弃的命运。一个时代的学术至此已是巍然耸立的高峰，翻到山的那一边，风景已异，世界已全然不同。孙诒让自己也不知道，他已在不知不觉中站到了那个高峰的最顶点，可以一览众山小了。回望处尽是旧时月色，尚称安稳静好，走过去的那一边又如何？山川何有，莽莽苍苍！

时代已选择了他，去做一个古典时代的终结者。这是时代之耻，也是一个学者莫大的荣光。这个终结者必得来自中国南方，因为南方是传统学术的昌明之地。本来，这个终结者可以是他执师礼事之的德清俞曲园，也可以是俞的弟子，余杭章太炎。俞曲园之学，走的与他同为古文经学路径，其为人却隐约有禅意，过于退藏于密。章太炎治小学，把它改造成了现代学科意味的"语言文字学"，是最具现代意味的，却让"排满"革命搞得浑身火气。他与孙诒让又有方法论上的分野，章重义理，迹近宋儒；孙重考据，还是纯粹汉学途径。时代的担子已跃过俞章二位，落到了孙诒让的肩上。

三个南方学人，各具个性，才学不相伯仲，孙诒让恰处于三人中间，无俞曲园之纯然守旧,也无章太炎的满口革命腔,说起来"名最隐",学术上的成就却是最大。梁启超治明清学术思想史,称他是最后的大师,也确是发自内心的钦慕:"晚乃有瑞安孙仲容,治《周礼》,治《墨子》,治金文契文,备极精核,遂为清末第一大师,结二百余年考证古典学之局"。

从来没有一个国家像近世中国这样,经受过如此巨大的文化断裂。即就近世经学一支而言,继起的世称"东瓯三先生"的陈虬、宋恕、陈黻宸等新派经学家,与孙、黄等前辈为敌,这一"后院起火"也暴露了经学的内在矛盾,加快了古典的终结。孙诒让在世的六十年,正是这样一个旧传统断裂、现代性初露曙光将启未启的尴尬时刻,连带着他的一生事业,到了后半晌也渐形尴尬。古音古韵,种种象形、转借,到了近世,虽须从金石中考校,然字有六义,尚不离根本而一个继起的时代,流行开来的已是一套全新的话语方式,随着西潮汹涌而入的声光电化,使一种新的知识谱系得以全面生成,这种新知识,这套新话语系统,将使原本安稳的世界面临彻底颠覆的危险:孙诒让们孜孜寻找的终极之书被证明为无用,这一代学人视之为性命的学术被视作"旧学"。

按照费正清的观点,1800年前后是划分18世纪繁荣、进取、自信的中华帝国与19世纪崩溃失衡的近代社会的一个分水岭,乃是一个现代性建立的起点。现代性之于近代中国的四个时期里(1800—1864;1865—1911;1912—1930;1931—1949),孙诒让在世的六十年几乎整个地落入了第二个时期里。在一浪接一浪的西潮面前,国家无所适从,士人也无所适从,像孙诒让这样的传统学人,势必会传染上时代的普遍病症:晕眩,困惑,无力感,深深的自我怀疑。而甲午战败带来的耻辱不啻是一场心灵地震,使他更深地陷入了"致用""无用"的深深纠结里,激愤时甚至说自己从事了一辈子的学问是"中土无用之旧学","琐屑校雠,无益时需",又说"刍狗已陈,屠龙无用,实不足以应时需"。极度的自贬跟过于自信一样,都是一种躁狂。他确实已病得不轻。他想不明白,自己学问所本,是讲求实利和功用的永嘉之学,治学的路径,也是老老实实不尚空谈的朴学功夫,怎么到最后全都成了无补于世的屠龙之技,要这样的话,学术的意义何在,学人生命的意义又何在?在人生这个黑森林的中途,他遭遇了三头兽:价值危机、信仰危机、心理危机。

《蝉蜕》写孙诒让经历这三重危机时,让他抱着自己的一箱"旧学"著作走入了放生池。小说中的孙诒让说："那些书太古旧了，我也太老了，对这世界没有用了。"中国文人的自沉，从屈原到祁彪佳再到王国维，都可视作文化上的一种抵抗，最无力、也是最坚忍的抵抗。"自沉"过后，重新回到世界的孙诒让换了一个人，他已然越过了古典与现代的分水岭，到了山的那一边。

在他一向不屑的宗教徒的眼光看来，这未尝不可以看作是一场洗礼。旧世界的尘灰被抖落的同时，新世界的风也开始吹拂进来。挫败没有让他变得犬儒，心灰意冷没有让他走向虚无，让他的意志力变得如此强大的，只能是知识，无论它是新的，还是旧的。于是从那一年开始，这个向来视西学如仇寇的经学家的人生突然来了一个大逆转，走出书斋，兴学自强，变成了一个维新派的教育家，兴兴头头地在老家办起了学计馆、蚕学馆、方言馆、矿务公司，还想自学英语，计划出洋；为了办学的场址与经费，甚至不惜开罪地方上冥顽的官员和儒生，短短几年，竟然在浙南的温州、处州两地，开办出三百多所新式学校。

对于一个旧学沈沉的经学家来说，这一转向的意义是巨大的，它让一个学人与变动不居的世界保持了同步，也使一个学人的生命变得完整；无论是智慧层面，还是人格层面，都走向了圆融正觉，"蝉蜕"的寓意，或许正在于此。旧得纯粹，新得彻底，也自是孙诒让人格的动人处。

此时，他的思想已经远远超越了早年在北京龙树寺瞩望他写出一部惊世之书的张之洞。诚然，后者在晚清政坛的事功令世人惊羡，但在清流与维新之间的迁延不定使他永远走不出《劝学篇》里"中学为体、西学为用"的老套路。平心论之，热心赞助维新事业的张之洞身上有着民本思想，但其对那班新进少年的支持，一切皆以不触及政制为限，触及这道底线，即便是心爱的学生，也捕之、杀之在所不惜，1900年捕杀唐才常就是一个极端的例子。而孙诒让此时已走得更远，写信营救被捕的秋瑾等革命党人不说，一些论调也已不无党人色彩，甚至，他已由一个绝对君权的拥趸变成了君主立宪的支持者和民权、民主的主张者。当他对张之洞在戊戌、乙亥两次政改中的表现深感不满，腹诽其有负"中外之望"时，张也因他书中的大胆之论遽然变色，说出"仲容叫我反耶"这样的话来。世变促使了这个时代最为精英的人群的分化，经学家也概莫能外。当时间冲淡了经学家们的恩恩怨怨，辉煌一时的朴学群体烟消云散，旧传统已经断裂，新秩序迄未建立，倒是张之洞式的"中体西用"依然受到继起的当权者们的青睐，这不能不说是近代中国史的又一黑色幽默。《蝉蜕》的用世之心，也正见于对主人公与清流派、洋务派、维新派乃至革命党人各色人等的关系梳理上。

孙诒让晚年时，北京曾多次征他北上。1905 年，学部聘他任京师大学堂经学教习，1906 年征他任京师大学堂监督；1907 年礼部奏派他任礼学馆总撰，他都托词未去。早年读虞世南《咏蝉》，有句云，居高声自远，非是藉秋风。孙氏一再拒绝的态度曾让我深感不解，一个八上公车的考场败北者，一个曾经的贵胄公子，他为什么要一次次拒绝来自权力中心的召唤？《蝉蜕》已隐约给出了一个答案，在孙氏的晚年，他对帝制中国的那套秩序已经发生深深的怀疑，议院制和民主如同种子落进了他的心里，他已经无法认同专制和皇权。当他说出"殷周国粹，法美民权"这八字，在文化上他认殷周为国粹，而他心中的"道"，已移至"法美"，不在三代了。他不再相信北京这个权力中心，不再相信丹陛之上的那个孱弱的君王，他相信他在哪里，经学的根系就在哪里，国粹的正源就在哪里。

即便到了那个时候，这个执拗的经学家还是坚持认为，西学之源在中学，制度和器物这两个至关重要的层面，都莫不如此。不是说"坐而论道谓之王公"吗？议院制和民主悉从《周礼》中来，而坚船利炮、百工技艺，也莫不出自东周的《墨子》。为此他又作了《墨子间诂》，宣扬这个被冷落上千年的思想家的强本节用、兼爱非攻等要义。他说他的人生理想是，先做一个环球旅行者，"思乘长风，破巨浪，先东至扶桑"，"遂横绝太平洋，登新世界，瞻华盛顿之铸像；折北渡白令海峡，西经万里沙漠，循中亚细亚以入欧罗巴"，上穷碧落下黄泉，最后觅得一"无主之荒岛"，"谋生聚教训，造新世界以施行周官之制、墨子之学说"，来实现他的这一消融了中西界限的终极理想。

这注定是一个经学家不合时宜的梦想。在桑梓之地造三百所学校这样的梦想犹可实现，这个如鲁宾逊漂流一般寻找荒岛的梦怕是永无践行的可能了。寻找《周礼》这部终极之书的余绪是，他后来又写了一本谈论时政的《周礼政要》。这次是应盛宣怀所请，要为下一轮的变法提供智库支持的。他还是那么的事功，这本书"面子"上走的还是古文经学的老路，"里子"所谈全是设议院、伸民权，盛宣怀终因胆小不敢奏呈。大概是有愧于心，盛宣怀最后倒是把张之洞当年答应了没落实的《周礼正义》给资助出版了。

说来惊奇的是，这个身为朴学殿军的学术大师竟然没有认真拜过师，张之洞只是他乡试时的座师，俞曲园则是口称不敢做他老师。孙诒让一生学术和人格的养成，离不开他身后的瑞安孙氏家族，尤其是他的父亲孙衣言和叔父孙锵鸣对他的耳濡目染。撇开学术史的传承不说，孙氏之学，也可说是孙家私学。我时常在想，两千年传统中国，有多少个瑞安孙家这般的士绅家族，他们进则效忠国家，退则服务桑梓，诚为维系传统中国于不坠的最稳定的一支力量。即便到了晚清，中央与地方的权力博弈已渐趋紧张，县域以下的政治生态，依然是皇权不下县，致仕后的孙衣言、孙锵鸣（孙诒让也是如此）这样的社会精英依然起着重要作用，他们闲时兴教办学，热心公益，有警时就像本书里的孙氏父子一样练勇守城。他们就像乡村中国这辆古老大车上的车把式，维系着它在礼的尺度内缓慢而又精确地运行。

当孙诒让在1908年阖眼西去时，他或许对这世界有不舍，但内心深处，更多的应是欣然。预备立宪正在进行中，改革的路线图也已明确，他有理由相信，这个世界在慢慢变好。后来的事已不是孙诒让这一代人能够想象：士绅一死，群盲遍地，新的未至，固有的一切已被迫不及待地摧毁，直至烟消云散。二十世纪中国留下的教训和遗产，莫此为甚。

四

《蝉蜕》以历史小说的纯正笔法，节奏明晰、语调沉郁地讲述了朴学大师孙诒让的一生，同时也为近代变局中的经学家群体存影写照。它写出了身处古典时代与现代性转型的夹缝间的这一代学人的热心与痴梦、困惑与彷徨，更写出了他们各自不同的精神突围方式。它是一部对逝去的时代、逝去的大师的招魂之书，也是一部用世之书，字里行间，更是浸润着作家的深广忧愤。

这部小说也如同一幅渐次展开的水墨长卷，政治家、经学家、旧派书生、新潮文士乃至革命党人在众声喧哗里一一登场，而思想史的传承脉络是故事景深处的远山淡影。那种时而如泼墨奔放、时而如工笔细描的笔调，则自始至终紧贴着人物的内心，也紧贴着时代的筋络，让读者在领略汉字之美的同时，也捕捉到了那个变幻时代的隐形轮廓，获得一种智性认知的愉悦。

在某种程度上，这也是一部传记小说，因其对主人公一生大事的叙述，皆有所本，故事的外壳，几乎采用了一种严格的编年体。今人读传记小说，几乎都会与作家有一个秘密契约，以为其所写皆是真实发生过的；但小说的要义，固不能被这些习见所左右。虚虚实实，难写还是精神，更重要的，还是要说服读者去接受。由此言之，《蝉蜕》是一部有叙事难度的小说，作家预设并最终完成了这些难度。何以见之？归根到底，还是在于小说的说服力。

这个小说的开始，是皇宫里刚登上政治舞台的"兰贵人"对尚是孩童的主人公的一场试对，结尾，则是在南方乡村，一个历尽荣衰的六旬老人在孩子们的吟读声中离世。从神童出世，到学者离世，半个多世纪的风云、离合与悲喜，是这个小说的故事长度。当故事由"进宫"获得第一次加速度，小说开始按着预设的道路奔跑，时代主线上的一幕幕场景，第二次鸦片战争、骐祥政变、克复江宁、天津教案、刺马案、中法之战、甲午之战、百日维新，如电影剪接般次第划过，而其叙事意态之从容，亦可看作一条大河开始流动。其开阔处，气象宏大，其幽静处，梅花千树，更有时代的屏风后面，那些散发着植物清香的女子。

阅读中，我眼前时时出没着两个孙诒让的身影。一个是小说中的人物，一个是学术史上的人物。前者来自作家的创造，后者为历史所塑造。渐渐地，这两个人物合二为一，声调同步了。而那个经过混合组装的声音里，分明又可以辨认出小说家自身的声线，他们的高亢和低回，他们的忧思，甚至愤怒。

这正是历史小说的神奇之处，历史中的人物与小说中的人物构成一种奇妙的互文，他们互为发明，互为阐释。而最后又由小说家出之于象，形之于文。要达至这步景地，需要小说家一次次地泅渡历史之河，而对于一部以思想史为写作背景的长篇小说，它的难度更在于，小说家不只是泅渡，更要沉潜其中，从容含玩。

对中国的历史小说，我总不太以为然，要么不脱传统说部气，散发出陈腐的章回体气息，要么过于隔空，穿越来去，而在极端年代，以之作说教的工具，更是不堪。几十年来，对味的历史小说，竟是少之又少。我所说的"对味"，要之还是小说的现代意味。

在宁波本雅明咖啡馆的一个下午，和小远、小萍一起吃茶，小远几次说，他欲以

《蝉蜕》这部小说和我的《买办的女儿》《赫德的情人》为张本，打出"新写实历史小说"旗号，以区别于那些全无现代气息、又不下史料工夫的历史小说。我对亮明旗帜的做法一向不太主张，总以为单个的作品胜却口号无数，却也看出了作家在《蝉蜕》里于史实层面上的用心，以及对历史小说"虚"与"实"关系上的纠结。我私心以为，若无在这个问题上的纠结，就无法真正进到历史写作的深处。

一个作家有无现代感，一是看他对叙事语调和叙事节奏的把控，一是看他在事实和想象之间能否找到一个最合理的比值。太远失真，太近老套，都难免失去叙事的说服力。一个优秀的历史小说作家，必得是一个炼金术士，一个神奇的魔法师，他拿着一个叙事的坩埚，炼制小说这枚小金鱼，对于虚与实的配比，每个小说家都握有自己的秘方。前面说到《蝉蜕》是有叙事难度的，它更是有着自身的小说美学追求的，这个追求的方向，即赋予历史小说以现代意味的形式。小远曾说：三分史料，七分虚构，再将七分虚构还原为本真的拙朴史料模样，"双兔傍地走，安能辨我是雌雄"。那两只分别叫"纪实"和"虚构"的兔子，它们跑动起来，真是让人眼花缭乱。

有时候他们是在以实写实，有时候是在以虚写实。不是说历史的尽头是小说吗？史籍的空白处，亦往往是小说家腾挪身手的起点。比如主人公原本是粹然经生，对西学抱有恶感，他能慢慢转变渐次接受，有两个人对他产生了重要影响，实者为留美归来的容闳，虚者为信天主教的美丽女子梅娘。小说设置了主人公和容闳在梅州梅园里的一场争论，而这个神奇的女子始终在侧。我从朱芳圃先生做的年谱里实未看到此节本事，但看着梅花胜雪，漫天飞舞，两学子激扬文字，谁不想这故事是真的呢？我被说服了。

仅此一端还远远不够。法国小说家玛格丽特·尤瑟纳尔说，如果有历史小说这种文体，那也不过是"向内的把握与重建"。历史小说不应只是演绎史实，推演故事，但凡有史家笔法者，正如同王国维所说，每须遥体人情，悬想事势，设身局中，潜心腔内，"忖之度之，以揣以摩"，始可入情入理。也就是说，他须从内里体察人性，再如侦探一般，进入历史现场，一一认清案发现场，尔后再返身出来，告诉读者他之所见。此即所谓"拆碎了七宝楼台"，再重建一个楼，乃是一个充满着创造快感的运思过程。其时间可长可短，长者如尤瑟纳尔写《哈德良回忆录》，几乎耗尽一生，起笔时尚是少女，完稿已是老妪。小远、小萍著《蝉蜕》，前后历十年，碎拆下来的七宝楼台，盖了拆，拆了又盖，这一劳动十年不歇，也是小说家的匠人精神。

《蝉蜕》是《末代大儒孙诒让》的修订版，在这次升级改造中，有关于"墨学"的一章内容加入。因主人公是个通经的硕儒，他的几部大书，《周礼正义》涉制度，《墨子间诂》涉器物，《契文举要》涉金石，他又是个自甘在民间的人，章太炎当年就说过他，"行亦大类墨氏"。无论于全书的体式而言，还是人物和故事的完整性，我很高兴书中终于补入了此章。小远说为此他啃了一遍《墨子间诂》，我知道他看的是玉海楼旧藏影印的刻本，繁体竖排不说，还要重新点校。这一些功夫，虽是小说之外的，却也实属必要，它们已变作了小说大厦地底下的基石，读者看不到，小说家为此所做的功夫，于我却是心有戚戚焉。用经学家治"小学"的功夫组织小说部件，用一种博物式的态度对小说中的典章、制度、礼仪、街容、饮食、衣饰一一考证，这种百科全书式的写作，或许也是读者会喜欢读《蝉蜕》的一个理由。

古典时代已经终结，无论历史中还是小说中的人与事，皆已无可奈何花落去。断裂一次次地发生，昨日的世界如同一块旧大陆渐渐漂移出现代人的视线。即便今日的孙家后人，也大多移民海外，对先祖于一部中国思想学术史的意义，对昔日里的文化辉煌，亦大多不明就里。今人视昔，已如高山不可登，如孤岛不可渡。《蝉蜕》以学人性命为其性命，以学人心魄为其心魄，神魂与之，梦寐思之，为今人勾勒出了那个渐渐漂远的昨日世界的隐形轮廓，为逝去的文化英雄重铸今生，今人若要重返，《蝉蜕》便是渡海的舟楫，登山的步道。更何况，时代是这样的亦新亦旧着，"蝉蜕"固属无奈，却也心甘情愿，因此有蝉衣焚去的青火，有蝉翼毁去的焦味，也有终于明白世界大道后的欣然，此是书中人的悲欣交集，亦是著书人的悲欣交集。

沈从文在上个世纪说，他作为小说家的理想，是用文字造一个小而精致的希腊式的神殿。经学家以字证道，小说家通向他的"道"的，依然只能是语言和文字。诚然，文字只能是指向光明的一根手指，远非光明本身，但用文字砌一座纸上的"玉海楼"，追寻水云深处的一缕香魂，以此叩问寂寞的先行者，启迪后来的青年，庶几也可说是以小说证道了。

第一章

澄怀明志

随着太平军北伐部队统帅林凤祥兵败连镇,被俘后就地凌迟处死,当大河水淹没了冯官屯,北伐军李开芳残部遭到灭顶之灾,数年来弥漫于华北平原的硝烟与血腥,也随之散去,淡去。不可一世的太平天国大旗,在科尔沁郡王率领的蒙古铁骑践踏下,埋入冬雪腐烂成泥,春风迈着轻柔的脚步姗姗而过。窒息了好几年的京城上空,阴霾尽散,云开见日,在澄明中绽放出妩媚和安详。

寂静多时的圆明园,开始热闹起来。年轻的咸丰皇帝,凭着胜保、僧格林沁、曾国藩等满、蒙、汉各路兵马浴血奋战,为他筑起抵挡洪峰猛兽的屏障,终于可以长长地舒口气,在皇家花园中静养一阵子了。

咸丰六年春,紧傍圆明园正大光明殿的澄怀园,神态各异的山南书斋、乐泉西舫、砚池墨亭、凿翠山房等二十余处景色,还在青褐色晨雾的笼罩中,慵懒着迟迟不肯醒来。但走近了,你会在竹丛的缝隙中、镂花的木窗格上发现耀动的烛光,还会隐约听见烛光中的读书声。往常,在翠柳水轩怀抱着的食笋斋里,会有翰林侍讲孙衣言早起练帖的身影,①今天,他没有掌灯练帖,径直朝后院走去。

1-1　孙衣言像

① 咸丰五年七月二十有一日,天子移跸圆明园,于是驾在大内五年矣。两书房翰林直庐在澄怀园者多漏敝,其可居者诸君或先之。于是黄县相国析其居之西偏以居,予所谓食之斋也。(孙衣言《孙衣言集·衿楷花馆记》)

1-2 《澄怀园食笋斋图》（局部）（清·黄足民）

去年七月，咸丰帝移跸圆明园，上书房的翰林们亦在澄怀园居住。上书房始于雍正朝，皇子及近支王公子弟到了读书年纪，由翰林传授经学。孙衣言六年前考取进士进入翰林院，四年后任翰林侍讲，入值上书房，教惠亲王绵愉的儿子们读经。①

澄怀园自有意趣，近光楼旁一棵西府海棠，高三四丈，树龄百年。每年花期，擅长诗文的翰林学士借了酒兴，吟诵不已。一首首诗篇，就像一片片花瓣，缤纷在整个花季。每逢好心情，孙衣言总要在此徜徉一番。但今天，孙衣言没有此番心绪。

昨晚，惠亲王府差人传话，让他今早去一趟王府。整个晚上，孙衣言都在猜度，惠亲王召见他到底为了何事？入翰林院以来，翰林间尔虞我诈，一夜之间忽然开缺或革职之事时有发生。他虽为翰林侍讲，仍持学人做派，认准的话儿就说，认定的事儿就做，不趋炎附势，也不找可攀缘的主子，过后又心有余悸，怕一言不慎，招致灭顶之灾。

孙衣言忐忑不安，转身回到院子里。东院，传来重拳捶击沙袋之声。是大公子孙诒谷在习武。一记记迅猛的出拳，伴随一声声急促的呼气声，让人感觉到两只拳头的速度和力量。喜欢习武的大儿子，常常在家人畏慑于寒冷的朔风，裹起厚厚的棉袄时，光裸着上

① 咸丰五年夏五月，琴西公蒙召入上书房，授惠亲王诸子读。秋七月，文宗移跸圆明园。公仍值书房。值庐在澄怀园，率妻子居焉，颜其室曰枔楷花馆。（朱芳圃《孙诒让年谱》）

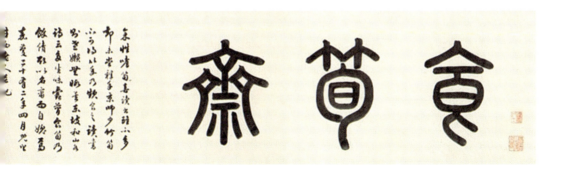

身练武，肩胛上的肌肉像一块块卵石突起，臂膀上的血管像一条条青藤爬过，洋溢着青春和健美。

前年，孙衣言把诒谷父托给奉旨回籍办团练的弟弟孙锵鸣，期望他能在担任过武科考官的叔叔那里，学习到武功和军事谋略。上月，孙锵鸣奉召从老家浙江瑞安回京，重入翰林任职，诒谷随他回京。几年不见，儿子的武功大有长进。

孙衣言没去惊扰大儿子，把目光投注在镂花窗棂上，二公子孙诒让的身影在白色的窗纸上晃动着。他知道，这是诒让早起练帖。

和诒谷相比，诒让其实更像他，好静嗜读，小小年纪竟可以在案前坐上三两个时辰。六年前离家赴京任职，孙衣言一直把襁褓中的诒让带在身边，待他稍长，便亲自教习。尽管他可像其他京官那样，送儿子去国子监念书，但他没有那样做。他太爱自己的儿子了，在他眼里，诒让是一块未经雕琢的玉石，只有当父亲的亲自用心才能雕琢成器。

就着烛光伏于桌上的诒让，没有发觉父亲此时已站在了他的身后。他头戴羊脂玉嵌的瓜皮小帽，身穿浅缎子长袍，外罩宝蓝彩绣马甲，小小的个儿需跪坐在方凳上，才够与桌面齐胸。烛光在他秀气而又饱满的额上，流淌出娴静的光泽。橘黄色的光亮，在眸子中柔柔地招摇着。微翘的双唇，显示着他的坚忍与任性。

诒让时不时地揉搓酸痛的手腕，眼睛却没离开过帖上的字。这是父亲为他规定的课业：每天早起的第一件事是临摹颜真卿碑帖，写完二百字，看经书三十页，看史书二十页，看试帖十数件，再看古赋、律赋一二篇。

夫人凝香早起，在灶间熬好米粥，见丈夫在儿子的书房里，便走过来。作为翰林侍讲五品命官的夫人，凝香的装束与普通妇人没有大的区别。唯一的头饰，是一枚插在牡丹高髻上的湖绿色玉簪，只有那身紫罗兰碎花绸缎夹袄，和从彩丝绲边领口中露出来的白皙的头颈，才让人看得出她的高贵和雍容。

凝香的脸上流露出欣赏的神情。这孩子身上有孙家祖上遗风：喜欢读书且聪颖博识。对于孙家的子孙来说，这是至关重要的，唯有读书，才能入仕，中兴家业。

面前的书案上，已铺满临摹好的毛笔字帖，书房里弥漫墨水的芳香。诒让放下笔来，抬头伸了一下懒腰，发现站在身后的父母，慌忙跳下凳子，道："孩儿不知父母大人来临，请恕孩儿的不孝。"

儿子稚嫩的声音，在凝香听来，就好像绿叶上滚动的雨珠，清澈、明亮，让人感动。凝香捋起儿子的裤腿，只见膝头红成一片，心头一紧，连忙用手在上面来回揉搓，那份母爱和呵护，在她的掌心汩汩流淌出来。

"孩儿哪里不孝？"孙衣言却对这一切视而不见，板下脸严厉地问。

"《礼记》中的《曲礼》篇曰：'为人子者，居不主奥，坐不中席，行不中道，立不中门'，孩儿不孝，却让父母立于身后。"诒让道。

在孙衣言听来，儿子的回答简直是世上最悦耳的声音。他掩饰住内心的欢喜，依然严厉地接着说："大清国乃礼仪之邦，礼之所尊，尊其义也。先人观天察地，慎终追远，待人接物，言谈举止，表现的都是一种思想与境界。"

"孩儿明白。"孙诒让低头应道，拿起刚写的帖子，请父亲过目。

"柳公权的玄秘塔碑，点划精到，结体端正，骨坚神清。可知父亲为何让你兼学颜书呢？书法讲究骨肉停匀，学柳忌细瘦无肉，学颜忌臃肿无力。两者兼而得之，就有了颜筋柳骨之风。见骨不见肉者非柳书也，见肉不见骨者非颜也，涵儿切记。"诒让小名德涵，孙衣言捏起鼠须笔，在德涵的字上圈圈点点。

"学书得细细揣摩，为什么这些字经为父改动，便会好看起来？此中奥妙还需孩儿自去体会。"孙衣言把笔还给儿子，又叮嘱了一番，随凝香去餐厅。吃过早饭，他还要应召拜见惠亲王。

从诚惶诚恐地拜见惠亲王，到踌躇满志地离开惠亲王府，孙衣言想办的第一件事，

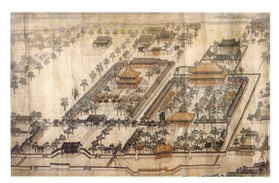

1-3　孔庙国子监全图

就是领两个儿子去孔庙。

国子监大街，一排银杏立于红墙之外。鲜嫩的叶子，被清晨的阳光染得透亮，犹如片片绿蝶，悬挂在枝头，漫空飞翔。静谧与神圣，就在这无限延伸的红墙与树木之间弥漫开来。元、明、清三个王朝的最高学府，都设在这里面。专门设有辟雍大殿的国子监，因至高无上的权力的沐浴，与普通的学府比较，多了一层金碧辉煌的光环。与它紧紧相连的就是孔庙。

在京城拜谒孔庙，对于孙衣言来说，是平生第四次。第一次是甲辰年顺天乡试中举人，第二次是庚戌年中进士。以往的每次进谒，几乎都是他仕途生涯的一个新的起点。而今天的拜谒，则与以往不同，更多的是出自对儿子的期盼和祈望。早上应召去拜见惠亲王，惠亲王告诉他，皇上选定他为丙辰科会试同考官。从那一刻起，他的这种意念便突然间强烈起来，明晰起来。

清代科举经省级乡试录取的，称举人。只有取得了举人资格，才能参加中央级的会试，被录取的称进士。会试由礼部主持，也叫预试，得一、二、三等成绩的，就取得殿试资格，决出状元、榜眼、探花。同考官就是皇帝临时委派的阅卷官，参加会试的考卷需经同考官审阅，成绩好有希望录取的，送副主考或主考定夺，成绩差的淘汰，不再上送复审。所以，同考官有录取与否的初审权。孙衣言从惠王府得知消息，心里产生了抑制不住的欲望。他要告诉儿子这个消息，尽管他们都还年少，大公子诒谷未及弱冠，二公子诒让未及幼学，他希望他们能分享他的激动。在这种激动中，还藏着要在儿子身上找到作为同考官对应角色的那种愿望。

在距离孔庙大门尚有十几米处的"下马碑"前，车舆停了下来。孙衣言先从轿上下来，他今日一身官袍，象征五品文官职衔的白鹇补子，在藏青衣料底色中十分炫目。他扬起瘦长的脸朝车舆看，早有随从把诒让从辕木上抱了下来。大公子诒谷则纵身一跃，从车上跳将下来。

"父亲，为何在此下车？"诒谷发现这里离孔庙的大门还有好长一段路，不解地问。与诒让相比，他眉骨凸出，嘴唇宽厚，崇武的习性在他的脸上表现得淋漓尽致，与弟弟的秀气和机敏恰好形成反差。

"孩儿，马车到此就不能进去了。"孙衣言指着下马碑说。"为表示对圣人的尊敬，大清朝专门设立这座下马碑，规定所有文武百官都要在此下马下轿，徒步拜见圣人。"

"父亲，是不是每个人都像我们这样崇拜圣人呢？"诒让伫立在下马碑前，抬起头来望着高高的石碑。

"嗨，皇上叫你尊敬，你就尊敬呗。"诒谷不屑于诒让的问题。

"涵儿爱思考是件好事，对圣人的崇拜应该发自每个人的真情实意。"孙衣言道。

"是不是每个朝代的皇帝都这样崇拜圣人呢？"诒让问。

"是的，从汉武帝开始，孔子就被历代帝王所尊崇，尊号不断加封，头衔逐渐加高。汉、晋、隋称之为先师、先圣、宣尼、宣父，唐代加谥为文宣王，宋代加至圣，元代复加大成。这种种名号，就是层层光环，照耀几千年来普天下众生的心灵。南宋有一位诗人曰：百年奇特几张纸，千古英雄一窖尘；唯有炳然周孔教，至今仁义洽生民。"

"父亲，如此尊崇孔子的帝王，是不是都按孔子说的那样去做呢？"

"要当一位称职的帝王，就该按孔子说的去做。"在孔庙的先师门前，孙衣言答道。

"如果不按孔子说的去做，就是一个坏皇帝了？"诒让吃力地跨过齐腰高的楠木门槛，紫马褂下摆擦去门槛上的些许灰尘。

"弟弟，你怎么有这许多问题。不按圣人教诲去做的人，连老百姓都当不好，会当上帝王吗？即使当上了，百姓也会造反的。"诒谷不耐烦了。

"父亲，这是孔庙的正殿吗？"诒谷指着大成殿问。

"是的，这里就是祭祀孔子的正殿。"孙衣言顺着孙诒谷的目光，向殿前围着汉白玉雕云头石柱栏杆的月台走去。

一块长二十一尺，宽六尺，上有飞龙戏珠，中间有盘龙吞云吐雾的浮雕丹陛，出现在他们的脚下。左右两行石阶依着这块浮雕而上。一切与神圣、高贵有关的情感，陡然从他们脚底升腾起来，遍布周身。他们立于石阶下面，齐齐抬头仰望：殿顶两端，各塑一对龙形鸱吻。黄色琉璃瓦，在明澄的碧空下，熠熠生辉。那双层飞檐，为这座庄严的殿宇插上翅膀，给人至高无上的感觉。

殿前的大梁之上，悬挂着"大成殿"金字匾额。殿内正中设木龛，龛内置"大成至圣文宣王"的牌位。孙衣言趋步紧走，用于捋起前襟，行跪拜礼。诒谷、诒让见父亲跪拜，亦一左一右跟着下跪。酱紫色的门槛下面，泻进来明晃晃的阳光，裁过父子二人的背脊，在锃亮的青瓷砖面上，勾出三条长长的身影来。

"父亲，怎么没有圣人的塑像呢？"诒谷觉得神位上少了样最重要的东西，问道。

"以前有过。"孙衣言答。

"这可不好，至少得让人记住圣人的长相容貌呀。"诒谷摇头。

"有没有塑像无所谓，我们崇拜圣人，主要是尊崇他的思想，传播他的主张。至于长相容貌，无关紧要。"诒让道。

"涵儿说得在理。"孙衣言频频点头。

"父亲就喜欢袒护你。"诒谷贴着弟弟的耳根嘀咕。

"每逢大比将至，渴望获得功名的学子们无不来此进谒朝拜，以期得到圣贤的恩浴。"孙衣言走向大殿东西两侧，在闵损、冉雍、端木赐、仲由、卜商、有若、冉耕、宰予、冉求、言偃、颛孙师、朱熹十二哲人的牌位前，他回忆起有生以来经历过的最辉煌的盛典。那是终生难忘的祭孔大典，由咸丰皇帝亲自主持。那年，孙衣言新登进士，在这里和所有的同榜进士共同经历了这场神圣的洗礼。

"大哉先圣，道德尊崇，维持王化，斯民是宗，典祀有常，精纯并隆，神其来格，于昭圣容……"祭祀大典的乐音像殿外的阳光，在孙衣言的周身氤氲弥漫。那张棱角分明又稍嫌清癯的双颊上，浮现起一层圣洁而又柔和的光亮。他走进殿外的太阳里，让自己从头至尾沐浴在神明的照耀之中。

"祭孔仪式由皇帝亲自主祭，这时鼓乐齐奏，文武百官一同吟诵起迎神咸和之曲：太南林仲，太仲林仲……"孙衣言沉浸在祭孔大典的神圣乐音里，微闭双眼，忘记了自己是在跟儿子们说话。

"父亲，这场面一定很动人吧？"诒让似乎被父亲的神情感染了，露出向往的神色。

"是的，王公百官一律朝服朝珠，花翎顶戴，陆续按班站好。殿前侍卫浩浩荡荡，分别执刀、弓矢、豹尾枪、殳戟，以及金钺、立瓜、吾仗、伞扇幡旌、钲鼓笛角，立在丹陛的两旁。为父和所有新科进士一样，换下布衣，穿上朝服，排队立于丹陛下。这是为父一生中不能忘怀的时刻，也是每个新科进士最为光耀的时候。为父相信你们兄弟俩也会有这种时候的。"孙衣言的眼睛充满神采，他抱过两个儿子的肩头，自信地点着头说。

"来，父亲再带你们看一样东西。"孙衣言快步走下月台，在大城门的甬道上，指着两旁耸立着的一排排青石碑，继续说道："历代朝廷对新科进士，都寄予很高的褒奖与厚望。这里是元代开科取士后，历代朝廷建立起来的进士题名碑，每位新科进士揭榜后，碑石上会刻有他们的姓名、籍贯及名次。"

"父亲，您和叔叔的题名也在吗？"诒让双眼发亮，钦佩至极。

"对。"孙衣言很为自豪地点点头。

"太好了，父亲和叔叔的名字能跟孔庙联在一起。"诒让道。

"弟弟，咱们快去找父亲和叔叔的题名碑。"诒谷招呼诒让道。

没等诒让回话，诒谷已迫不及待四下寻找开了。他快速地穿过一座座经过无数个风吹日晒，风化褪色字迹模糊的石碑，在几排簇新的青石碑前放慢了脚步。

孙衣言站在甬道上，望着两个儿子在碑群中来回穿梭。他知道自己的题名碑位置，却不告诉他们，他要让他们在寻找的过程中，体验到作为一名进士的荣耀，并且自发地产生对于这种荣耀的向往和追求。

兄弟俩终于在一块石碑前停住了脚步。孙衣言清楚，这就是刻有自己名字的石碑了。立碑不久，字迹清晰，笔画分明，找到他的名字并不难。掐指算来，考中进士距今已六年了。他走过去，站在两个儿子的身后。

"父亲，您的名字在这儿。"诒让伸出小手，指着刻有孙衣言名字的地方，兴奋地叫了起来。

"父亲，孩儿一定不辜负您的期望，好好练武，考取武进士，报效国家。"诒谷毕竟年长弟弟十一岁，他已明白父亲今天带他们出来的用意。

孙衣言欣慰道:"这里一共有近二百座题名碑,题有明代永乐十四年至今五万余名进士的姓名。有清一代,在瑞邑,同宗孙希旦功名最高,金榜题名中了探花。我们孙家考中进士的,有为父和你们的锵鸣①叔两人。"

见诒谷诒让听得仔细,衣言勉励道:"好男儿应该有修身立业报效国家的大志,饱读诗书,勤练武功,文韬武略,匡救社稷于水火之中,成为大清的栋梁之材。"

"孩儿遵命。"诒谷、诒让并排站在孙衣言跟前,默默地听着父亲的教诲。一片银杏叶子飘落下来,歇在诒让的肩上,他纹丝不动地站着,那叶子也就在他肩上一动不动地停了好久好久。

回到食笋斋,已是中午时分。孙衣言被两个儿子拥着走进厅堂,发现胞弟孙锵鸣正和一位生人说着话儿。

---

① 孙锵鸣,字韶甫,号蕖田。道光廿一年进士,同治三年侍读学士。光绪十一年主讲上海龙门书院。

第二章

入宫应对

道光九年，孙衣言十六岁，孙锵鸣十三岁，兄弟俩参加童子试，都中榜了。过了三年，参加县学考试，孙衣言得第一名，孙锵鸣得第五名。此后的府试、院试，孙锵鸣的名次就跳到了孙衣言的前头，而且早孙衣言九年金榜题名，考中进士。

孙家虽是江南殷实之户，但长期供两个儿子参加科举，经济上却还是拮据。记得那年赴京应试候考，一住就是三个月。为了减少吃住的开销，兄弟俩只得各自寻了一个馆当塾师，各自解决住宿和吃饭问题。那时候所谓的馆，就是私塾，有钱人家为了培养子弟，请了先生在自家的厅堂或厢房里教孩子读书，这个地方就称"馆"。当时，孙衣言找到西四牌楼一李姓大户，在他家当塾师，孙锵鸣则到米市胡同一廖姓人家当塾师，两家相距约二十里。一日早晨，孙衣言煤气中毒，昏迷不醒。李家差人到廖家向锵鸣报信。锵鸣听后，大惊失色，马上披衣出门要去救哥哥。跌跌撞撞跑了一里路后，才碰上一辆骡车。登上车后，嫌拉车的骡子跑得不快，怕延误时间，又下车自己跑路。精神紧张，加上空着肚子，直跑得两腿打战，头晕目眩，跌倒了好几次，才雇马车赶到李家。幸亏孙衣言已经苏醒过来，正在喝粥，兄弟俩相见，悲喜交集。又有一日，孙锵鸣染上时疫。孙衣言不嫌路远，天天跑去护理，为他请医熬药。孙锵鸣病情加重，孙衣言干脆留宿在弟弟的书塾内伺候。兄弟俩相依为命的事，把李、廖两家都深深感动了。①

① 参见胡珠生《孙锵鸣集》

现如今，兄弟俩同在翰林院任职，朝野传为佳话。他们志趣相投，志同道合，最推崇永嘉学派，对孕育、诞生在家乡温州的这个儒学学派，一心想要发扬光大。

永嘉学派，由温州经学家们创建，宋代周行已、薛季宣时初露端倪，到陈傅良、叶适时根深叶茂。宋代儒学，程朱学派和陆王学派占统治地位，永嘉学派别具一格，主张经世致用，与程朱学派和陆王学派形成三足鼎立之势。

"哥哥，请看这位客人是谁？"孙锵鸣对刚进厅堂的孙衣言说道。与略嫌清瘦的孙衣言相比，孙锵鸣健壮英武。兴许凭了这点，在同治二年，他担任了武科会试总裁。

"孙大人，在下姓黄名体立，是来京参加丙辰科会试的，今天特地来拜见您。"客人行礼，并自我介绍。

黄体立？孙衣言马上想起来了，是瑞安黄吉人①家的二公子。黄家大公子黄体正考中举人后，皇上授他为文林郎，出任知县；三公子名体芳，字漱兰，天资聪慧。

他乡遇老乡，自然一见如故。尤其是大前年回籍办团练的孙锵鸣，②还在瑞安黄家见过黄体立。得知哥哥被选为今年会试的同考官，就把赴京赶考的黄体立带来引见，心想，伯牙琴好，终究离不了钟子期，要是卷子凑巧碰在了哥哥的手里，黄体立便不虚此行。③

"科场上的事谁都清楚。会试时上千名举子参加，卷子又是都经过了誊录的，一般情况下很难认出谁的卷子。此所谓'尽人事以应天命'，听天由命之意也。当然，到了殿试就不同了，阅卷官可直接见到不经誊录的考生试卷，即所谓的'能张雕弓如满月，西北望，射天狼！'有时候，只要不在书写上出大差错，甚至可以稳操状元左券。当然，结果如何，取决于主考官们对你的赏识。"孙锵鸣道光二十一年中进士，担任过广西学政，还奉旨出任乡试总裁和会试分校官，说起科场如数家珍。

"韶甫，科场上的事你比我有经验。"孙衣言笑着说。

---

① 黄吉人，字履祥。道光年间贡生，选任训导。
② 咸丰二年癸丑，春二月，太平军克江宁，定为国都，改称天京。仲父蕖田自广西归，奉命在籍督办团练。（张宪文《孙仲容先生年谱简编》）
③ 黄卣芳先生，讳体立。咸丰六年丙辰，卣芳先生登马元瑞榜进士第。殿试二甲，得刑部主事。（孙延钊《瑞安五黄先生系年合谱·咸丰六年丙辰殿试题名全录》）

"哪里哪里。"孙锵鸣知道孙衣言指的又是自己早他九年中进士的事，连忙谦虚地摆摆手，换了话题，向黄体立问起瑞安各大户办团练之事来。

黄体立说道："瑞安城内倒平安无事，只是相邻的平阳等地因连年荒灾，常有饥民骚乱之事发生，瑞安大户筹钱办团练，饥民才不至于窜入城内滋事。"

"别小看了团练，大清国外忧内困，旗军和绿营人数有限，地方上的事就只能仰仗团练了。"孙锵鸣说。

"国家兴亡，匹夫有责。大清朝如今内有长毛捻贼之乱，外有夷敌犯海之侮，我等该为朝廷分忧才是啊。"孙衣言听后叹道。

正说话时，却见仆人进喜匆匆来报，惠亲王的大轿已到食笋斋拱门外了。

孙衣言一怔，昨日刚拜见过惠亲王，相告皇上选他为丙辰科会试同考官的事，此番又亲自前来，是为何事？

想归想，这边早已到门前，迎候惠亲王绵愉的到来。

惠亲王绵愉是清仁宗颙琰的第五个儿子，道光皇帝的弟弟，当今皇上咸丰的五叔。[1]绵愉虽贵为皇叔，战功赫赫，却待人和气，没有丝毫骄横跋扈。咸丰三年，太平军林凤祥部北伐，占领深州，威逼京师。咸丰帝急命惠亲王为大将军、科尔沁王僧格林沁为参赞大臣，督京旗与察哈尔精兵拒敌。二人星夜驰剿，连破敌营数十座，林凤祥弃城而逃，京师转危为安。惠亲王尚武崇文，不似有些满族宗室，在汉族大臣面前摆出一副高高在上的姿态。他常常当着孙衣言的面，教导他的儿子们："宦家子弟自幼娇养，一切事物不令与知。倘父母家规整肃，书香留后，尚可成人。若父母稍贪骄奢，或子太娇养，不请严师，唯择柔朴，放荡不羁，鲜有成人者矣。"[2]

见孙家兄弟齐齐行礼，惠亲王连连摆手道："免礼，免礼。"

尽管绵愉努力使自己做得随和，那身四衩开绣蟒袍，仍使他保持着高人一等的尊贵。这种服饰，除清帝之外规格最高。

[1] 参见《清史稿》。
[2] 参见爱新觉罗·绵愉《爱日斋集》。

"兰贵妃传话，要见贵府二公子。"惠亲王落座，道。

"贵妃娘娘要见涵儿？"孙衣言心中一凛，不知是喜是忧。

"孙大人不用紧张。"绵愉见孙衣言面有狐疑之色，抚慰道。"皆因孙家两翰林同任侍讲，一时在宫中传为佳话。二公子又在孙侍讲的训导下，聪颖好学，虽年少却善于对策，宫中亦有传闻，想必是贵妃娘娘要眼见为实了。"

"公子不怕吧？"惠亲王用手摸摸诒让戴着瓜皮帽的头，问。

"不怕。"诒让扑闪着两只乌黑的眼睛，一副初生牛犊不怕虎的样子。

"好。"绵愉赞许道。他平日喜欢读书作诗，所以，面对喜爱读书的诒让，不苟言笑的脸上露出祥和的微笑。

诒让就要进宫了。对于他来说，此刻的心情并不在急于面见贵妃娘娘，而在于感受这座神秘的皇宫。随着轿子的跌宕起伏，窗上的帘子微开微合，金碧辉煌的宫殿就在这跌宕之间，跃进诒让的视线。

一堵高高的红墙挡住轿子，他们下轿步行。御林军横扫而来的目光，和他们身上的铠甲兵器一样地寒冷，诒让不寒而栗。幸亏父亲伸出温暖的大手，紧紧握住了他的小手，让他不再发怵。

从外朝到内庭的路是漫长的，这座宏伟壮丽的皇宫，正式的称呼是"紫禁城"。这世界上，从来没有哪个国家的皇宫被称作"城"，唯独中国。

走在紫禁城中的诒让，在无数座气势轩昂的殿宇宫阙中，感觉到自己的渺小。但这个聪明无比的孩子，很快就从庞大与繁复中找到了规律和秩序。这组世界上最优美、最辉煌的建筑群，严格依照中轴线，由南至北东西对称地铺张开来，庄严、雄伟、肃穆、和谐，每一处都透露出天子至高无上的王气，每一处都体现出尊卑有别的礼仪。天朝上国的安定和繁荣，就来自至高无上的王气和尊卑有别的礼仪啊！趋同感使诒让心情放松许多，在他眼中，沿途的御林军也随之亲切起来。

父亲现在又在想些什么呢？作为能够进入这座皇宫最中心的大臣，他现在是否在想君臣之道呢？"君君臣臣，父父子子"，父亲，您在想如何为皇上尽忠，那么德涵在想，如何对您尽孝道。

孙衣言走在儿子身旁，沉默不语。他现在想的不是皇上，而是兰贵妃。关于这位兰贵妃，宫里宫外有着很多传说，孙衣言全神贯注，努力寻找有关她的信息。

2-1　明清两代画家笔下的紫禁城

　　兰贵妃本名那拉氏，叶赫国后裔。因叶赫国曾与满洲交恶，清太祖努尔哈赤发过毒誓，要把叶赫人灭族。只因太祖皇后是叶赫国女儿，才特令苟延宗祀，只是暗地里告诫子孙，以后决不得与叶赫女人结婚。顺治至道光的二百余年间，清廷均谨遵祖训，但到了咸丰年间，这祖训因年深日久，便渐渐淡忘了。

　　那拉氏入宫时不过是一个秀女，在偌大的皇宫里，可没有人在意一个小小的秀女。不曾想这小小的秀女靠着美貌，硬是把自己熬成了贵人，后来又很争气地为咸丰皇帝生出一个皇子来，竟册封了贵妃，深得皇上宠幸。

　　说那拉氏以姿色取得皇上的宠爱，似乎有些片面，因为体弱多病的皇上更为看重的是兰贵妃的才学，热切希望她成为自己处理政事的得力助手。偏巧兰贵妃就具有这种才气，她通晓满汉文字，懂经史，善书画，能文能诗，如此才女在后宫中可说是绝无仅有。

　　过了乾清门，便是内廷了。一个太监在门后候着，见孙衣言来了，探过头来朝他

2-2 兰贵人日后成为权势如日中天的慈禧太后。西方画家笔下的慈禧太后是一个统治中国近50年的令人生畏的女王形象。

仔细打量一番,用阴阳难辨的尖嗓子问道:"来的可是孙侍讲?"

孙衣言点头道:"正是。"

太监道:"贵妃娘娘说,您不常来内廷,宫里的路生疏来着,让奴才来引路。"

孙衣言谢道:"贵妃娘娘想得周到,有劳公公了。"

走了一段路,便到了储秀宫,这里就是兰贵妃的住所了。在养心殿旁的众多宫中,储秀宫的建筑算得上是最考究的。

惠亲王已在储秀宫前等候,见孙衣言父子下轿,便引他们进宫。在宫门口守卫的侍从们,一律向惠亲王行跪拜礼,王爷四开衩的蟒袍下面,侍从们箭袖甩出的"啪啪"声此起彼伏。通报王爷进宫的吆喝声,回响在储秀宫中。

生活在深宫中的兰贵妃神秘莫测,现在仅隔了一层薄如宣纸的竹帘,坐在孙家父子的跟前。她身后镂金镶银的巨幅屏风,和她身前的红木书案,以及散放在屋里的,只能在皇宫里才能见到的玲珑玉器和西洋钟,烘托出皇妃的显赫与威严。高高挽起的旗髻,灿若桃花的脸颊,柳叶般的双眉,以及水一样柔和的声音,又毫无遮挡地把女人的妩媚,如汩汩流淌的清泉一样流送到人们的心底。

"孙侍讲,你兄弟二人同在上书房行走,为大清效力,宫里早有所闻。近来,又听说你家公子聪颖过人,人称神童,今天请你们来,就是想见识见识,叙谈叙谈。"兰贵妃的开场白,让孙衣言父子少去了许多拘谨与不安,这种因高贵而来的随和,会产生一种不可抗拒的亲和力,使你愿意接近它,并且接受它。

"启禀贵妃娘娘,微臣和小儿不才,居瓯郡偏僻之地,能来京师效忠朝廷,全靠皇恩浩荡,娘娘赐福。"孙衣言说。

"我进宫之前,听人提起过温州的,说那里所产的物品小巧漂亮,百姓擅长经商。只可惜地方偏僻了些,乾隆爷南下时不曾一游。但据我所知,瓯越之地并不乏文人学者。"兰贵妃道。

"贵妃娘娘所言极是。儒家学说历数千年之演进,造极于赵宋之世,出现了程朱学派和陆王学派等诸多学派,与之并立的永嘉学派,就起源于瓯越。"①见贵妃娘娘说温州多文人学者,孙衣言自豪起来,想,既然兰贵妃对永嘉学派有兴趣,这可是个千载难逢的好机会,何不顺水推舟向她推荐一番,便道:"永嘉学派的主张源于古代的经学,适用于当今,反对空谈义理,重视货币、田赋、盐茶、地形、水利、转输、吏役、兵制、济贫。南宋叶水心,是永嘉学派集大成者,他主张功利之学,认为如果没有功利,道义就是毫无用处的空话,不要讳言财利,不可重农抑商。"②

"是吗?"兰贵妃兴趣盎然,"既如此,你把宋儒叶水心的逸闻趣事说与我听听。"

"微臣遵命。"孙衣言正待把永嘉学派的精粹说与兰贵妃听,但兰贵妃要听叶适的轶事,只好从命,"南宋淳熙年间,叶水心在临安殿试,他的廷对做得出色,本该夺得状元的,只因其中一句,孝宗帝存疑,被主试官降为第二名,做了榜眼。"

① "乾道、淳熙诸老既殁,学术之会,总为朱(熹)、陆(九渊)二派,而水心(叶适之号)其间,遂称鼎足。"(《宋元学案·卷五十四水心学案》)

② "永嘉之学,教人就事上理会,步步着实,言之必使可行,足以开物成务。"(《宋元学案·卷五十二艮斋学案》)

2-3 孙氏藏书《水心文集》，温州市图书馆藏

"哪一句？"兰贵妃问。

"原句是这样的：'臣闻以庸君行善政，天下未乱也；以圣君行弊政，天下不可治矣。'孝宗帝问：'是圣君行弊政？还是庸君行善政？'认为叶适说聪明的君主推行弊政，昏庸的君主却推行善政，岂不是自相矛盾吗？"①孙衣言细细道来。

"是啊，聪明的君主怎能推行弊政呢？只有昏庸的君王才可能推行弊政，反之，只有聪明的君主才可以推行善政。"兰贵妃点头道。

"不对。叶水心的意思是，即使是才能平庸的君主，如果实行的是善政，天下就不会大乱；反过来讲，即使是聪明绝顶的君主，如果实行的是弊政，天下反而要大乱。国事关键，在于制度政策。"坐在父亲身旁的诒让，突然溜下宽大的红木椅子，站起来侃侃而谈。

"涵儿。"孙衣言为儿子的这番话感到惶恐，早已满脑门冷汗。

"孙侍讲，你的儿子果然聪明。如此说来，倒是孝宗皇帝误解了这句话的意思。可惜了叶水心。"兰贵妃虽然微微脸红，但随即很大度地点头称是，不但没有指责诒让的意思，反而嘉勉道。

"从字面上看，照贵妃娘娘刚才的说法，其实也没错，本来这句子就存有歧义。"孙衣言给了贵妃娘娘一个台阶下。

"这倒也是。"兰贵妃伸出葱样细长的手指，从侍女的盘中端过杯子，掀开盖子，啜了一小口参汤，又问："你的儿子叫什么来着？"

"回贵妃娘娘，小儿名诒让，字仲容，小名德涵。"孙衣言答。

① 典出叶绍翁《四朝闻见录·先皇策士》

"几岁了?"兰贵妃和气地问诒让。

"回贵妃娘娘,九岁了。"诒让答。

"都念了些什么书?"兰贵妃问。

"父亲教我《四子书》和《周礼》。"诒让答。①

"开始念《周礼》了?"兰贵妃微微一怔,问:"可读得懂?"

"《周礼》深奥,诒让初学,只是粗略文义。"诒让朗声答道。

"你既已读过,说来让我听听。"兰贵妃道。

"《周礼》是记录官制的书,亦称《周官经》,分《天官冢宰》《地官司徒》《春官宗伯》《夏官司马》《秋官司寇》《冬官司空》六篇,其中《冬官司空》失传,汉朝时补上《考工记》。"诒让道。

"既然是周代官制的书,那么对现如今的官制,又有哪些用处呢?"兰贵妃很仔细地问。

"当然有用,现如今官制就是来自于《周礼》呀。"诒让道。

"是这样吗?"兰贵妃的兴趣,被诒让的回答撩拨得十分强烈。

"咱们大清国,实行的是六部尚书的官制。娘娘可知道,这种官制从上古延续下来,到现如今已有数千年时间。"诒让说到这里,卖了个关子,停顿一下,见贵妃睁大了眼睛等待他的下文,才从容不迫地说,"只不过现如今称六部,《周礼》中称六官。"

"《周礼》中有天官系统,天,是至高的,是万物化生之父,是万物的统领,天官系统的职责是任命和管理百官,辅助朝政,天官之首为冢宰,相当于现如今的吏部尚书;《周礼》中的地官系统,掌管土地户籍和赋税财政,设司徒一职,也就是现如今的户部尚书;《周礼》中的春官系统,是执掌礼法的,春天是四季之首,是万物萌发的季节,用以春命名的官员负责礼法,是表示对礼的极端重视,宗伯是统率春官系统的官员,即现如今的礼部尚书;《周礼》中的夏官系统,主要负责军事,首官为司马,既现如今的兵部尚书;《周礼》中有秋官系统,取秋季肃杀草木凋零之意,对盗匪奸淫之徒实施刑法,以司寇为首,即现如今的刑部尚书;《周礼》中的冬

① 咸丰五年乙卯,孙诒让八岁。授子诒让四子书。时衣言方欲以经制之学,融贯汉宋,通其区畛,而以永嘉先儒治《周官经》特为精详,大抵阐明制度,穷极治本,不徒以释名辨物为事,亦非空谈经世者可比。因于四子书外,先授诒让以此经,籍为研究薛、陈诸家学术之基本。(孙延钊《孙衣言孙诒让父子年谱》)

官系统，管理百匠和制器，首官司空，即现如今的工部尚书；凡此六个系统，合起来便是现如今的六部。"诒让抑扬顿挫，侃侃而谈。

"原来是这样啊。"见诒让小小年纪，回答得如此天衣无缝，兰贵妃高兴极了，天性聪颖的她近来对朝政极感兴趣，便笑道："你再说来听听，此书又有何用？"

诒让也不谦让，道："此书汇集周朝官制和战国时代的各国制度，添附儒家的政治思想，虽距今二千五百余年，却是一部既体现了高尚的文明，又可以学以致用的儒学经典巨著。"

听到诒让说《周礼》是一部既体现了高尚的文明，又可以学以致用的儒学经典巨著，孙衣言简直不敢相信自己的耳朵，在教儿子《周礼》的时候，他并没有作过这番评价呀，这九岁的孩子怎么就说出如此有条理的话儿来了。虽心中暗喜，却不敢在贵妃面前表露出来，只是道："贵妃娘娘别听他说得头头是道，其实都是些皮毛。《周礼》文义深奥，校诂错杂，是所有经书中最难读最有争议的，许多文字词义连微臣也无法一一理清。"

贵妃想不到早在数千年前的周朝，就有如此博大精深且实用的经典之作，而那时候她的祖先，还在冰天雪地的北方过着茹毛饮血的生活呢，不禁暗中汗颜，感叹道："此书难得，可致太平。"

几番对话下来，孙衣言已目睹了这位贵妃的不同凡响。这是一位可以直接与汉儒对话，能够深刻理解中华文化的满族女子。但她对《周礼》表现出来的特殊兴趣，是否表明对朝政过于热心呢？孙衣言不敢深想，脑门上又渗出汗来。

"敢做个对子吗？"兰贵妃微笑着对诒让道，她已经

2-4　孙氏藏书《周礼札记》，浙江大学图书馆藏

喜欢上这个孩子了。

诒让一听是做对联，心想，不过是文字游戏罢了，扬脸点点头，等兰贵妃出题。

"记住了，我这个对子要包括一、二、三、四、五、六、七、八、九、十等十个字。"兰贵妃柳眉一挑，计上心来，脱口而出。

孙衣言站在边上，暗暗着急。尽管这种文字游戏不用多大学问，他平常忙完朝政，偷闲也与诒让对上一联，但今天的场面非同小可，着实为儿子捏了一把汗。

诒让记了这十个字，不慌不忙地在椅子前踱起步来。三个来回，停住脚步，高声道：

"回贵妃娘娘，有了。"

"说来听听。"兰贵妃不相信他这么快就有对联出来。

"此处可有笔墨。"孙诒让拿眼环视左右。

"涵儿。"孙衣言吓得欲上去制止儿子。

兰贵妃向他摆了摆手，向贴身宫女咐吩道："拿笔墨来。"

诒让爬上椅子，拿笔，用鲁公体写了一副对子。也不等晾干，边上的宫女就拿去呈给兰贵妃。

贵妃念道："八音同谐一二刻三纲五纪，十人同侣六七步四海九州。"惊疑之色透过厚厚的脂粉，布满在她的脸上，一对细眉高高扬起，像蜻蜓翅膀微微颤动。

孙衣言大惊失色，冷汗浃背。

贵妃微笑，命宫女收去对联，道："果然是个奇才，待我向皇上禀报，赐'天下第一才子'名号。"

诒让谦虚道："才疏学浅，哪敢担当。"

孙衣言跪禀："小儿碌碌，岂敢领受圣誉奖赏，伏乞收回成命。"

兰贵妃改口道："那就赐'江南才子'罢！"

孙衣言还欲推却，边上的惠亲王道："兰贵妃的盛意你们就领了，回去好好用功，将来做一个有用之才报效朝廷。"

叩谢过贵妃娘娘，孙衣言带着诒让离开储秀宫。他把握不定贵妃的这次召见，是心血来潮呢，还是刻意安排，对自己的官宦生涯又会产生什么影响。

一年后，孙衣言被外放安庆。

第三章

金钱会变

导致京察一等的翰林侍讲孙衣言外放安庆的直接原因，是因为他的主战言论。

咸丰六年，广州水师到中国商船"亚罗号"搜捕海盗，遭英国驻广州领事巴夏礼非难。事件发生后，英国海军上将西马縻各里率军舰侵入广东珠江，占据沿江炮台，第二次鸦片战争爆发。同年，法国天主教神甫马赖在广西西林县传教，被地方官处死，法国派葛罗为全权特使，率法国舰队前来中国，誓言为保卫圣教而战。

咸丰七年，英法联军舰队攻陷广州，两广总督叶名琛被英军俘虏押往印度，广东巡抚柏贵、广州将军穆可德讷投降。

咸丰八年四月，英法联军舰队闯入白河，炮击大沽炮台，直隶总督谭廷襄率部溃逃，大沽炮台失守，天津、京都告急。大沽炮台失守后仅两天，沙俄便趁火打劫，派东西伯利亚总督穆拉维约夫率舰队侵入黑龙江，逼迫黑龙江将军奕山签订《瑷珲条约》，夺走中国黑龙江北岸领土六十余万平方公里。

和历次的危机一样，朝中主战主和两派各抒己见，论争极其激烈。

翰林侍讲孙衣言几个晚上没睡，奋笔写下奏章《御戈之策章》，呈递给咸丰皇帝，坚决主张抗敌。他是一个不怕洋人巨舰大炮的官员，坚信只要重用能够灵活运用传统军事策略的军官，在不影响百姓日常生活水平的前提下，适当地征集一定数量的军费，合理地添置必不可少的军事装备；招募渔民和农民组建团勇，允许他们痛杀洋人，那么以中国的亿万之众，战胜来犯的区区一小撮可恶的洋人，不是一件太困难的事。

对于像《御戈之策章》中的这种慷慨激昂的话语，咸丰皇帝从开始执政到现如今，已经听了无数遍，耳朵都听得长了茧。他的态度也逐渐发生变化，从原来的欣赏转变为现在的厌恶。他终于懂得，在洋人巨舰大炮的阴影下，这些慷慨激昂的话语，不过是缥缈虚无的海市蜃楼。他的父亲、勇敢的道光皇帝,早在第一次鸦片战争爆发时,就曾坐在太和殿的龙椅上,坚决有力地挥动手臂,誓言为关闭中国大门与洋人决一死战。但战争的结果很快就见分晓,中国军队血流成河,中国的大门对洋人开得更大,中央帝国不可战胜的神话彻底完结。

道光皇帝最后几年的日子过得痛苦不堪,他那充满自信的眼睛曾经那样的炯炯有神,到终了却显得漫散无光。在皇宫的某个没有人的角落,道光皇帝甚至会像女人一般地号啕大哭,如同被强奸后苟且偷生的弃妇。

太子奕詝是无意中看见哭泣的父皇的,一刹那间,威严神圣的偶像粉碎成泥土草末。受洋人欺负的皇帝是没有任何尊严可谈的,当太子奕詝成了咸丰皇帝时,这种感觉更加强烈。

咸丰皇帝现在忧心忡忡,英法联军那一排排黑森森的炮口,已经离古老的皇宫越来越近,再不作决断,巍峨壮丽的宫殿将被炮火无情地从地上抹去。使他更为担心的是,清军的任何抵抗,都将导致洋人变本加厉的报复,以致使皇家寝陵中祖先的遗骨蒙羞。

主和派的意见终于被皇上采纳了,大学士桂良、吏部尚书花沙纳赴天津与英法代表议和,与英、法、美三国签订了《天津条约》。这是个极其苛刻的和约,不但规定清政府向英国赔款白银四百万两,向法国赔款白银二百万两,还要让外国公使长驻北京,向列强开放新的通商口岸,外国人可以在中国内地自由传教、游历、通商,外国商船可以自由航行于长江各口岸,向外国商船征收的税款必须减轻。

签订和约以后,严惩主战的官员,把主战的官员调出京城,是清政府的惯例。对于位卑言轻,数次递呈奏章力主决战速战的孙衣言,咸丰皇帝是十分不满的。孙衣言曾是他甚为看中的官员,咸丰五年移跸圆明园,孙衣言随侍澄怀园。念及其身为瓯地之人,久未尝家乡之果,特地赐他秘藏宫中的瓯柑数个,令其聊解乡愁。想不到此人性格偏执,全然不顾皇上难处,不断地违背皇上旨意,对这样的官员,必须予以严惩。

皇帝的决定是至高无上的,连身居高位的惠亲王绵愉也无力挽回。绵愉到兰贵妃那里求援,兰贵妃微笑道:"臣闻以庸君行善政,天下未乱也;以圣君行弊政,天下不可治矣。"这不是孙衣言引用过的宋儒叶水心的话吗,兰贵妃重提此话是什么意思?三十六计走为上计,绵愉赶紧告退。

兰贵妃其实是想保护孙衣言的，他培养了一个既懂《周礼》又善于应对的儿子，很得她的欢心，说不定什么时候，她有用得着这个"江南才子"的地方呢。兰贵妃的枕边风发挥了作用，按她的说法，这位来自瓯越僻地的翰林侍讲，深深地陷入所谓的永嘉学派学说之中，以至于变得好高骛远自以为是，总以为他的御敌之策和经济学说是锦囊妙计，尽管如此，此人对皇上的忠心却无可置疑。于是，咸丰决定外放孙衣言为安庆知府。①

孙衣言的心情从来没有像现在这样懊丧。外放充任实职，尽管要比在翰林院做清苦的京官来得实惠，可一旦结束了可以直接参与朝政以求快速升迁的京官生涯，今后的仕途将变得坎坷不平。尤其是得不到皇帝的信任，主战的主张得不到采纳而导致的外放，对人心灵所造成的创伤是无法弥合的。更令孙衣言遗憾的是，他原先打算利用担任翰林要职，弘扬光大永嘉学派经世之学的计划，因为外放而难以实行了。使孙衣言寒心的另一层原因是，到被太平军占领的安庆做官，并不是正常的外放。安庆还在太平军手中，所谓的安庆知府并无一寸土地一个子民，对于一个没有土地和子民的守土官，知府这个职衔是极具讽刺意味的。②

孙衣言是咸丰八年夏末出任安庆知府的。《天津条约》已订，沿途口岸洞开，洋人趾高气扬，出入中国之地若进出自家之门，孙衣言痛心疾首，急火攻心，以至大病一场。

待病愈再度起程，已是深秋。一路长叹断吁，行至庐州军中，竟是岁末。在任上的日子里，孙衣言无法排遣心中的抑郁。朝廷与列强议和之后，诸国得寸进尺、不断挑起战端的消息频频传来，孙衣言旧病复发。

安庆濒临长江，为长江重镇，兵家必争之地。自咸丰三年被太平军占领，迄今已六年。曾国藩统率的湘军与太平军多次在这里进行过大战，但久攻不下。咸丰七年，曾国藩因父亲病亡回家守制，咸丰八年奉旨移军援浙，攻克安庆的日子更是遥遥无期。

---

① 咸丰八年，四五月间，英法联军薄天津，求瓯脱地，又请行天主教，以沿江为互市，大臣有主之者，衣言两进封事，请早定战，议论至剀切，帝鉴其戆直，优容之。又，两疏《逊学斋文抄》未载，家藏原稿仅见第二疏。(《孙衣言孙诒让父子年谱》)

② 咸丰八年戊午夏六月，父琴西公出任安徽安庆府知府，十二月十九日行抵庐州，于军中接篆。先生随母叶太夫人归里。(《孙仲容先生年谱简编》)

既然安庆不在清军掌握之中，那么孙衣言的安庆知府也就是个空衔，巡抚翁同书给他的任务，只是在管理军营营务的同时，率兵保护在军中的按察使。军事形势日趋严重，身为知府的孙衣言却滞留在庐州军中无所作为，有职无权的痛苦，低烧不退的折磨，心力交瘁的孙衣言于咸丰九年上疏辞官回乡。①

离家九年的孙衣言回归故里了，这是他外放安庆知府的第二年。宦游而归，正值初夏，丽日当空，万里无云。但像这样毫无光彩的回归，于孙衣言看来，倒更像江南的梅雨天，阴郁湿冷。

虽然心情不好，但家居充满闲情，充满亲情。本是性情中人的孙衣言，考取功名久居官场，对乡间的生活仍然十分向往，何况，在外多年没尽孝道，难得有一年半载的闲居，正好可以侍奉父母，略尽孝道。不知不觉之间，已在瑞安演下村度过三年时光。

咸丰十一年的春夏之交，演下村下了一场雨。那雨缠缠绵绵，细细柔柔，浸淫着天地万物。于是，空气中涨满了水气，积水的地面敷了一层绿苔。孙衣言抬头望院子外面的青山，那细雨编结成的一片片云幔，湿漉漉的，裹住山尖。院门敞开，一头水牛被老农牵了鼻子，就着绿色的田塍由远而近。

孙衣言好羡慕牵牛的蓑衣老农，心想，就在山村中做一老农，终其一生，岂不快哉。不觉轻声吟道：

沿溪百折路无穷，僻地今真就老农。水色山光烟雾外，高田下屋画图中。

竟承筐筥劳诸父，便载诗书拓数弓。自此可无关世事，一编相对傍牛宫。

面对这平和的景致，是可以忘掉尘世的烦恼和一切欲望的。辞官回乡的孙衣言，要的正是这种心境。但这种心情能维持长久吗？在潘岱演下村的日子里，孙衣言看似悠闲，其实心中郁积着愁苦。

① 咸丰八年十二月十九日，抵定远，辄于其地接篆视事。皖抚常熟翁药房中丞同书，檄衣言护安徽按察使。咸丰九年，孙衣言在定远，毕校《五代史》七十四卷。三月下旬，衣言获准引疾归休，凌少南等为之饯别。四月初，衣言从定远启程返里，有随笔记舟行日程。（《孙衣言孙诒让父子年谱》）

3-1 《牧牛图》（清·项维仁）

排解愁苦的最好方法，便是教德涵①诗文。为儿子授课，真是一种享受。德涵嗜书如命，过目不忘，才思敏捷，有一种与生俱有的悟性。孙衣言心中一直有一种预感，儿子日后将会是一个成大器的人。

在安庆知府任上，因为公事繁忙，孙衣言很少有时间教授诒让学业，只不过让他自学《汉魏丛书》罢了，碰到有什么疑难问题，诒让向他求教时，他才予以解答。

对滞留军旅之中，没能为诒让创造一个安定的学习环境，孙衣言一直心存愧意。在演下的日子里，他便集中精力教授经史校雠之学。诒让实在是个聪明绝顶的孩子，不过才十三岁的小小年纪，竟写成了《广韵姓氏刊误》一卷，初步涉猎校雠之学了。②

孙衣言为儿子学有长进欣慰之余，却为国事愁白了头。咸丰八年，清廷与英、法、美三国签订《天津条约》。咸丰九年，清廷悔约，爆发大沽口炮战。咸丰十年，中国战败，在北京礼部大堂与英、法两国互换《天津条约》后，又与两国分别签订《北京条约》：开放天津为商埠；准许华工出国；割让九龙司给英国；任凭法国传教士在各省租买土地建造自便；向英、法两国支付战争赔款共一千六百万两白银。

① 孙诒让，又名德涵，字仲容，别名籒颐。
② 咸丰七年，孙诒让从父读书识文义，浏览《汉魏丛书》以为乐。咸丰十年秋七月，孙诒让草《广韵姓氏刊误》一卷，始为校雠之学。（《孙衣言孙诒让父子年谱》）

使皇上突然改变主意,要与英、法两国谈判修改《天津条约》的原因是,如果外国人进入内地通商、传教,一旦与太平军等逆贼勾结起来,对清王朝将是一个莫大的威胁。条约规定外国公使可以长驻北京,对这一条款,咸丰更是如鲠在喉,终日不宁。乾隆、嘉庆年间,外国使臣在北京的逗留时间以四十六天为限,不得长驻。祖宗制订这些规矩,考虑甚为细致,如果洋人长驻北京,把京城的底子摸透,后果难以设想。更令他决心改约的是,洋人曾照会总理各国衙门,声称见了他这个中国皇帝决不行跪拜礼,这岂不是俨然以太上皇自居么!今后如有什么地方得罪他们,这些洋鬼子肯定会勾结起来,趁机在皇城内谋害于他。

3-2 《广韵姓氏刊误》(清·孙诒让),浙江大学图书馆藏

对于咸丰的改约要求,英法两国反应强烈,英军司令何伯集结联军舰队炮轰大沽要塞。面对强大的英法联合舰队突然袭击,英勇的直隶提督史荣椿率领官兵拼死抵抗,他和副将龙汝元亲自点燃大炮轰击敌舰,激战一整天,击沉英法军舰十余艘,打死打伤英法联军五百人,英法联合舰队溃逃,史荣椿和官兵共三十六人也战死在炮台。

为报大沽炮台兵败之仇,英法两国于次年派遣远征军二万五千人,分乘二百多艘舰船,浩浩荡荡杀奔中国而来。先攻克定海、烟台和大连湾,又逼近津门,在北塘登陆后,占领了新河、塘沽,秋风扫落叶般杀死无数清兵,接着又攻陷大沽炮台,天津沦陷。

联军向北京进发,一路攻占张家湾、郭家坟和通州,在八里桥与清军大决战。由僧格林沁、胜保和礼部尚书瑞麟统领的三路清军,总兵力超过三万人,其中有一万骑兵。由法军总司令孟托班指挥的英法远征军共三个旅,步、炮兵约一万人。战斗在闷热的夏日凌晨打响,僧格林沁一声令下,勇敢的蒙古骑兵齐呼杀贼,喊声震天,纵马冲向敌阵。这是一股血肉之躯组成的狂飙,复仇的铁蹄所过之处将寸草不留;这是一支冷兵器组成的铁流,锋利的军刀将无情地撕碎沿途的一切生物。但在联军的新式阿姆斯特朗大炮轰击之下,蒙古勇士们如同灯蛾扑火,有去无回。

轮到英法联军进攻了。他们兵分三路,法军第一旅在东路,法军第二旅居中路,

3-3　英法联军进攻八里桥

英军为西路，悉数压向八里桥。法军第一旅很快就战胜了瑞麟率领的清军。法军第二旅和英军强攻八里桥，炮弹蝗虫般袭来，炸得古桥乱石横飞。胜保率部守桥，排枪和火炮霰弹雨点似的射来，胜保受伤落马，属下将士死伤无数。僧格林沁率残余骑兵来往穿插，试图把英军和法军分割开来，与胜保所部合力歼灭其一部。激战至上午九时，联军越战越多，僧王知道大势已去，杀出重围向北京城溃逃。

第二次鸦片战争中的最后一场大仗结束了。八里桥静悄悄，这里不像战场，却像一座血腥的大屠宰场，清军将士烧焦的头颅内脏，蒙古军马撕裂的断肢残臂，一堆堆地散落在各个角落。

亡国的阴影笼罩了整座京城。咸丰皇帝独自一人漫无目的地走在皇宫中时，再一次听见道光皇帝凄厉的哭声。这座东方最壮观的宫殿很快就会落入洋人的魔爪，这是他的孟浪和轻率的决定造成的。来自蛮荒之地的洋人，是掌握了魔法的魔鬼，是难以用文明与常理战胜的，最精锐的清军遭到的覆灭，给咸丰皇帝的启示就在于此。在太监和宫女的保护下，咸丰与后妃们匆匆出宫逃往热河避暑山庄，为了掩盖这次不体面的失败，他们把出逃美其名曰"狩猎"。

残余的清兵用屈辱的跪礼，把英法联军迎入北京。全副武装的洋人们一进入北京,便把他们鹰隼般尖利的蓝眼睛,死死地瞄准了举世无双的圆明园。米启尔中将率领的一个步兵师和联军骑兵主力三千余人,攻入圆明园。这些来自西方的胜利者,在这座举世无双的皇家园林里,充分演绎了他们的野蛮、粗鲁和贪婪。他们大肆抢掠宝物,不能拿走的便加以毁坏,在发泄完自己的兽性之后,他们留给这座"万园之园"的是一把罪恶之火。可怜这座历经康熙、雍正、乾隆、嘉庆、道光几代皇帝,历时一百五十余年,花费无数人力、财力、物力造就的,世界上最宏伟最美丽的皇家园林,在冲天火焰中化为一片废墟。最令孙衣言感到愤恨的是,洋人不但抢去了珍藏于园中的历代图书典籍、文物书画和奇珍异宝,竟然还把收藏《四库全书》的文渊阁藏书楼烧得片纸不留。

园中的正大光明殿是最后被烧毁的,那么紧临殿前东扇子河的澄怀园又怎样了呢?那是他执教过皇家子弟的地方呀,美轮美奂的近光楼、廊庑回缭的砚斋墨亭、池水萦绕的乐泉西舫、假山环抱的山南书斋,还有繁花似锦的药堤、风荷婷婷的影荷亭、殿堂上的御书匾额——如今这一切全都烟消云散了去,变成一堆堆瓦砾和灰烬了。

呜呼,居天地正中的泱泱大国,竟屈服于远渡重洋而来的区区蛮夷!圣明的皇上啊,您为什么不采用臣下递呈的《御戈之策章》呢?这本奏章中包含着永嘉先贤的真知灼见,包含着经世致用的务实之说呀!在和平之时重视货币、田赋、盐茶、地形、水利、转输、吏役、兵制、济贫等社会和经济问题,制定重农、通商、惠工、理财、税收的政策,做到强国富民。在战争爆发时,征集充足的军费,添置必要的军事装备,选用懂得传统兵法的军官统率军队英勇杀敌,招募沿海各地的百姓组建团勇痛杀洋人,一仗不胜再战,再战不胜续战,何愁区区蛮夷不灭。远在热河行宫的皇上,您听到臣下献策的声音了吗,您明白臣下求战的心情了吗?

孙衣言走进水湿的大院,在雨中闭目朝北而立。夫人凝香见他努着嘴自言自语,嘴唇已被雨淋得乌青,赶紧打伞过来,拉了他站到杉木屋檐下。

站在檐下,孙衣言的思绪回到家中。他看着这座很有些气派的大屋,不禁深深地为祖辈们的勤劳起家而感动。现在他们兄弟俩都已成家立业,辛勤了一辈子的父母也到了颐养天年的时候了。

到卯时了吧,该到父亲房中请安了,孙衣言转身朝父亲的房里走去。

孙鲁臣早已起床晨读。尽管他在家务农,终身不仕,但家藏善本并不匮乏。闲暇

3-4　英法联军在圆明园大肆掠夺

时，他常常翻来覆去地咀嚼这些圣贤经书。年轻时他就藏身书斋而不喜结交，到了晚年，就更不喜外出交友，常常独自一人伏案翻书。老人看的书杂，除了圣贤之书，诗词歌赋，小说稗史，还有那本每日必读的《本草纲目》。①

见大儿子进来请安，孙鲁臣放下手中的书。他两鬓花白，耕耘劳作带给他满脸皱纹，使他端正的脸显得粗糙而苍老。看见父亲因咳嗽而晃动弯驼的脊背时，孙衣言的心里充满了负疚之感。

孙衣言记得，才四五岁时，父亲即对他进行启蒙教育。到了他和弟弟藁田粗解文义的时候，父亲便为他们四处择师。家中虽不富裕，但赠予塾师的聘礼却样样不少。

道光甲午年，他和孙锵鸣赴试杭州，父亲翻山越岭，一路陪着他们，每逢陡坡，就蹲下身子，要背他们上山。当儿子的怎敢将自己的身体压向父亲的背脊，父亲生气了，呵斥道："你们年少体弱，需养精蓄锐考虑文章。父亲年事已高，于功名无望，寄希望于你们

---

① 二十七世祖，讳希曾，字贯之，号鲁臣，邑增生，我曾祖也。姚氏项，灯公女，氏张，熙载公女，氏胡，观涛公女，皆无所出，最后继配丁氏，采桧公女，则公之母也。(《孙氏源流及家世》)
其家虽世代书香，但到了孙衣言、孙锵鸣兄弟通籍而始显，其祖、父辈的藏书是不多的。(张宪文《瑞安孙氏玉海楼书藏考》)

兄弟。"就这样,父亲用背脊承载着对他们兄弟的全部希望,翻过了一座又一座的高山。他毫不怀疑,父亲的背脊就是在那时开始弯曲了去的。

每当看见父亲愈显弯驼下去的脊背,孙衣言的心里就越发地积淀起对他的报答之情。然而,这种报答之心因为种种原因难以实现,这就使他显得愈加不安了。他默默地走过去,为父亲轻轻地捶背。

"锵鸣有消息吗?"沉默了很长时间,孙鲁臣才开口说话。

3-5 金钱会铜钱

孙衣言清楚,父亲关心在瑞安城中的弟弟。孙锵鸣于前年奉旨再次回籍办团练。当天下被洋人和长毛搅得天翻地覆,外忧内患的朝廷便一批又一批地派出在京为官的儒生,胸怀"修身齐家治国平天下"大志的文官们领兵打仗,为处于危难中的大清国尽忠。

咸丰八年,与瑞安相邻的平阳县金钱会起事,为首的是钱仓镇的一个搬运工赵起。在瑞安办团练的孙锵鸣,便不可避免地卷入此事中去。①

钱仓镇南临敖江,北扼钱仓山,是当时闽、浙两省陆路交通的枢纽,南来北往商贾的集散之地。在海上运输并不发达的时候,这里繁荣过一段日子。后来,外国商船垄断中国海上运输,陆路运输日渐衰落,赵起和搬运工的生活没了着落,温饱不保,无奈之下便起了聚众起事的念头。

他们学习福建"红钱会"和赣州"边钱会"的方式,以铜钱作为入会的标志,成立了"金钱会"。他们在康熙大铜钱上面灌上铜液,浇铸"金钱义记"四个字,凡参加金钱会的,只要交了会钱,每人发放一枚。平阳多饥民,见有人领头,哪有不参加之理,纷纷加入此会。金钱会人数愈来愈多,范围越来越广,连一些秀才、小地主,甚至绿营兵弁也秘密入会杀富济贫,抢粮放火,专与大户为敌。

官府对上不敢呈报,唯恐朝廷怪罪下来不好交代,又不敢惩办金钱会,恐怕结怨太甚,反而激起民变,便掩耳盗铃,想出一个

① 咸丰八年,金钱会起事于平阳,自是温郡各邑被兵者四载。(《孙衣言孙诒让父子年谱》)

把金钱会视为团练使其合法化的鸵鸟之策来。如此一来，金钱会更加蔓延开来，如火如荼。

温处巡道志勋、温州知府黄维诰、平阳知县翟惟本这些地方官胆小如鼠，不敢言及剿捕之事，保持中立，放任金钱会成立团练，瑞平两地的大户义愤填膺。许多富豪举家逃难到瑞安城中，向奉旨在籍办团练的翰林孙锵鸣哭诉。

孙锵鸣大怒，他一直把办团练看成神圣的事业，太平军造反，占去长江以南半壁江山，朝廷就是依靠曾国藩训练的团练，才遏制住他们的攻势。办团练是挽救颓势中兴大清的大事啊！乱世出英雄，在湘军中，一大批像他这样的儒生，就因为率领团勇英勇作战，经历过血和火的锻炼，才得以实现修身齐家治国平天下的崇高理想。可现如今这些仰食朝廷俸禄的温州地方官，竟然把杀人放火的金钱会收编为团练，简直是对他奉旨回籍苦心经营团练的讽刺和侮辱。

地方政府是没有什么可依靠的了，金钱会方面又是虎视眈眈，寻找合适的机会发动暴乱，目前的对策只能是扩大民团的规模，做好迎敌的准备。压下满腔怒火，孙锵鸣在瑞平两县积极筹资扩充民团，还征得浙江巡抚王有龄同意，成立了浙南团防总局，日夜守城。

前日，大公子诒谷从瑞安县城回演下村，向孙衣言禀报了城里的事情。现在，孙衣言见老父问起，便如实相告，说："韶甫做了团防总董，又在各乡设了分局，招募乡勇，保境安民，金钱会对他惧恨交加。昏官可恶，若刁民聚事之初即行处治，局势当不会险恶至此。"

"也难怪地方官，毕竟守土在此，不能不考虑后果，不像京官，可以一走了之，没有牵挂。"孙曾臣说着，咳嗽起来。空气湿度高，他的气喘病又犯了。

听了父亲的话，孙衣言不禁心中一凛。孙锵鸣虽是京官，但既然奉旨回籍办团练，与守土的地方官又有何异，可不是身为京官就可以一走了之的。看来，弄不好得搭上这演下村的祖宅老屋了。

匆匆吃罢早饭，告别父亲，孙衣言心思重重地往城里赶，早晨的闲适之感已荡然无存。

孙锵鸣在大校场练兵，见孙衣言来了，连忙拉了他的手请他检阅。

今日在校场练武的，都是些认真挑选出来的精兵强将，每人身上挂一块白布，上面印着"安胜义团"四字。孙衣言想,这就是"白布会"了。

阵中一员小将,身披盔甲,腰系金嵌圆板宽带,足蹬战靴,缚衣束带,窄袖系腕,骑在一匹白马上。只见他向孙衣言抱拳作揖,然后用腿磕马肚子。那战马"咴"地嘶叫一声,箭一般从校场东头跑到西头。还没等孙衣言回过神来,小将已拔出怀中的毛瑟枪,把一个置放在八仙桌上当作靶子的酒坛击得粉碎。在众人喝彩的时候,小将接过部下抛给他的一杆长矛,把它舞得像风铃似的。待他拍马从校场西头跑回东头时,手中的长矛早已将用稻草捆扎成的人靶子戳得浑身窟窿。

孙衣言赞道:"将士如此神勇,何愁会匪不溃。"

在他身旁的孙锵鸣问:"你可看清楚这小将是谁?"

孙衣言说:"韶甫,我是近视之人,你又不是不知道。那位小将是谁,说与我听也就是了。"

孙锵鸣大笑:"那是你家大公子德滋。"①

"滋儿靠弟弟调教了。"

"哪里哪里。滋儿少年英雄,冲锋陷阵还需仰仗他呢。"

孙锵鸣邀哥哥上城楼巡视。两人骑马到南门,下马走上城墙。只见守城的团勇个个手持兵器,神色严峻。几尊铁炮黑色的炮口伸出城垛,预示着即将来临的战争的激烈和残酷。绣着"孙"字的大旗被江风吹拂着,发出"哗哗"的声音。站在旗下的孙锵鸣被军旗映衬着,显得魁梧沉着。

"古来兵道就讲究'智勇'两字。大将军入帐谋智,出帐则谋勇。韶甫,你年纪比我小,亦文亦武,什么事都走在我前头。"孙衣言看见统率千军的孙锵鸣胸有成竹,放心不少。

"锵鸣在家愿为父母兄长效犬马之劳,在朝愿为圣上分忧国事。现如今大清国无宁日,锵鸣奉旨在身,哪像哥哥这样可以安心治学呢。"

"韶甫,哥哥无能。"

---

① 孙诒谷,又名德滋,字稷民。

"你说错了。忠孝与淡泊从来就是我们孙家人的两大品质。出则尽忠孝,退则寄淡泊。虽然国事维艰,但学业之事不可废。涵儿天资聪颖,是可造之才,哥哥要悉心教导。"孙锵鸣一边说着,一边拿单筒望远镜瞭望南岸。

高高的城墙下,是奔流不息的飞云江。迷蒙的江面上,氤氲着硝烟。

"江南就是金钱会的老巢了。如果地方官吏不姑息养奸,苟且偷安,也不至于酿成如今的局势。现在金钱会势重,绿营官兵又龟缩在军营里按兵不动,守城的大事唯有靠团勇来担当,在战略上就只能取守势了。"孙锵鸣说。

"金钱会袭击我郡的道路无非两条,一条是水路南门,一条是陆路东门,守好这两处至关重要。"孙衣言道。

"哥哥所言极是,我会加强守备。"

"连年饥荒,民生怨尤,聚众闹事在所难免。对其中的谋反者必须杀无赦,对受蒙蔽而盲目追随者则需手下留情。"

"我一定按哥哥说的去办。记得刚回乡时,我就对地方官提过建议,地方政府必须一方面放手赈济,安定百姓,一方面严加剿治,剪除会首,如此一软一硬,会匪之事指日即可平息。不想,这些昏官一意孤行,既不对无辜百姓实行恩惠,又放任会首为非作歹。金钱会之事能有今天,他们有着不可推卸的责任。"

"所以,就欺压蒙蔽老百姓的罪行来说,这些地方官比起金钱会来要严重十倍。"孙衣言叹道,"使老百姓食不果腹,衣不御寒,这又是谁的罪过?是那些昏庸的地方官啊!"

"事已至此,我已顾不了这许多,目前的首要任务是平息金钱会之乱。"孙锵鸣果断地说。

天色暗了,城楼上亮起了灯笼。一个团勇急跑过来,呈上一封信,道:"黄家差人送来的,请孙大人速去。"

黄家大院,褐红色的栋梁上挂着的大灯笼全部点亮着。暗红色的灯光,在夜色中勾勒出这座大院的轮廓与气派。乡绅黄吉人和二公子黄体立、小公子黄体芳神色严峻,见孙家兄弟进来,连忙将他们迎到内室。白发苍苍的黄吉人执了孙衣言的手想说话,却嘴唇颤抖说不出话来,唯有两行浊泪从细小的眼睛里渗流出来。

二公子黄体立见孙锵鸣疑惑,走到他身边向他细说缘由。孙衣言任同考官那年,他考中进士,任刑部主事,现亦奉旨协助孙锵鸣回籍办团练。

孙锵鸣听了黄体立的话,站立不住,差点昏厥过去。众人手忙脚乱扶他坐下,只听他在喉咙里咕噜道:"圣上偏在这个时候驾崩,叫天下臣民如何是好。"

原来黄家刚得到消息,出宫避难的咸丰皇帝已病逝于热河。

孙衣言的脸白成了一张纸,瘫坐在椅子上半晌动弹不得。在生命行将结束前的几年时间里,一直在和谈与决战之间摇摆不定的咸丰皇帝,终于可以安心西去,不再为风雨飘摇中的社稷牵肠挂肚了。其实,早在去年,当僧格林沁率领的精锐铁骑,在英法联军的阿姆斯特朗大炮轰炸下全军覆灭时,咸丰皇帝的心就已经死了。什么浓烟滚滚断垣残壁的圆明园,什么夹道跪迎洋人入城的清军士兵,还有什么割地赔款的《北京条约》,这一切不过是在已死过一回的心上,再恨恨地插上一刀罢了。是主张决战的大臣害了朕性命!尽管远隔万水千山,孙衣言好像仍然看见咸丰皇帝龙颜震怒,冲他发火。他感到后脖子发冷发硬,两腿软如棉团。被人拖到了高高的午门下,脖子上架着寒气逼人的大砍刀。

"圣上,区区蛮夷,毁我长城,臣想不通……"孙衣言的喉咙咕噜发响,咽下一句只有他自己才明白的话来。

黄体立候了一个时辰,见众人都苦着脸呆如木鸡,坐不住了,道:"京都的事天大,恐怕也要放一放,我们现在是自身难保。卤芥还有一事禀告,细作探知,金钱会兵分两路,将进犯瑞安县城和演下村,还发誓要火烧孙家祖屋。"

"两位孙大人,瑞安城就由我们守卫,你们还是领兵赶快回演下村吧,金钱会对孙大人组织团练对付他们早已恨之入骨,扬言要烧毁孙家祖屋。至于瑞安城,我们黄家团练会以生命和热血来保卫,请两位大人放心。"黄体芳正色道。

黄家团练,是瑞安城里人马最多的团练。像黄家这样的团练,温州各地有许多,统归孙锵鸣主持的浙南团练总局节制。清廷平叛治乱,靠的就是各地大户组织起来的地方武装。

黄家大院里,此时已集合起精壮的男人们。金钱会将发动进攻的消息,就像一道临战的命令,把他们从妻儿的身旁拉了过来,让他们义无反顾地面对杀戮,经受黑暗的恐惧,体验血腥的残忍。

"孩儿们,"黄母吴太淑人带着黄家的妻儿们排列在院子里,苍老的声音沾着烛光,激昂地在庭院里响起来："汝等速率乡民登城固守，无负国恩。我当率家人待命于湖上，万一贼入城，吾辈即拼命，此中无使一人污于贼手。"①

"母亲大人，"黄体立、黄体芳兄弟俩一齐跪倒在地，泣不成声，"儿等一定拼死守城，决不让贼匪破我城门践我家园。"告别的声音因为夜的笼罩，显得分外悲壮。

"两位大人，你们快回去吧，没有了男人护卫的家园，老弱妇孺会如羊羔一般无处遁逃，任人践踏。"黄体立已率黄家团练跑向城楼，断后的黄体芳在离开黄宅前，含着热泪恳切地对孙衣言和孙锵鸣说道。

"哥哥，事不宜迟，你与德滋带一支人马速回演下，我重任在身，不能分身回家尽孝，孙家老少就托付给哥哥了。"军情紧急，孙锵鸣狠狠心，飞身上马向城门奔去。

演下村的无数只火把，烧得"哔剥"作响，把黑色的夜照得透亮。两个多月了，这些火把每天都插在围墙的石缝中，汇聚起来的浓烟，把守村乡民的脸和鼻孔熏得黧黑。刻有"安义堡"三字的青石碑，就在火光里亮堂着，高高地嵌立在村口的围墙上。

孙衣言登上并不太高却加固了的围墙上，铁制的盔甲在他走动时，发出金属的铿锵声。他的周围，围着决意守护村庄的壮士们。他们被烟火映红着的脸上，掩饰不住疲惫、恐惧与激动。

孙衣言没有让诒谷回演下村，他记得锵鸣说过的话：滋儿少年英雄，打仗破敌还需仰仗他。诒谷是锵鸣的左右手，要让他一心一意帮助叔叔剿灭会匪，建立战功。

一个孙家的佃农今天值夜，见老爷连日熬夜，人都瘦了一圈，便劝他早些回家安歇，道："金钱会早就说要来攻打演下，但至今未见一个人影，怕是看我们人多势众，不敢来了，老爷早些歇息吧。"

未待衣言回话，就见黑暗中一声弦响，那佃农喉咙正中已钻进

① 参见陆尔熙《黄年伯母吴太淑人八旬寿序》

一支竹箭。

"金钱会进攻啦!"凄厉的叫喊声和铜锣声响彻夜空。

"爷爷,今晚会出大事吗?"向来埋头灯下熬夜看书的诒让,走出书房,与孙鲁臣一起站在黑暗的屋檐下,等候着父亲的消息。

"今天可能过不了关了。"黑暗中传来孙鲁臣嘶哑的声音。

一盏油灯远远地飘过来,像黑暗中飞过的萤火虫,是凝香从房中走来。油灯又多了几盏,是诒谷的媳妇和几个女仆出来了。虽然是深夜,但孙家老少并未合眼。暗红的灯光在他们的脸上流过,使他们的神色显得更加惊恐不安。

"既然大家都没睡着,我就明白告诉你们,会匪今晚可能要烧毁我们家的这座祖屋。"

"妈——"诒谷媳妇尖叫一声,紧紧挽住凝香的手臂。凝香手中的洋油灯一晃,玻璃罩中的火苗便瑟瑟地抖动起来。

孙鲁臣一动不动,冷静地吩咐道:"大家各自回房收拾细软,今晚我们要离开这里。"

远处的围墙上,火光冲天,杀声震天。

小脚女人们开始频繁地进出于庭院与房屋之间,尽可能多地往樟木箱子里塞东西,杂碎的脚步声搅翻了孙宅。唯有孙鲁臣的房中没有丝毫动静。他佝偻着身子,微闭双眼,从窗棂上漏进来的火光,勾勒出他苍凉而又孤寂的身影。

"父亲,出门避祸,多穿件衣服吧。"凝香拿了袍子进来。

"贤媳,我与你母亲世居乡间,断不能弃自家室庐而遁,况已年老矣,死又何足惜。"孙鲁臣道。

"父亲,儿媳尽孝父母乃为人之本,如果置父母于不顾,则人将不人。"凝香不容置疑地说。

"我实在不忍撒手祖上苦心经营置办起来的家业,更何况,也不舍得房子里的这些书。我年事已高,唯与这些书为乐,如果没有了这些书,活着也没什么意思。"

"父亲,你这样说,涵儿刚才也这样说,那我们就都留下来罢。"凝香道。

"糊涂,你竟和涵儿一般见识!快扶我去劝说他。"

孙鲁臣还没走进诒让的房间,就听见孙儿的声音:"要走先把书带走,不把书带走，我是绝不离开这里的，金钱会要烧书，就让他们先烧了我。"

这个书呆子，与我一样的秉性，爱书如命，孙鲁臣在心中叹道。正不知如何劝说孙儿，只见孙衣言跌跌撞撞地跑来，说："南门东门均已被贼攻破。"

"你来说服涵儿吧。"孙鲁臣道。

孙衣言心中虽急，却尽量放缓口气劝说诒让："涵儿，书是不能带了。"

"父亲，您也不要书了？"诒让"哇"地哭出声来，摇曳着鲁臣公的衣襟向他哭求："爷爷，他们不让带书。爷爷，这些书是您的宝贝，您也一定不会同意的。"

"涵儿，听你父亲的话。"鲁臣公劝说道。"你放心去避难，这些书爷爷会留下来看管的。"

"爷爷，你不走，孙儿也不走，跟着爷爷守着书。"诒让说。

"涵儿，听话！"孙衣言厉声喊道。

任大家怎么劝说，诒让靠在那几箱子书上，一动不动。

"涵儿，听爷爷话。"鲁臣公颤颤巍巍地拉住诒让的手道："爷爷想好了，不留下来了，跟大家一起走。这些书就留着不动，贼匪要的是金银财宝，这些书于他们无用。涵儿，你听见了吗？——"

诒让慢慢地抬起头来，盯着爷爷眼睛问："真的吗？"

黑夜被冲天大火烧得通红。孙家老少随村人从北门逃出不久，孙宅便加入到这火的葬礼中去了。烈火吐出长长的火舌，生吞活剥去支撑着老宅的房柱、横梁、瓦楞和窗棂。长檐上的青瓦像忠心耿耿的仆人，竭尽全力压住火舌，任它们在自己的身子底下肆意狂舞。但无数根火舌很快就变成一条条粗长的火龙，顺着瓦楞的边缘爬上屋脊，掀翻大青瓦，在"噼啪"作响中吞噬掉整座宅院。

逃难的人们站在山上，远眺这场熊熊大火。他们看见浓烟中翻飞起许多破碎的黑蝴蝶，那是孙家小公子诒让心爱的书在烈火中涅槃了。

第四章

诒谷之死

孙衣言大难不死，带着全家逃出演下忠义堡，在永嘉孙坑住下来。①人在山里，心思却在瑞安，他隔三岔五托人打听孙锵鸣的消息。

孙锵鸣正率领团民，闭紧城门，日夜巡逻，防备金钱会前来攻城。这金钱会早非先前可比，不但进入福建境内，攻占福鼎县，夺取军局，抢走武器和白银，声势大震，还威逼县令翟惟本和副将王显龙献了平阳县。如今，金钱会主力屯扎在瑞安城西横山，设了中军大营，只等城里的内应。这城中的内应竟是绿营右把总杨世勋，他与部下把西门城头神威炮的炮眼用铁钉钉了，单等金钱会前来，好把城门献上。幸亏孙锵鸣发现得早，报与知县捕了叛贼，才保住城门。

金钱会见失去内应，干脆掉头去攻打温州府。由会首赵起、潘英、蔡华等率领，过桐溪，兵分二路，清晨时分由三角门攻入温州。先冲进试院，杀典史许像贤。又攻入府署，杀死知府黄惟诰的叔父。黄惟诰恰好在瑞安，得以逃脱性命。随后又占领了永嘉县署，杀死县令陈宝善的叔父，陈宝善逃逸。巡道志勋夜里与几个妓女在后花厅饮酒作乐，醉如烂泥，会首率众冲入城内时，他还在衙门熟睡不醒。道台夫人见大事不妙，顾不了许多，端起一盆冷水兜头浇去，志勋才醒过来，提了裤子翻墙而逃，渡江到江心屿藏匿起来。直到城中一总兵看见小南门民房被焚，滚滚浓烟，知道大事不妙，招来

① 咸丰十一年，秋八月，金钱会匪焚琴西公住宅，公与兄弟奉父母，携妻子，避难永嘉孙坑。（《孙诒让年谱》）

乡勇团练抵御，用铁炮进行反击，才打退进城的金钱会。但巡道和知府的官印、文书、旗帜等都已被掳走。

从温州撤出来的金钱会各路人马数万人南下，再次包围瑞安城。会首朱秀山率领的五千部下最厉害，皆黑衣黑帽，举着黑旗，号称"黑鸦军"。他们用缴获的神威无敌大将军炮猛轰城门，还把神机短炮、冲天炮运到城东的隆山上，居高临下往城里轰。又造了云梯和软壁，强行攻城。见旱路难攻，又从乡间抢了十多只龙船，在舱里放了柴草、火药、洋油，让它们靠近水门，纵火烧城。温州巡道接到瑞安的求援信后，派游击率绿营兵五千驰援。游击胆小，走了五里路便不敢前行，听凭瑞安城让会众围攻。

金钱会办法想尽，孙锵鸣和团勇居城死守，火药和炮丸打完了，就用连珠铳、抬枪、鸟枪抗敌。城内凡十六岁以上的男子都挥戈上阵，死守城门。老弱妇孺白天冒着炮火把茶饭送上城头，夜晚手擎灯笼站岗放哨，防止奸细混入城内。在极其险恶的状况下，他们竟然坚持了十天十夜，未让金钱会踏入城中一步。

孙衣言闻讯后，既为孙锵鸣的英勇鼓舞，又为驻扎在温州的绿营官军援救无力义愤填膺，忿忿然道："金钱会有恃无恐，全因了这伙纵匪殃民胆小怕事的奴才。"

除了注意瑞安县城的事，孙衣言还分外关心大公子诒谷的近况。从零零碎碎的消息中，孙衣言得知闽浙总督庆端已花重金，从洋人处购进威力无比的新型洋炮，下令向金钱会发起全面进攻。一路清兵由总兵秦如虎率领，从福建北部猛扑平阳，攻打金钱会的后路。另一路清兵由福建记名道张启煊率领，从金华南下向瑞安合围。另外，派副将吴鸿源带领水军，从海上进入飞云江。庆端还命温州绿营兵倾巢压往瑞安。在这次围剿金钱会的战役中，为张启煊打先锋的便是诒谷。①

金钱会首领赵起、蔡华正在隆山寺调兵遣将，准备再次向瑞安城发动进攻，忽然看见飞云江口旌旗耀日，鼓声震天，黑压压一片

---

① 同治元年，太平军由处州入青田，窥瑞安。时福建记名道张启煊焕堂以闽师千人至郡，任先生长兄诒谷为前锋，守白沙岭，遇寇于桃溪战死。年二十五。（《孙诒让年谱》）

兵船驶来，知道清军来了。没等醒过神来，兵船上射出的开花炮已像冰雹一样落在隆山上，爆炸开来的铁片和铁沙把成堆的人炸得粉身碎骨。金钱会会众自起事以来，还从没有见过这等洋炮，不禁魂飞魄散，起一声哄夺路奔逃。

瑞安解围，孙衣言和凝香扶老携幼回到城里。孙锵鸣出城十余里迎接，抱住父亲和兄长痛哭。①

孙锵鸣怕老父亲伤心，避开人群，告诉孙衣言，他将奉旨回京，因为壬戌武科会试就要开始，宫里下旨让他回京担任这次会试的总裁。②

几天后，孙锵鸣拜别父亲、兄嫂起程。临别时，孙衣言赋诗道：

> 去家垂七年，双亲日衰白。我弟使车归，亦已十载隔。
> 谁谓天伦欢，相泪在咫尺。大江自南来，青山纷重积。
> 此中有归路，何苦爱官职。读书三十年，立朝无奇策。
> 犹当康遗民，稍稍拯饥溺。虽然疲敝馀，兵老复乏食。
> 治匪空言为，欲为况未得。我行亦速归，此别不足惜。

送走孙锵鸣，孙衣言倍感孤单。身边虽有诒让，诒谷却再也回不来了。

孙诒谷是在瑞安解围后的次年春天，战死在陶溪的。

武秀才孙诒谷太想建功立业了。他渴望战斗，渴望胜利，为了迎战太平军，他不怕孤军深入，血洒沙场。

太平军是为解天京之围，开辟浙江战场以牵制清军的。年初，侍王李世贤、指挥李尚扬部向温州发动钳形攻势。东路军由台州黄岩出发，经大荆、白溪占领乐清，直抵温州府城。西路军兵分两路，一路从青田出发，越天长岭，逼近温州，另一路由白承恩率领，绕道瑞安北上抵温。孙诒谷遭遇的就是白承恩部。

太平军用兵善于计谋，非金钱会之辈可比。只见竹林中跑出几

---

① 同治元年正月，金钱会起义失败，地方战事息止。衣言自孙坑携家还归瑞安，僦居城内水心殿街许氏屋。（《孙衣言孙诒让父子年谱》）

② 同治元年七月，锵鸣回京。是年，穆宗登极覃恩，锵鸣以翰林侍读学士，（受）赠三代考皆中宪大夫，妣皆恭人，生母丁氏则为淑人。（《孙衣言孙诒让父子年谱》）

十个童子军，摇着旗儿，手舞足蹈，张口大骂。孙诒谷哪里受得了如此辱骂，举起长矛便追。童子军七拐八弯逃得无影无踪。孙诒谷拍马回阵，那恶毒的辱骂声却又大声响起，这回是女营的娘子军在喊，其音尖利，声震山谷。孙诒谷哪里忍得下这口气，转身又追。如此三番五次，孙诒谷已被诱入古刹广照寺，回头一看，已无一人随行，原来他的马快，把众多团勇都甩在后面了。

寺中空无一人，兵荒马乱，想是和尚也逃难去了。没有诵经之声，没有香烛缭绕，黑洞洞的殿宇空寥神秘。见佛祖虽浑身披尘，却依然慈眉善目，孙诒谷顿时心生敬畏，放下手中的长矛，伏身叩拜。

"孙诒谷，你死到临头，还装虔诚。"一声喝令从殿宇高处响起。

孙诒谷翻身跃起，背靠佛祖塑身，抬头寻找发出声音的地方。

"孙诒谷，你杀了我们多少兄弟的性命，今天，抵命的时候到了。"

孙诒谷眼前一黑，感到这殿中有无数双仇恨的眼睛逼视着自己。他明白自己中计了。

"男子汉大丈夫死何所惧，只是快快到寺外决一死战，免得玷污神灵。"孙诒谷横矛怒喝。话未绝声，只见乱箭如蝗虫般射来，黏糊而又温热的血液，从撕裂开来的皮肉中喷薄而出。孙诒谷大喊一声，倒地气绝。①

团勇跑来报丧，孙家老少哭作一团。

孙诒谷的葬礼在演下村祖屋的废墟上举行。亲友的挽联、挽幛，垂挂在临时搭建的灵堂四周。

白发人送黑发人，孙衣言强忍悲伤，写了挽诗：

  痴儿草草易谈兵，一死翻成孺子名。四海豺狼犹在眼，人生豚犊岂无情。

  却凭诗史篇章贵，谁识文翁教化成。我本职司柱下籍，忠奸两字欲名声。

① 见马允伦《金钱会起义》。

4-1 太平军与清军交战图（1881）

乡绅们也为保卫他们而死的壮士洒泪，黄体芳挽道：

> 名门生长部簪缨，亮节能将日月争。琐尾一家雏未雪，丧元三日面如生。
> 神驹渥水怜长逝，啼鹃春山怨不平。赖有佳篇当今传，后先毅魄莫相轻。

焦黑的断垣残壁间响着女人的哭泣声，前来吊唁的人们心中像坠着石块，沉沉地让人透不过气来。诒谷的妻子一身麻衣，哭号着过来要看丈夫的面容。好些个亲友拉扯着她，不让她靠近棺木，她挣扎着，号叫着，声嘶力竭之后又一次昏厥过去。

叶凝香的泪水早已流光了，她抱紧诒让不放，颤声道："涵儿，妈只有你一个儿子

了,你知道吗?"

诒让点头。哥哥的突然离去,使他觉得自己长大了许多,并且明白了自己肩负的使命。爷爷、奶奶病倒了,父亲、母亲硬撑着。早上一睁眼,他急于要知道的就是爷爷、奶奶病体是否痊愈,父亲、母亲是否安然无恙。

在父亲的书案上,诒让读到了父亲强忍悲痛奋笔疾书的《金钱会匪纪略》:

夫温州之民,非不可治之民也,秀者小黠,而野者大愚耳,岂真喜犯上而作乱者哉?会匪之初起,周荣、赵起辈七、八人耳;其既炽,潘英、蔡华等数十人耳。使非此昏眊巧滑之官,但得如传斯怿者,及萌蘖而折之,不杀一人可也。即稍炽,而谋之杀十余人亦可也。深讳固获，颠倒错戾，至于破郡城，突闽岭，用兵半年，杀人几万，仅乃无事而夷伤残破，一府元气为之茶然矣。然则岂独良民之死，为官所陷，即会匪党与其死于战、死于被获诛者，岂非官实误之哉？呜呼！罔民之罪，官盖十倍于乱民矣。我愿督抚大吏悯温僻远，为之慎择循良，而官我郡者，永永以此为戒，清心而寡欲，束吏而亲民。无恣睢自快，使善良之气不得伸，无姑息偷安，使桀黠之徒有所恃。严邪正之辨，谨治乱之幾，温虽百年无事可也，岂非吾民之福也哉！①

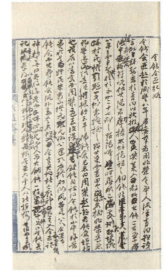

4-2 《金钱会匪纪略》（清·孙衣言），温州市图书馆藏

"涵儿，看得懂父亲文章中的意思吗？"孙衣言问道。

诒让没有回答，他沉默良久，半晌，才道出一句话来："涵儿要治《周礼》。"

"为什么？"孙衣言露出惊诧的神色。

"《周礼》是一部历史上记载得最完整、最完美的典章大全呀，是经世致远之书呀，是致太平之书呀。"孙诒让神色严峻，一字一句地答道，"我们现在之所以经历着如此之多的苦难，不就是因为外夷入侵，礼乐崩溃，吏治不束，盗贼蜂起，才导致的吗？"

"涵儿所言极是，只是这《周礼》年代久远，艰深难读，且传本中谬误甚多，歧异丛生，尚待校雠、训诂处甚多，"孙衣言爱怜地摇了摇头，道："《周礼》难治。"

① 参见《孙衣言文集》

第五章

茶山品梅

孙家在潘位演下老宅毁了战火，在瑞安城里又没有宅院，一时无处安身。众乡绅纷纷邀请他们住到自己的宅子去，但孙衣言一概谢绝，唯独选中了水心街许家老宅，说是那里清净，好让德涵安心读书。

孙诒让把自己关在房中，每日伏案读书，但哥哥的音容笑貌老是浮现在字里行间，他又怎能读得下书来。悲痛难忍的孙诒让写了数十首《温州杂事诗》。[①] 他是流着泪水写下这些诗的，诗的内容涉及这些年来国家遭受的蹂躏，家人面临的苦难。他把几首追念德滋哥哥的诗拿到后院，用火点燃烧了去。深夜，他在睡梦中哭喊："哥哥，你读到弟弟为你写的诗了吗？"

凝香听见儿子凄厉的哭声，连忙摸黑推门进去。她摸摸德涵的脑门，沾了一手黏糊糊的冷汗。

回到卧房里，见丈夫也醒过来了，正睁大眼睛等着她说话，便道："涵儿心里苦，却不说出来。"

孙衣言的眼睛不觉地湿了，说："孩儿小，难为他了。"

两人在床上辗转反侧，难以入眠，听外面小巷里敲响的梆声，已是三更了。凝香轻轻推衣言，说："前日茶山诸家托人带信来，说杨梅熟了，让老爷去尝鲜，老爷您何不答应他们，带涵儿去散散心。"

孙衣言握住凝香的手，道："如此甚好，正合我意。"

五月的茶山，的确能让人暂时忘却一切忧愁和悲苦。那满山的

[①] 咸丰十一年，孙诒让作《温州杂事诗》数十首。(《孙衣言孙诒让父子年谱》)

杨梅，在如画的雨帘中探出脸来。在端午前的一场场梅雨过后，挂满枝头的杨梅褪去青色，变红泛紫。一筐筐的杨梅由山上蜿蜒而下，一直延伸到温瑞塘河岸边，让一只只扁舟载了，在浅绿色的水面上悠然而去，或运往温州，或运往瑞安。

茶山位于大罗山脉，属于瓯海，距离瑞安城约三十里，以盛产杨梅名闻遐迩。杨梅熟时，此地的大户人家人气最旺。有杨梅林的，便让佃农、帮工们倾巢而出，忙着上山采梅。又写了书信，让仆人捎到亲朋好友处，请他们来茶山尝梅。这时节，平日里紧闭的黑漆大门，从早到晚洞开着，车来人往络绎不绝。

诸宝善字增兰，号静山，是茶山首屈一指的富户，有田地千亩。当年，他曾与孙衣言、孙锵鸣同赴府试，可惜不第，靠着殷实的家产，在县上加捐任训导。① 对于后来同擢翰林的孙家兄弟，诸训导可谓是钦佩之至，心悦诚服，并常常引以为荣。得知孙家祖屋被金钱会烧焚，一家老少只得暂住城内许宅时，便一连好几次邀请他们到茶山小住尝梅。前几天，有孙家仆人报信，说老爷将带妻儿前来时，他赶紧吩咐家人收拾出诸家最好的房间来，以尽地主之谊。随后又亲自到埠头，迎来孙衣言一家。

诒让在诸家住下，足不出户，依然整日与书做伴，在经史典章中遨游，心情已好了许多。那日，正在读书，听见几只山雀在窗外啁啾，觉得聒耳，便放下书来，推门去赶鸟。山雀见有人来，早就振翅飞走，留下诒让一人在屋檐下。

屋檐下的水沟好生奇怪，这几天并没有下雨，沟里的水却漫出沟外，且流得湍急，间或还漂着几张杨梅叶子。诒让顺着水流走出天井，只见大院屋檐下的水沟里也都充溢清水，汩汩有声。诒让索性随意走去。诸家的房子好大，前后三进。怪的是水沟始终贯通全府，把前前后后几十间房子都连贯起来，使它们宛如被溪流围着拥着，妙曼惬意。诒让忽然悟到，诸家人聪明，把大罗山上流下来的溪水引入宅第里来了。

① 见《泉川溪北诸氏族谱》。

不知不觉间，诒让已来到后院。一棵杏树下面，坐着三位小姑娘。阳光从绿叶的缝隙中漏下来，似一只只蝴蝶，在她们粉色的绫袄和绣花小鞋间，上下飞舞着。乌发梳成的许多条小辫子，偎贴在她们的颊上，把她们美丽的脸蛋衬托成鲜嫩的花朵儿，鲜亮妩媚。

这就是诸家的三位千金了。

大小姐蕙屏背对诒让，教两位妹妹念三字经：

"习女德，要和平，女人第一是安贞。父母跟前要孝顺，姊妹伙里莫相争——"

"姐姐，什么叫安贞？"妹妹们问。

"安贞就是安分守己，保持女儿贞操。"蕙屏柔声答道。

"什么叫贞操呢？"诸蕙屏的妹妹继续问。

"贞操就是坚贞不移的节操。"蕙屏耐心地解释。

"节操又是什么呢？姐姐，我们还是不懂。"两位妹妹仍然一脸迷惑。

"谨女言，要从容，时常说话莫高声。磨牙斗嘴非为好，口快舌尖不算能。小妹你再问下去，就算是磨牙斗嘴了。"蕙屏柔声说。

诒让在一旁听了，觉得甚是滑稽，不禁笑出声来。

这一笑惊动了杏树底下的三姐妹，她们齐齐转过脸来，只见圆洞门下站着位少年贵公子。他身穿月牙色锻袍，外套青缎马褂，虽略嫌瘦削却带了几分疏朗。一顶镶着翡翠的瓜皮帽，遮不住宽阔的天庭。眼睛虽显得忧郁，却带了温柔和睿智。

除了家人，诸家小姐几乎没有见过任何陌生男人。蕙屏又惊又羞，只觉得脸上又红又烫，连忙拉起两个妹妹，疾步回到闺房里去。

诒让意识到了自己的唐突与冒昧，他很想对她们表示一下歉意，然而，杏树下面的粉色衫裙已倏然不见，留下来的是三张空荡荡的尚带有体温的竹椅子。他惶惑地站着，不知道自己该怎样弥补刚才无意的伤害。

端午尝梅。新摘的杨梅，摆在中堂的金漆八仙桌上，远看红盘绿蒂，可谓碧绿欲滴，红玉流紫。近看，果球由无数根细长的肉柱组成，柱肉外端紫色，根部水红色，由深到浅，饱满晶莹，用牙齿轻轻一碰，那酸酸甜甜的果汁便会从肉柱中溢出来，满口飘香。

诸训导一边招呼客人尝梅，一边侃侃道来："杨梅古称机子，又称朱红、梅树。李时珍道：其形如水杨，而味如梅，故称杨梅。据旧志记载，杨梅，茶山丁岙者味尤胜。你们看，这就是远近闻名的丁岙杨梅，个大、核小、色艳、味佳。"①

"增兰兄真是博闻强记。"孙衣言连连点头称是。

"孙大人，我这点墨水，在您面前还不是班门弄斧吗？"诸训导道。

5-1 杨梅扇面（王学钊）

"在茶山小住，可真是大饱口福啊。"孙衣言说。

"有梅无酒总是不对，孙大人您意下如何？"诸训导问。

"增兰兄既然有此雅兴，衣言我只有舍命陪君子了。"孙衣言客随主便。

丫鬟秋云把杨梅酒端了上来。诸训导笑逐颜开道："这是大女儿做的杨梅酒，孙大人、孙夫人，今儿请大家一起品尝。"

孙夫人道："何不把诸小姐请来，让她也高兴高兴。"

诸训导巴之不得，连声盼咐秋云："快把大小姐唤来。"

秋云应声下去，不一会儿又折回来说："小姐怕羞不愿来呢。"

"这孩子人长大了，胆子却越来越小了。"诸训导笑道。"秋云，你去跟她说，为父命她速来。"

蕙屏终于从闺房出来，到中堂向大家欠身行了礼，羞答答地在八仙桌边坐下。还是那身粉色缎褂，弯弯的柳眉下面，低垂着眼帘。鬓角上垂下的细辫儿，一左一右托着她胭红的酒靥儿。

坐在她对面的孙诒让想起那日在后院的事，心里打算赔个不是，拿眼看她，脸上却也赤红一片，赶快喝了一大口杨梅酒掩饰窘态。

孙衣言还以为是德涵贪酒，说："涵儿，这杨梅酒喝时甘醇好下口，但后劲十足，不可滥饮。"

诸训导是豪爽之人，道："孙大人多虑了，公子喜欢喝就让他尽兴。"又盼咐蕙屏给诒让斟酒。

① "旧志土产杨梅，今出茶山者，味尤胜。"（黄芬、戴咸弼、孙诒让《永嘉县志》）

蕙屏不敢违抗父亲，往杯中斟满了酒，离座端给诒让。因为羞怯，端酒的手微微颤抖，使那杯中潋滟起琥珀红的酒波。

见诸小姐端了酒站在面前，诒让连忙接过来杯子，仰脸干了杯中之酒。

诸训导道："孙公子豪迈，将来前途无量。"

"增兰兄抬举他了。"孙衣言答，又对诒让说："还不谢过诸小姐。"

"谢小姐。"诒让向蕙屏作揖道。

诒让从小就随父亲住在北京，所以说的是官话，偏蕙屏听不懂官话，一时回不过神来，呆站在那儿害羞。

孙夫人看了心疼，道："涵儿说方言。"

诒让听话，改用方言道："谢、谢谢小、小姐。"

诒让说方言口吃，蕙屏低头掩口一笑，脸更红了。

诸训导道："孩儿下去罢。"

蕙屏低头瞅了一眼诒让，向客人行了礼，像飞出笼儿的鸟一般离开中堂。

孙夫人称赞道："真是大家闺秀。"她这几日见诸家的三位小姐个个娇媚动人，聪明娴静，尤其是大女儿蕙屏，一举一动处处蕴含着贤惠与温良，一言一行无不流露出当姐姐的谦让和周全，便想如果有这样的姑娘当媳妇，她是最放心不过了。

诸训导好像猜出孙夫人想的是什么，道："宝善愚钝，且居偏僻山地，日思夜想，能与孙大人结成儿女亲家。可惜诸家无福，想归想，终是南柯一梦。"

孙夫人早就听出诸训导的弦外之音，不禁喜出望外，对孙衣言耳语道："大人还不赶快答应下来。"

孙衣言早已对诸家女儿心存好感，说："增兰兄愿将千金下嫁孙家，衣言岂有不允之理。"

诸训导双手作揖，正色道："诸家高攀了。"[①]

---

① 先生为衣言次子，娶永嘉茶山诸氏。（《孙仲容先生年谱简编》）

第六章

锵鸣遭陷

同治元年岁末，孙衣言应协办大学士、钦差大臣、两江总督曾国藩之招，再次出山。路经福建、江西，进入安徽，抵达收复不久的安庆时，已是次年即同治二年的春天。曾国藩见衣言应招前来，十分高兴，让他担任庐凤颍兵备道，治军临淮。①

此时，湘军的大炮已把江宁城轰得千疮百孔，盘踞在江宁且把它改名为天京、建都长达十年之久的太平天国，如今已是强弩之末。各路兵败的消息不绝于耳，天王洪秀全受了惊吓，病入膏肓。余下的残兵剩勇像热锅上的蚂蚁，苟延残喘，惶惶不可终日。大帅曾国藩踌躇满志，不止一次地对部下吹嘘说，这长毛的老巢已如瓮中之鳖，指日可获。

庐凤颍兵备道是正四品官职，掌管安徽庐州、凤台县、颍水流域等地军事。孙衣言和巡抚乔松年精诚团结，为策应湘军围攻江宁，废寝忘食，不遗余力。

随军的孙诒让知道父亲公务繁忙，更加用功学习，好让父亲无须再为他分忧。孙衣言虽戎马倥偬，却仍在百忙中挤出时间，在军营中指教儿子。

国家衰败而多难，曾国藩、李鸿章等诸多大臣主张师夷长技，学习西方列强的先进技术，用来以夷制夷，还可一举两得，达到剿灭太平军的目的。孙衣言却认为，洋人的技术并非灵丹妙药，能从根本上挽救大清颓势的，在人心而非利器。人心为富强之本，打造

① 同治二年正月，孙衣言赴皖，二月五日抵安庆。十一月二十二日，衣言奉节相曾国藩饬署庐凤颍道。（《孙衣言孙诒让父子年谱》）

6-1 同治元年岁末,孙衣言应协办大学士、钦差大臣、两江总督曾国藩招,任庐凤颍兵备道,治军临淮。李鸿章致信孙衣言,曰:福我皖氏,为颂无量。

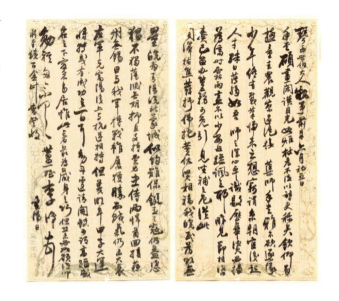

人心在于学,学莫大于知本终始。孔子曰:君子之德风,小人之德草;草上之风,必偃。中国局势之根本,不在器不如人,在于德草之人泛滥,救世之方在于固本。一身戎衣的孙衣言,开始向诒让教授经学著作《汉学师承记》和《皇清经解》。①

江藩的《汉学师承记》,阐述清代经学者的学术思想、师承关系。最吸引诒让的是,书中所列的乾嘉学派中的吴派、皖派领军人物的师承传记,以及与东汉古文经学派的渊源。当诒让读到"我世祖章皇帝,握贞符,膺图录,拨乱反正","于《诗》则依据毛、郑,溯孔门授受之渊源,事必有证,义必有本,臆造武断,概不取焉","经学之外,考石鼓,辨大昌,用修之非;刊石经,溯开成,广政之陋","至本朝三惠之学,盛于吴中,江永、戴东原诸君,继起于歙,从此汉学昌明,千载沈霾,一朝复旦"时,每每拍案而起,激动不已。

对于《皇清经解》,诒让更是百读不厌。这本汇刻清初至乾隆、嘉庆年间七十四家儒家著作、共一百八十八种、一千四百余卷解经

① 同治二年,诒让读江藩《汉学师承记》及《皇清经解》,知清儒治经、史、小学家法。(《孙仲容先生年谱简编》)

之书的巨著，使他初步掌握了清朝各派儒家学说的治经读史方法，使他进一步了解汉学和训诂、校雠的学问。

治经学，掌握训诂、校雠之法是基础，须学习史学、子学、文字、音韵、金石、目录、天算、地理、乐律、考古、典章、制度等学科，这是正规的朴学之道。汉代的古文经学派、清代的乾嘉学派，走的都是重视训诂考据的质朴之路。《经传释词序》曰：经传中实字易训，虚词难训。《尔雅·释诂》曰：诂，古也。所以，"训诂"即解释古书中词句的意义。不同的是，"训"是用通俗的话来解释词义，"诂"是用当代的话来解释古代词语。"校雠"，则是校勘书籍订正讹误。

诒让闭门不出，整天钻到古书堆里，不思茶饭。他拿善本与俗本对照，或根据前人所征引，记下它们的不

6-2 孙氏藏书《皇清经解》（清·阮元），温州市图书馆藏

同之处。他还找到了两种层次更深些的校雠方法，一是如果别无善本，或者善本还有错误，便找出著书人原定体例，据此来刊正全书的伪误。二是在本书或别的资料上找出旁证或反证，校正原著者文句原始的错误或遗漏。这第二种方法需编校过大量书籍才能真正掌握。

孙衣言和夫人凝香看见儿子沉溺书海，渐渐从失去亲人的阴影中走出来，终于放下了一块心病。

孙家的厄运并没有结束。一封弹劾孙锵鸣的密奏，已经从闽浙总督兼署浙江巡抚左宗棠处火速送往北京。

此时，孙锵鸣因办团练平乱有功，垂帘听政的西太后论功行赏，把他从翰林侍读晋升为侍讲学士，让他担任武会试总裁。孙锵鸣蒙受皇恩，心存感激，为加倍努力报效朝廷，上疏道，温州之乱初定，新任温处道周开锡办事性急，征收厘金、盐税过于严苛，已激起民怨，这对于战后温州的休养生息和恢复非常不利。孙锵鸣还在上疏时附本，弹劾纵容会匪作乱的一批地方官。

孙锵鸣万万没有想到，周开锡不但是左宗棠的湖南老乡，还是他的得意门生和心腹。周开锡来温州和处州两地之目的，正是受左宗棠之托为其筹饷，志勋、黄维诰、

孙杰等地方官，便是他搜刮民脂民膏的得力助手。

浙江方面当然构怨于孙锵鸣，向朝廷参奏孙锵鸣所奏不实，还加奏他在籍组织浙南团防总局时，为了不可告人的目的，血腥镇压早已被官府收编为团练的金钱会，导致会徒激变成匪，从而酿成大祸，陷人民于水火之中。①

听到左宗棠有弹劾孙锵鸣的密奏上京，早就对孙锵鸣咬牙切齿的穆彰阿旧党，干起了落井下石的勾当。

孙锵鸣是耿直之臣，在翰林院为官时曾上折弹劾军机大臣穆彰阿，揭露他包庇鸦片走私阻挠禁烟，诬陷忠臣林则徐、邓廷桢，支持琦善对英军求和，支持耆英签订《南京条约》，实在与秦桧、严嵩没有两样。道光皇帝去世后，穆彰阿被革职，孙锵鸣与穆党旧臣结下不解之仇②。现在，那些心怀不满的穆党余孽们见报仇的时刻到了，便趁机递加奏本，污蔑孙锵鸣不仅犯有激变会乱之罪，而且在白布会的命名上居心叵测，有谋反大清皇帝之意。他们说，"白"乃"皇"之首，"布"乃"帝"之末，孙锵鸣取"皇"之首和"帝"之末，来命名由他操办组织的团练，岂不是要利用这团练造反，将同治皇帝斩首刖脚吗？

清朝以文字狱闻名于世。雍正年间，江西正考官查嗣庭出了一个试题叫"维民所止"，即有廷臣参奏"维"字系"雍"字去首，"止"字乃"正"字去头，分明是要砍去雍正皇帝的首级。雍正立即命令将查嗣庭押解进京，戮尸枭首，长子处斩，家属充军。还有浙江吕留良，也因文字罹祸，清廷将他戮尸示众，其子处死。同案犯严鸿逵枭首，沈在宽凌迟。可怜案犯们的家属铁链锁身，一路颠簸，被尽数发遣至冰天雪地的宁古塔披甲人处为奴。所以，孙衣言听到孙锵鸣被参奏弹劾的事，犹如五雷轰顶。那份以白布会有谋反大清皇帝之意的奏本太歹毒了，孙锵鸣不比查嗣庭、吕留良这些文官举子，他是曾经手握数万团勇的武将，若谋反的罪名成立，受到的处罚就更重，到那时，则孙家老小都将身首异处倒卧于血泊中。

① 同治二年正月初三，上谕："左宗棠奏遵查黄维诰等被参各款，既据该督查无其事，孙锵鸣所奏着毋奏议。""今据所奏各情，是其徇私挟嫌，居心实属险诈。孙锵鸣着即勒令休致。"（《孙锵鸣集》）
② 道光三十年三四月间，上《请罢斥穆彰阿疏》。（《孙锵鸣集》）

按《大清律》，凡谋反、谋大逆，皆凌迟处死，并诛祖孙、父子、兄弟及同居者，不分异姓及伯叔兄侄之子，十六岁以上皆斩；男十五岁以下及母女妻妾姊妹儿媳，悉数发配为奴，财产入宫。

孙衣言魂飞魄散，肝胆俱裂，哭求曾国藩救援。曾国藩大惊，立即修书一封差人送往杭州，向左宗棠力陈孙家兄弟皆是忠君爱国之臣，不可轻信小人逸言。曾国藩清楚，左宗棠虽做过他的幕僚，可现如今羽毛丰满，独霸一方，不会理会他的请求。他还深知左宗棠性格刚愎自用，因科举不利，出身幕僚，对进士、翰林什么的最为嫉妒，这回孙锵鸣犯在他手里，怕是要吃足苦头了。如果左宗棠固执己见倒也罢了，即便朝廷认定孙锵鸣所奏不实，顶多罢官回籍，问题的严重性，在于奏章攻击孙锵鸣取白布会之名，内含谋反大清皇帝之意，这可是满门抄斩的事啊，曾国藩嘱咐衣言连夜进京，务必搬动朝中亲王大臣，再施援手。

在孙衣言最困难的时候，重病中的惠亲王绵愉向他伸出了援手。绵愉带病去养心殿，向垂帘听政的两宫太后奏明孙家兄弟对朝廷忠心耿耿，决不会存有谋逆之心。两宫太后中，主事的便是当年的兰贵妃，现如今的西太后慈禧。自从咸丰帝驾崩后，她与恭亲王奕䜣联手，将八位顾命大臣中的载恒、端华、肃顺、穆荫、匡源、杜翰、焦祐瀛等七人杀头的杀头，逼迫自裁的自裁，革职的革职，尽行除去，仅留下胆小如鼠的六额驸景寿。拿着先帝遗传的"同道堂印"的慈禧太后，现如今权倾一身。

见惠亲王为孙锵鸣的事带病亲自前来，年轻的西太后闭目一想，依稀忆起咸丰六年她托绵愉召见这位孙翰林的侄子孙诒让入宫应对的事。想起当年那九岁的孩子宣讲《周礼》，善于应对，自己赏他"江南神童"名号的事儿来，慈禧不觉微微一笑，道："此事暂且搁置再议。"

同治二年，曾国藩率水陆各营进逼江宁，命其弟曾国荃攻占城外制高点雨花台。太平军忠王李秀成闻讯大惊，率部数万人自上海回师金陵，反攻雨花台。曾国荃率领湘军兵勇，苦守数月，击退李秀成军，并占领了军事要地孝陵卫，对天京形成合围之势。与之呼应的湘军水师，由骁将杨岳斌和彭玉麟，分兵夹击太平军水军。杨岳斌从燕子矶进发，彭玉麟自草鞋峡出击，终于在江宁对岸重镇九洑洲，将太平军水军主力数百艘战舰团团包围。清军放火焚烧芦苇。那江边芦苇密不透风，火一燃起，便遮天蔽地不可收拾，把刚才还好端端的战舰烧成焦炭。见水师得手，曾国荃大喜，亲自上

6-3 清军与太平军在天京附近的长江上作战,画面由观战的法国人绘制

6-4 《平定粤匪功臣像·曾国荃像》

阵,攻下被太平军称为铜墙铁壁的钟山石垒。

同治三年夏天,总攻天京的战斗打响了。清军凿地道至城下,安放火药雷管,点燃引线,只听得天崩地裂的一声巨响,炸碎的城砖如一阵石雨,从蔽日遮天的烟尘中撒落下来,把地面砸出无数个坑来。守军死伤无数。湘军将士发一声喊,从炸开的城墙缺口冲进城去。待军队占领了天京城,曾国荃下令关闭城门,屠城三天,杀死太平军及家属十余万人。

曾国藩接到战报,涕泪滂沱。六百里红旗奏捷,两宫太后大喜,随即颁了朱谕,赏曾国藩太子少保衔、一等公爵、戴双眼花翎;赏曾国荃太子少保衔、一等伯爵、戴双眼花翎,同时对重兵在手的曾家兄弟心存畏惧,收回咸丰生前加封攻取天京者为王的许愿。西太后细心,高兴之余

6-5　清军攻克南京

想起翰林侍讲学士孙锵鸣谋反案尚未了结，念其兄孙衣言是曾国藩帐下有功之臣，决定不再追究孙锵鸣的谋反之罪，况且她原来就对这事儿将信将疑。孙锵鸣虎口余生，保住性命，灰头灰脑回到瑞安。对削职回籍、革去一切功名的孙锵鸣，邑人唯恐避之不及，自然无人登门拜访，那些曾经巴结过他的旧友和学生，也都躲到爪哇国去了。

　　孙鲁臣是性情淡泊之人，当年，两个儿子都在朝中做官时，他依然劳作于田，现在孙锵鸣蒙冤削职回家，他也没有怨天尤人。老人像平日一样，凝神读书，偷闲种花，谁也看不出他的心在流血。

　　倒是女人们经受不住这种打击。孙老夫人卧病不起，深夜的病榻上，常常响起她苍老的惊叫："门怎么开着，啊？把门关紧，快，快把门关紧！"

　　每当此时，孙锵鸣的继配林氏就会赶紧到院子里去查看。把闩得严严实实的大门看了又看，见万无一失了，再到婆婆房里，说那门从不曾开过。孙老夫人才放心地点点头合上眼睛。

但过不了多久，老太太会再次惊叫："门怎么开着，啊？把门关紧，快，快把门关紧！"这样翻来覆去的结果，连林氏自己也疑神疑鬼起来，认为院子里的门始终没有关严。于是，她除了听从婆婆的命令，不断地爬出被窝，去查看那两扇死死地关着的大门，自己也自觉地加班加点，频频起床查看大门。

南方的夜湿冷，一来二去，林氏受了寒，高烧不退，病倒在床。

躺在病榻上的林氏，依然挂心那两扇大门。每当黑夜降临，她那富有共鸣的女中音，便会与孙老夫人沙哑干瘪的女低音，组成神经质的对唱："媳妇，门怎么开着，啊？快把门关紧，快把门关紧！""门关紧了，婆婆，门没有开，门没有开。"

可怜的女人，她们总是想到事情最坏的一面：如果远在京城的西太后突然变卦，后悔把孙锵鸣放回老家，派来大内高手斩杀孙锵鸣，她们这些可怜的小脚女人怎么办？她们唯一的办法，是用门闩关紧宅门。她们从不曾想，现如今的大内高手不但会飞檐走壁，还会双手使洋枪，倘若西太后要除掉臣下，孙锵鸣早就身首分家了，还轮到躲在轩房点灯夜读。

孙锵鸣每晚在轩房读书到三更，然后回到正房，爬进林氏睡暖了的被窝，辗转反侧，失眠到五更，待东方的天鱼肚白了，才昏昏沉沉地入睡。起床，则是近晌午时分了。每日如此，眼圈黑了，脸也浮肿了。

终日无所事事，孙锵鸣备感无聊，甚至惶恐。他立志要效力甚至愿意为它献出生命的大清朝廷，就这样轻易地把他这位熟读圣贤书，且立有赫赫战功的翰林侍读学士，完全彻底地忘掉了吗？

百无聊赖的傍晚，孙锵鸣走出大沙巷，进入小沙堤。

这是一条他非常熟悉的巷子，与他交往很深的黄家就住在此巷中。往日到黄家来，他总是坐着绿呢轿，在团勇们前呼后拥之下进入大门，然后下轿由黄家老少迎进屋去。现在，他已不是奉旨回籍办团练的翰林，也并非皇帝特派的武会试总裁了，风光不再，他如今不过一介平民，只能步行拜访老友了。孙锵鸣仰头长叹，悲从中来。

然而，黄家从不曾冷落过他。在他革职回籍的日子里，只有黄家依然与他保持着联系。患难知真情，黄家的这种古道热肠，令他产生发自肺腑的感激之情。

黄宅的大门口点着两只大灯笼，把门楣和高高的围墙映得红彤彤的。一阵清脆响亮的锣鼓声从院子里传出来，孙锵鸣记起今天是黄家设盛宴为三公子体芳饯行的日子。黄家早就送了帖来，倒是自己心情不好给忘了去。

黄体芳是去年中会元入翰林，选为庶吉士的，蒙圣恩特准归里探亲。恰逢母亲吴太淑人七十五岁诞辰，喜上加喜，便在自家大院里搭起戏台，请了梨园，与街坊邻里同喜。

红灯高照，锣鼓喧天。黄家的风光像挡不住的乐曲声，绕过照壁，飘出大门，钻进孙锵鸣的耳膜。他硬着头皮，走进大门。好一番热闹景象！只见台柱子上贴着黄体芳自撰的楹联，左联是"敢以科名荣梓里"，右联是"聊凭弦管替莱衣"。那台上梨园子弟花团锦簇，那院中一干绅士笑逐颜开。①

孙锵鸣心中一酸，眼睛潮湿起来。趁人家还没有发现，赶快低头退出黄家大门。是的，还是识相一些避开这场面的好。罢！罢！罢！人家那边是如日中天，我这里是乌云密布暗无天日，老天无眼，我奈其何？

孙锵鸣踉踉跄跄，走过竹巷口，穿过打绳巷，不知不觉到了南门。他快步走上城楼，月光下，云江如练。曾几何，城头高挂"孙"字旗，铁炮轰鸣，砖石飞迸，烈士血溅瑞安城。斗会匪，剿长毛，壮士所向披靡。世人但知湘勇和国藩，待明天，安能不知浙军与锵鸣。惜奸佞小人误我，英雄壮志难酬。孙锵鸣手扶城垛，心潮澎湃，大声吟道：

大江东去，浪淘尽千古风流人物。故垒西边，人道是三国周郎赤壁。乱石穿空，惊涛拍岸，卷起千堆雪。江山如画，一

① 同治二年四月，先生父上京应试，中会元，殿试二甲第九名。入翰林，选庶吉士。冬，乞假归里，为先生祖母吴太淑人庆七十五寿诞，以梨园招待亲友，尝自题戏台柱联云：敢以科名荣梓里，聊凭弦管替莱衣。（《黄绍箕先生年谱》）

时多少豪杰。遥想公瑾当年，小乔初嫁了，雄姿英发，羽扇纶巾。谈笑间，樯橹灰飞烟灭。故国神游，多情应笑我，早生华发。人间如梦，一尊还酹江月。

正浮想联翩之际，忽听一声呵斥："大胆刁民，来城楼重地发什么疯，还不快快滚下城去！"

孙锵鸣见是一绿营小卒，怒道："你这个奴才，也来欺我，反了反了。"

那小卒拔出腰刀米，哔道："呸，看我杀了你这个反贼！"

说者无心，听者有意。孙锵鸣听他说出"反贼"二字来，先自矮了半截，转身溜下城楼。

回到大沙巷，还未走进台门，就听见继配林氏呼天抢地的哭声。

弥留之际的孙老夫人，留在人世间的最后一句话是："门怎么开着，啊？把门关紧，快，快把门关紧！"

只有林氏才能听懂她轻如蚊音的话，赶紧到院子中去看那永远紧闭着的门。

孙家婆媳经久不息的对唱，此刻终于画上了休止符。

母亲那双枯瘪的眼睛，仍然留着一条细缝。老人家不放心他这个戴罪回籍的儿子啊，孙锵鸣大恸，跪伏不起，以头撞地，哭道："锵鸣不孝，害了母亲大人！"

收到报丧的急信后，孙衣言交下军务，携夫人和儿子日夜兼程奔丧。①

孙衣言率全家跪倒在孙老夫人的灵前时，路途的颠簸与失去亲人的痛苦，令他心力交瘁。但他还是强忍悲痛，扶起灵柩前长跪不起的孙锵鸣，道："出则尽忠，翰林院中其心可鉴；入则尽孝，白发堂前恪守人子。韶甫问心无愧，切不可伤心过度。"

"曾子曰，孝分三等，上等为尊敬父母，中等为不使父母蒙羞，三等为赡养父母。锵鸣削职回籍，还有何面目自称孝子呢。"孙锵鸣

① 同治三年六月二十六日，衣言母丁太夫人卒于家，享寿七十有四。十月十二日衣言自皖挈家以行，有《甲子行记》。云：始于惊悉老母弃养，辞官归里守丧，驰讣同官，十月十二日登舟，十一月二十一日赴金陵，终于二十五日别曾节相。（《孙衣言孙诒让父子年谱》）

哭道。

"可曾子还说过，日常起居不庄重，不是孝；为君主做事不忠诚，不是孝；做官不谨慎，不是孝；与朋友交往不讲信用，不是孝；打仗不勇敢，不是孝。反而观之，韶甫你日常生活庄重，是孝；忠诚于君主，是孝；认真慎重地处理政事，是孝；朋友之间守信用，是孝；勇敢地作战，是孝。"孙衣言劝道。

一身素衣的诒让，在灵堂听了父亲和叔叔的对话，心中一阵阵的揪痛。他不明白，叔叔认真做官，效忠清室，作战勇敢，为什么从朝廷到地方，却总是有人不断地陷害他，甚至要将孙家满门抄斩。他很想问问父亲，这到底是为什么，但每次话到嘴边又总是咽回肚子里。父亲已经够难受了，正值施展抱负的不惑之年，连遭厄运，不能不使他愁肠寸断，白发满头。

孙衣言明白诒让要问什么，如果问了，他又能回答什么呢？他能够向儿子解释这一切吗？他能够对儿子掀开官场的黑幕吗？他能够为儿子剖释人性中最丑恶的一面吗？不能。沐浴儒家经典著作的甘霖而成长起来的纯洁的儿子，决难抵御这些阴谋制造者掀起的腥风血雨。

作为曾国藩的部属，孙衣言参加了围剿太平军大本营江宁的战役，他知道江宁之战中战功最为显著的是曾国荃，然而他得到了什么？清廷除了一时高兴，授他个太子少保衔、一等伯爵，戴双眼花翎之类虚衔外，接下去便是听信逸言，指责他破城之日封锁不严，让一千余名太平军突围而去。随后，又死死追查天京金银财宝的下落。还发来上谕说："曾国藩以儒臣从戎，历年最久，战功最多，自能慎终如始，永保勋名。惟所部诸将，自曾国荃以下，均应由该大臣随时申儆，勿使骤胜而骄，庶可长承恩眷。"其言已暗伏杀机。更有甚者，朝中竟有大臣千方百计寻来曾国藩少年时渡洞庭湖诗，摘出"直将云梦吞如芥，未信君山铲不平"一句，牵强附会成国藩意欲扫灭大清，非要达到将曾家满门抄斩的目的不可。对这些大臣的话西太后虽不全信，但还是暗谕科尔沁亲王僧格林沁速派江宁将军富明阿监视湘军行动。曾国藩十分恐惧，为向朝廷表示忠心，不得不让弟弟曾国荃辞去一切官职。身经百战救大清于水火之中的大将曾国荃开缺回籍时，清廷仅仅赏赐给他六两大内人参。与曾家比，孙家的苦难又何足挂齿。

孙衣言没齿不忘向曾国藩辞行时这位兀立在大清即将倾圮大厦中的大帅赠给他的

话:"孔子曰:君子有三畏,畏天命,畏大人,畏圣人之言;小人不知天命而不畏,狎大人,侮圣人之言。既无畏,则于有功之臣,嫉贤妒能者有之,幸灾乐祸者有之,千刀万剐者有之,从古到今皆如此。国藩送韶闻一句话:好汉打落牙,和血吞!"

孙衣言举家守孝时,再一次受到了沉重的打击,他与之相交甚密的惠亲王因病辞世。孙家又一根可以依靠的柱石倒下了,衣言的心境更加黯淡。①

诒让见父亲食不知味,夜不能寐,知道他心中苦闷。虽然自己也深深陷入悲苦之中,但他尽量把痛苦藏在心底,应该为父亲分忧才对。为父亲分忧的最好办法就是读书钻研学问,诒让知道这一点。

诒让在熟读《汉学师承记》和《皇清经解》,掌握清儒治经、史、子、小学之规律的同时,开始研究宋代薛尚功的《钟鼎彝器款识法帖》,对治金文之学发生极大的兴趣。他的一个重要发现是,可以通过研究金文,探索古代文字的字形,从而了解正确的字义,用以训诂治学。因此,他对金石之学的爱好一发而不可收。

十五岁的他,还修正了两年前撰写的《广韵姓氏刊误》,增添了不少内容,把它从一卷扩充到二卷。细读了元大德本《白虎通德论》后,他撰写了《白虎通校补》草稿。

无尽的忧伤像砒霜,慢慢地腐蚀着孙鲁臣衰老的肌体。在五月的一天,他在院子里为所有的盆花浇足最后一次水,然后慢慢地坐下来,倚着一株茶花的树干,静静地睡了过去。当两个儿子和媳妇摇醒他时,孙鲁臣用尽最后的力气留下遗言:"早日为德涵完婚。"

为了爷爷的死,诒让哭得特别伤心。② 并不太宽敞的许宅,现在显得空荡荡的,就像诒让空洞无助的心。

这年秋天,新任浙江巡抚马新贻派人专程送来信函,力请孙衣言赴杭任官书局总办并主持紫阳书院。③ 孙衣言虽对马新贻心存感激,还是不假思索地写了回信,说父母双亡,须在家守孝三年,任职官书局和紫阳书院的事容日后再议。

① 同治三年(1864)十二月十二日,绵愉病死,谥号端,有奕详、奕询等子六人。(《清史稿》)
② 同治四年夏五月,先生祖父鲁臣公卒,年七十有九。(《孙诒让年谱》)
③ 同治六年四月,马中丞、吴学使奏设浙江书局于杭州之篁庵,聘衣言和薛慰农为总办,以主持其事,议订章程十二条,于四月二十六日开办,集剞劂民百十人,以写刊经史兼及子集。
又,咸丰八年十二月,始识庐州守菏泽马谷山刺史新贻于定远,谈后,极称刺史趋向正面论事知根本,引为良友。(《孙衣言孙诒让父子年谱》)

来人作揖告辞。刚跨出许宅大门的门槛,只见肩头被人按住,回头一看,原来是孙锵鸣。孙锵鸣请他先在客栈住下,说自己会说动哥哥,让他成行。

孙锵鸣对孙衣言说了自己的道理,孙衣言果然决定赴杭。孙锵鸣的道理朴素简单:其一,外夷虎视我国,内乱仍未平息,国家尚处在危难之中,自古忠孝不能两全,我们兄弟俩也该分分工,当哥哥的尽可去尽忠,做弟弟的则居家守孝;其二,与孙家作对的闽浙总督左宗棠既已奉旨赴闽督师,卸去兼任的浙江巡抚一职。为不使温州地方官再生事端,应抓住现在的机会,搞好与新任浙江巡抚的关系,使孙家转危为安,这也是对九泉之下的父母亲最大的孝心。

孙衣言不得不佩服弟弟,他的考虑十分周全,孙家若还想在瑞安落脚,就只有自己再度出山。

临行时已是仲秋。诒让从后院的水井里打上水来,拎到前面的大院子,去浇爷爷生前种下的西府海棠、紫薇、君子兰和雏菊。看见淡淡的秋阳中繁花似锦,种花人却怀恨西归,他不禁泪如雨下。

6-6 孙氏藏书《白虎通》(汉·班固),浙江大学图书馆藏

第七章

紫阳讲学

晨光熹微，紫阳书院沐浴在和煦的朝晖中。宽广的庭院里，古木参天，绿树成荫。几处学舍就掩隐在茂密的枝叶下，仿佛与世隔绝。

和所有书院一样，建于杭州紫阳山麓的紫阳书院也是一个清静幽雅、山水宜人的去处。这座建于康熙四十二年的书院，初名"紫阳别墅"。傍山循径可至紫阳山巅，登看潮台，观钱塘大潮。因书院地处城区，交通便利，生徒日益增多。乾隆年间，学生多至三百余人，费用取自两浙盐务官款。咸丰十一年，书院毁于战火。①

同治四年，孙衣言接手紫阳书院时，书院几经战乱，火焚蚁啮，砖腐木朽，破败不堪。好在新任浙抚马新贻拨出官银，用于书院的扩充修缮。孙衣言则全力以赴，废寝忘食，日夜监工，短短数月，不但修复了坍塌的旧学堂，还新建学舍二十余间。至此，紫阳书院与杭州的敷文书院、崇文书院、诂经精舍，并称为浙江四大书院。

马新贻是山东菏泽人，道光二十年的进士，因军功不断升迁，踌躇满志。一到杭州上任，便奏请朝廷免除杭、嘉、湖、金、衢、严、处七府因战争而拖欠未交的赋税，朝廷准奏，由此地方实力大为加强。他还致力兴儒倡教之举，广招浙中名士，咸集麾下，兴办书院，征集遗书，校勘经籍，讲经传义。②

绿树掩映下的新书舍，散发着桐油的清香。朱红的窗棂、发黄的古书和窗外摇曳着的芭蕉叶，让人觉得自己在远古与现实之间来

---

① 紫阳书院由两浙都转盐运使高熊征及盐商汪鸣瑞等捐资建造，初名"紫阳别墅"，主要招收商人子弟。乾隆年间，学生多至三百余人。

② 马新贻，字谷山，回族，山东菏泽人。道光二十七年（1847）中进士，同治三年（1864）任浙江巡抚，修筑海塘，奏减杭、嘉、湖、金、衢、严、处七府浮收钱漕，复兴各府书院等。后任闽浙总督，两江总督。

回徜徉。早起的孙衣言坐在窗前，浮想联翩。虽然同样醉心于书斋，一些人沉湎于古人的光辉里而不愿自拔，另一些人则在古人的光辉灼耀中，不时地拷问自己的魂灵，在朝阳诞生时凝结出智慧的露珠，涤荡去历史的尘埃，鲜丽而璀璨。

孙衣言磨浓砚中墨水，铺开宣纸，挥笔写就《紫阳书院景徽堂记》中的最后一段，曰：

> 自元明以来，天下读经者皆尊用朱子说，可谓甚盛。夫朱子之于经勤矣，其自谓不能俯仰就功名，而欲求圣人立言之意，以待后人者，用心何其至耶？今天下皆知读经皆宗朱子，然自取富贵利达外，若无用于经，此岂朱子之教也哉？汉之中世，经始稍出，大义犹未著，不及今日远甚，然当时儒者守一师之说，可以终其身，而一言一篇之所得，常可以持身决事。然则今日之所谓宗朱子者，何耶？诗曰：高山仰止，景行行止。

隐匿于山水名胜之间的书院，看似宁静、淡泊，但思想学说间的交锋也是刀光剑影，烽烟四起的。紫阳乃宋朝大儒朱熹之别称，命名为紫阳书院，其寓意不言而喻。宋代尤盛书院，以白鹿、石鼓、睢阳、岳麓最为著名，聚集了各地学者名人的书院，采用个别钻研、相互回答、集众讲解的方式，以研习儒家经籍为主，间议时政，亦涉科举之道。

向来以永嘉学派传人自居的孙衣言，深恶门派之见，不想以一己之说独占书院讲坛。他推崇永嘉学派的经世致用之说，却又对程朱义理之说穷究至深。同时，他又崇尚乾嘉学派的朴学之道，赞叹训诂考据之务实细致。主持紫阳书院的孙衣言，把他的主张贯穿在教学活动之中，从而使书院中容纳了各种不同的学术思想。[①]

授课的时间到了，夫人凝香把孙衣言的衣冠整理一番，又让随身丫鬟春儿帮老爷穿上靴子，微笑着目送他走向景徽堂。

① 参见孙衣言《紫阳书院课艺·序》

景徽堂是讲经的大课堂，今日由孙衣言主讲，早已座无虚席。孙衣言正襟危坐，清清嗓子，开始讲课，他今天讲的内容是经学史。

孙衣言说，儒家学说自孔子首创，从春秋战国时期与诸子百家平分秋色开始，到遭遇秦始皇焚书坑儒残酷镇压，再后来平步青云脱颖而出上升为国教，归功于西汉王朝的大臣董仲舒和汉武帝刘彻。建元五年，刘彻采纳了董仲舒的建议，罢黜百家，独尊儒术，兴太学，置五经博士。所谓太学，即皇家的最高学府，而唯一的教材就是五种经书，简称五经，分为《诗经》《尚书》《仪礼》《易经》和《春秋》，教授五经的学官则称为五经博士。从这个时候起，儒学由民间的私学升格为官学，成为国人的思想道德规范和行为准则。这一时期的经书，严格采用西汉通用的隶书，为"今文经"。

孙衣言说，西汉景帝年间，在山东曲阜孔子家的墙壁中，发现了幸存下来的使用篆文刻印的经书。篆书比隶书诞生的时间早，这些新发现的经书被称为"古文经"。

从内容来看，古文经要比今文经丰富，如新发现了《左传》《毛诗》《周礼》《古文尚书》《逸礼》等。但今文经派认为古文经是刘歆伪造出来的。古文经派则以为今文经是秦始皇焚书后残缺不全的本子。今古文经两派便水火不相容了。西汉王朝对古文经概不承认，坚持把法定的五经作为太学所用的教材。虽然如此，古文经还是不胫而走。到了东汉时期，出现了研究古文经的许慎之学，和同时研究今文经和古文经的郑玄之学，从此，古文经学作为"私学"，广泛流传，逐渐压倒了今文经学。

孙衣言说，唐代，政治上的统一促进了学术上的统一。唐太宗命经学家孔颖达主编《五经正义》，通过唐儒对《五经正义》的编撰，对两汉魏晋南北朝以来的经学作了总结，结束了经学内部宗派的纷争。《五经正义》重视训诂考据，强调儒家的"礼"，极力主张贵贱尊卑的区别。该书从唐代开始，在经学教育和科举考试中一直占据统治地位。

到了宋代，经学研究有了很大的变化，推崇《论语》《大学》《中庸》《孟子》。朱熹撰《四书章句集注》，"四书"之名始立。此后，该书长期成为科举取士的标准。宋学分三派，程朱学派以程颢、程颐和朱熹为代表，朱熹认为天下的道理很多，不能每样都去研究，而应该从源头入手，即先弄懂万物之理，再去读圣人的经典，这样就可以豁然贯通，达到顿悟的境界，最后心以贯之。陆王学派以宋代陆九渊和明代王阳明为代表，与朱熹先"格物"再"致知"的观点不同，陆九渊认为"格物"和"致知"

是同时的，王阳明发展了陆九渊的观点，强调由内到外，由心到物，这个想法与佛学中的禅宗思想一致。以陈傅良、叶适为代表的永嘉学派，与前两派注重心学的特征保持很大距离，主张研究学问要从文史着手，推崇实用的经济之学。宋学延续至明代。

孙衣言说有清一代出现了清学。清初时，有北派李塨，注重实践；南派顾炎武，注重经学；南派黄宗羲，注重史学；他们都反对王阳明的空说和玄想，认为心学误国，主张"经世致用"。清学的全盛期是乾隆、嘉庆年间，产生了以惠栋为代表的吴派和以戴东原为代表的皖派，合称乾嘉学派。乾嘉学派主张走质朴之路，从名物训诂着手，进而探讨古书义理，阐明大义，所以又称朴学。乾嘉学派把做学问的范围扩大了，派生出目录、版本、校勘、辑佚、金石、年代、历史地理等专门学科。

孙衣言结束授课，景徽堂中的学子依然端坐不动，把求知若渴的目光投向孙衣言，他们想从先生那里汲取到更多的知识。

孙衣言当然明白大家的希望，他站起来宣布："上半堂的课就讲到这里，算作抛砖引玉，下半堂请荫甫先生主讲，各位稍作休息即回来听课。"

听说下半堂课由大学者俞樾来讲，众学子都高兴得不行，要不是书院极为讲究礼仪，他们早就欢呼雀跃起来了。

从古到今，经学派别之多如江河漫流。孙衣言既求经世又崇朴学，所以被他请到书院授课的学者中，不乏真知灼见之人。今天在此设坛讲学的俞樾，就是一位极力提倡乾嘉学风的著名人物。

俞樾，字荫甫，浙江德清人。孙衣言和他曾经三度相逢科场，又于庚戌年一起考中进士。因俞樾卷中有"花落春仍在"一句，大得阅卷大臣曾国藩的赞叹，认为咏落花而没有衰飒之意，便与其他主考官商议，把俞樾的卷子列为复试第一名，一时名噪科场。

咸丰六年，翰林院编修俞樾被咸丰皇帝任命为河南学政，官职虽不大却是钦差，喜悦之余，他一连做了两首诗。

第一首是接到圣旨后写的：

纷纷星使出词曹，自问无才敢滥叨。谁料圣恩偏最渥，竟容玉尺两河操。

第二首是临行时写的：

去岁风霜赋北征，今年弃传又南行。一樽仍喜家人共，千里频频侯吏迎。

烽燧平安官堠近，琴书潇洒使车轻。男儿驷马寻常事，每把题桥笑长卿。

7-1　俞樾像

俞樾以为咸丰如此看重自己，今后只要忠心耿耿为朝廷效力，一定会飞黄腾达，于是当官做事也分外努力。在主持河南各地的童生考试时，每每亲至各县考场，弄得一身黄沙和泥尘。科举考试的试题必须取自四书，日久天长，许多题目都做过了，考生们只要拿前人做过的考卷背熟了，就能应付考试。为了能为朝廷招揽到真正的人才，俞樾出的试题多是截搭题。所谓截搭题，就是截取四书中上句话的后半句，加上从后句话截取的上半句，这样一截一搭拼成新的一句话，水平高的考生可以破题，靠背题应试的便会露出破绽。俞樾出了许多试题，其中有个叫"王速出令反"，由《孟子·梁惠王》篇"齐人伐燕"一章中的"王速出令，反其旄倪"截搭而成。咸丰七年，御史曹登庸以此题的本意是"王出令便造反"为由弹劾俞樾，咸丰皇帝大怒，下旨将俞樾"革职永不录用"。

可怜才华超群的俞樾，刚入仕途，便遭到致命的一击。既然壮志难酬，便看破红尘，隐居民间，闭门著述。①

与俞樾一起参加甲辰科乡试的李鸿章，早俞樾三年成为进士。庚戌会试后，李鸿章曾经问恩师曾国藩，今科考试谁为得意门生，听说是俞樾，李鸿章便牢记在心。但他一直没有机会和俞樾见面。同治六年，李鸿章任江苏巡抚，便派人四下打听俞樾的下落。在苏州找到俞樾后，便恳切地邀请他主讲苏州紫阳书院。

无独有偶，孙衣言任教的书院也叫紫阳书院，只不过不在苏州，

① 俞樾，字荫甫，自号曲园居士，浙江德清城关乡南埭村人。清末著名学者、文学家、经学家、古文字学家、书法家。清道光三十年（1850）进士，曾任翰林院编修。俞樾后受咸丰皇帝赏识，放任河南学政，被御史曹登庸劾奏"试题割裂经义"，罢官，迁居苏州。

而在杭州罢了。就有人戏称他们为"庚戌两紫阳"。[①]此次俞樾到杭州讲课，便是受孙衣言之邀。

上课的时间到了，景徽堂里，鸦雀无声。朴学大师俞樾在孙衣言的陪同下来到主讲席。他中等个子，五官端正，肌肤光滑，线条柔和，是典型的江南才子相貌。浅白色的湖绸长袍，棕色薄纱马褂，腰间佩一颗翡翠玉坠，更衬托出他的淡泊和优裕。

俞樾授课以生动见长，常常由浅入深，穿插自己的研究心得：

"我们做学问，最重要的是要通晓经文的意义，这首先要懂得义理。但并非只需饱读古书、背诵传记就能得到义理，就如一个人只看见藩篱，并未曾走到庭院中去，就说'我已经升堂入室了'。

"现在我举一个例子，《论语·微子》中有一段话是这样的，'子路从而后，遇丈人以杖荷蓧。子路问曰：子见夫子乎？丈人曰：四体不勤，五谷不分，孰为夫子。植其杖而芸，子路拱而立。止子路宿，杀鸡为黍而食之，见其二子焉。明日，子路行，以告。子曰：隐者也。'对于其中的'四体不勤，五谷不分，孰为夫子？'这段话，不了解古代文字字意的人，一般会这样解释：你手脚不勤快，分不出五谷杂粮，哪里知道什么夫子。可这就大错特错了，因为不合情理，丈人和子路萍水相逢，他干吗要平白无故去责备子路呢？如果我们善于掌握古语的字意，知道古人不但把'不'字当否定讲，也有把'不'字用作语气助词，并无反面之意，就不会把文章里的内容弄错了。你们都是熟读诗书的人，都知道《诗经·车攻》中有'萧萧马鸣，悠悠旆旌。徒御不警，大庖不盈'句，《诗经·桑扈》中有'不戢不难，受福不那'句，这里用的'不'，就都是作为语气助词的：不警，警也；不盈，盈也；不戢，戢也；不难，难也。知道'不'字在《诗经》里可以这样用，就可以正确地解释《论语·微子》中的这段话了，丈人是说：我这个人只知道手脚勤快，分辨五谷杂粮，却不知道谁是夫子。他不但没有责怪子路，还很好客，杀鸡给子路吃。第二天，子路把这件事告诉孔子，孔子说：这个人是

[①] 余与孙琴西衣言三为同年，道光十七年同为贡生，君得拔贡，余中副榜，廿四年同举于乡，三十年同成进士。（俞曲园《春在堂全集》）

隐者。通过这个例子，我们就会明白，要准确地理解圣人讲的道理，正句读，审字义，通古文之假借，这三点是何等重要。

"因为年代久远的缘故，古时候的经学典籍有很多都散失了，孟子活着的时候就如此。东汉和西汉的经师们，在收集经文上花了许多心血，才使典籍能够流传下来，在训诂名物方面，他们的研究也有许多成果，能解出十之二三来。但唐宋以后，儒者不能通晓古代语言，就好像生在楚国的人不懂齐国的语言，儒者不懂古代制度，就好像北方人不相信南方有可以装载一万石重量的船，南方人不相信北方有可以容纳一千人的帐篷。离古代越远，求证也就越难。所以，唐宋以后，儒者对于训诂之学虽然也有所发明，但终究不如两汉经师研究之深。"

7-2　孙衣言致俞樾信函

俞樾引经据典，广引博征，口若悬河，学生们大有茅塞顿开的感觉，个个听得如醉如痴。

他是一位主张与学生交流思想的学者，在结束讲课之前，开始接受学生提问。这是大堂课中最为刺激的形式，好多口若悬河的清儒会因此陷入窘境，然而俞樾却一派平和镇静的样子。

就有学生在席间起立，躬身提问："在众多汉儒之中，谁的贡献最大，先生最钦佩的又是谁呢？"

"我最尊敬的先师莫过于许叔重[①]和郑康成[②]了，你们要认真读他们的书。"俞樾诚恳地说："所谓训诂名物以求义理，其基础要通晓古代语言，懂得古代制度，这样才能寻找出经学中的微言大义。"

又有学生站起来提问："依先生所见，以乾嘉学派为代表的汉学，与以程朱理学为代表的宋学做比较，它们之间的区别在哪里呢？"

"有两点明显不同。"俞樾几乎不假思索就脱口而出道："其一，学术范围不同。汉学研究的是文字训诂学、史料学，而宋学研究的

[①] 许慎，字叔重，汉汝南召陵人，著《说文解字》。
[②] 郑玄，字康成，汉北海高密人，著《公羊春秋》等，创郑学。

是心学、玄学。朱子认为天下道理很多，不能每样都去研究，那样过于烦琐，会浪费宝贵的时间。他认为应从万物之理入手，再从书本到圣人经典，然后自然会豁然开通，达到心以贯之的境界。汉学则认为要找到通经的途径，一定要先了解古代文字的字意，这样才能解释语句，然后便可知道圣贤的心志，达到治经通道的境界。其二，研究方法不同。采用演绎之法的宋学，凭一点心得生发开来，随心所欲，云谲波诡，使人如堕云雾，莫衷一是。汉学则采用归纳之法，凭的是调查、取证，以实证说话。"

7-3 晚年的俞樾与曾孙俞平伯。后者后来成为民国著名的红学大师。

担心他的学生会对俞樾提出古怪刁钻问题的孙衣言，现在悄悄宽了宽心，凭俞樾的学养，回答这类简单问题易如反掌。

"那么请问先生，乾嘉学派只求实证不求义理，是否会使儒生成为书虫，埋首古书，沉溺章句，成为烦琐求证的奴隶呢？"有学生在席间大声问道。

孙衣言心中一懔，尽管他对于乾嘉之学也有略嫌烦琐的感觉，但如此尖锐地说出来，觉得有碍于好友的面子。他想站起来，结束掉这次讲座。

只见一位参加旁听的少者站起来，大声驳斥道："谬论也！儒者只有埋首古籍，才能求出实证；只有沉溺章句，才能不出纰漏。君不见宋学始创之人王介甫[①]虽大作如林，却不善训诂，竟用会意字解释形声字，把'波'解释成'水之皮'，贻笑大方。宋学大师朱文公[②]，身为义理之学鼻祖，却不知道古今音的变化，以为古人有协音，以致酿成大错。乾嘉学说先以训诂考据立身，再求经世致用之功，是做学问的唯一出路。"

少者话音刚落，俞樾就在台上鼓起掌来，连连道："精彩之至！痛快之至！请问先生尊姓大名？"

孙衣言把嘴凑近俞樾的耳朵，轻轻说了几句话。

① 王安石，字介甫，北宋名臣，儒学家，文学家。
② 朱熹，字元晦，世称朱文公，宋代理学家。

俞樾一听，满脸欣喜，道："原来是令公子呀，老佛爷亲赐的'江南才子'也，怪不得语出惊人，入木三分。"

饭后，孙衣言陪俞樾游西湖。俞樾对诒让心存好感，特意叮嘱孙衣言带上儿子。他们坐轿下紫阳山，过清河坊，出清波门。就有一只朱红画舫自翠柳红杏后摇出，载着他们三位向苏堤而去。

三月的西湖，烟雨缭绕，弦歌浅唱。长长的苏堤上，柳丝拂堤，莺飞草长，偶有文人雅士信步其中，彩绫锦缎在烟雨柳丝间闪闪烁烁。

他们坐的是一条很适合于行游的船。有充满暖意的茶炉，有殷勤侍茶的女子。靠窗的是红木矮榻，可躺可坐，中间摆着一张几子。喝着侍茶女子沏好的龙井茶，坐在窗口看湖上的景色，身子便疏懒起来，心情格外惬意。

舱口一位漂亮女子开始吹箫。拿箫的身子斜斜的，一半对着舱外。贴在唇上的长箫也微斜着，末端垂了一束淡紫色的流苏。箫声袅袅而出，贴着倒影于水中的朱阁飞檐，撩过两岸一行行的红桃绿柳。绵长的箫声中，多了疏疏的琵琶声，轻轻的，却十分清朗。也不知什么时候，舱口多了一位俊美的女子，长裙曳地，一袭长发半掩琵琶。两人一路合奏过去，甚是雅致。

俞樾半躺在椅上，眯了眼睛听了一会儿曲，道："既是苏堤，为何不弹苏东坡的《水调歌头·明月几时有》？"

弹琵琶的女子娇嗔道："俞大人，还是中午呢，哪来的明月？"

俞樾笑说："但弹无妨。"

就有玉珠落地般的乐音在女子葱样的指间响起，忽而轻缓婉转，忽而急剧跌宕。另一女子先吹了一会儿箫，然后轻舒歌喉：

明月几时有，把酒问青天。不知天上宫阙，今夕是何年？我欲乘风归去，又恐琼楼玉宇，高处不胜寒。起舞弄清影，何似在人间。

转朱阁，低绮户，照无眠。不应有恨，何事长向别时圆。人有悲欢离合，月有阴晴圆缺，此事古难全。但愿人长久，千里共婵娟。

孙衣言的眼睛湿润了，俞樾和他一样是个重感情的人，又都曾经历仕途坎坷，产生过高处不胜寒欲乘风归去的想法，可称知心朋友。

曲尽，俞樾轻叹，又要一首林逋的《山园小梅》。

船头的女子笑说："三月天气哪有什么梅花呀，俞大人有趣，专拣没影儿的景致让我们唱。"

俞樾也笑道："看上去没有，但心中有便是了。刚才唱月亮，到'但愿人长久，千里共婵娟'一句，你们眼里都噙了泪，当我没看见啊？"

歌伎们大概都是和俞樾拌惯了嘴的，啐道："呸，那也不是为你流的。"说完话已拨弦按箫了。这回换了弹琵琶的女子唱曲：

众芳摇落独喧妍，占尽风情向小园。疏影横斜水清浅，暗香浮动月黄昏。
霜禽欲下先偷眼，粉蝶如知合断魂。幸有微吟可相狎，不须檀板共金樽。

孙衣言想起俞樾自被罢黜革职以后，立志不仕，以著述为乐事，这回点了《山园小梅》，可见是起了"以梅为妻、以鹤为子"的念头了。自己虽也常怀此意，无奈因各种原因而不得不周旋于官场之中，应酬各种人等，度日似年，如履薄冰。便叹道："荫甫兄醉心笔墨，寄情山水，志趣高洁，相比之下，衣言自愧不如。"

"此言差矣，您是胸有大志的人，怎么能和我比呢。想当年，英、美、俄、法四国军舰攻陷大沽炮台，天津、京都告急，朝中主战主和两派论争极其激烈。您以《御戈之策章》奏咸丰帝，坚决主张抗敌，翰林为之振奋。后来又帮助曾公剿寇，终于大功告成。现暂主书院，只为父母守制，孝期一满，定为朝廷重用。"俞樾道。

"荫甫兄见笑了，衣言才疏学浅，又是外放之臣，哪里会有什么大用，早已心如古井，专心在书院尽职，以度余生罢了。"

见孙衣言伤感，俞樾转过话题，指了诒让说："令

7-4 《东山丝竹图》(傅抱石)

公子自幼受教于兄长膝下，刚才大堂上的一席话，已足见其功力也。凭这一点，韶闻兄就胜俞樾一筹。"

诒让端坐靠椅上，一面欣赏着湖光山色，一面注意地听着父亲与俞樾对话。父亲的伤感令他忧郁，作为儿子，他对自己不能为父亲分忧而感到内疚自责。而俞樾与父亲相比，显然逍遥自在多了，从他满头的黑发中，从他细腻的毫无风霜感的肌肤中，诒让感觉到俞樾的心里深深埋藏着避世的种子。

见俞樾认真看他，诒让谦虚道："晚辈不知天高地厚，在年伯跟前献丑了。"

俞樾道："到底是江南才子，博学多才。"

诒让说："您过奖了，我不过是'跬步而不休，跛鳖千里'罢了。"

俞樾拊掌："妙哉，活用荀子的《修身》篇了。"

诒让请教："年伯的经学考释精微细致，我曾经拜读过您的《群经平议》①和《诸子平议》②，如何才能更加深入呢，恳请先生不吝赐教。"

俞樾谦让："拙文不值一谈，但王怀祖、王伯申③的《读书杂记》和《经义述闻》，不可不读。对于他们的学问，我是最为钦佩的，乾嘉学派中的皖派开始于江永，成立于戴东原④，师承戴东原的有段若膺⑤和王怀祖、王伯申父子，而我的学问就来自王氏父子。"

诒让作揖道："我记住了。"

见诒让谦恭有礼，俞樾越发喜欢他了，含笑道："世侄博古通今，日后一定大有作为，只是不知你日后打算研究哪家著作？"

孙衣言说："涵儿年少不知天高地厚，日后欲治《周礼》，荫甫兄以为如何？"

"什么，公子欲治《周礼》？"俞樾变色道。

诒让见俞樾沉默不语，端坐一旁，静候教诲。

①《群经平议》，俞樾著，研究经部古籍的训诂专著。其书包括《周易》《尚书》《周书》《毛诗》《周礼》《考工记世室重屋明堂》《仪礼》《大戴礼记》《小戴礼记》《春秋公羊传》《春秋穀梁传》《春秋左传》《春秋外传国语》《论语》《孟子》《尔雅》总十六部。
②《诸子平议》，俞樾撰，研究先秦、两汉诸子语言的训诂学专著。三十五卷。包括《管子》《晏子》《老子》《墨子》《荀子》《列子》《庄子》《商子》《韩非子》《吕氏春秋》《春秋繁露》《贾谊》《淮南子内经》《杨子太玄经》《杨子法言》共十五部。
③ 王念孙，字怀祖；王引之，字伯申，王念孙之子。父子二人为江苏高邮人，同为语言学家，人称高邮二王，又与段王裁、戴震称为"段戴二王之学"。
④ 戴震，字东原，清代经学家，文字学家。
⑤ 段玉裁，字若膺，精于朴学。

原来俞樾变色，只为治《周礼》艰难，非同小可。此经内容纷繁，文字多古，聚讼日久，向称难治，一旦涉入其中，恐怕呕心沥血却难有成功，到时候肠子悔青却已迟了。

"可知《周礼》头绪最为繁杂，争议最为激烈的说法？"俞樾沉默许久，问道。

"自《周官经》面世，就面临无数非难和责骂。争论首先集中在究竟谁是作者这个问题上，对此从古到今有许多不同的说法。今文经学派不相信此书是周公所作，汉武帝认为此书是孤本，没有证据可证明是先哲之作，汉儒何休甚至以为这是六国阴谋之书，是伪经。古文经学派则相信此书是周公为了天下太平所制定的经世大法，古时的官制典章都出自此书，而汉儒郑康成信之尤笃。宋代王介甫变法，组织经义局，推崇《周礼》，遭到苏氏兄弟的激烈反对，到了现如今，我们乾嘉学派则认为古文经学派的说法最为可信。"诒让信口说来，滔滔不绝。

"《周礼》作为正统的经书是天经地义的事儿，早在东汉末年，由于盛行郑学的缘故，《周礼》就已经跻身于正统官学，其地位还在《礼经》之上。但郑康成撰写的《周礼注》，过于深涩难懂，使人对这部经书的经意难以了解透彻；唐代贾公彦所著的《周礼义疏》，又嫌简单而不周全；宋代王介甫写的《周官新议》，号称'新议'，实际上拘泥守旧，并没有新的突破。"俞樾道。

"有清以来，针对《周礼》虽然有一些零星疏正之作，如吴中林的《周礼疑义》、庄方耕的《周官记》、阮伯元的《周礼注疏校勘记》等，但都浅尝辄止，不敢全面深入，"诒让迟疑一下，道："包括您在《群经平议》中对《周礼》一些章句的解释。"

"涵儿不得狂妄！"见诒让当了俞樾的面评论他的著作，孙衣言诚惶诚恐，连忙制止道。

"但说无妨，俞樾才疏学浅，拙作《群经平议》对《周礼》中的许多误读误解之处确实尚未疏正，孙公子高见一针见血。"俞樾诚恳地答道，"不过依我看来，有清一代还是有一些饱学之士的，如乾嘉学派中的皖派首领戴东原。因为他有着宏博精深的文字学功底和校勘考据学功夫，而经他手所厘正的字、词都十分关键，所以对名物、典章和经籍的考证范围广泛，成就辉煌，其中最有代表性的著作莫过于《考工记图》。"

"《考工记》文字艰涩，古奥难解，大家都认为读此经是件苦事。戴东原著《考工记图》，选择郑康成的注说，纠谬正误，还绘制了图画，使大家对《考工记》容易了解，这确实是一个创举。"诒让先是承认戴东原的成就，但接下去又说，"《考工记》毕竟只是《周礼》中的一小部分呀，《周礼》是这样的博大，是这样的神秘，我们才渐渐掀开这面纱的一角呢，对于《周礼》，戴东原还没有全面深入地去研究了解啊。"

"涵儿越发狂妄了！"孙衣言顿足道。

"既然明知《周礼》众说纷纭，艰深难治，连戴东原这样的大师都不能全面深入地疏正，治之有陷入泥沼而不能自拔之险，孙公子又何苦非涉及不可呢？"俞樾觉得对眼前的这位年轻人难以理解。

"父亲当年在上书房轮值时，我跟随他住在澄怀园。每当大清国内忧外患之时，父亲便教我读《周官经》，并告诉我说，《周礼》之书为经世致远之书，为致太平之书。所以，每逢国将不国，家将不家之时，我就倍加思念起《周礼》的完美来，并希望它成为当今的事实，大行于天下。"诒让说着，清秀的脸上闪烁出单纯而又执拗的神情。

孙衣言静静地在一旁听着诒让和俞樾的对话，他突然发现，儿子长大了，成熟了。他诚恳地说："荫甫兄，涵儿要治《周礼》，我是无能为力了，只能将他交托于您。"

俞樾不置可否，自言自语道："俞樾有过许多很有才华的弟子，但可以断定，世侄若真的成为我的弟子，将是其中最有成就的一个。"

衣言见俞樾如此说，以为他已同意收诒让为徒，连忙拱手作揖道："待衣言择定日子，定携小儿行拜师之礼。"

俞樾却突然说道："但是，绍闻兄的公子我不能收。"

"这是为何？"衣言问。

"令公子自发蒙始，可曾拜过师？"俞樾转身问诒让。

在诒让的心目中，父亲是完美的，不容否定的。他答道："诒让自幼承庭训，从未曾专门拜过师傅。"

"这就是了。俞樾可以断定，对世侄解惑授业而言，没有任何人能超越你的尽心尽职的父亲。"俞樾不容置疑地对孙诒让说，又转身俯耳对孙衣言道："这孩子日后的成就，当远远在你我之上。"

在长箫和琵琶的合奏中，一轮明月升起在湖上。画舫在湖中缓缓行进，不知不觉间到了三潭印月。众人弃船登岸，见到岛上的每个水潭里都浮着一个月亮，明晃晃的，人见人爱。

吹箫的女子笑说:"俞大人白天尽点写月亮的词曲,现在招来这许多月亮,您就看个够罢。"

俞樾叹道:"月印万川,江河湖海中纵然有万千个月亮,毕竟只从一个月亮处分去。"

女子横过箫去,娇声说:"俞大人的话小女子不明白。"

俞樾道:"朱子曰:合天地万物而言,只是一个理;及在人,则又各自有一个理。"

只听得月光下有裂帛般的一声响,原来是弹琵琶的女子用长指甲划过丝弦。她娇娜娜往俞曲园身上一靠,用字正腔圆的苏州话道:"奴家更不懂了。"

俞樾道:"你闭上眼睛,想万物之理,以心贯之。"

女子曳起长裙,屈腿坐在一块湖石上,果然闭紧眼睛,端了琵琶用心想。

俞樾大笑,道:"世人哪来心如古井?心似古井者,俞樾也。"言罢,却涕泗滂沱。

与俞樾分手以后,孙衣言收到了寄自苏州紫阳书院的一首诗,诗曰:

廿年得失共名场,今日东南两紫阳。乱后须眉都小异,狂来旗鼓尚相当。

主盟坛坫谁牛耳,载酒江湖旧雁行。寄语执经诸弟子,莫争门户苦参商。

第八章

素帕传情

盛满杨梅的竹篓，乘着河船，又换了海船，在水路辗转了好些日子，终于到了紫阳书院。

凝香打开竹篓时，雪白的手指立时被溢出来的果汁染红了。

"真难为了亲家。"凝香的心里涌上一片暖意。她知道这是诸家送来的茶山杨梅，虽不是贵重的东西，但那份惦记和牵挂，让凝香感叹了许久。

是端午时节采摘的吧，由于路途的颠簸，杨梅太熟了，凝香的指尖刚刚触到果皮，嫣红的果汁就从细长的肉囊里爆出来。还没尝一口杨梅呢，酸甜的感觉就通过她的指尖袭遍周身。茶山亲家心地太好了，拣正熟的杨梅往这里送，然而这一路上的耽搁让果子过熟了。凝香心疼这一只只远道而来的杨梅，笑怪亲家的疏忽。

可亲家会有这种疏忽吗？他们应该知道，运送到远方去的杨梅应该选半熟的才对呀。拥有整座杨梅山的诸家常送杨梅给亲朋好友，难道会不懂这种常识吗？杨梅熟透了，该早摘早采。亲家送的这篓杨梅是否含有这层意思呢？凝香的心中似乎明白了什么。

篓里的杨梅拣空了。铺在篓底下的是一块素白的细绢，黏黏的浸染着红红的果汁。凝香想，是蕙屏的绢巾吧，垫在篓底沾了许多果汁，可惜了。

凝香端了一盘杨梅到诒让的书房去，想让他高兴一下。但书案上的读书笔记《讽籀馀录》翻开着①，人却不在房中。她想起来，

---

① 同治五年，读书有笔记，曰：《讽籀馀录》。(《孙仲容先生年谱简编》)

诒让到城里去了，说是到书肆和古玩店看看①。

诒让穿一件青红锦绣府绸薄袍，外罩做工考究的青红团花马褂，没戴帽子，脑后垂一根粗黑油亮的辫子，握了一把湘妃竹彩面垂缨折扇，在街上走过时，常引得少妇和小姐频频回头。十九岁的孙诒让，已出落成一位翩翩公子了。

暮春的杭城脂粉气十足，清军从太平军手中夺回这座古都，迄今不过才三年时间，这里便繁华依旧，没有一丁点儿战争残留的气息了。载着贵妇的轿子晃荡在古街，拎着鸟笼的旗人漫步在花市，背着黄香袋的老妪从寺院进进出出，游人如织，南腔北调。

诒让由仆人进喜随着，专往书肆走。这些书肆他多次来过，见老主顾来了，掌柜们连忙拱手相迎。诒让选了几册古本，让进喜付了银子。出了书肆，一处地摊引起他的注意。

8-1 茶山杨梅（王学钊）

这地摊上堆放着一沓沓旧书，诒让信手翻来，总是一般的古籍，便微微摇头。

那摊主见书痴来了，且又是官家的公子，便精神头倍足地盯住他了，说："客官摇头是欺我无书。"

诒让道："哪里，这些书都是好书，只是我所要的书这里却没有。"

摊主说："我有一书，不知对路否？"

诒让道："劳您大驾，拿来一睹。"

摊主便从藤箱里端出一只楠木锦盒来，小心打开盖子，一股书墨的陈香飘然而出，沁人心脾。

诒让看过，竟是阮校刻本《薛尚功钟鼎款识》，知是善本，便捧了爱不释手。②

"公子独具慧眼，知道这本书最有价值。"摊主见孙诒让拿了书翻来覆去十分喜爱，说道。

① 闱试前后，诒让在杭访书。（《孙衣言孙诒让父子年谱》）
② 同治三年冬十月十二日，侍父南归，道武林，得元大德本《白虎通德论》、旧抄本《水心别集》，又得阮校刻本《薛尚功钟鼎款识》，始事鉴藏善本，治金文之学。（《孙仲容先生年谱简编》）

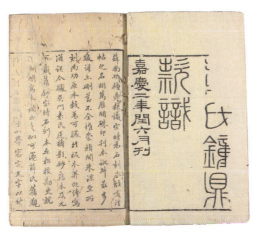

8-2 孙氏藏书《薛氏钟鼎款识》（宋·薛尚功），温州市图书馆藏

"可否详示此书来历？"诒让听父亲说过书贾模古版作伪书的事。

"不瞒这位公子，此书来自天一阁。洪杨之乱，藏书多有散出，先父客居宁波时，在一书肆重金购得此书。年前老父临终，将此书嘱托与我，说他平生所购之书谓此本最为珍贵，于治金文者最为有益。"

"倒真是一本好书。"诒让接过，自言自语。过后，竟伤感了起来："自古藏书不过三代，有清以来，范氏天一阁算是藏书典范，年代最为久远，却也难免有此种事情发生。"

摊主见状，也缄口不再言语。

"何故卖掉？"

"不才无业，原本藏了父亲留下的书以充风雅，何奈食不果腹，只好指望它换回几个铜钱。"

诒让不再犹豫，让进喜掏银子买书。进喜轻轻地"呀"了一声，原来身上所带银两不足。

"公子是否没带足钱？"书贾看出了孙诒让的神情，问。

孙诒让点头。

"公子若真的看中此书，我可以把书送到府上。"书贾说。

"那敢情好。"诒让谢过。

诒让一行回到府中，遇上丫鬟春儿。

春儿道："二爷，您回来啦，书房中有茶山杨梅等您呐。"

诒让命进喜领摊主去管家处领钱，自己捧了楠木书盒到书房去。

书房的根雕茶几上，果然放了一只青瓷碎花浅盘，盘中叠着好些只杨梅，紫盈盈的，玲珑剔透。这便是远道而来的茶山杨梅了，诒让尝了一口，便想起了遥远的茶山，想起了溪水环绕着的诸府，想起坐在杏树底下念《三字经》的诸家姐妹。她们的乌发还像以前一样，梳成许多条小辫子，依偎在美丽的脸颊上吗？她们的笑容还是像春天的阳光似的，天真无邪，明媚灿烂吗？突如其来的思念，像远方来的季风，吹皱了诒让平静的心，他无心读书，走出书房，来到天井中。

晾衣绳上垂着一块绢巾，井水没有洗净上面的杨梅汁，那芳香弥漫开来，引得蜜蜂和粉蝶在周围上下飞舞。诒让觉得好奇，拿过绢巾一看，点点红斑犹如凋零的落花，令他为之一震。

一首韦庄的《归国遥》脱口而出：

春欲暮，满地落花红带雨。惆怅玉笼鹦鹉，单栖无伴侣。
南望去程何许？问花 花不语。早晚得同归去，恨无双翠羽。

心情依然沉重，复念了一首魏承班的《玉楼春》：

寂寂画堂梁上燕，高卷翠帘横数扇。一庭春色恼人来，满地落花红几片。
愁倚锦屏低雪面，泪滴绣罗金缕线。好天凉月尽伤心，为是玉郎长不见。

自责之意越发浓重起来，又吟了顾敻的《荷叶杯》：

春尽小庭花落，寂寞，凭槛敛双眉。忍教成病忆佳期，知摩知？知摩知？

手捧绢巾，吟罢三首带有"落花"二字的词，诒让的心也让落花给填满了。茶山一别，与书为伴，不经意间已过去了五年。五年，这对于深闺中的女子来说，是多么漫长的岁月啊。蕙屏比他年小一岁，屈指算来，今年也已十八岁了，对乡间的女子来说，这已是暮春时节。他仿佛看见蕙屏那双幽怨孤寂的眼睛，正在眷恋地遥望着北方。她为什么不捎信来呢，哪怕是只言片语也好呀，斥骂他的冷漠，责怪他的无情，然而除了一方无字的素绢，却再没有别的。蕙屏是用无言来表露自己的愁苦了。

衣言料理完紫阳书院的事，回到家中已经傍晚了。凝香让春儿端上来的茶山杨梅，让疲惫的他精神为之一振。他拿过一颗放进嘴里，那水晶样的杨梅马上融化了去。

8-3 孙诒让行书七言古诗扇面

夫人问他:"什么滋味?"

孙衣言连声道:"熟透了,熟透了。"

"是亲家拿杨梅提醒我们,女儿熟透了,该出嫁了。"凝香贴着衣言的耳尖悄悄说。

"夫人提醒得对,是该给涵儿办婚事了。"孙衣言答道。

同治五年仲夏,孙锵鸣接到哥哥的信函,知道他决定在温州为德涵办婚礼,心中十分感激。他去年搬离瑞安祖宅,租住在温州城南虞师里的一处二进宅院。^① 哥哥知道他的寂寞和郁闷,想趁给德涵办婚事的机会,让孙家团圆在一起,重温天伦之乐。

孙锵鸣心怀感激,便全力操持起侄儿的婚事来。先是腾出正房,请了漆匠来,把门窗都油漆一新,还贴了双喜窗花。又运来一对青石狮子,蹲坐在院子的大门两边。门上当然贴了大红对联,灯笼更是少不了的。至于喜宴用的酒菜果蔬,也已早早准备停当。

诸家不甘落后,雇了十余条船提前送来嫁妆。除了橱桌箱笼,绫罗绸缎,铜器陶瓷,又加了文房四宝古琴字画,让人看出女方的儒雅来。直看得围观人等眼花缭乱,啧啧称赞。

探知孙府喜事,温州巡道、知府率永嘉、瑞安等县地方官前来贺喜。闽浙总督兼署浙江巡抚的左宗棠率军到福建去了,新任浙江巡抚是马新贻。马新贻长期在安徽带兵,认识孙衣言,十分器重他的学识和为人,一来浙江,便重新起用他,地方官都是势利眼,赶紧见风使舵。

远远地传来细乐的吹奏声,是新娘的花轿到了。

院子里霎时紧张忙碌起来。生肖相冲的一律找地方躲了去,放炮的赶紧点响双声炮和百子炮,亮红的^②在大门口点燃刨花。新娘下轿,手里多了一条红绸,红绸的另一头在孙诒让的手里牵着。祝福的人们,把大米和染了红绿二色的花生果撒向他们,表示五谷丰登,

① 同治五年,诸恭人来归,诒让成婚后,时寓永嘉城南虞师里李氏之屋。(《孙衣言孙诒让父子年谱》)
② 亮红,温州方言,点燃刨花,意寓红火兴旺。

子孙满堂。幸福之色洋溢在新郎和红头巾盖着的新娘脸上，他们迎着爆竹，将整个身子沐浴在色彩缤纷的米粒和果子之中。

在人群中，诒让看见了父亲与母亲还有叔叔脸上的笑容，那笑容显得特别欣慰与充实。自从爷爷、奶奶、哥哥离开人世后，他第一次看见他们这么开怀地笑。他想，明年自己要生一个儿子。父母亲辛辛苦苦为孩子操办婚事，最大的希望还不就是为了孙家子孙满堂吗？

闹洞房的人走了，留下两只花烛和一对新人。诒让用手轻轻一扯，红色的盖头从蕙屏的发髻上滑落下来，他一下子被新娘的美丽惊呆了。她身穿彩绣百蝶穿花大红绫罗罩衫，配一条五彩缂丝撒花绉裙，灯光斜照在她的半爿粉脸上，细细的刘海颤动在橙色的光波里。脖颈上的盘螭璎珞项圈，被跳跃着的烛火映照着，闪耀出一道金色的弧光。她又羞又喜，低头不语，一双小手不停地摆弄着一块绢巾。

诒让问："这块手绢有这么好玩么，待我拿来仔细瞧瞧。"

蕙屏说："夫君说官话，小女子听不懂。"

诒让便换了温州话："我，我有一、一块，有、有杨梅果、果汁的手绢，拿来给、给你看。"

蕙屏忍不住扑哧一笑。

诒让知道是蕙屏淘气，知道他说温州话口吃，便故意想出由头让他说温州话，便伸手过来挠她痒痒。

蕙屏笑得喘不过气来。笑过了，却又滴下泪来。

诒让赶紧把她抱在怀里，着急道："我不就在你身边吗，好好的怎么就掉下泪来了？"

蕙屏把脸依偎在诒让的胸前，颤颤的睫毛上写满感激，她用泉水般清澈的眸子看着诒让，柔声说："人家是因为高兴的缘故嘛。"

第九章

入住瞻园

新婚的日子像春光里的花朵,每一刻都绽放着鲜美与娇艳。不知不觉中,春天到了。在杭州的孙衣言给诒让捎信,让他到杭州参加今年的浙江乡试。

诒让依依不舍,告别蕙屏。临行前,他紧握蕙屏的手道:"不管是否中举,乡试一结束,我即刻回温州。"蕙屏点点头,强忍着分别的隐痛,硬是没让眼泪掉出来。

此次乡试,诒让志在必得。去年,他应县学童子试,以第一名的成绩考取秀才。若今年乡试取得举人的资格,明年便可赴京参加会试,若能考取进士,就完成了科举进身的所有内容。作为孙衣言的儿子,这是必须完成的,这也是有志之士的必经之路。

在杭州紫阳书院,诒让埋头苦读。在山房的书斋里,他看见了全套的《钦定四书文》。这是乾隆皇帝下诏,由方苞选编明清士子以《四书》为题所作的八股文,共四十卷。孙衣言主讲书院,为儿子搜集科考材料有诸多方便。除此之外,他还找来历代状元的朱卷本,让儿子用心揣摩。

"涵儿,科考之前决不可再迷恋校勘训诂了。"到杭州的第一天,孙衣言吃罢晚饭,对诒让道。

"父亲,您放心。涵儿已把这些书都藏进箱子了。"诒让爽朗地回答。

"好,这就好。"见儿子回答得干脆,孙衣言高兴地连连点头。

似乎又觉察到什么，问儿子道："涵儿，你不会觉得让你读八股文①是为父夺你所好吧？"

"父亲，"诒让道，"涵儿知道科举的重要，父亲做的这一切，都是为涵儿的前程着想。"

春儿本是凝香的贴身丫鬟，凝香命她来书房，让儿子使唤。诒让握笔伏案写八股文，春儿坐诒让身边，拿了一把团扇为公子送凉。好几个时辰过去，手和腿都酸了，见公子坐在书案前纹丝不动，连忙把茶几上的白瓷盘端上来，柔声道："二爷，尝几片鲜藕吧，刚从西湖摘来的。"

诒让看八股文正看得头昏脑胀，见这鲜藕白白嫩嫩的，便拿了一片放在口里，顿觉一股清新在口中弥漫开来，道："西湖的藕熟了，如此说来秋天就要过去了。"

"二爷读书读呆了，秋天过去了么？秋天刚到呢，现在是'秋老虎'。"春儿掩口笑，见诒让脸上有汗珠，赶紧拿了脸巾，去揩他的脸。

春儿的手在诒让的眼前晃着，那手和鲜藕一样的白嫩。想起从春到夏，从夏到秋，春儿的种种殷勤，诒让心里生出几分怜爱来，道："你也尝几片莲藕吧，这阵子够你累的。"

春儿是够累的。诒让记得夏夜闷热，开了窗户透风，照着书本的烛光被风吹了，忽明忽暗。春儿急了，竟想出来抓萤火虫借光的法子。她用团扇扑到许多萤火虫，又把那些萤火虫放入玻璃瓶中，黑暗中便生出亮光来，任风儿随意吹拂，不会晃动，始终明亮。诒让借萤光读书，对春儿顿生好感。

虽已入秋，躲在院里树荫中的蝉儿，仍然颤动薄翼鸣个不停。诒让听着听着，记起一首《醉公子》来：

漠漠秋云澹，红藕香侵槛。枕倚小山屏，金铺向晚扃。
睡起横波慢，独望情何限。衰柳数声蝉，魂销似去年。

① 八股文作为一种文体，大约成型于明代的中叶。它有一个严格的公式，先是题目，规定出题的范围必须是《四书》中的短语、句子；再是破题，即点名题义，规定只用两句；再次是承题，也叫起讲，起承上启下的作用，规定只用三句；第四是八股，也叫四比，即分条对题义展开论述，规定用八句。至于遣词造句，还有很多讲究。八股文又称制艺，因为科举是皇帝下命令对读书人进行考试的事，皇帝的命令即是"制"，皇帝下命令制作的文艺即是"制艺"。八股文还称时文、时艺，这是相对于两汉唐宋时的"古文"而言的，比如律体诗在唐代是一种新的诗体，故而也叫"近体诗"，用以区别以前的"古体诗"，把流行于明清时的八股文称为"时文"，就是同样的道理。八股文的另一种叫法是"四书文"。清代的科举考试包括初级试（县试、府试及院试）、中级试乡试、高级试会试三大试，以及会试以后决出状元、榜眼、探花等名次的顶级试殿试，其出题范围都在《四书》之列，所以，时人称八股文为"四书文"。

9-1 枯叶草虫图扇（齐白石）

诒让默念着，一脸恍惚。

春儿以为是蝉儿烦了他，拿起团扇道："让春儿赶了它去。"说罢，掀开珠帘走出屋去。

她哪里知道，诒让的心早已飘到了温州。蕙屏，成婚之后，德涵为赶考在杭州苦读，永在郡城再中陪伴你，你是否也会睡起横波慢，独望情何限呢?

窗外的浓荫下，春儿举着扇子拍打树枝上的蝉儿。蝉儿跟她捉迷藏似的，引着她一忽儿扑东，一忽儿拍西，橘红色的衫裙在绿荫下，犹如粉蝶翩跹，好看极了。春儿傻得可以，你小小身子，又怎能够得着蝉儿呢。诒让被逗乐了，干脆离开书桌，来到院子里看丫鬟捉蝉。

路过的仆人饶舌，将此情景告诉了房里的太太。凝香一听，忙往院子这边过来了。心想，将春儿派到儿子这边，原本是让他专心读书，春儿怎可做出让人分心的事呢?

春儿见太太进院，连忙请安。

凝香道："春儿，你真有本事，把大家都招引过来看你捉蝉。"

春儿再傻，也能听出夫人话中的意思，心里又急又怕，嘤嘤地哭起来。

诒让觉得母亲错怪了春儿，上前解释道："母亲，春儿是怕蝉儿太吵，影响涵儿复习，才这样做的。"

凝香见儿子为春儿说话，消了气道："以后不可如此。"

春儿使劲点头，止了哭。

同治六年八月初十，丁卯浙江乡试举行考官入场仪式。九月二十日放榜，浙江秋闱正榜五十名，副榜十二名。孙诒让名列正榜第四十四名，时年二十岁。①

---

① 同治六年秋，诒让应本省试，中第四十四名举人，出太和张霁亭沄卿、南皮张孝达之洞，一字香涛，号广雅之门。（《孙衣言孙诒让父子年谱》）

9-2 《瞻园图》（清·梁江）

随着孙诒让乡试一举登弟，孙家的厄运也仿佛悄悄远去，接踵而来的都是令人高兴的喜事。

同治七年，十分器重孙衣言品学的新任两江总督马新贻，保奏孙衣言为四品道员，朝廷准奏，孙衣言按例到京城向两宫太后致谢。同治八年，孙衣言擢升为江宁布政使。布政使又称藩台，主管一省的民财两政和官员考察，从二品官衔。孙衣言头戴镂花珊瑚顶戴花翎，住进了藩署衙门。

其间，孙诒让赴京参加戊辰年礼部会试，无果而返。① 挫折并没有影响孙衣言对儿子的信心，他鼓励诒让说："为父考了三次才中进士，名扬四海的曾公国藩考了四次才中进士，涵儿就随父在江宁攻读，三年后赴京再试。"

诒让本来打算考中进士后衣锦还乡，再接蕙屏出来，现在看来不可能了。好在藩署中有瞻园，清雅幽美，是个读书做学问的地方，就静下心来侍弄书墨。②

既然要在江宁长住，凝香便让孙衣言差人去瓯海诸家，把媳妇诸蕙屏接到江宁来。瞻园的静妙堂分给诒让和蕙屏居住，自己则住在靠近官衙的静妙堂东侧。

① 同治七年春二月，先生应礼部试，报罢。（《孙诒让年谱》）
② 同治七年冬十一月，侍父江宁，居瞻园。（《孙衣言孙诒让父子年谱》）

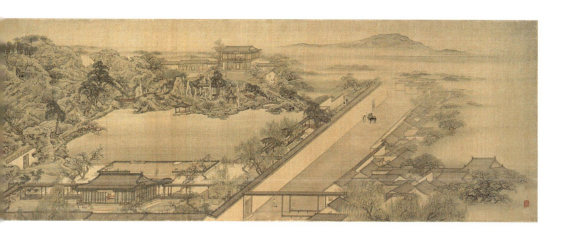

这瞻园原是明朝开国功臣徐达王府的西花园，清朝时成了藩台衙门的花园。布局典雅，曲折幽深，虽无北方园林的旷朗之美，却绝对是江南园林中的珍品。乾隆皇帝南巡至此，借用苏东坡的"瞻望玉堂，如在天上"的意思，赐名"瞻园"。园内有南、北、西三座风姿各异的假山，并凿二潭水池分置南北。山上怪石耸立，悬瀑泻潭；园内草木葱郁，鸟语花香。各式亭榭楼阁错落其间，情趣盎然，极富江南园林"得山而幽，得水而活，得花木而茂，得亭榭而媚"的魅力。咸丰三年，太平军定都江宁为天京，瞻园也有一劫，被东王杨秀清占去做了东王府。此园没有在战乱中焚毁，已属大幸。

瞻园中，小夫妻俩恩恩爱爱，怡让书海泛舟，蕙屏随侍公公婆婆，不知不觉间，已到了同治十年。

立春的早晨，细雨绵绵。凝香早早梳妆完毕，静静地在窗边的床榻上靠着，想着心事。听见春儿在门外说："夫人，二爷、二奶奶请安来了。"

凝香坐直身子，瞥了一眼茶几上的两杯雨水。这是立春的雨水。听人说，这天的雨水带有孕育世间万物的灵气，凡女子不生育的，夫妇各饮一杯，容易怀子。

昨天睡觉前，她盼咐春儿，若夜里下雨，切切记住用干净水桶盛起来。今早醒来，雨水"滴答滴答"的声音，隔着窗纸清晰地传进她的耳朵。听得出来，是屋檐下那只木桶里传出来的声音，脆脆的，很清晰。五更时分醒来，她想让春儿到院子里看看，水桶里的雨水满了没有，干不干净。刚想叫醒她，见小丫头睡得很死，便自己披了棉袍，开门亲自去看。只见珍珠一般大小的水滴，从悬挂在檐瓦下的竹筒口滴落到木桶中，水涡由小到大，漾起水圈，消失在桶边。新加的水滴下来，又有新的水圈荡漾开来。她看得高兴，去房中拿来两个茶盏，从桶里舀了水端回屋去。

"喝过春茶了吗？"凝香待他们完礼后，问道。立春这天要喝红豆枣茶，这是浙江老家的风俗，凝香自然不会疏忽了这些习俗，早早地让厨子备下等用了。

诒让和蕙屏回答："喝过春茶了。"

蕙屏又低声道："儿媳不孝，未能时常伺候公公婆婆。"

对于儿媳的懂事，叶凝香确实无可挑剔，她与儿媳共处的时间不多，还是常常感到儿媳对自己的尊敬与孝心。就像现在，儿媳意识到该主动替婆婆操持过节的事儿，并且流露出歉意来，凭这点，她就很满足了。

"这是立春的头一遭雨水，你们喝了它吧。"凝香看着红木镂云茶几上的茶盏，向他们示意道。

"母亲，只听说过贮存立春、清明两日的露水用来熬药，没听说过要在立春这天喝雨水的。"诒让不解。

"你就晓得念书。"叶凝香爱怜地责怪了儿子一句，用严肃的口吻说："立春这天的雨水，带有春升始生的气息。喝了这天的雨水，你们就可以怀喜抱子。"

蕙屏立时低了头去，听话地去拿茶几上的茶盏。

诒让却还愣怔着，不相信这平淡的雨水藏有这般神奇的魅力。

"快喝吧。"蕙屏啜了一口，又端过另一只茶盏递给诒让。

"好好，就当是多喝一杯茶水。"诒让接过茶盏，一饮而尽。

"不许胡说。"叶凝香责怪道："涵儿先回书房，我还有话对蕙屏独个儿说。"

诒让下去后，蕙屏更不自在了。她知道婆婆将要对她说什么，先自惭愧起来，把头埋得更低了。

凝香本来就无怪罪儿媳的意思，见蕙屏一副负罪的情形，愈发地怜爱起来。她拉过蕙屏的手，让她在自己的身旁坐下。

"屋里烧的炭火够热吗？江宁的天气比不得温州，小心受凉。"凝香边问，边拉过媳妇冰凉的手，焐在她腿上的"烫婆子"上。铜皮"烫婆子"里，几块木炭半红半暗，好闻的烟气从盖子上的一排排细孔中飘出来。蕙屏的手未焐暖,心倒先自暖了。

"母亲,儿媳知道,忠孝有三,无后为大。自嫁过来后的几年里,儿媳无一天不为这事着急。可儿媳不知……不知……"见婆婆绕着圈子,诸蕙屏自个儿先说开了,随即又"嘤嘤"抽泣起来。那件暗绿底色绣酒红海棠的缎袄,在她的肩上微微战栗。

"傻孩子,不哭,又没谁怪罪你。"凝香将蕙屏搂在怀里,抚慰说。

"母亲,您说该怎么办?"蕙屏擦去眼角边的泪痕,问。

"不急,你就好生养着,这事急不来的。"凝香道。

"母亲,不管想什么办法,媳妇一定照您说的去做。"蕙屏对凝香保证。

"屏儿,不要过于担心,这事一定会有好转。"凝香被诸蕙屏的诚心感动了,不停地安慰。

蕙屏离开之后,凝香打发下人找郎中开来乌鸡丸的方子。记得自己婚后好久不育,就是吃了这帖药才怀上滋儿的。现在,凝香决定如法炮制,也让媳妇服用乌鸡丸。

凝香让厨子买来一只二斤半重的乌骨鸡,在笼子里关喂七天。这七天里,乌骨鸡是绝对不能吃虫的,七天后淘净肚内,装填丹参,加醇酒慢火煮熟,全骨捣烂,捏作薄饼,蘸上余汁焙干,研成粉末,这是第一步。第二步是取香米一斤左右,分成四份,一份用米泔浸泡,一份用童溺浸泡,一份用香醋浸泡,一份用黄酒浸泡,三天后捞起,焙干捣碎。第三步是取熟地黄、当归、白芍药等二十余味中药,制成粉末备用。最后,各样粉末一起搅拌,煮成面糊,再用勺子做成梧桐子大小的丸儿。凝香亲自动手,忙了十多天,乌鸡丸做成了,整整装满一只乌木贝雕大锦盒。

凝香让蕙屏过来,要亲眼看着她吞服自己亲手做成的乌鸡丸。

"一下子吃这么多吗?"望着黑乎乎的一堆药丸,蕙屏为难了起来。

"是的,每日三十颗,不得间隔,这是郎中吩咐的。"凝香不容置疑。

蕙屏听话地接过药丸,一口口地吞下去。

凝香想起自己当年吞药时的难受,不禁爱抚道:"多喝点开水,免得心口难受。"

蕙屏一手摁着胸口,嘴里却说没事。其实她的心口正堵得厉害。

回到自己房里,丫鬟秋云见小姐脸色惨白,便急着要去山房找二爷。

蕙屏拦住她,道:"二爷读书要紧,不要让这种事烦他。母亲忙了这许多天做成乌鸡丸,就是天底下最难吃的药,蕙屏也要挨过去。"

"二奶奶这么诚心,送子观音一定会显灵的。"秋云说。

蕙屏轻轻拧一下秋云,微蹙的眉间却盛满了憧憬。

元宵,孙衣言在藩衙中堂处理完公务,让进喜唤诒让来,道:"正月过后,德涵就该再次上京赶考了,你唤他来,说为父有话嘱托。"

进喜到瞻园书房,不见诒让,回来告诉老爷道:"公子不在书房,上冶城山去了。"①

"如此大雪去冶城山?"孙衣言问。

"回老爷,正是。"进喜道。

"这孩子。"孙衣言无可奈何地摇摇头。

冶城山是金陵书局所在地。曾国藩率湘军克复江宁后,于断垣废墟上奠定的第一块基石即是兴儒。他大肆刊刻经书,以飨东南之士,深得通经博儒者众望。曾国藩修冶城山飞霞阁,作为勘书之所,称金陵书局。通经知古者纷至沓来,有独山莫友芝、南汇张文虎、海宁唐仁寿,以及孙诒让引为知己者的德清戴望、江都刘寿曾、梅延祖等。诒让在江宁的一大乐事,就是可以与金陵书局的士子们一起切磋学问。诒让读书每有不解之处,登上飞霞阁,与他们讨论一番,便可茅塞顿开,疑惑大解。连孙衣言公务之余,也喜欢与这些士子们一起宴饮歌诗,以为笑乐。②

孙衣言默坐了一会儿,对进喜说:"我们到德涵的书房去吧。"

两人冒雪到瞻园。书房里,摆着许多这几年收集来的善本。孙衣言搓搓冻僵的手,翻开书案上的线装书,一股浓郁的书香从泛黄的书页中飘出来,他舒服得闭上眼睛,摇头晃脑。

金陵是六朝古都,不乏藏书人与藏书楼。焦太史的澹园藏书楼、黄虞稷的千顷堂、丁雄飞的心太平庵、袁枚的随园书仓、甘氏的津逮楼……其藏书之丰富,真应了王应麟的那句"玉之珍贵,海之浩瀚"。家族兴衰更嬗,使得这些藏书多有不保。太平军连年战乱,更让藏书散入书市。在公事之余,孙衣言常常换一身布衣,拉了儿

① 金陵在春秋时本吴地,未有城邑。惟石头城东有冶城。传云,夫差冶铸于此。即今朝天宫地。(陈沂《金陵古今图考》)

② 时江宁设有官书局(该局原由两江总督曾国藩于同治三年四月创设于安庆,江宁收复后,移至金陵。)于冶城山之东北隅修葺"飞霞阁",为勘书之庐,与其事者皆四方硕彦之士,若张啸山、戴子高、仪征刘北山(毓崧)及其子恭甫(寿曾)、宝应刘叔俛(恭冕)、海宁唐端夫(仁寿)辈,朱墨之余咸耽文咏。而周缦云、莫子偲及武昌张濂亭(裕钊)亦来客金陵。江宁宿儒汪梅岑(士铎)方自鄂归,授徒讲学。衣言官事之余,偕诒让从诸先生游,相与议论为文章,或宴饮歌诗为笑乐,诒让因得识诸先生。(《孙衣言孙诒让父子年谱》)

子的手,到书肆翻找孤本善本。每有所得,手舞足蹈,不亦乐乎。

春儿奉上茶来。孙衣言让她把茶盏放在书案上,自己拿开案上镇纸的鸡血石,见是邵懿辰著的《四库全书简明目录标注》,不禁肃然起敬,这是历经战火幸存下来的孤本啊!

三十年前,孙衣言到北京应考,与仁和邵懿辰及同乡项几山等人以好古相交。邵懿辰不为朋党,志向清远,曾以刑部员外郎入值军机处。咸丰四年,遭诬陷罢官回籍,沉湎经籍,著《尚书通论》《礼经通论》《孝经通论》《四库全书简明目录标注》等。咸丰十一年,太平军李侍贤部、李秀成部入浙,攻陷严州、金华、绍兴、诸暨、萧山,围住杭州。邵懿辰与浙江巡抚王有龄登城困守待援,坚守两月,援军不抵,粮尽弹绝。城陷,邵懿辰自缢,时年五十二岁。① 邵懿辰死后,遗著散失殆尽,唯独这二十卷《四库全书简明目录标注》,因项几山借去籍录未归,竟虎口余生幸免于难。年前,邵懿辰家公子宦游江宁,得知其书尚在项几山处,欣然不已。竟不远千里,派人南下从项几山处索得此书,奉于衣言。孙衣言既得此书,大喜,即令德涵继续邵公懿辰未竟之事,编录精校此书。②

见《四库全书简明目录标注》校本的字里行间,朱墨纷纭,注满蝇头小字,孙衣言知道诒让涉及之深。③ 读书必先校书。早在西汉,经学家刘向就明白校书与版本、目录三者之间的关系密不可分。校书必须讲版本、目录,历代校雠家无不深谙此道。诒让耽于此道,乐此不疲,不知不觉中已学有本原,根底深厚了,这正是孙衣言所希望的。在江宁的这几年,诒让学业大进,写《四灵集笺异》,校《永嘉郡记》《论语正义》。特别是动笔于同治八年,今年完成初稿的目录学专著《温州经籍志》,更是一部洋洋三十六卷的大书。此书对历代书目的源流得失,如数家珍,条理缜密,义理精审。④

窗外的雪越发大了。进喜往火盆里添了许多柴火,房中暖和起来。孙衣言宽衣解带,细读诒让所著之书,惊讶于儿子的勤奋和才学。他想起主持杭州紫阳书院时,邀俞曲园游湖,曲园附耳对他说

---

① 邵懿辰,字位西,仁和人。道光十一年举人,授内阁中书,久官京师,因究悉朝章国故,与曾国藩、梅曾亮、朱琦数辈游处,文章茂美……咸丰十年,太平军陷杭州,则独留与巡抚王有龄登陴困守。十一年城陷死之。年五十二。

② 杭城之变,先生殉节,遗书散失殆尽,此稿因吾乡项几山先生借录未归,乃魏然独存,亦一幸也。辛未夏,家大人从项先生索得,归之子进,因命诒让编录为此本。十一月五日校毕,附识于书尾。瑞安孙诒让。(孙诒让《〈四库全书简明目录标注〉校注》)

③ 同治十年正月,诒让写定邵懿辰遗著《〈四库全书简明目录标注〉校注》二十卷,记云:"同治辛未正月六日编录毕,时与定敷从妹夫同应礼部试,将束装就道矣。"(《孙衣言诒让父子年谱》)

④ 同治八年,始草创《温州经籍志》,辑校宋郑辑之佚著《永嘉郡记》凡五十余条,撰《温州建置沿革表》。同治九年,作《四灵集笺异》。校刘宝楠《论语正义》。(《孙仲容先生年谱简编》)

的那句话:"德涵日后成就当远远在你我之上",不禁拈须而笑。曲园现已离开姑苏,迁居杭州,主持诂经精舍。① 那诂经精舍北枕孤山,南朝西湖,是个做学问的好去处。曲园此时一定坐在书案前,就着火盆捧书诵读罢。

暮色将近。春儿点了油灯,让进喜端到老爷案上,自己到门外站着,等二爷回来。

那雪已如鹅毛一般大小了。春儿觉得脚僵,轻轻跺着脚,两手捂住冻红的耳朵。就听到有人在雪中说道:"屋檐下怎么躲着一只玉兔,待我上去擒来。"

春儿定睛看,原来是二爷从冶城山回来了。只见那诒让从远而近,身着酒红锦缎绲雪狐领口披风,头戴裘皮圆帽,脚上是一双缎面软靴,煞是英俊倜傥。只是披风和帽子的雪狐毛皮上,盖了一层厚厚的积雪,早已辨不出哪是狐皮哪是雪花了。

春儿笑嗔道:"还玉兔呢,自己都成雪人了。"

诒让上前,轻轻搂住春儿,用手拍去她身上的雪粉。又捧住春儿的脸,吹去她鬓发和眉毛上的雪花。这才放下心来,道:"傻丫头,也不顾雪大,站在屋外候我,就不怕冻着身子。"

春儿赶紧踮起脚,用冻红的小手捂住诒让的嘴,轻声道:"老爷在房里等二爷好久了。"

诒让朝屋里吐了吐舌尖,赶紧随春儿进去。

9-3 《钦定四库全书简明目录》点校本(清·孙诒让),浙江大学图书馆藏

① 同治七年,俞曲园樾主讲杭州西湖诂经精舍,自是师教逾三十载,浙江朴学之风于是振起。(《孙衣言孙诒让父子年谱》)

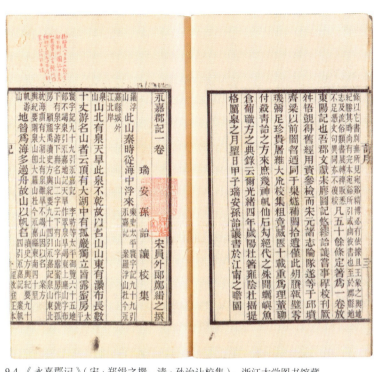

9-4 《永嘉郡记》（宋·郑缉之撰，清·孙诒让校集），浙江大学图书馆藏

第十章

金焦之游

雪后初霁。诒让从秦淮河出发，北上赴试。金陵书局的士子为他送行，约好了同去镇江的金山、焦山一游，然后诒让经沪渡海至天津转赴北京。①

对于文人雅士来说，游金、焦两山是一大快事。尤其是其中的焦山，因临江的峭壁上曾有南朝《瘗鹤铭》摩崖石刻，素有"书山"之称。对于嗜帖如命的名士墨客来说，不上焦山，就如农夫不辨菽粟，工匠不识绳墨。诒让今日得行，总算了却一大心事。

船入长江，渐渐把繁华的金陵抛在了桨后。舱外寒气逼人，窗沿上挂着长长的冰凌，料峭的江风冰刀般刮过船舷。船舱内却是另一番景象，士子们围着火炉而坐，品龙井绿茶，听浪里桨声。

众人天南地北地聊，唯有戴望捧一卷书读，近视眼都快贴住书页了。

戴望是德清人，字子高。父早死，家境贫寒，其母为杭州诂经精舍名宿中孚先生之女。戴望为金陵书局所聘，校勘《春秋》，著有《论语注》，其学识渊源来自常州学派。

常州学派产生于乾嘉年间，属乾嘉学派的一支。只是那时吴派和皖派辉煌至极，把常州学派给晾到一边。到了清学后期，常州学派才逐渐显山露水，影响大起来。与吴、皖两派重视古文经不同，常州学派专注今文经派。开创者庄存与认为《春秋》是孔子的政治哲学著作，里面有微言大义。到了刘逢禄，否定古文经《左传》，

① 同治十年，诒让等北行，道出京口，游金山、焦山，手拓汉定陶鼎及唐经幢石刻。同治十三年，诒让同杨定敷从妹夫北上，至京口，登金山，访遂启祺大鼎不得，乃至焦山海云堂，观无叀鼎及瘗鹤铭石刻，手拓之。（《孙衣言孙诒让父子年谱》）

10-1 《焦山图》（清·吴杏芬）

极力推崇今文经《公羊传》，常州学派便又称公羊学派。鸦片战争以后的常州学派提倡"经世致用"，出了龚自珍、魏源等具有改良思想的人。著作等身的邵懿辰，对今文经很有些独到的见解，可惜战死在沙场。现在，年轻的戴望是这一派的领军人物。

如果说孙衣言是永嘉学派的传人，对儒学各派的态度是包容和接纳，可置身于今古经学论争之外，与今文经派的邵懿辰结为挚友。那么醉心古文经的孙诒让和专注今文经的戴望，他们两人之间亲密无间的友谊，便使人疑窦丛生，很难理解。其实个中道理也十分简单，诒让受父亲影响，在学术上很少门户之见，与戴望的性格又十分相投，两人对金石也有共同爱好，所以在金陵书局里，常常形影不离，让人好不羡慕。

戴望学识丰富，性格桀骜不驯。一次曾国藩来书局巡视，面露傲色，众士子皆不语，唯有戴望大声道："曾公虽面露得意，然子高窃以为公足下如履薄冰也。"曾国藩心中一凛，却不露声色，就宴时邀戴望同席，回府后即聘他为幕宾。①

士子们见戴望只顾看书，问道："是什么奇书，把子高兄的魂魄勾去了。"

戴望只顾看书，竟没有听见众人皆指着他说话。

人群中有梅毓伸手过来，抢了他的书去。戴望连忙站起来，红了脸急道："这是桐城吴氏《周毛公鼎铭》摹本，延祖兄万万不可造次。"

见戴望认真，梅毓赶紧把书还他。戴望摊开一张厚厚的油纸，

① 德清戴子高望，性倨傲，论学持门户之见甚力。有不合家法，必反覆辩难而后已，人故忌之。子高父某，孝廉；母周氏，中孚先生女也。中孚深于汉学，为诂经精舍名宿，即子高渊源之所自。尝游长洲陈硕甫之门，又从宋于庭为庄刘之学，皆两汉今文也。兵燹后，当事开书局于金陵，延为校勘经籍。（董朴垞《孙诒让学记》）

小心翼翼地把书裹好。梅毓见状微笑，道："谁说商贾吝啬，大凡遇到书，读书人也有一毛不拔铁公鸡的时候。"梅毓是江都人，字延祖，幽默善谈。其父梅植之系孙衣言好友，治《穀梁》，作疏证，未成而卒。梅毓子承父业，在金陵书局续作《穀梁正义》。①

戴望不自在起来，低了头看炉火，道："这是毛公鼎铭文摹本，不可造次，不可造次。"不善言辞的他，那张清瘦的脸被炉火一映，显得更红了。

坐在一旁的刘恭冕打趣道："可惜此书了。我辈不才，无缘得识毛公鼎铭文也就罢了，只是学无所不窥，尤多识古文奇字的仲容兄也无此福气，奈何，奈何。"

书局中，就数刘恭冕年纪最大。辗转南北的生涯，在他知天命的面容上刻下了许多岁月的皱纹。刘恭冕在安徽学政朱兰幕下时，校过李贻德的《春秋贾服注辑述》，修补处达百余，一时名声大噪。曾国藩克复金陵，开辟书局，朱兰便将他推荐给曾国藩。曾国藩惜才，让他校勘诸史。刘恭冕的父亲刘念楼校注《论语正义》未成而卒，刘恭冕子承父业继续校注，现在终于脱稿。刘恭冕钦佩诒让才学，请诒让批校此书。

戴望听见刘恭冕说诒让要看摹本，便认真起来。在书局里，他最好的朋友便是诒让，既然诒让想看摹本，当然要展示于他。

戴望拿出用油纸包住的摹本，一层层揭了纸去，那气势宏伟、笔法端庄、圆润丰腴的毛公鼎铭文，展露在众人面前。

刘恭冕拊掌道："妙哉，搭仲容兄的便船得见此铭，真乃三生有幸。"

梅毓道："铭文也看了，三生亦有幸了，接下来请仲容兄赐教又如何？"

众人鼓掌道："如此甚好。"

诒让拱手作揖，道："各位兄长折杀为弟了，然恭敬不如从命。据我所知，宋代薛尚功深通篆籀之学，所著《历代钟鼎彝器款识法

① 梅君为江都梅蕴先生哲嗣，世治《穀梁》学，光绪初，余侍先太仆在江宁，梅君介同岁生仪征刘君恭甫，以《穀梁》义下问。（孙诒让《籀庼述林》）

帖》二十卷，向称博大。本朝阮芸台①继薛用敏②之后，聚集各家收藏的青铜器铭文拓本，以及自己收藏的青铜器铭文拓本，撰写《积谷斋鼎款识》十卷，考释十分精确。还有吴荣光③所著的《筠清馆金石录》，收集的拓本也非常详尽。然一直未见毛公鼎铭文拓本，今日子高兄慷慨见示，诒让不胜感激。"

刘恭冕正摇头晃脑听得入神，见诒让就此打住，忙说："仲容兄简略了，请再抖包袱出来，以解我等渴求。"

诒让笑笑，接着道："此铭文计三十二行，四百九十九字，为当今在世青铜鼎铸铭文最长者，此为一奇也；铭文记述周官干诰戒，文辞典雅，可与《尚书》媲美，此为二奇也；其字体气势宏大，泱泱然存周宗主之风烈，此为三奇也。"④

梅毓听得如痴如醉，道："如雷贯耳！如雷贯耳！"

这边众人早已暖好绍兴黄酒，道："为得见毛公鼎铭文，为仲容兄慨然解惑，干杯！"

诒让仰头喝干杯中之酒，却见身旁的戴望苦着脸，对了酒杯发愁。戴望体弱多病，最怕饮酒，诒让便偷偷将他的酒杯端了过来，一口喝了。

正好被梅毓瞧见，嚷道："仲容兄好没道理，如此贪酒，该罚他三杯。"

刘恭冕应道："延祖兄言之有理，该罚该罚。"

三杯热酒下肚，诒让心里热乎乎的，身体却轻了起来，想是喝醉了。

戴望赶紧扶住诒让，恨道："都是你们把他灌醉了。"

众士子大笑："仲容没醉，醉的是子高。"

一片喜气洋洋，全忘了窗外的冰雪世界。

客船微微一颤，就听见铁链抛向石埠的声音。艄翁的喊声传进船舱："客官，焦山到了。"诒让推开舱门，寒风扑面，酒便醒了。呵，那被雪花拥抱着的山，就是梦牵魂萦的书山了！《瘗鹤铭》呢，《瘗鹤铭》又在哪里？这《瘗鹤铭》是焦山的山魂，焦山的一切，

① 阮元，字芸台，清代经学家。
② 薛尚功，字用敏，宋代金石学家。
③ 吴荣光，字伯荣，清代金石书画鉴藏家。
④ 毛公鼎，四周晚期毛公所铸青铜器，清道光二十三年（1843）出土于陕西岐山。鼎高53.8厘米，口径47.9厘米。圆形，二立耳，深腹外鼓，三蹄足，口沿饰环带状的重环纹，造型端庄稳重。鼎内铭文四百九十九字，记载毛公向周宣王献策之事。

都因了这魂灵而生，而存在呢。

诒让不顾路滑，踏着积雪，疾步拾阶而上。已是黄昏时分，天色昏暗。峭壁突兀，被古松与枯藤缠绕着，临江而立。

看见诒让站在山上，用手掌去刮巨石上的冰雪，进喜大惊失色。这冰天雪地的，冻着主人如何是好，赶忙跑上来，拿松枝掸去崖面上的雪。却听见诒让一声断喝："进喜不可造次，坏了摩崖石刻。"

诒让夺过进喜手中的松枝，扔向江中。只见那松枝盘旋而下，半晌才掉进水流湍急的江中，被漩涡一口吞没，无影无踪。进喜把头探向咆哮不止的江面，腿脚发飘颤抖不停，连忙后退，抓住石壁上的藤葛不放。

10-2 《商周彝器识文》（清·孙诒让），浙江大学图书馆藏

诒让又伸出手来，去刮巨石上的冰雪。冰冷沉寂的峭岩凹凸不平，岁月在石壁打磨出深深浅浅的斑点。进喜不忍主人独自刮雪，壮胆上去帮忙。刮了半个时辰，面前依然是寒气逼人的岩壁，哪有什么摩崖石刻。

士子们已喘着粗气走到石崖下，团团白雾从他们口中呼出来，很快消失在寒风里。梅毓两耳戴了耳罩，仍觉得冷，用双手捂住耳朵，道："仲容兄，你在寻找何物，切切不可冻坏了手。"

刘恭冕在一旁搓着手，道："冻坏了握笔的手，做不了八股文，弄丢了乌纱帽，我们可赔不起。"

诒让笑道："你们以为诒让淘气，平白无故以刮雪为乐？好好好，待我说一段《瘗鹤铭》的事儿如何？"

众士子拍手称好。梅毓赶快摘了耳罩，也顾不得冷了。

诒让正色道："《瘗鹤铭》摩崖石刻于南朝，华阳真逸为祭悼仙鹤作铭，上皇山樵书。后因山石崩塌，坠于江中，不为人知。至北宋初年，天旱水落，石刻遂浮出水面，经藏家考定，为《瘗鹤铭》。书家如获至宝，纷至沓来，等候冬季水枯，下水捶拓。坠于江中的石刻或仰卧不一，或两石相夹。拓墨人在天寒地冻朔风凛冽之时，亦须或仰或卧，于石缝间拓字，那场面令人赞叹不已。下水捶拓的时间长短不一，《瘗鹤铭》拓本也就字数不一了。北宋欧阳修曾雇舟下水捶拓，是拓得字数最多的人。清康熙五十二年，闲居镇江的苏州知府陈鹏年雇人打捞，终将《瘗鹤铭》的五块残刻从水中打捞出来。"

梅毓和刘恭冕正听得入神，却见有人在一边问道："说话的可是江宁孙藩司家的二公子？"

梅毓定睛一看，原来是一个小和尚，问道："小师傅找孙公子何事？"

和尚答道："主持说孙公子定在《瘗鹤铭》石刻旧处，命小僧请孙公子到定慧寺去。"

梅毓又问："为何事所邀？"

小和尚道："施主去了便知。"

一行人冒雪去定慧寺。寺门洞开，门前有山僧扫出一条雪路来。长眉慈目的老和尚定是住持无疑，只见他一眼认出人群中的诒让，声若铜钟，道："来的想必是著《商周金识拾遗》的孙公子仲容了？"

梅毓听了，对刘恭冕道："奇了，连山中的和尚也知道仲容兄大名。"

众人进了寺中，才知道主持也性喜金石之学，早知诒让大名，今日幸会，欣喜非常。待士子们喝了绿茶，身体暖和了，带他们至一密室，让小和尚点燃大蜡烛。

当烛光照亮置于红绸之上的《瘗鹤铭》残刻时，诒让的心跳得又快又急。这就是朝思暮想难以一见的《瘗鹤铭》吗？这就是号称大字之祖位居书家之冠的《瘗鹤铭》吗？如此雄俊飘逸，清新舒展，如此奇崛肆意，圆转潇洒，实在是汉书精华所在。诒让面对《瘗鹤铭》沉思默想，一对高高的大蜡烛消融成低矮的烛根，红色蜡油流满铜烛台。

从密室出来的诒让，手中多了亲手拓得的《瘗鹤铭》。这于他醉心的金石研究是多么的重要啊！神秘的焦山，对他来说，简直就是一座取之不竭的宝藏。

诒让以后数度至焦山，手拓周鼎、汉定陶鼎和唐经幢石刻，赋诗曰：

10-3 《瘗鹤铭》（拓片）

陶陵祭器尚流传，大礼尊崇濮议前。丁传剪除元后寿，宗彝林落两千年。

　　残铭瘗鹤传元白，大鼎无专校茗香。三到名山事毡蜡，卅年春梦醒黄粱。①

一行人谢辞主持，走进大雪。这雪已密了许多，纸片一般旋转下来，煞是好看。在士子们"好雪！好雪！"的赞叹声中，就有一股奇香袭来，沁人肺腑。众人都凝了神，驻足找那香处。哪里找得到，除了雪，这晶莹世界里就只有一盏灯。便都盯住灯看。看清楚了，是一只灯笼，被竹竿挑高了，放出光亮。光亮处，竟绽放无数朵红梅。

诒让也不言语，撇下众人，独自向梅深处走。花繁处站了两位美人儿，一位双手擎了灯笼，一位静静地站着赏梅。灯光照亮梅花，也照亮赏梅女子的脸蛋儿，粉粉的，嫩嫩的，远看，竟分不清哪是花，哪是脸。

诒让脱下手套，用手背使劲揉自己的眼睛，又走近几步，看见那赏梅的女子双目微闭，嘴唇微微翕动着，像是诉说着什么。而那些朵梅花，则舒展着花瓣瞧着她，偶尔被雪花擦着了，轻轻地在她身前婀娜摇曳。诒让看呆了，喃喃道："是人对花语，还是花对人言。"兴许是发现有人来了，那女子回头一瞥。好个一瞥，恰似一潭秋水，风起轻涟，把诒让整个人都揉碎了去。

女子转身，轻声道："梅香，我们回去罢。"

被叫做梅香的姑娘，收回树梢上的灯笼，随那女子踏雪而回。

看不见梅花了，也看不见被梅花簇拥着的人儿了。诒让心中一阵虚空，急追几步，雪厚，拔不动厚底高靴，只能眼睁睁看那满天鹅毛大雪和渐渐远去的灯笼。

那只灯笼走得很低，晃晃地，在雪地上画出一圈圈游移不定的光团来，薄薄的灯纸上，却清清楚楚地写出个"扬州梅园"来。

① 孙诒让《题焦山定陶鼎拓本二首并序》

第十一章

南皮识才

同治十年春末,翰林编修张之洞又一次在龙树寺约见客人。位于京城南郊的龙树寺,此时几乎无人走动,唯有早课的诵经声,伴着木鱼鼓槌,在空寥的院落中盘旋,又从洞开的山门飘逸出去,消失在绿上梢头的原野。

北京的寺院很多,有侍候皇亲贵戚的万寿寺、卧佛寺,殿宇廊庑金碧辉煌光彩耀眼,无处不显露出高贵显赫;也有外放大臣驻京时的临时行辕,如法华寺、贤良寺等,与前者相比,朴素平实中带几分肃穆森严。

龙树寺属于后者,除了朴素平实,连那肃穆森严也少了去。神秘的山门开向无边的旷野,黄色围墙融入初绿的田畴,晨钟暮鼓间,夹杂几声山雀啁啾。没有京城的浮躁烦嚣,多了一份文人们喜欢的清新与自由。也许就因为这点,南皮人翰林编修张之洞,常常打老远从京城永宁寺中街的宅第中出来,到此地来雅集会友。

张之洞在云会堂等候客人。云会堂是寺院专门为云游四海的僧客们备用的,供他们在这里念诵佛经参悟佛理。张之洞在硬木书案上拿过一册《圆觉经》,翻看几页,又放回原处。此时的他,身处佛门静寂之地,内心却并不清净。他在光滑的青砖地上来回踱步,转身站到窗前,朝院子的月门望去。

月门那边没有人进来,院子里,做完早课的小僧抱了笤帚,在树下扫地。这树好大,是一棵千年古槐,弯曲的树枝如巨大的虬爪,伸展在北方的寒气中,笼罩了院庭的大半个天空。和尚们都把这棵古槐叫做龙爪槐,龙树寺也由此得名。张之洞常来龙树寺,也爱看龙爪槐,特别是冬日的龙爪槐。寒风凛厉,冰天雪地,老叶落尽的古槐光着膀子,顶天立地,充满男性的苍劲阳刚之气。

小僧在树干下扫地。甬道干净得很,春末的槐树,曲长的枝干上长出许多坚忍的柔条和叶子，无枯叶落到地上。但小僧依然低了头，旁若无人地顾自扫地。这种看似无谓的扫地，其实深含禅意。佛经言，凡扫地者有五种功德：一曰自心清净；二曰令他心净；三曰诸天欢喜；四曰植端正义；五曰命终之后当生天上。这就是小僧一而再，再而三扫地的原因吧。那么之洞频频光顾龙树寺，一而再，再而三地雅集会友，又是为了什么呢？张之洞轻声扪心自问。

此时的张之洞，年方三十五岁，正值英年。同治三年殿试，张之洞用八股文写《对策》，说理精辟，文辞华美，气势磅礴，主试官们为之折服。二十七岁的慈禧太后，垂帘听政已经三年，国事缠身，思贤若渴。她早就听说军机大臣张之万有个堂弟叫张之洞，人称南皮神童，现如今经过一轮又一轮严格的考试，能够取得进士的资格，并参加殿试，看来是真才实学的人了，便亲自圈定他当了探花，授翰林院编修。为官七年，张之洞先是被钦派为浙江乡试副考官，以后又出任湖北学政，为朝廷选拔了不少人才，现在又奉旨回到翰林院。①

内外交困的清王朝，正面临一场错综复杂的斗争。此时的张之洞，属保守的正统派——清流派，② 这个以醇亲王奕譞为后台，以大学士倭仁、徐桐为旗帜，由军机大臣李鸿藻、张之万领头的政治派系，以宣示"夷夏大防"的儒教大义为宗旨，与以主持军机处的恭亲王奕訢为首，文祥、曾国藩、左宗棠、李鸿章、郭嵩焘、沈葆桢、丁日昌等封疆大臣为核心，积极倡导"师夷长技"的洋务派③，不断地发生激烈的冲突。

最初的一场冲突，在同治六年达到高潮。

同治五年，恭亲王奕訢联络洋务派大臣，连上两道奏折，认为列强诸国的先进技术，无一不是从天文、算术中来的，所以必须在京师同文馆内增设天文算术馆，让翰林、进士、举人和五品以下的官员入馆学习，懂得和掌握西方技艺的原理和制作方法。

清流派的反击，开始于同治六年正月。春节的酒宴，使他们相

① 张之洞，字孝达，号香涛，直隶南皮人，生于贵州兴义。张之洞早年是清流首领，后为洋务派的主要代表人物。与曾国藩、李鸿章、左宗棠并称晚清"四大名臣"。
② 清流派形成于晚清，分前清流和后清流两代。前清流多北方人，以李鸿藻为首领，有陈宝琛、张之洞、张佩纶、宝廷、黄体芳、邓承修、何金寿等。后清流多南方人，有翁同龢、潘祖荫、文廷式、盛昱、王仁堪、志锐、张謇、黄绍箕、丁立钧等。
③ 洋务派形成于清朝末年，朝中有恭亲王奕訢、文祥等，地方大员则以曾国藩、李鸿章、左宗棠、张之洞后期为代表。洋务派主张"师夷长技以制夷"，后又提出求富强之说。

11-1　张之洞像

11-2　张之洞行书折扇

聚在一起，制订了对付洋务派的对策。新年的第一个早朝，监察御史张盛藻上折子打响第一炮，他在奏折中说，自古以来，朝廷命官必须通过科举选拔，他们熟读孔孟之书，懂得尧舜治理国家之道，没有任何理由让他们去学习制造轮船、洋枪的原理。

大学士倭仁，是当朝一位德高望重的理学名臣，作为皇帝的老师，他的自身道德修养和社会传统道德规范达到了高度和谐，不但清流派非常尊敬他，连洋务派首领曾国藩也十分崇拜他。倭仁从理论上向洋务派发起挑战，他说天文、数学等都是技艺，即使懂得最多，也不过是个术数之士罢了，古往今来，没有听说掌握了技艺，就能够振兴国家的，更何况堂堂大清国，有才能的人多的是，何必向洋人学习呢。立国之道，尚礼仪不尚权谋，根本之图，在人心不在技艺。

恭亲王和洋务派大臣奋起反击，驳斥说，国家艰险到现在的地步，不是喊几句忠信礼义就可以战胜敌人的，只有实事求是，脚踏实地，办洋务，学习洋人的长处，才是强国之策。

对于这场关系清王朝前途与命运的斗争，年轻聪明的慈禧，娴熟地发挥了驾驭权力的过人之处。国家正值用人之际，她一个弱女子可不能冒犯手握重兵的洋务派大臣，何况他们的要求有一定的道理，便同意在同文馆增设天文算术馆。问题的关键，在于如何钳制洋务派越来越强大的势力，而代表正统思想的清流派，正是她需要倚仗的力量。深谙中庸之道的西太后，把平衡术发挥到极致，她决定，不硬性规定翰林、进士、举人和五品以下的官员入馆学习，此举深得清流派的欢心。在王公大臣斗得你死我活时，慈禧成了公认的仲裁者，她把洋务、清流两派调理得服服帖帖，巩固了自己至高无上的地位。

作为清流派崛起的新一代，张之洞紧随恩师李鸿藻和自己的叔叔张之万，以维护纲常名教为己任，坚持操守，鞭挞骄悍，蔑视洋务，抨击疆吏，声望日隆。与此同时，各种讥讽和垢语也随之而来。在这些恶毒的冷嘲热讽中，"清流党"被讥称为"青牛党"，李鸿藻被称为青牛头，张之洞和翰林院侍讲张佩纶被叫作青牛角，户部主事王懿荣、翰林院编修陈宝琛则为牛肚、牛尾巴，司业宝廷最惨，摊到个青牛鞭的雅号，把他气得直翻白眼。

这些讥讽当然不是空穴来风，张之洞和他的同党们虽自许清流，宣讲大义，睥睨一切，直言敢谏，但在一些洋务大臣眼中，他们的主张空洞迂腐、远离现实，他们所做的一切，只能证明自己是一条愣头愣脑、傻里傻气的大青牛罢了。但恪守儒家原则以中央帝国自居的大清国，上至王公贵族，下至平民百姓，打心眼里喜欢的，恰恰就是恪守传统规范，善于清谈的"大青牛"。在龙的化身、真命天子身边，做忠心耿耿的牛，这才是忠贞之士。异想天开，试图学习洋人的技艺，崇洋媚外的洋务派，其结果当然是卖国贼，遭千夫所指，被万人唾骂，哪怕他是大清朝功勋最为卓著的曾国藩。

同治九年，天津发生震惊中外的教案。时值大旱，天津城里拥进无数饥饿的流民，贫穷而绝望的人们，用他们充满嫉妒与仇视的目光，瞄准海河北岸那一座座华丽古怪的外国教堂。法国教堂拐骗中国小孩挖眼剖心的谣言，像一粒火种，眨眼间就在海河两岸引起熊熊大火。百姓们开始围攻教堂，法国领事丰大业朝前来维持秩序的地方官鸣枪示威，愤怒的流民开始杀洋人，焚烧领事馆、教堂、育婴堂和洋行。洋人则威胁兵戎相见。

一有事起，朝廷内主战与主和两派又吵得天翻地覆。清流派不畏强暴，主张清廷与洋人绝交，向列强宣战，用中国传统神奇兵法，一举摧毁洋人的坚船利炮，把洋人统统赶出国门。他们要求朝廷恢复禁教的法规，说雍正、乾隆、嘉庆三朝，均严禁基督教，驱逐和处死外国传教士，把中国神父发配边疆，抑止了基督教的传播，值得仿效。洋务派则主张忍辱负重，避免战祸，等待国力与洋人旗鼓相当之时，再与洋人决一雌雄。对于传教士在中国的活动，他们也是打心眼里反感的，传教士不准教民祭祀

11-3 洋务派的代表人物李鸿章创建"金陵机器制造局",成为中国现代军事工业的前驱。图为金陵机器制造局生产的格林炮

祖先,与中国传统礼义伦常大相径庭,但悬殊的力量对比,使他们主张忍耐和妥协,不为图一时之快乱了大局。结果,清流派力主抗战,被百姓视为爱国英雄;洋务派的主张被认为是怯懦的投降,逆民心违民意,遭到国民的唾弃。

因剿灭太平军拯救了大清国,名望如日中天的曾国藩,就在天津教案中栽了大跟头。①

在战争实践中领会到先进武器作用的曾国藩,称得上中国"洋务第一人"。在他的极力倡导和身体力行下,同治元年,清政府在安庆开办了中国历史上第一个枪械局,同年,又在上海创办制炮局;同治二年,在京师设同文馆;同治三年,派容闳出洋采办机器;同治四年,设江南制造局;同治五年,置福建船政局;同治七年,派钦差大臣游历西洋诸国,与美国订立优待留学生条约;同治九年,增办天津机器局。

洋务运动可谓轰轰烈烈,如火如荼。但一旦国门有事,需要真枪真弹地干,洋务派便显出银样镴枪头的本色来。原来以为凭中国人的聪明,学习西方的技艺不会是件太困难的事,而一旦掌握了西方的技艺,对付列强也就容易多了。但实际情况是,越办洋务就越觉得心里没底,与泰西诸国的差距巨大,一时半会赶不上去。卧薪尝胆的典故是都知道的,洋务派们遇到与洋人冲突的事,只好夹紧尾巴装孙子。

奉旨办理天津教案的曾国藩,从保定直隶总督府赶到天津,一路上苦思冥想,如何在顺应民心和保证清廷的安全之事上走钢丝,

① 1870年天津教案发生后,正在直隶总督任上的曾国藩奉命前往天津办理天津教案。曾国藩坚持不与法国开战,赔偿损失46万两白银,派使团至法国道歉。还发布《谕天津士民》告示,诫其勿再起事端。对此,"自京师及各省皆斥为谬论,坚不肯信",京师湖广会馆将曾国藩匾拆除烧毁。

既不得罪百姓，又不使洋人派兵威胁朝廷。他征得西太后同意，加强了大沽炮台的兵力，往天津方向调动刘铭传部九千人，甚至密调正在陕甘地区镇压造反回民的李鸿章部。到了迫不得已的时候，开战也是有可能的。

列强巴不得开战，好多索取赔款。大沽口驶来了九艘荷枪实弹的

11-4　上海江南制造局的工人运送枪炮

法国炮舰，英国、美国、俄罗斯与比利时等国也蠢蠢欲动，声称要血洗天津，北上京城。

情报传来，曾国藩垂头丧气，呆若木鸡。他躲进衙门，木然地坐在太师椅上，浮想联翩。他清楚地记得，从三十年前林则徐虎门销烟挑战英军开始，清军至今已与洋人开战不下百仗，结论是逢洋必败。此次列强又纠集而来，搞不好就会有咸丰九年英法联军占领北京火烧圆明园事件的重演。

皇宫里的西太后已经沉不住气了，对当年随咸丰帝逃往热河行宫的事儿，她记忆犹新。深夜，当花容憔悴的她无数次翻阅过曾国藩的紧急奏折后，终于相信法国教堂拐骗中国小孩挖眼剖心之事查无实据，只是一个弥天大谎，不禁叹道："刁民害我大清社稷。"太后的意思很明白，要严惩天津地方官和闹事的百姓取悦洋人，达到保护京都安全的目的。

曾国藩的厄运来了。这位年过花甲的老人是何等聪明之人，他知道事到如今，自己只能做一只替罪羔羊。他头痛欲裂，不停地唠叨"洋人可恶"四字，完了便很现实地厚葬洋人，修复教堂，杀了十余个带头闹事的百姓，又把天津的道台、知府和县令，一并发配到黑龙江充军。那法国领事还不肯罢休，只得又付给他五十万两白银赔款，总算把此事了结。

直隶总督的下场是可悲的。随着国子监的太学生潮水般涌到虎坊桥长沙会馆，把题有曾国藩亲笔联语的楹联敲个粉碎，随着监生们冲向教子胡同湖南会馆，将刻着曾国藩佳联的蓝地金字大匾砸得稀烂，他的一生英名毁于一旦。

"此所谓国格不能损,君威不可失,民心不可违也。"张之洞仰望那棵虬爪横舒的千年古槐,慨然而叹。

"香师因何而叹,学生可否分忧?"身旁响起关切的问候。张之洞转身一看,来者正是今天请的客人孙诒让。① 只见他上身穿一件月白绸布单衫,外罩蓝缎白玉蝴蝶扣琵琶坎肩,一颗翡翠玉坠垂着流苏,在腰下摇来晃去。那张线条柔和的脸,因为关切而写满焦急之色。

"张兴哪里去了,孙公子来了也不通报。"张之洞边说边执了孙诒让的手,把他细细地端详,道:"快让之洞看看,仲容长高了没有。"

张之洞虽年长诒让不过十余岁,却是诒让的恩师,他在同治六年任浙江乡试副考官时,遴选诒让为正榜举人,所以今日得见,分外亲热。

这边,诒让早就红了脸,道:"门生无能,此次赴京预试礼部名落孙山,让香师失望了,惭愧惭愧。"

张之洞摇头道:"朴学之才②,朝廷早晚用之,何忧之有?"

诒让心生感激,道:"只要您不怪罪就好。"又问,"我刚才进来,听见香师您在长叹,这是为什么呢?"

张之洞见诒让关心,便道:"之洞之叹,不为自己,是为曾中堂。"见诒让疑惑,又说:"想起他折戟天津的事了。"

诒让说:"曾大人自打直隶回督两江以来,心情不好,贵体欠佳,精力已大不如前了。"

张之洞道:"他也是自作自受,办了洋务,反而胆小了,不敢与洋人打仗。"

诒让道:"曾大人与太平军作战,一向不怕死的。"

张之洞道:"那时候他的湘军也不见得武器就好,兵员也不比太平军多。湘军围金陵,水陆总数仅五万人马,太平军则有数十万之众。李秀成洋枪就有二万多支,还有威力巨大的开花炮,轰得湘

---

① 同治十年夏,张之洞、潘祖荫集都下名士李慈铭、王闿运、桂文灿、王懿荣、赵之谦等十九人于龙树寺,先生与焉,年最少。(《孙仲容先生年谱简编》)

② 朴学:清代学者继承汉儒学风而治经的考据训诂之学。

军胆战心惊。"

诒让问："为什么偏就湘军赢了？"

张之洞道："拿曾中堂自己的话说，制胜之道在人不在器。湘军来自士子与民间百姓，誓死保卫名教，而太平军信仰异教，没有根基，人心易散，打不得硬仗。"

诒让听了不住地点头："有道理，有道理。"

张之洞又说："可惜后来变了，热衷洋务，说制胜之道在器不在人了，以至惧怕洋人，对洋人妥协退让，酿成大错。"

诒让一向尊敬曾国藩，为他开脱道："中堂年纪大了，身体又不好。"

张之洞微微一笑，道："不见得吧，据说办起洋务来，依然鹤发童心，热心不减。近来又听信容闳之言，上奏请旨，要派幼童出洋留学。"

诒让说："我埋头书斋，不太清楚这些事的。"

张之洞拊掌道："我最钦佩你们父子俩的，就是虽在曾中堂手下做事，却高风亮节，不进洋务派圈子一步，真乃儒林栋梁。"

师生说话间，张兴已在小院的石桌上放好茶具，请主子和客人过去。

诒让走到石桌旁边，只觉得头顶上绿意葱茏，虽感微寒，却生机勃勃。仰脸看去，只见头上罩满千年古槐的枝叶，细细的枝条从粗长的枝丫上抽出来，吐出一拨又一拨嫩芽。暮春的风儿，从树枝和叶子中穿过，给树下的人带来沁人心脾的清香。

诒让说："香师如何寻到这等绝好地方，名刹古树，让人不忍离去。"

张之洞笑道："只要琴西公舍得，你就只管在这里住下。"

张兴端上茶来，说："大人只顾说话，也不让孙公子坐下。"

张之洞用手拍拍额头，道："果真怠慢了，快快请坐。"

诒让正要坐下，张之洞又急忙拦住，说："仲容且慢，这石凳子凉。"赶紧吩咐张兴到屋里拿缎面坐垫出来，在石凳上搁严实了，才让诒让坐下。

诒让笑道："古人爱石，常于山林之中，抱石而卧。诒让虽未尝拥石共眠，今日却不敢再失去就石而坐的机会。"说罢就要拿去石凳上的锦垫。

张之洞连声道："使不得，使不得，今年天凉，你若受寒，琴西公怪罪下来，之洞担当不起。"

诒让只得坐下。看石桌对面的张之洞，只见他一袭松绿隐菊缎袍，很随意地在没有棉垫的石凳上坐了，亲切地注视着自己。

诒让的脸又红了，想掩饰窘态，便用手搓搓自己的脸，说："都春末了，北京的天气还是这么冷。"

张之洞道："我们喝茶，暖暖身子。"

小茶炉里放足了木炭，炉内红彤彤的。待长长的壶嘴口冒出白色水汽来，张兴便提起茶壶，把壶嘴对准白底蓝花陶瓷茶杯，冲进开水。

几叶新绿在水中舒展开来，又慢慢地沉入杯底。诒让端起茶杯，立时有一股清气从杯沿漾出来，绕过指尖，浸漫他的全身。茶还未曾入口，人倒儿自醉了，半晌，才缓缓回过神来，道："这是何处来的仙茶，尚未入口，人便醉了。"

张之洞道："猜猜看。"

诒让闭目回味，不成。便喝了一口，在嘴里含着，又摇头咽下，说："要说茶中精品，非龙井莫属，此茶偏不是龙井，这就奇了。"

张之洞笑道："你有所不知，此茶乃九龙山百岁宫附近的野生茶，叫百岁佛茶。那里土质肥沃，水清泉纯，终年云锁雾绕，故有此茶中精品。观中道长专门留着，不轻易示人。"

诒让道："原来如此。"

张之洞道："茶叶都如此，这人才更是如此。"

诒让问："也要到深山去找么？"

张之洞答："这倒不必，眼前就坐着一位。"

诒让慌忙站起来，道："我有何德行，敢教老师您如此过誉。"

张之洞端坐不动，道："我既然这样说，就自有这样说的道理。"

诒让不敢坐下，惶惶然道："还望您不吝赐教。"

张之洞喝一口茶，清了清嗓子，正色道："我早就听说你要治《周礼》，疏正这部历史上记载得最完整、最完美的典章大全，这是好事，又是大事，合起来就是大好事。能想到去做这样一件大好事的人，当然是能成就大事业的人，是大清朝最迫切需要的人才。我入翰林院后，先是被钦派为浙江乡试副考官，以后又出任湖北学政，所选的人才都是一些朴学之士,这是为的什么?① 是为了在群夷入侵,洋务日盛,礼乐崩溃,世风日下之时,能有一大批饱学经书的志士站出来,阐扬名教,维护纲常,鞠躬尽瘁,共保我大清江山。在我看来,当朝的臣子分为两类,其一是大臣,他们关心的是朝政之得失,天下之安危;其二是儒臣,他们关注的是劝学崇儒,以保名教。国无大臣则无政,此为标;国无儒臣则无教,此为本。无教之国必将无政,二者孰轻孰重自可分晓。你的身上具备着儒臣之才,在国家内忧外患风雨飘摇之际,当为中流砥柱力挽狂澜,救危图存保教保国。"

诒让听张之洞说完这番话,心中十分感动,这是香师发自内心的肺腑之言呢。

张之洞意犹未尽,接着又说道:"儒学名教尊王轻霸,重义轻利,重本抑末。泰西反之,崇暴好战,重商谋利,本末倒置。何为本?礼义是也;何为末,奇技淫艺是也。忘记了圣人夷夏大防的教诲,为了追逐获取属于细枝末叶的技艺,竟然认贼作父,把洋人当做自己的老师,从而失去尊崇君王的民心,那是多么错误的事啊!"

诒让坐上马车离开龙树寺,已是傍晚时分。在他走出好远好远的时候,张之洞依然伫立山门,在暮色中遥望着这位得意门生。他真的很看重这位来自浙江的举人,尽管其人还有一段很长很长的路要走。他有一种预感,经过一番栉风沐雨之后,这位博学通经的年轻人定会成为一代鸿儒。

暮色更浓了。张之洞回望寺内,见小僧还在树干下扫地,便轻声诵道:"凡扫地者有五种功德:一曰自心清净;二曰令他心净;三曰诸天欢喜;四曰植端正义;五曰命终之后当生天上。"他低头反复诵念多次,猛然抬头看着高大的千年古槐,朗声道:"之洞宿龙树寺中,一而再再而三地雅集会友,是为国事维艰,欲成大业,遍求救国保教的人才啊!"

小僧似乎没有听到张之洞的声音,他依然在树干下认真扫地。甬道干净得很,没有尘土,没有枯叶。

① 张之洞任浙江乡试考官、湖北学政时,所选的人才均为朴学之士。其中,有后来历任陕甘、两广总督的陶模,外交家袁昶、许景澄,著名学者孙诒让等。(冯天瑜《张之洞评传》)

第十二章

江宁风波

有关张文祥刺杀马新贻的传言，像秦淮河水流遍了金陵全城。

两江总督马新贻是在江宁校场检阅大考时被刺身亡的。所谓大考即是对江宁城内棚长以上的大小军队头目历行考核，将考核结果分优、甲、乙、丙四等，作为武职官员迁升黜降的一个重要依据，向为军营所重视。

这天天未大亮，大大小小的头目就跨着骏马，穿着战甲，进校场开始做热身预练了。校场上的气氛，热闹夹带紧张，中上级武官所带的随仆，都不得入场。

卯时正，两江总督在主考官们的簇拥下来到校场。穿着从一品锦鸡补子八蟒大袍，头戴红珊瑚双眼花翎顶戴，脚踏雪底乌缎朝靴的马新贻，神色庄严地走上检阅台。主考官宣布，为奖勉成绩优胜者，马中堂特地准备了十二朵大红绸花，要亲自授给每个项目的前三名。这意外的奖赏，无疑又给试场增添了热烈的气氛。

武职人员的考试，要比文员考试咬笔杆皱眉头来得刺激。未开考时，校场外已围满了看热闹的百姓。待开考后，栅栏外的百姓已围了一层又一层，随着应考者的相互追逐较量，不时地爆发出一阵高过一阵的喝彩与掌声。站在后面的人干脆攀上栅栏旁的几棵大树，居高临下看个够。树枝不堪重压，"吱吱呀呀"地呻吟着，正在兴头上的围观者只跟着叫闹，哪里听得见这有气无力的声音。就有树枝断裂的响声在人群的头顶上炸开，围观的人顿时像热锅上的蚂蚁四处乱窜。一处栅栏被拥挤的百姓冲开了好几米宽的缺口，上百个好热闹者顺着缺口潮水般涌进校场，卫士们来不及拦阻，眼巴巴地看着涌进来的人们朝箭道冲去。箭道连着总督衙门的后门，是马中堂回署的最佳通道。平时总督外出，隔着层八抬大轿，百姓哪能见得到，今日能有这样的好机会，大家前呼后拥都想一睹他的风采。

两江总督正在给优胜者戴红绸花，完成了这项仪式，他就要回督府，回到督府，这一天里的大事就不会发生。然而，意外就在他回督府前的那一刻发生了。

"大人请稍等片刻，等兵勇驱散了百姓后，您再下去。"主持大考的主考官对马新贻耳语着。

马新贻要是听从这位主考官的意见，那么，一切事情也就无从发生。可官运亨通的两江总督正想借此机会给江宁子民留一个好形象，摆摆手说："百姓要见我，我干嘛要躲着他们？"

马新贻整了整衣冠，扬头走下检阅台。他越来越接近箭道。栅栏外的百姓就越来越多地涌向箭道。伴随着一声声的赞叹，总督的步子迈得更加神气更加威武。就在总督感觉良好飘飘欲仙时，人群中闪出一位汉子，向他弯腰道："大人，冤枉！"

未等马新贻回过神来，那汉子已从衣襟下掏出匕首，左手挟住他的手臂，右手往上一扬，整把匕首已插进了他的右肋。

两江总督此时的感觉就像腾云驾雾之后突然坠落在地，感觉脑子轰的一声，便什么也不知道了。溅出来的鲜血，如同血雨溅在围观者的身上。

众人从惊慌中反应过来，意识到要抓刺客时，那刺客却立定不动，"咣当"一声扔了刀，如释重负般仰脸哈哈大笑，等待卫兵前来捆绑。

总督被杀，是大清立国以来空前绝后的大案。钦差大臣张之万、刑部尚书郑敦谨，乃至天津教案后调离直隶重督两江的曾国藩，相继领旨主办此案。但马案的审讯过程，让孙衣言感到无可言状的愤慨。

从由江宁知府孙云锦和上元、江宁两知县组成的初级庭审，到由江宁巡抚魁玉、江宁按察使梅启照和江宁布政使孙衣言组成的二级法庭，以至由一品钦差大臣和封疆大臣组成的终审法庭，几乎从头到尾都充满了阴谋和冲突。

孙衣言认定张文祥是个被雇佣的杀手，其后必有主使者，必须用重刑审讯。但除了候补道台袁保庆附和他的意见，没有任何官员同意用刑，也没有任何官员深入调查取证。大家都好像十分忌讳此事，甚至在没有查清谁是幕后指使者的情况下，即由两广总督曾国藩和刑部尚书郑敦谨在奏折上签名，奏请准予凌迟处死凶手张文祥。在会衔上奏时，曾国藩还特地附了一个夹片，陈明"实无主使别情"。在这份需要参与会审的全体官员具名的奏折上，唯有孙衣言和袁保庆拒不签名。①

关于马新贻被刺案的背景，官方和民间流传着许多不同的版本。一说是马新贻诱走张文祥好友之妻，继而又杀了张的好友，张愤而杀马新贻；一说是马新贻任浙江巡抚时剿杀宁波某海匪，该匪与张文祥串通，张没了财路，遂杀马新贻；再一说是张文祥系湘军中的哥老会袍哥，受哥老会指使刺杀马新贻；又一说更是离奇，说马新贻先世是回民，朝廷对其生疑，怕日后生变，便由醇亲王指派人收买张文祥行刺。众说纷纭，莫衷一是。

对于马新贻，孙衣言是颇有好感的。在孙家兄弟与地方官交恶，左宗棠上奏弹劾孙锵鸣，孙家处境十分险恶之时，新任浙江巡抚马新贻一到杭州，马上伸出援救之手，请他到杭州主持紫阳书院。马新贻升任为两江总督后，立即上奏朝廷，力荐他为江宁布政使。马新贻在奏章中写的"处为名士，出为名臣"一句，使轻易不动感情的他热泪盈眶。知遇之恩不能不报啊，他不把这案子查个水落石出，如何对得起黄泉之下的马中堂。

令孙衣言百思不得其解的是，为什么对世事洞若观火、办事素来老到的恩师曾国藩，却会一时糊涂，如此草率地匆匆了断此事呢？渐渐地，他又由疑惑生发出气愤来，人命关天啊，何况被贼人暗杀的是总揽两江军政大权的封疆大臣！孙衣言思忖再三，决定到总督府去，当面向曾国藩问个明白。

曾国藩用他的衰老和病弱，抵挡住了孙衣言的怨恨和追责。大帅已垂垂老矣，当孙衣言走进总督府的内花厅，面对年迈的两江总督时，同情和恻隐之心油然而生。

老中堂是有恩于他的。是老中堂在道光三十年主持廷试时，赞赏他的卷子，②并把他的名次提前到第五名，从而使他进入翰林，得到朝廷重用。不错，老中堂是倡导师夷长技的洋务派主帅，自己因此与他产生隔阂。可老中堂并没有疏远他呀，不但没有疏远他，甚至还重用他这位遭朝廷外放之臣，任命他为手握兵权的庐凤颍兵

① 定案之日，孙观察（衣言）、袁观察（保庆）皆以承审大员不肯画诺，以未刑讯故也。（薛福成《庸庵笔记》）
② 道光三十年，衣言殿试二甲第三名，朝考二等第十三名，选翰林院庶吉士，读卷师寿阳祁寯藻、湘乡曾涤生侍郎国藩深赏之。（《孙衣言孙诒让父子年谱》）

备道。①老中堂重督两江后,更是对他恩宠有加,不但奏补他为江南盐巡道,还准备保奏他担任安徽按察使。

孙衣言突然憎恨起自己的迂腐和书生气来,老中堂如此了断此案,总有他的道理或难隐之处吧,自己为何凭一时冲动,气急败坏地到恩师府上来呢?未等曾国藩问话,以探病为名前来的孙衣言,已深深地责问起自己来了。

曾国藩是让亲兵搀扶着走进内花厅的。他身披藏青粗布直裰,脚穿一双黑布圆口鞋。昔日挺立在战舰上的身躯,曾经是那样的硬朗,如今却似老树枯枝般弯曲下来。布满青筋的脚浮肿着,使鞋子显得又窄又小。布满皱纹的脸上新添了许多黑斑,与杂乱的银白色须髯夹杂在一起,分外惹目。置身在简朴的厅堂里,名震四方的曾大帅普通得就像一位衰老的乡间老人。唯有红木香案上挂着的楹联,隐约透露出主人深藏不露的心迹。老人的内心是孤苦无助的。楹联上的墨字看上去雍容大度,笔力却明显比先前怯懦了许多。

12-1 曾国藩像

孙衣言念上联道"战战兢兢,即生时不忘地狱",心中顿时一懔,只觉得空荡荡的厅堂里寒气逼人。接念下联"坦坦荡荡,虽逆境亦畅天怀",揪紧的心才略微舒展了些。原来用世之志甚坚的老中堂,亦深怀老庄的洒脱,孙衣言自觉与恩师的心境走得更近了些。

曾国藩仰躺在靠椅上,闭了眼睛问:"国藩自回金陵以来,倦于政事,尸位素餐。寂寞之时,常常思念老朋友,奢望他们能光临陋室。琴西兄的公事就这样忙么,为什么不与仲容常来叙叙?"

孙衣言不觉脸红起来,道:"两江多事,老中堂中流砥柱,日理万机,门生哪里敢来打扰。这次前来,倒是把痴儿也带来了,正在客厅静候呢,只是不敢烦扰。"

曾国藩抬手让仆人去客厅请孙诒让进见,说:"你还是老脾气,太过客气反倒生分了,随便些才好。"

① 上谕,前据曾国藩等奏请,以候补道孙衣言补授江宁盐巡道,经吏部以与例不符奏驳。兹据曾国藩等奏称,盐巡道事烦任重,非资望素重之员,不足以资治理,江宁盐巡道员缺,奏准其以孙衣言补授。钦此。见邸抄。(《孙衣言文集》)

见孙诒让进来，曾国藩微微睁开眼睛，道："今年是同治十年，仲容二十有四了。"

孙诒让心中诧异，日理万机的老中堂，竟如此清楚地记得他的年纪。

曾国藩继续道："记得你父亲入翰林那年，你正好三岁，老夫刚入不惑。二十多年过去了，弹指间油干灯尽，已是风烛残年，痼疾在身，再难潜心静读了。你年轻好学，熟读众书，立大志，疏《周礼》，我屡有所闻，非常钦佩，只可惜余年有限，怕没几年好活了，大作怕也无缘拜读了。"说罢掏出衣襟里的白绢，拭擦湿润的眼角。

孙诒让见老人伤感，不知如何才好，他不安地看着曾国藩，很难把眼前这位衰弱的老者，与当年叱咤风云的湘军缔造者联系起来，心里一酸，眼眶兀自红了。

曾国藩轻叹一声，闭目道："老夫身缠痼疾，生不如死，心如废井。去年右眼坏了，现在左眼也不行了，看字如隔一层浓雾。最苦恼的是在直隶任上染上的眩晕病，一旦发作起来，床榻好像在旋转，双脚朝天头朝地，真是欲生不能欲死更难。"

孙衣言见曾国藩忧灼不安，心境凄楚，安慰道："俗话说病来如山倒，病去如抽丝，息心静养，把病根去了才好。您的身体健康，是朝廷和百姓的洪福，大清朝可不能没有您这样的匡世救国之才啊。"

曾国藩侧过脸去，道："国藩一身学业，就为这'匡世救国之才'六字，败叶满山，全无归宿。"

孙诒让听后一怔，心想，这就是曾大帅平日挂在口上的"位越高而学越退了"，老人家对自己还是苛求，便说："您英雄暮年，高搁了那羽扇纶巾，别去了胸中那百万兵将，留下的仅仅是'敬静纯淡'四字，能够达到这种境界，还愁病体不会康复吗？"

曾国藩点头道："仲容说得好，只可惜我沉溺世事过久，很难进入这恬静之界，奈何？"他苦楚地摇摇头，费力地从躺椅上坐起来，用枯井般的眼睛看着门外，说："胸中百万兵，还不如说是胸中百样病罢了，裁散了去好，裁散了去好。"

孙衣言悚然，知道曾国藩是记挂湘军的事，急步上前扶住他，说："小儿不懂事，中堂大人不必理会他。"

曾国藩坐回躺椅，闭上两眼，问："你是否还记得金陵一战？"

孙衣言连忙回答："记得，记得，门生那时正在军中。"

"克复金陵，对湘军来说，是成亦金陵，败亦金陵啊。"曾国藩说罢长叹。

"门生窃以为，功高震主，群疑众谤，是湘军被遣散的原因之一；长毛之乱平定，湘、鄂、苏、皖、粤五省裁撤厘局，军饷无所出，是湘军被遣散的原因之二。"孙衣言言道。

"你没说实话。"曾国藩依然紧闭双目，轻声道："仲容，你对此事有何看法？"

"金陵城破之后，湘军人心思归，饱掠钱财，锐气全消。锐气既然消失了，暮气也就成长起来，此消彼长，离解甲归田之日也就咫尺之遥了。"孙诒让端坐不动道。

这边孙衣言早已大惊，翻身伏拜，长跪不起，颤声道："老中堂，门生替小儿请罪。"

曾国藩略微张开眼皮，说："仲容直言，何罪之有？大家都知道厚德载物，那么无德之军，遣散也罢。"

孙衣言这才定下心来，去摸额头，一手冷汗。再看曾国藩，那形象便高大起来，令他钦佩，令他感动。

曾国藩从躺椅上站起来，拖着布鞋踉跄而走，脚尖撞到高高的门槛时，才停住脚步，扶住门框，伫立不动。那双枯井般的眼睛，直勾勾地盯视着苍天。夕阳用

12-2　曾国藩赠孙衣言七言对联（局部）

余晖映照着老人，刚才还毫无生气的面孔，现在却因为光的作用，沟壑纵横，深邃冷峻，气象万千。

"琴西，仲容，你们听见了么？你们听见了么？"曾国藩抬起手臂，指向前方。

内花厅外寂静无声，孙家父子屏气而听，仍然听不见什么奇特的声音。

"是长江之水，是长江之水撞击船舰之声。"曾国藩果断有力地挥下手臂，声若洪钟："看，快看！长江三千里，几无一船不张鄙人之旗帜，各路兵将，一呼百诺，壮哉，壮哉！"

孙家父子现在听见水声了，是的，是长江的涛声，涛声里，白浪滔天，遮云蔽日，曾国藩创建的大清朝长江水师，顺流而下，势如破竹。

"湘军所遗，也就这一支水师了，不知国藩身后，还会驰骋于长江海疆否？"高高的山墙挡住了暮日，天色和曾国藩的脸色灰成一片，"琴西，我知道马谷山对你有知遇之恩，我也知道你来鄙府是要为谷山之死讨个明白；我还知道你向来办事认真疾恶如

仇。你得知张文祥是湘军水师中哥老会袍哥，便怀疑我为保水师名节，草草定案，杀人灭口。"

"门生不敢……"孙衣言听罢，冷汗满身。

"长江水师乃湘军旧部，军纪疲废，积重难返，老夫何尝不知。"曾国藩回过头来，嗓音低沉，"金陵战后，湘军十成裁去八成，唯独留下水师，这是为何？"

"门生明白。"孙衣言喏喏而答。

"明白就好，国藩是为大清海疆计矣！"曾国藩的声音猛然提高了八度，把孙衣言吓得心跳如擂。但他的声音随即轻了下来，因为激动而显得嘶哑，"自道光以来，海防疲废，水军羸弱，倍受洋人欺凌。国藩不顾谗臣猜忌，力保水师，试图整顿军纪，配备新式船炮，皆为建立我大清第一支海军，使她成为抵御外侮的长城也。船坚炮利，海防巩固，大清何来禁烟不成反遭割土赔银之耻，国藩何有陷天津教案领千秋骂名之辱。呜呼，世上能有几人知老夫之苦心？"

"老中堂教诲，门生如雷贯耳。"孙衣言已是满腔悔意，他的心在战栗。

"今日之水师，乃积习深重之军也。水勇吸食鸦片，打架斗殴。炮船夹带私盐，强抢民女。更令我寝食不安的是，从直隶回两江以来，虽严刑处斩一百余名袍哥，水师中的哥老会依然盘根错节，且有愈演愈烈如火如荼之势。今张文祥案发，朝中的清议之臣们正好拿来用作材料，添油加醋，哗众取宠。置老夫于死地不足惜，然水师之疾可治乎？水师之疾病不可治，反使其胎死腹中，则靠大言卫社稷乎？"

曾国藩说完话已气喘吁吁，瘫软在躺椅上，待息歇好久，才又说出一句话来，力竭而威重，"琴西兄，水师之事就请你高抬贵手了。"

12-3 曾国藩荐孙衣言奏章

孙衣言在一旁早已坐立不安，曾国藩那句"水师之事就请你高抬贵手"一出口，他便像被一块巨石压伏在地，难以动弹，费劲全力，才说出一句："门生知罪了。"

曾国藩似乎没有听见孙衣言的话，他把布满老人斑的手伸向孙诒让，柔声问道："仲容可还记得，老夫驻军江宁之后，首办之事是什么？"

孙诒让握紧曾国藩的手，小心回答："创金陵书局，召天下儒生，冶城山上，飞霞阁旁，饱学之士纷至沓来，国学经书又得重光。"

"张啸山、刘恭甫、戴子高、唐端甫、刘叔俛、梅延祖、莫子偲……"曾国藩面露微笑，一一道来，如数家珍，"好久没有和他们在一起了，不知各位可好？"

孙诒让被曾国藩的博记而折服，为曾国藩的关怀而深深感动，道："他们都好，都盼您早日康复，重上冶城山。"

"病重之人，怕是不能再上冶城山了。即便上了冶城山，这张老脸也不敢面对历代圣贤了。国脉衰微，列强相迫，为救一时之难，为舒一时之忧，老夫倡'师夷之长'，办洋务，设同文馆，购洋船洋炮，建江南制造局，聘洋人传授技艺，近日更全力支持纯甫率幼童出洋留学，凡此种种，不见经学，有背义理，罪孽深重。时运不济，身陷教案，竟不能克全保名。名既裂矣，身败在即……"渐渐地，曾国藩的声音衰弱下去，握住孙诒让的手也无力地松开了。

天色已黑，几个亲兵打着昏黄的灯笼进来，见曾国藩紧闭着眼睛已经入睡，便去里屋取来被褥，盖在老人身上，嗫声对孙家父子道："老爷体弱，常常说着话便睡了去，怠慢孙大人了。"

屋外下起雨来，寒气逼近阴湿的房内。孙家父子向昏睡不起的曾国藩作别，他们要离开总督府了。

诒让在抬腿迈出门槛时，回头再看一眼佝偻着身子的曾国藩，低声念道："天将降大任于斯人也，必先苦其心志，劳其筋骨，饿其体肤，空乏其身，行拂乱其所为，所以动心忍性，增益其所不能……"

雨大了。豆大的雨珠，打在督署高高的山墙上，打在屋顶厚厚的大青瓦上，也打在孙家父子的心上。

第十三章

扬州寻梅

五更时分,客船经长江北岸的瓜洲古渡驶入运河。迎接孙诒让的,是漫天大雪。

和冬雪一样冷的,是孙诒让的心。早就与金陵书局的士子们约好的,今年结伴重游镇江焦山,但春节刚过,两江总督曾国藩病逝,[①]创建于腥风血雨中的金陵书局摇摇欲坠。被视做书局栋梁的戴望,亦病入膏肓奄奄一息。众人心焦如焚,游兴全无,焦山之约也就不复存在了。

诒让冒雪去看戴望。戴望用微弱的声音告诉诒让,自己去世后,要将所有藏书全部赠送给他。[②]诒让泪流满面,抱着奄奄一息的戴望。戴望声若游丝,枯瘦的脸上却泛起一片红光,道:"焦山梅花……扬州梅园……"戴望带了红光的脸色,是焦山红梅映衬的缘故么,但焦山远在镇江呀,诒让觉得奇怪。

诒让决定独自一人到焦山去,为了戴望的嘱托。诒让知道,与他一样,焦山定慧寺之行,那万朵红梅也已印到戴望的心中去了。船近镇江水界,焦山遥遥可见之时,他却让艄翁转舵,把船驶向扬州。他不敢面对焦山,不敢面对定慧寺的那片红梅,他知道,没有戴望与他同行,孤独和痛苦会像利刃刺碎他脆弱的心。

到扬州去,那里有扬州梅园吗?戴望是相信这世界上存在一个叫"扬州梅园"的地方的。自从在焦山定慧寺的梅林中,看清楚那盏飘摇而去的灯笼上写着"扬州梅园"四字,戴望就神往那个地方

[①] 孙琴西太仆,文正门下士也,时为江宁盐巡道,其挽联云:"人间论勋业,但谓如周召虎、唐郭子仪,岂知志在皋夔,别有独居深念事。天下诵文章,殆不愧韩退之、欧阳永叔,却恨老来湜轼,更无便坐雅谈时。"(薛福成《庸庵笔记》)

同治十一年二月,江督曾候相卒于位,年六十二,衣言为文祭之,复挽以联。(《孙衣言孙诒让父子年谱》)

[②] 同治十二年春,友人德清戴望卒于江宁。先生偕海昌唐仁寿经纪其丧,得其遗书多种。(《孙仲容先生年谱简编》)

了，只不过他把它存在心灵深处，在年轻的生命走向终点的时候，才向密友透露这个秘密，他要让自己最好的朋友得到这个秘密，让他高兴起来，让他幸福起来。诒让想到这里，早已泣不成声。

一弯冷月下的扬州古城内外，泛着青白色的寒光。银装素裹的瘦西湖，无数风流故事，与无数楼榭堂枋一道，被厚厚的积雪掩盖得严严实实。

船到天宁寺御码头，船家问，可有中意的客栈？诒让掀开帘子，站在船头，沉着脸摇头不答。船家不再言语，任那船儿顺了运河走。

一切都在大雪中，无形无痕。船儿驶入瘦西湖，船家熟悉地方，每到一处，便报出名称来："冶春亭，西园曲水，小金山，五桥亭，积春台……"渐渐地，沿岸荒芜清冷，河面的浮冰厚起来，河道也浅了窄了。船家弃去木桨，拿了竹篙撑船。

13-1　寻梅图（清·禹之鼎）

一阵幽香袭来，诒让不曾提防，浑身一颤。觉着这香气似曾相识，便闭了眼深深吸上一口，禁不住梦呓一般喃喃道："就是这里了，就是这里了。"

问船家："此地可有一处梅林？"

船家答："是有一处梅林。"

又问："此地可有一处梅园？"

船家道："虽荒僻了些，一二处园子总是有的。"

诒让大喜，急急道："总算找到了，总算找到了，快拿船板，我要上岸！"

上得岸来，提了袍子的下摆往香处走，原本想会有一处梅林，甚至还有一座梅园，却偏偏没有。东方已经泛白，眼前的景物清晰起来，是好大好大的雪！这雪无边无际，白皑皑连成一片，最奇的是雪花儿透发出暗香，随了寒气迎面扑来，钻进棉袍和内衫，让人通身透凉透香。诒让的愁苦和烦恼顿时消失许多，道："奇哉——香雪！"

穿过香雪，百十步开外立一草亭，草顶子被厚实的雪重重地压着。诒让走进亭中，只见脚下的细石,镶嵌成许多朵梅花,再看亭柱和柱础,竟也是梅花形的。诒让道:"妙哉——梅亭!"

在船中走了许久,人是困乏了的,心是苦楚的。现如今,坐在梅亭里,被寒气罩着,被香气熏着,诒让的眼帘便重了许多,渐渐地,合了眼睡着了。

在睡梦中去找那一片梅林,当然是找到了的。那雪夜中的红梅,疏影横斜,暗香浮动。花浓处,站着一位赏梅的绝色女子,让一盏玉手高擎的灯笼照着,也不知道是她赏梅花,还是梅花赏她。偏那灯笼说收就收了,看不见梅花,也看不见被梅花簇拥着的人儿了。诒让心中一阵虚空,急追几步,却拔不动深陷在雪中的厚靴,只能眼睁睁看那在满天鹅毛大雪中渐渐远去的灯笼,他看得清清楚楚,那灯纸上写着"扬州梅园"四字。诒让大叫一声"扬州梅园——"睁开眼睛,只觉得浑身大汗淋漓。

"你这酸秀才,在梦中叫了无数遍扬州梅园。现在终于醒了,人也已经在梅园里了。"梅香守了诒让几天,早已呵欠连天,现在见他睁开眼睛,高兴地说道。

诒让抬起身子要起来,却觉得头重,看见的除了一位漂亮的丫鬟,就是雪白的丝帐。想起那天是在一座梅亭里的,好端端的今儿个怎么就睡在了白丝帐中,实在令人狐疑得很。

见床里的人儿把眼睁得圆圆的,一脸警觉地瞅着自己,梅香不禁冷笑一声,道:"还以为从梅亭里救回个知恩图报的公子,却原来也是忘恩负义的东西,枉费了我家小姐一副菩萨心肠。"

诒让听得云里雾中,问:"我怎么成了忘恩负义之人,枉费了您家小姐的菩萨心肠?"

"说你是个酸秀才,其实还是个笨秀才,你看看本姑娘的眼圈都黑了去了,就该知道为你守了几天几宿。"梅香恨道,"那日小姐与我经过梅亭,看见你不死不活冻昏过去,便与我一起费尽力气把你弄回梅园,又灌汤又喂药的。现在好不容易烧也退了,眼睛也张开来了,却是这种恶狠狠的神色,真正气死我了!"

梅香快嘴快舌,诒让却听得糊涂,但"梅园"两字是清清楚楚的,忙不迭地问道:"大姐您方才说的梅园,可是扬州梅园?"

梅香扑哧一笑,说:"不是扬州梅园,难道还是杭州梅园、苏州梅园?"

诒让急问:"那日在焦山定慧寺,擎了灯笼陪小姐赏梅的就是大姐您了?"

梅香道："是又怎样，就许你们赏梅，不许我们赏梅啊？"

诒让拊掌道："老天有眼，让我找到她了。"翻身起床，拉了梅香便要去找人。

梅香领了诒让上楼。是两进的楼房，前楼与后楼由楼廊连接。包围在青砖黑瓦中的天井并不大，除了相叠成趣的太湖石，显眼些的便是青石案上的几盆梅。还未褪尽的残雪，堆砌在梅桩、梅枝上，几朵蜡黄色的花蕾，粟米似的小巧可爱，在寒风中摇曳，让人的心不由地揪紧。

诒让点头道："所以这地方取名扬州梅园。取得好，取得好！"

梅香又笑："这就看出扬州梅园的好处来啦，也太方便了不是。"

说时，就听见玉珠落地般清细的声音，传到楼廊中来，煞是媚人。

诒让停步不前，屏声而听，道："《寒山绿萼》，好个一弄。"

稍一停顿，那声音轻拢慢捻的，细腻成柔柔的轻丝薄绸了。

诒让干脆扶住楼廊的木栏干，如醉如痴道："是《姗姗绿影》了，好个二弄，都让人闻到幽香了。"

声音却急起来，或挑或划，碎成一阵阵啜泣。

诒让惊起，道："奈何，奈何，这活生生的就这样凋落了，还什么花落魂销香如故，还什么化作春泥更护花。为何偏要凑齐三弄，闹出这《三迭落梅》来？"

梅香见他痴呆得可以，手掩了嘴笑，扯了他的衣袖让他走。

楼廊不长，一歇工夫就到了后楼。绕过屏风，只见一位女子，身穿胭脂锻底镶宽边月白袄裙，面对了窗子弹琵琶。诒让闻见阵阵清香涌进屋子里来，知道背对着他的女子借了琴声，正与窗外的梅花说话，便怔怔地站在屏风旁边看她。只见她运指的力度大了，一缕秀发从玉钗中滑落下来，依偎在白得耀眼的脖子和肩膀上，柔长的发丝在冰清玉洁的肌肤上来回蹭着，诒让都看呆了。

"这人怎么又痴呆了？"梅香在诒让身边嘟囔道："小姐救了你，你也不向小姐道个谢。"

诒让也不听梅香说些什么，只顾爱怜地对女子道："这么冷的天气，却穿这么薄的衣衫弹琴，也不怕冻坏了身子。"

梅香见他有趣，笑道："呸，冻坏了身子，在梅亭里挺尸的是你，瞧这记性。"

"梅香不得无理。"女子放下抱着的琵琶，回过头来。

她终于用高贵的眼神注视他了,而在那个寒冷的焦山之夜,甚至就在刚才,他都不曾存有这份奢望的。这是一双如此高洁冷艳的眼睛,只有天生傲骨的梅花才能与之对话交流,凡夫俗子是没有这种福分的。诒让不禁长叹一声,黯然神伤。

　　诒让知道,现在那道高傲的目光收回去了,他知道会这样的,他不奢求这道目光会长久地看他。他冒着大雪过江来,没有冻死在冰天雪地中,被救活在这梦牵魂萦的扬州梅园里,如此近距离地面对心仪的女子,早已知足了。

　　诒让知道,现在那双美丽绝俗的眼睛已经不再看他,转而朝向窗外的冰雪世界,那儿一定有女子日夜相守的梅花,她如此执著地爱着梅花,一定是高傲的心气使然,能一识如此冰清玉洁的女子,岂非自己的造化。

　　然而,诒让却看见,许多颗泪珠走出来,挂在她长长的睫毛上。这晶莹的泪儿,被窗外射进来的冷光照着,折射出点点光斑来,带了孤寂,带了凄丽,战栗着,滚动着。当泪光后的眸子从窗外转回来,欲说无语地凝视着他时,诒让明白,这就是女子从心底深处涌上来的秋波了。于是,他的心醉了,随之而来的是一种真诚的欲望,他想顷刻间化作护花之泥,心甘情愿地铺在这儿。

　　诒让正想得认真,却看见梅香到女子身边说:"小姐,您只顾身边这一位,就忘了梅亭中还等着另外两位呀,他们等着您去赏梅呢。"

　　女子唔道:"倒是叫他们等久了,我们快去吧。"走到门口,又回过头来,说:"梅香留下来陪公子,刚退热,不可再染风寒。"

　　梅香道:"小姐一人去梅亭,梅香不放心。"

　　女子道:"这丫头,怕是耐不住寂寞,见有客人来,等不及得赶去凑热闹吧。"

　　梅香笑说:"梅香的心思总瞒不过小姐的。"给主子系了一条银狐小披肩,随了她要走。又想起诒让,道:"留下公子怎办?不如让他随咱们一道去吧。"

　　女子把嘴一抿,算作不许。又仔细看诒让,见他傻呆呆地站着听她发落,心便软了,莞尔一笑,点头默许。

　　诒让在她一抿一颦间,发现女子是那样的妩媚。最漂亮的是她嘴角边的一颗黑痣,细细小小的,娇媚可心。

　　一行三人,未到梅亭,便听见那边传来的说话声,走近了,知道是来客在亭里吟诗来着。

一人先念："万花敢向雪中出，一树独占天下春。"

诒让道："是杨维桢的诗，一个'敢'字怎生了得！"

另一人接着念："不要人夸颜色好，只留清气满乾坤。"

女子道："这是王冕的句子了，'清气'二字最重要。"

正在评说间，两人不约而同停下脚步，默默相视。这就是所谓心心相印吗？周围一片白色的雪海，似千顷浪花掀动，雪花儿带了浓香迎面扑来。诒让往香处走上几步，这回看得真切，原来是身在梅林深处，而那天晚上是来过这里的，只因天黑，只知道有雪而不知有梅，唔道："遥知不是雪，为有暗香来。"

13-2 《琵琶仕女图》（清·冷枚）

女子又道："香中别有韵，清极不知寒。"

梅香掩口一笑，偷偷道："从哪里就翻出这许多酸词儿来，说这些读书人酸，一点都不过分，可怎么我家小姐也酸上了。"

就听见亭子里有人道："是梅香吗？梅娘来了没有，约好在这里赏梅的，却只见梅花不见人。"

另一人便接着喊："梅娘在哪里——梅娘在哪里——"

三人加快脚步，到了梅亭，只见亭中站着两位气度不凡的来客。见了梅娘，其中年长的一位微笑道："梅花一开，梅娘也更加漂亮了。"

另一位接着道："这是自然，人面梅花两相映嘛。"

"两位大人取笑梅娘了。"梅娘转过身去嗔道，娇娜娜的，却显得更美丽了，"托两位大人的福，今年天寒地冻的，梅花开得迟，正月都过去好些辰光了，花倒越开越盛了。"

年长的客人道："是梅娘让梅花迟开的，好让我们现在能赏梅。"

梅娘道："照容大人的意思，好像梅娘是花神似的。"

另一位客人道:"正是正是,梅娘本来就是花神嘛。"

梅娘笑道:"盛大人就会恭维人。"

见诒让站在旁边,年长的一位行了个礼,道:"广东香山容闳。"①

年轻那位随着作揖:"江苏武进盛宣怀。"②

诒让连忙回礼,道:"浙江瑞安孙诒让。"

客人听说是孙诒让,便都很注意地重新打量一番面前的这位贵公子,点头道:"早就听说孙公子饱读经书,精通朴学,今日得见不胜荣幸。"

诒让则道:"久闻两位大名,想不到能在此地幸会,诒让三生有幸。"

梅香在一边听了,说:"原来你们都认识啊,那还文绉绉地说什么荣幸啊、三生有幸啊什么的,好酸哦。"

梅娘扯一下梅香的衣襟,道:"梅香不可造次,还不快去温酒烧茶。"

盛宣怀笑说:"梅香说得有理,今日相遇在如此清净洁雅之地,真该脱俗些才好。"

说着进了梅亭,在竹椅的棉垫子上坐了。

诒让仔细打量坐在他对面的容闳和盛宣怀,特别是其中的容闳,他可是大名鼎鼎的洋务派干将。

四十出头的容闳看上去泰然温和,但他的经历却十分奇特。容闳是广东南屏镇人,出身贫寒。离南屏镇十余里便是澳门,泰西人最早在中国办学的地方。容闳先入马礼逊学校,后留学美国,毕业于耶鲁大学并加入美国籍。回国后,于咸丰十年到金陵向太平天国献新政之策,失望而归。同治二年,两江总督曾国藩授容闳五品蓝翎军功衔,命他领款六万八千两,赴美采购机器筹建江南制造总局。同治四年,容闳带机器回国,曾国藩保奏他为五品实官。之后,又经上海道台丁日昌保奏,授四品候补道衔。曾国藩奉旨调任直隶总

---

① 容闳,号纯甫,英文名YungWing,广东香山县南屏村(今珠海市南屏镇)人。容闳是首位毕业于美国耶鲁大学的中国留学生,翻译《地文学》《契约论》等书。在清末洋务运动中,力促建成中国近代第一座近代机器厂——上海江南机器制造局,开组织首批幼童官费赴美留学。

② 盛宣怀,字杏荪,祖籍江阴,出生于常州。同治九年入李鸿章幕,建议李鸿章建造商船赢利补贴造兵舰所需费用,拟定中国首个《轮船招商章程》。同治十二年,任轮船招商局会办。此后成为清末洋务运动核心人物之一。

督后，新任两江总督李鸿章用六万两银子，买下上海虹口的美商旗记铁厂，把容闳购进的美国机器并入铁厂，正式成立了江南制造总局。

刚入而立之年的盛宣怀，秀才出身，眼神活络，谈吐机敏，一看就是个聪明能干的人。此人孤注一掷，把自己的前途和身家性命，押宝一般全都押到李鸿章身上。他入李鸿章帐下，拜李鸿章为干爹，为他办洋务出谋划策，最近正筹划着要搞轮船招商局。

梅娘又是怎样认识这两位奇人的呢？诒让很是奇怪。

容闳离开座位，打开地上的一只藤箱，从里面捧出一个带铜底座的彩色圆球来，对梅娘道："上次说过要给梅娘带来的，纯甫没有食言吧。"

13-3　容闳像

盛宣怀看着圆球，惊讶道："容大人神通广大，从哪里弄到这个稀罕之物的？"

容闳也不答话，把圆球的底座放到桌子上，用手指轻轻一拨插在铁条上的圆球，那圆球便旋转起来。见梅娘目不转睛地看这圆球，容闳道："您可以周游世界了。"

梅香在一旁道："什么世界，怎么周游，不就这么一只漂亮的小球吗？"

盛宣怀在一边大笑，说："梅香姑娘不知此物名叫地球仪，球虽小，大清与泰西诸国，还有沙俄、日本及南洋诸国等，皆已在内了。"

13-4　盛宣怀像

容闳已站到梅娘身后，拿起她的纤纤小手，握住细长的食指，将指尖按到彩球中蓝色的地方，告诉她这是海洋，又捏住她的手指，按到黄色的地方，告诉她这是大陆。见她看不懂球上的洋文，便把这些洋文翻译出来，原来是弥利坚、英吉利与法兰西等外番的国名。

"原来弥利坚就在这里，原来英吉利离中国如此遥远。"梅娘看地球仪的神情是那样的专注，"容大人，您把去弥利坚买机器的路线指给我看。"

"梅娘有令，容闳敢不效劳？"容闳便握了梅娘的手，顺了他赴弥利坚的路指划，"先坐船至星加波，过印度洋，由锡兰登陆，换船过孟加拉海湾，在埃及开罗登陆，那时苏彝士运河还没有凿通，便由开罗乘火车，穿过苏彝士峡谷到亚立山大城，再由亚立山大城坐船至法国马塞，上岸坐火车赴巴黎，至加来司地方坐船渡英吉利海峡至伦敦，再乘汽船过大西洋，抵纽约已是次年。"

"容大人到过如此多的国家和地方呀！"梅娘佩服得不行，盯住地球仪问，"那您是如何把机器运回国的呢？"

"我有个愿望，此生至少环游地球一次，以扩大眼界。"容闳道，"所以，便把机器装船，由纽约起程东行，经好望角回上海，自己则由旧金山西行，横跨太平洋回国。时间紧，驶往远东的邮船极少，只好乘一艘三桅帆船，过檀香山，经日本横滨，再换乘英国公司汽船到达上海。"

见容闳握了梅娘的手在地球仪上指划，站在旁边的诒让心中不自在，离开桌子，到亭子外面去。饱读诗书的他，从骨子里看不起这些靠洋务起家的宠臣，今日看见容闳的行为，更觉得轻薄。若非国家危难，不得已需要这些懂洋文的假洋鬼子招商办厂，曾老中堂是绝不会重用他们的。

容闳说得详细，一边的盛宣怀早已急不可耐，挤到梅娘身边道："容大人且慢，让梅娘看看宣怀带来的泰西邮票。"说着便从怀里掏出一本集邮簿来，摆放在梅娘身前，"都是些珍品，这张是弥利坚首都华盛顿的白宫，这张是英吉利女皇伊丽莎白"。

有一个容闳就够了，偏还多了个盛宣怀，忘了祖宗，炫耀起占城夺地的英国女皇来了。诒让心中气愤，急走几步，眼前一黑，虚弱的身体挺不住，差点跌倒在雪地上。

隐隐约约听见梅香在亭那边喊"孙公子——茶好了，快来喝茶——"诒让晃晃悠悠地往回走，已是一身冷汗。

梅香早已端上热茶和热酒，桌子上的地球仪和集邮簿已不见了，几只青花茶碟整整齐齐地放在桌面上，里面是水果和糕点。

又是容闳提起话头，道："容闳平日繁忙，难得有今日闲情，对酒观梅，幸事幸事。"

盛宣怀端正地坐着，不住地点头，道："正是正是，容大人说得好，幸事幸事。"

正在旁边温酒的梅香扑哧一笑，道："这不，酸劲又上来了。"

盛宣怀听了笑道："正是正是，梅香说得好，如此雅致的地方，不必拘礼。"

诒让听了摇头，本来喝茶的，却拿起酒壶，往酒杯中斟满酒，仰头一口喝了，道："正是雅致的地方，偏还得要讲个'礼'字。"

梅娘见了，连忙拿过酒杯，道："公子脸色不好，还是喝茶的好。"

盛宣怀看一眼诒让，道："宣怀读书不多，关于'礼'字却也偶有思考，总觉得你按礼去做事，而人家偏不按礼去做事，那么你反而落个不实惠。"

诒让猛喝下一杯酒，脸色很红，心里却明白，道："如此说来，在盛大人眼中'实惠'二字是在'礼'字之先的，但诒让以伦常名教为本，实在不敢苟同您的高见。"

盛宣怀脸色挂不住，尴尬地一笑，道："仲容兄熟读圣贤之书，诚可谓'我心匪石，不可转也；我心匪席，不可卷也'，但宣怀从事贸易，为中国引进外国技艺，为大清增添财富，按理说也该是有利于社稷吧。"

诒让冷笑一声，道："技艺和贸易虽有可用之处，总是支流末叶，礼是国本，万万不可倒置的。有清以来，以教化为先，兴学育才，康熙、雍正、乾隆年间人文最盛，自上而下精通六经，源清流洁，虽不学泰西技艺，不与泰西贸易，依然国家强大，人民富足，疆土扩展。"

盛宣怀招架不住，苦了脸摇头，拿惊惶的眼睛向容闳求援。

容闳依然正襟危坐，斯文地托起杯子，抿一小口茶，道："容闳深知，中国向来以礼维持太平和秩序，国门封闭，农耕为本，这是东方文明的基础。只是，大千世界变化无常，自道光以来，西方列强崛起，以坚船利炮敲开中国国门。国门洞开，农耕不复为本，贸易必为首要，贸易既开，礼利之争难免。"

盛宣怀道："正是正是，容大人说得对极。"

"而依容闳愚见，杏荪兄醉心贸易，必定是近利而远礼之徒吧。"容闳说罢大笑。

盛宣怀听了，脸上红一阵白一阵的，朝梅娘苦笑道："容大人与孙公子欺负人，梅娘快来救我。"

梅娘听他们争得有趣，见盛宣怀求她，微笑道："容大人刚才说到，盛大人既事贸易，则必定非近利而远礼之徒莫属，那么盛大人何不以彼之矛击彼之盾，判定容大人从美国买这许多机器过来,亦非近利而远礼之徒莫属乎?"

一言既出,四座皆惊,容闳更是瞪大眼睛看梅娘,好像今日方才认识她似的。

盛宣怀既感激又佩服,高声道:"梅香快快斟酒,宣怀要敬梅娘一杯。"

梅娘分明是怕他们争论起来,伤了和气,所以给盛宣怀一个台阶。但诒让年少气盛,不依不饶,讥讽道:"梅娘说得好,物以类聚。"

容闳的脸色渐渐变了,说话声虽不大,语气却严肃起来:"英人从印度输鸦片入我中国,先生以礼晓之,曰'己所不欲,勿施于人',英人会因为羞怯,而把鸦片运回印度吗?洋人聚八国之众,毁我炮台,焚我圆明园,先生以礼拒之,至天坛祭天,到地坛祭地,洋人会因为感动,而把军队撤回公海吗?容闳不才,既滥竽充数,做朝廷命官,只知道为了救中国,不远万里购进外国机器,不惜重金聘用外国技师,不耻下问引入外国技艺,造先进的洋枪,造先进的洋炮,让威猛的枪炮之声,去替代临阵清议的空话大话。"

盛宣怀鼓掌,把手都拍红了,道:"容大人高见,高见!"

容闳微笑道:"你别只顾喊高见高见的,自己也来一段如何?"

盛宣怀点头道:"也好,来就来。宣怀以为,除了制造先进的枪炮舰船,贸易也是必需的。比如江南机器制造局和福州海军船厂,兵船是造了不少,但耗费银两颇多,遭致朝野反对。更有内阁学士宋大人年初上奏,要停办船厂。江南机器局在文正公心中是何等重要,病中的他在弥留之际写信给总理衙门,建议江南机器局坚持建造炮舰的同时,制造四五艘商船,租给商人使用。李中堂则正与我计划,准备创办由政府与商人合办的轮船公司,届时要在上海成立轮船招商局,官督商办。如此一来,那江南机器制造局船厂和福州海军船厂便全保住了,由此可见,贸易之事不可藐视。"

容闳首肯道:"很好。"

盛宣怀听容闳赞许,十分得意,道:"要是迟出世么十年八载的,是个幼童什么的,真想随了您出洋留学。"

梅娘听了,不安地问道:"容大人又要出洋?"

"圣旨已下,这回容大人要率一百二十名幼童出洋留学。"盛宣怀对梅娘答道,又对诒让说:"宣怀以为,容大人首创幼童出国留学之举,真的是高明之至。有一个容大人回国,中国就多了一个江南机器制造局,若千千百百个幼童学成回国,则中国多了千千百百个容大人,千千百百个江南机器制造局,如此,何愁大清亡乎!"

容闳也面露得意之色,道:"待天气稍暖,容闳便要率首批三十名幼童出洋,实现思之良久的教育计划了。立愿二十年,回国十六年,今日终于如愿以偿。选心地纯正天资聪慧之童,习天文、算术、制造之术,及法律、医学等,藉西方文明之学术以改良东方之文化,必可使此老大帝国,一变而为少年新中国!"正慷慨激昂,却突然间伤感起来,"文正公对此事出力最多,是手植桃李之人啊,可惜仙逝了。对中国教育之前途,文正公贡献最大,殆如埃浮立司脱高峰,独耸于喜马拉耶诸峰之上"[①]。

容闳与盛宣怀你来我往,说得投机,还扯上了令他尊敬的曾国藩,诒让只听得头昏目眩。他强忍怒气,说出一番话来:"中国真的有千千百百个容大人,千千百百尊洋炮倒是有了,千千百百艘铁舰倒是有了,可惜随之而来的是千千百百个洋商,随之而建的千千百百座洋教堂,掠我财产,夺我民心,当然也就名正言顺地有了。到那时,中国的银圆像黄河之水一样,流向泰西;大清的民心像野风似的,遁入教堂。丢掉正统礼仪了,忘掉儒家美德了,不去祭祀圣人了,教之不教国之不国了,请问两位大人,如此,何愁大清亡乎?"

此话如一股寒风,钻入盛宣怀的耳朵。他觉得浑身都冷,刚才拍红的掌心,现在因为冷,又麻又疼。

容闳站起来,呼吸急促,诒让的话深深地刺伤了他的心。强忍委屈,容闳道:"我自归国为臣以来,从不曾说过一句冒犯儒学名教的话。我所要说的,只是国民在敬天祭祖祀孔之余,能放眼望世界,学习外国先进的技艺乃至学术、制度、文化、法律。容闳还是那句话,世界在变,中国在变。以我就学的弥利坚为例,建国不过区区百年,因为实现共和,国势强盛,有目共睹。而我大清,虽有康乾盛世,但时过境迁风光不再,待积重难返病入膏肓,悔之

[①] 见容闳《西学东渐记:容纯甫先生自叙》

13-5　晚清第一批赴美留学幼童

晚矣。"

诒让冷笑道:"我倒有一事讨教,容大人所谓'病入膏肓',指的是何病?"

容闳道:"病在教育。中国势弱,不在于国门开放,不在于被迫通商,而在于缺少受过现代教育之人,以至于引狼入窝,把许多关键职位让给外国人,请他们担任客卿。中国的许多要塞、军舰、军队、海关,现如今已大权旁落。那些客卿里通外合,中国的权益或被忽视,或被出卖。朝廷与泰西诸国谈判,竟然让美国人蒲安臣充当中国首席代表,如此下去怎么得了。"

诒让道:"此病如何疗救?"

容闳道:"既然病在教育,那么就要用教育去疗救。"

诒让道:"用金陵之七策?"①

容闳知道孙诒让所指,系咸丰十年他赴金陵向太平天国干王洪仁玕献策之事,便道:"孙公子可能不知七策详细内容,所谓七策,其内容是:依正当之军事制度,组织一良好军队;设立武备学校,

① 咸丰十年(1860),容闳前往天京(今江苏南京)考察,向洪仁玕提出组织良好军队、设立武备学校及海军学校、建立有效能的政府、颁定教育制度等建议七条并表示如被采纳,愿为太平天国效力。洪仁玕赞成其建议,但"未敢信其必成"。容闳失望至极,坚辞不受洪秀全授予的四等爵位官印。

以养成多数有学识军官；建设海军学校；建设善良政府，聘用富有经验之人才，为各部行政顾问；创建银行制度，及厘定度量衡标准；颁定各级学校教育制度，以耶稣教圣经为主课；设立各种实业学校。"

诒让道："如此一来，便可药到病除？"

容闳以为诒让动心，道："这是自然，以上七策之中，四策论及教育，纯甫的苦心可见一斑。还曾另拟四策，请江苏巡抚丁大人上奏朝廷。这四策是：组织合资汽船公司；选派颖秀青年，送之出洋留学，以为国家储蓄人才；设法开采矿产以尽地利；禁止教会干涉人民诉讼，以防外力侵入。四策中之第二策事关教育，至为重要。"

诒让道："可惜国人不识货？"

"不然，文正公便颇知纯甫良苦用心，要用纯甫的办法振兴中国。文正公在同治六年批准开办的江南制造局兵工学堂，时过六载，已造就了中国首批机械工程师。此次选派幼童出洋留学，又是文正公出力最多。"容闳再次提到曾国藩，充满敬意。

诒让摇头，道："以诒让所见，文正公也是权宜之计。以他的学识和智慧，难道看不出'颁定各级学校教育制度，以耶稣教圣经为主课'一条所陈之荒谬。"

容闳道："在当今世界，称得上大圣大贤的，可为万世师表的，只有孔子、释迦牟尼、苏格拉底、耶稣，耶稣既位于四人之中，为何不能以《圣经》为主课？"

诒让道："容大人谈到教育，诒让想问，所谓四位圣人中谁具教育家本色？"

容闳道："释迦牟尼、耶稣为宗教鼻祖，孔子、苏格拉底则是教育家本色。"

诒让道："既如此，容大人又何故重宗教鼻祖而轻教育家，倡'颁定各级学校教育制度，以耶稣教圣经为主课'呢？"

容闳一时语塞。

"容大人视中国教育为后进，对发生在东方的事情一概表示轻蔑，这都是因为受西方思想所影响，对国学涉及不深的缘故。孔子删《诗》，序《易》《书》，作《春秋》，以史事褒善贬恶，垂教万世，他的学说冠盖古今，名扬四海。教育思想的高峰，在孔子的时代就已经形成了啊。"诒让忍耐已久，一旦反击，便话锋锐利，滔滔不绝，"再往前推，中国的教育思想远在周代前期即已形成。《周礼》曰：州长之教，考德行道艺。孔子由此创'六艺'之说，以'六艺'为学者必修的课程。他以《诗》教人要温柔敦厚，以《书》教人要疏通知远，以《乐》教人要广博易良，以《易》教人要洁净精微，以《礼》教人要恭俭庄敬，以《春秋》教人要属辞比事。我东方文明既然如此博大深邃，那么容大人所提倡的'藉西方文明之学术以改良东方之文化'之说，国人是否应该弃之若敝屣呢？"

容闳听后，脸色陡然为之一变，默然良久，仰首而叹："若国人都似孙公子，则容闳举步维艰矣。"

梅香乖巧，见客人语不投机，便过来斟酒。

容闳让梅香把酒斟满，离开座位，向梅娘举起酒杯，道："可否与容闳同饮杯中酒，此一别天涯海角，不知何日再会。"

梅娘的眼睛便红了起来，握在手中的酒杯微晃不止。

容闳从怀里掏出一本书来，放到梅娘桌前，道："容闳新译的科尔顿之《地理学》，闲了或可一读。"说罢一口喝干杯中酒，转身走进雪中。

盛宣怀恋座，又是梅花又是美人，很是惬意，本想多待一会儿，但容闳走了，只好告别梅娘，跑去追容闳。他心中惋惜，一路嘟囔："还没仔细赏花呢，怎么就走，可惜了，可惜了。"

诒让也已离座，站起来要走。他平日性情温和谦让，从没有与人争吵的，今日为何如此失态，连他自己也不明白。心中苦楚，一出梅亭便呕吐起来。梅娘见了手足无措，不知如何才好。还是梅香机灵，拧了湿手帕递上。

"孙公子误会容大人了，"梅娘目送离去的容闳，轻轻道，"他是爱中国的，他所做的事是没有私心的，是为了报偿中国的。他做了许多事，但很少有人理解他，他很孤独，他的心是苦的。"

雪越下越大了，压向漫山遍野的梅花。

"容大人说过，他在美国受的教育，已经归化为美国公民，那里条件很好，对他继续深造很有帮助，他非常想留在那里。但他读过《圣经》，上面有条经文，这条经文就像上帝的声音，不停地在他耳边响起：'不论是谁，如果不为自己，特别是不为自己的家人作打算，他就是否定基督教，因而比异教徒更坏。'在容大人的心目中，'自己'和'自家人'就是孕育他的祖国啊，这条经文得胜了，正义感和报恩心使他回到中国，让他为中国人做事，让他为中国人尽忠，让他为中国人尽孝。"梅娘说着，两行热泪潸然而下。

诒让觉得寒气彻骨，浑身的血液都凝固住了。坐不住，系上披风，告别梅娘。

见诒让决意要走，梅娘虽心中十分想要留他，却又不便出口。梅香知道小姐的心思，本想劝孙公子的，看见他神色好吓人，不敢多说。

天色越发阴沉起来，鹅毛般大小的雪花，不停地从天而降。

梅娘见容闳、诒让他们在雪中踽踽而行，让梅香赶紧送伞过去。见梅香一脚深一脚浅地去追远去的客人，心一酸，不禁暗暗啜泣，道："既如此，又何必相识呀，天下没有不散的筵席呢。"

雪，越下越大，与那一片梅花合到了一块，被风吹着，晃晃的，辨不出哪是雪，哪是花。

"小姐，好美的景色！"送伞回来的梅香在远处喊。

"少年不识愁滋味。"梅娘用丝绢擦了泪，看着跑在雪中的梅香，苦笑道，"人去了，亭空了，花落了，是梦深了，还是梦醒了……"

梅香跑回来，挽了梅娘的手臂，惊喜地嚷："小姐，您的嘴角边开了一朵小红梅呢。"

梅娘用丝绢轻轻一擦，白色的绢巾上红得刺眼。

哪里是什么红梅，分明是一团鲜血！

梅香用冻红的手捂住双眼，撕心裂肺地惊叫起来。

第十四章

碧池残墨

光绪四年三月，从温州瓯江出发的小海轮，在波涛汹涌的大海中漂荡数日，终于驶进长江口。①

春日的雾雨，把浓浓的咸腥味带进船舱。诸惠屏难受地躺在床上轻轻呻吟，晕船使她几天粒米未进，病怏怏的，人便消瘦许多。见诒让连日照顾自己，无微不至，惠屏打心底里感动。她想对坐在床边的诒让说句感激的话，一张口，那股咸腥气扑进口腔，肠胃翻滚起来，便又呕吐不止。

躺在旁边床上的丫鬟秋云，也是个会晕船的人。见少夫人吐得难受，急忙起来服侍，身子一动弹，自己先呕吐起来。无奈，噙了泪重新躺下。

"再忍忍，上海就要到了。"诒让心疼地抱住妻子的头，带着悔意说："这海上风急浪高的，偏你又没乘过海轮的，自然受罪。若不是母亲病重，时间从容，本该从河路走的。"

"瞧你说哪里话，这一路上本该我服侍你的，现在倒好，反过来了。也不知母亲身体怎样了，实在令人挂念。"惠屏觉得十分抱歉，又累又乏的，她说着话眼帘便重起来，昏沉沉地睡去。

诸惠屏是光绪元年回诒让老家浙江瑞安的。同治末年，公公频繁调动，先是江宁布政使，后任江南盐法道，又调到安徽任按察使，再调任湖北布政使。其间，公公因诒让科举不顺功名难求，恰好曾国藩的弟弟曾国荃在山西省做巡抚，便向山西省赈捐，按清廷惯例，

① 光绪四年三月十一日，携眷自温渡海，十三日至申，三十日抵江宁，居藩署。（《孙仲容先生年谱简编》）

授诒让主事衔，在刑部福建清吏司行走，算是一名七品小京官。丈夫须去北京上任，她本应跟随他北上的，因身体不适，又因孙家在瑞安城内的一处新居落成，需人去照看，便听从婆婆的意思，暂且回乡。谁知在瑞安一住就是数年，直到光绪四年，婆婆重病，诒让专程前来接她去江宁。①

见惠屏睡了，诒让松了一口气，走出船舱，到船舷的甲板上去。船速慢了许多，眼前不再是蔚蓝色的海水，取代它的是泥浊的江水。很快就看到吴淞要塞残破的炮台，诒让的心像被人剜了一刀，痛楚难忍。那是一堆焦土和碎石组成的废墟，断裂的铁炮布满斑斑红锈，那是大清将士的鲜血吗？诒让闭上眼睛，不忍再看。

一个浪头打来，小海轮轻得像一片叶子，跌入谷底，随即又漂浮上来，被浪尖高高地托起。诒让一个趔趄，差点滑下甲板。

"危险，二爷小心！"身旁的进喜惊叫起来，用力扶住诒让，"赶快回船舱去吧。"诒让站直了，用手紧紧抓住铁栏杆，眼睛停留在炮台的废墟上，好像没有听见进喜的话。道光二十年六月，第一次鸦片战争爆发。道光二十一年，英国远征舰队攻占虎门炮台，八月攻陷厦门，十月袭取定海、镇海、宁波三城。道光二十二年六月，英国舰队进入长江，全力攻击吴淞口要塞。江南提督陈化成不顾六十九岁高龄，亲率五千守军御敌，终因寡不敌众，战死炮台。英军溯流而上，血战镇江，侵入江宁下关江面。八月，耆英、伊里布在英军炮口的威逼下，接受英国公使璞鼎提出的全部条款，签订了丧权辱国的《南京条约》。清廷不但赔款二千一百万元，割让香港，还被迫准许广州、福州、厦门、宁波、上海等五个口岸通商，从此中国东南沿海门户大开。

汽笛响起，惊醒思绪万千的孙诒让。轮船已经驶进黄浦江，雨雾淡去许多，水面也平静许多。只见一座大山逼近过来，进喜吓得抱住自己的脑袋。待看清楚了，原来相擦而过的是一艘巨大的灰色巨舰，高耸入云的桅杆上挂着的米字旗，被无数面鲜艳的万国旗映

① 同治十二年夏四月，琴西公就安徽按察使任。先生随侍。光绪元年夏六月，由山西赈捐，援例得主事，签分刑部，充福建清吏司行走。光绪元年秋八月，琴西公授湖北布政使，于故里瑞安北门宋都桥南部公屿故地营新居成，额其居曰邵屿寓庐。光绪二年三月，琴西公抵湖北就任。光绪三年，琴西公调补江宁布政使。(《孙仲容先生年谱简编》)

14-1　1890年代的上海外滩

衬着，显得傲慢骄横。

"不要怕，是英国军舰。"诒让对进喜道，想起船舱里的惠屏和秋云，也不知她们醒了没有，诒让唤了进喜赶紧回舱里去。

惠屏果然醒了，曲蜷着身子，惊恐地望着窗外。诒让顺着她的目光看去，只见巨舰高陡的船舷上，一个英国水兵正木着脸，用他的蓝眼睛盯住惠屏。紧紧抱着惠屏的诒让，可以清楚地感觉到妻子的身躯，像打摆子似的猛烈颤抖。

窗门不断地有外国军舰和中国木帆船闪过，汽笛声也越来越多，上海外滩渐渐逼近。一幢幢高大巍峨的欧式大楼，矗立在黄浦江边，这些用坚硬的大石块筑就的灰色建筑，用冷峻生硬的建筑语言，蔑视它们所面临的一切。秋云和进喜的心跳得很急，他们被洋楼不可一世的傲慢气势所震慑。

"这就是租界，大清国土之疮痍。"诒让语气沉重，告诉惠屏，"道光二十三年，朝廷与外夷补签《五口通商附粘善后条约》，英国驻上海领事据此强行租地，划定英人居住地，美国与法国也相继在上海划定居住地，由此形成租界，完全不受中国管辖。"

惠屏也不知听懂没有，握紧诒让的手，呆呆地看着缓慢后退去的巨大洋楼。

"这倒叫我想起纯甫在扬州梅园说过的那句话了，世界在变，中国在变。"触景生情的诒让道，"只可惜中国变弱了，外夷变强了。"

惠屏见诒让提到扬州梅园，问道："扬州梅园在什么地方，是一个好玩的去处？"诒让知道自己说漏了嘴，脸一红，搪塞道："也不是什么好玩的地方，不过在那里遇到几位朋友，随便聊聊罢了。"

惠屏也不细问，扭过头看窗外的景致去了。码头附近，成片的贫民窟破败不堪。离岸近了，周围挤满简陋的木帆船和小舢板，水面上漂满垃圾。码头上传来号子声和

14-2 开埠以后,中国贸易重心北移,上海的对外贸易额渐渐超过广州,生丝、茶叶几乎全由上海出口,进口贸易也是如此。由此,挑夫成为当地劳工阶层最寻常的职业。

叫喊声,拖着长辫子的光膀子挑夫成群结队,乱哄哄的,饥饿使他们骨瘦如柴,胸肋突出,看上去十分可怕。惠屏呃了一声,又在舱里呕吐不止。

终于靠岸,在上海住下,诒让差人去江宁藩署,请父亲拨官船接他和惠屏。三天后,官船倒是从江宁开到上海,却因紧急军务被驻守上海的清军调走,夫妇俩只得另雇民船,由小拖轮拖带着驶离黄浦江,进入长江。溯流而上,船小浪急,一路上惠屏又吃尽苦头。

二爷与二奶奶经上海回江宁的消息,早已传遍了瞻园。仆人和丫鬟们都忙碌起来,厨房里添了许多时鲜的蔬菜,卧房中的被褥也都换了新的。

春儿收拾好书房,看看屋里的书案一尘不染,文房四宝各各齐备,便轻轻掩上门,走到池边。

好一泓澄澈的池水,宛如一面明镜,映现出假山。一只黄鹂展开嫩黄的羽翼,飞离水榭,在西假山的岁寒亭与三友亭之间盘旋了几回,最后在开满蔷薇的矮墙上歇下来,冲着池边的春儿啁啾。

山水之间的生动,想着心事的春儿全然不觉。二爷是三月十一日离开瑞安老家的,十三日到的上海,若官船去得及时,按理十六日也就到江宁了,但老爷派去的官船中途出故障抛锚,二十二日才到上海,还偏偏出了被军队征用的事。这样算起来,二爷到江宁最快也是月底的事了。春儿屈指算来,心情烦躁起来,赌气坐在一块太湖石上。

池中有位人影儿在看她，粉色的脸蛋，衬着湖绿的夹袄，明媚得很，活像一朵盛开的睡莲。春儿笑了，天真地用手指轻轻刮自己的鼻尖，就像少爷平日刮她的鼻尖一样。那张漂亮的脸蛋马上就红了，春儿赶紧用双手捂住自己的眼睛，待她羞怯地从指缝中偷看水中的倩影时，那朵盛开的莲花不见了，婀娜在水面上的是一朵含苞欲放的蓓蕾。

矮墙上的蔷薇，经不住黄鹂的折腾，簌簌地抖落许多花瓣。花瓣掉落水中，被风儿一吹，打着圈儿走，走过的地方便旋出一个个粉色的小水涡。可惜水面上那可人的倩影儿，全都揉碎了去，消散了去。春儿叹了一口气，眼眶红了。

就有人在叫她，说春儿这丫头躲哪去了，老夫人那里正找她呢。春儿惊醒过来，知道喂药的时候到了。二爷出门在外时，书房里没事，她又经不住闲，便到老夫人房里，给老人家喂药。

孙衣言坐在椅子上，忧郁地看着病重的夫人。在他心目中的凝香，是个多么贤惠的女人啊，自从嫁到孙家，凝香与他相敬如宾，同甘共苦，感情也越来越深。在孙家最困难的时候，凝香陪伴他，同舟共济渡过难关；在烽火连天的战场，凝香追随他，草行露宿布衣蔬食；现如今否极泰来，日子好过了，她却病倒了。

金陵的名医，几乎都被他请遍了，但凝香的病总不见好。两江总督沈葆桢闻讯，送许多名贵的药材过来，服了也不见效。寺庙那里当然去过，花了许多银子烧香许愿，还买来鸟啊鱼啊什么的，让仆人丫鬟到锺山和秦淮河放生，可夫人看上去却一天不如一天。不祥的预兆使孙衣言命诒让回乡，赶紧带惠屏来金陵见婆婆一面。

什么时候春儿已经进来，正要为夫人喂药。这丫头心细，动作也恰到好处。只见她先轻轻地把一块方巾塞到夫人颌下，然后用手轻轻将夫人的头抬起，把一只棉垫放到夫人背部。又端了碗，用调羹舀了汤药，放嘴边吹，等汤药冷暖正好，才送进夫人嘴中。

叶凝香咽下最后一勺汤药，精神好了些，夸奖春儿道："自从得病，还真离不开这丫头。"

春儿扶夫人躺下，又收拾了药碗调羹，道："夫人休息，春儿去去就来。"

见屋里只剩下孙衣言一人，凝香道："良医良药最多，只怕医得了病却救不了命，我自忖熬不过几天，你就不要再到处寻医找药了。"

孙衣言握住凝香的手，恨道："瞧你说的这话，狠心撇下我呀。"

凝香提起精神，说："有两件事，你要依我。"

孙衣言道："当然依你。"

凝香说："这第一件事，是我死后你得续弦。"

孙衣言道："又说这种话了不是，也不管这话吉利不。"

凝香说："我知道你对我好。看人家韶甫，都娶了好几房姨太太了，可你呀，自从我踏进你家门槛后，你就从来没有娶姨太太的打算。"

孙衣言道："年纪都一大把了，提这事儿干嘛。"

凝香流下泪来，说："你是想气死我了。"

孙衣言知道凝香心疼他，牵挂他，狠狠心道："这事依你还不成。"

凝香放下心来，说："这就好，这就好，有人照顾你。"

孙衣言哽咽起来。

大概是说累了，凝香的声音弱了许多。她闭目歇了一会儿，才张开眼睛，问："涵儿与媳妇十一日动身，怎么现在还在路上？"

孙衣言道："早就到上海了，在路上多待了几天，现已上船来江宁了。"

凝香说："听说涵儿带了媳妇从海路走，风大浪急的，涵儿媳妇受得了么？"

孙衣言道："都是年轻人，风大浪急怕什么，熬熬就过去了。"

凝香说："这倒也是。说起涵儿媳妇，孝顺贤淑样样有，可就是不给孙家添后。在我身边时，也给她找过不少名医，药也服了许多，总不见效。"

孙衣言问："按你的意思，再给涵儿娶个姨娘？"

凝香说："这就是你须依我的第二件事儿，趁我在世，把这事儿给办了才好。"

春儿正端了铜脸盆推门进来，听了这话，心中一震，那盆子便拿不稳，将里面的洗脸水晃了许多出来，洒了一地。

诒让到江宁已是月底，让轿夫抬了轿子就往藩署赶，进了藩台衙门也不停留，让轿子径直拐进瞻园。

园子里没有他想象的那种悲哀气氛。走过观鱼亭，便可看见临池的长廊里新挂了许多大红灯笼，水面上，灯笼的倒影与浮游的田鱼红成一片。一处粉刷一新的屋子，门楣和柱子上刚贴了大红楹联，窗子上的双喜剪纸也是新的。是要办婚事的架势。

诒让看见一个丫头从屋里低着头出来，走近了，原来是春儿。诒让说："春儿，这是给谁办婚事？"

春儿听了，眼一红，扭头就跑。诒让让进喜和秋云去追，春儿小巧玲珑，钻进假山的石洞，早已无影无踪。

等秋云和进喜回来，一行人便去老夫人处请安。

老夫人不像久病不起的样子，虽躺在床上，面色和精神都还不错。诒让和惠屏放心不少，旅途的疲倦也减少许多。

"都是些孝顺的孩子。"老夫人高兴，道："路上走了这么久，到家来不及休息，便来看我。"

诒让道："母亲身体好，孩儿比什么都高兴。"

惠屏说："儿媳也这么想。"

老夫人听了越发舒服，道："好好，都是知书达理的孩子。"

诒让说："涵儿不在，让母亲冷清了。"

老夫人道："不妨事，不妨事。"人却吃力地侧过身来，把眼睛瞄住惠屏的小肚子。

惠屏的脸一下子火辣辣的，羞愧得不行。

老夫人虽老眼昏花，却不依不饶，依然紧紧瞄住儿媳妇的小肚子。

眼泪从惠屏的眼睛中流出来，随即是轻细的啜泣声。

诒让明白是怎么一回事了，不自在起来，想，这是女人间的事，便起身告辞。

"涵儿不要走，母亲有话要说。"老夫人正色道，"你父亲与我已为你选了一房姨太太，聘礼和吉日都已定了，你方才一路过来，可以看见那新房和屋内一应家什也备好了。"诒让觉得这事突然，又看见惠屏委屈，想分辩几句。正要说话，看见母亲固执的目光依旧盯在惠屏平板的小腹上，便泄气不语。

姨太太姓陈名翠婷，是富贵人家的小姐。老夫人选中她，是因为她不仅个子高挑，而且腰粗臀肥，一看就是个会生儿育女的人。

新婚那天，翠婷静静地坐在洞房里，满怀希望地盼望夫君挑去红盖头，颠凤倒鸾云雨一番，尽享床笫之乐。可左等右盼，就是不见诒让进屋里来。让娘家跟来的丫鬟紫燕提了灯笼去找。紫燕到园子里转悠了半天，回来哭说黑灯瞎火的，姑爷没找着，自己倒差点掉水池里淹死了。听得翠婷火起，自己掀了红盖巾，用指头戳紫燕的额头。

那夜，诒让先是跑惠屏那儿去。秋云不开门，说少夫人吩咐过关门的。诒让问这是为何。秋云说，这还不明白么，人家是会养小孩的身子骨呀，少夫人哪里比得上。说了半宿还关着门，诒让困倦起来，便到书房去。

书房是多舒服的地方啊，诒让进了书房，闻到那股子书香墨香，精神气足了，睡意全消。

咦，这书房里怎么点了灯，好像有谁知道他会来似的？原来是春儿在屋里，正盘腿坐在书案前，将脸蛋儿伏在臂弯中酣睡。

一些日子不见，这丫头越发长得漂亮了，诒让怜爱地端详着春儿。怕睡熟的她着了风寒，便将她抱起，放到自己的床上，为她盖好被子。

春儿正做着梦呢。她梦见自己在园子里追逐萤火虫，用团扇将许多萤火虫扑落下来，放进玻璃瓶子。玻璃瓶子好亮，搁在书案上，二爷看书称心多了。院子里蝉儿叫了，怪烦人的，二爷会看不进书去的，便拿了竹竿去赶。蝉儿躲得高高的，竹竿够不着，她踮起足尖，把眼睛瞪得大大的。可她看见的是雪白的蚊帐，没有听见蝉声，也没有看见萤光。空气是潮湿的，带了春天的些许寒意。原来不是夏天，怪不得听不到蝉声，见不到萤光。

春儿坐起来，才发觉自己在二爷的床上。她怎么会躺在二爷的床上呢，身上盖着二爷的被子，做了一个夏日的梦。她捧起被子，偷偷地吸了一口，这里有二爷的体香，羞怯使她的心脏跳得很急。

烛光在屋里晃动，二爷的背影在烛光中拉得长长的，一直伸到床边。春儿俯下身子，用手去抓那长长的影子，影子却随着烛光一晃，使她抓了个空。她顺着影子看去，二爷端坐在书案前，聚精会神地在书的眉端写着蝇头小字。他于她是那么的亲密，但又是那么的神圣难近；他离她不过尺咫之间，却又是那么的遥不可及。神思恍惚的春儿耸着肩，轻轻地啜泣起来。

听见春儿的哭声，诒让连忙放下书走过来，抱住她的肩膀，说："春儿梦见什么了，哭得这么伤心？"

春儿红着脸推开诒让，道："谁在哭，你看见啦？"说完跳下床来，去书案旁为诒让磨墨。

"小傻瓜，谁让你陪我熬夜啊。"诒让说。

"二爷就依了春儿,让春儿多磨一会儿墨吧。"春儿道。

诒让便让她在身旁磨墨。春儿磨墨的姿势很好看,漂亮的脸蛋儿映着烛光,拿墨的手捏成兰花指,浑圆的肩膀随着手臂摆动,于是丰满的乳房颤动成屋檐下的风铃。

园子中传来竹梆声,已是三更了。

老夫人是六月去世的。[①] 她那双眼睛看东西虽然昏花一片,却始终明察秋毫。陈姨太的小肚子与惠屏的小肚子如出一辙,没有丝毫不同,又扁又平,毫无隆起的迹象。老夫人的心脏停止跳动的时候,细小的眼睛仍然张开着,使守灵的诸惠屏和陈翠婷不寒而栗。

春儿在老夫人去世的当天失踪。三天后,孙府的人们才在池中找到她。春儿很安详地在水面上平躺着,手里紧紧捧住一只梳妆盒。进喜好不容易才扳开她僵硬的手指,打开梳妆盒一看,里面除了些写秃笔端的毛笔和磨剩下来的残墨,没有任何值钱的东西。

---

① 光绪四年六月,母叶太夫人卒于江宁。(《孙仲容先生年谱简编》)

第十五章

督藩之隙

与瞻园仅一墙之隔的江宁布政使衙门公堂，此刻聚集着许多大小官员，屋内鸦雀无声，几十双眼睛全都集中在孙衣言身上，等候他的吩咐。

今天早上，布政使孙衣言在两江总督府，当着众多官员的面，被两江总督兼南洋通商大臣沈葆桢大发一通脾气。退堂后，孙衣言把自己管辖的厘金局、保甲局、督顾局、支应局、银圆局、铜圆局、善后局、巡防局、机器制造局等一干属员全叫齐了，在公堂里依次坐好，等待他决定是否拨付轮船试制费。

都到晌午了，那些个属员们喝了一肚子的茶，却不见孙衣言说一句话。五更起的床，肚子早饿了，要是往常，孙大人早留大家吃饭了。可今天伙夫都从瞻园过来两趟了，往公堂里探头探脑地不止看了一回，孙大人的脸始终板着，丝毫没有开饭的意思。

从孙衣言气鼓鼓的脸上，属员们知道老藩台这回是真生气了。六十五岁的高龄，被长官当堂狠狠责骂，限令必须在今日作出拨款的决定，这种奇耻大辱轮到谁谁也受不了。不过把话说回来，老藩台也是自作自受，不就区区三千两银子吗，何必去跟总督大人较真，且把话说得十分难听，让总督沈大人下不了台。

这三千两银子，沈葆桢是准备拨付给董毓琦造兵船用的。董毓琦是浙江台州人，平日行为诡谲，自诩善于天算，知道沈葆桢在调任两江总督前，是福州船政大臣，一个十足的造船迷，便吹嘘说自己精于造船，可以建造不用蒸汽机为动力，仅须依靠地球的磁力，便可行使万里的轮船。沈葆桢迷醉造船，经不住董毓琦巧舌如簧，觉得可以一试，命金陵制造局收留董毓琦，又命布政使支付三千两官银给他，作为试制的经费。谁知道布政使孙衣言横竖不肯，当场与他顶撞起来，说董毓琦行为不端，建造不用蒸汽机为动力的轮船纯属无稽之谈，一派狂言。

15-1 沈葆桢像

沈葆桢就是被孙衣言的这番话激怒的。这位总督的才干是出了名的，脾气暴躁也是出了名的。早在二十年前，在江西广信知府任上，他的大义凛然忠于职守便被传为美谈。咸丰六年，江西十四府七十五县，在太平军的猛攻之下，八府五十三县先后失守。广信府向来为兵家必争之地，太平军数万大军压境，城内大多数官员和衙役逃散，只剩下四百名发誓效忠于沈葆桢的守军。沈葆桢的夫人、禁烟名臣林则徐的女儿林普晴，刺破手指写血书，向驻守玉山的总兵饶廷选恳求援兵，沈葆桢则带领守军拼死抵抗。援军到达，广信城解围。此役使沈葆桢成为英雄。此后，擢升为江西巡抚，为湘军筹集军费达七百四十七万两之巨，为曾国藩平定太平军所需军费总额的三成。金陵克复后，清廷授沈葆桢世袭一等轻车都尉。与此同时，他和曾国藩的关系已由相互信赖转为猜忌指责，这并不妨碍他成为朝中举足轻重口碑甚好的官员。①

最令人费解又最令人钦佩的是，沈葆桢竟然在声名日隆官运亨通的时候，在浙闽总督左宗棠的恳请下，自愿降级，担任前途未卜的福州马尾船政大臣，白手起家，创办了福州马尾海军造船厂。在任八年，造"镇海""镇武""万年青""伏波"等军舰十艘。同治十一年建成下水的"扬武"号巡洋舰，是福州马尾海军造船厂的经典之作，拥有重七十五百公斤的惠特沃斯大炮，蒸汽机马力为二百五十匹，排水量达一千三百九十三吨，可载乘员二百人。沈葆桢至今难忘，当他带领属下祭祀天后、江神、船神和土神后，鞭炮声和欢呼声震耳欲聋，船底涂有油脂的"扬武"号毫不费力地滑入闽江。从那一刻起，他似乎看见了乘风破浪的大清国新式舰队。

福州船厂的技术领导人是法国人日意格。沈葆桢的远见，加上日意格的干劲，福州船厂在当时成了真正的近代企业。船厂规模宏

① 沈葆桢，字幼丹，福建侯官人。洋务派大臣，中国近代造船、航运、海军奠基人之一。林则徐之婿。

大，拥有四十五座坚固的建筑物，用于生产、管理和教育。机器是通用的，配备旋车盘的车轨连接各个重要车间，有效地为全厂服务。船厂不但能轧制金属板，用来造锅炉，还制造了舰船上的所有锻件、轴、曲柄、螺杆等。早在同治十年，福州船厂便能造出一百五十匹马力的蒸汽机。而用于"扬武"号巡洋舰的新型蒸汽机，马力更是达到二百五十匹，令前来参观的外国同行也赞叹不已。对福州船厂的成就，远在天津的直隶总督兼北洋大臣李鸿章亦非常钦佩，认为它后来居上，超过江南制造局的造船厂，是中国首屈一指的现代兵工厂。

福州船厂为建造军舰，历年所耗的银两高达六百余万两。早在同治十一年初，左宗棠预算的三百万两流动资金即已告罄，船厂的严重超支，不能不引起朝野的争议。

福建将军文煜是第一个上奏的大臣，认为中国防务不需要这么多的军舰，要求遣送外国技术人员，关闭福州船厂。内阁学士宋晋随后呈递奏折，认为朝廷应把有限的钱，用于水利建设和赈灾，福州船厂必须关闭。好在甘陕总督左宗棠是造船业的热情支持者，他从遥远的边关用快马送达奏章，表示坚决反对关闭船厂。在丧假之中的沈葆桢也打破沉默，奏明中国为走自强之路，必须从造船做起。直隶总督兼北洋大臣李鸿章，亦在奏折中全力支持造船，并建议由总理衙门出面，让各省花钱调用福州船厂造的舰船，并提出了一个大胆的想法，船厂在造兵舰的同时，建造民用船只，由政府收购提供给商人，以弥补船厂的经费。福州船厂总算保存下来，沈葆桢也得以继续担任监督，从事他的神圣使命，直到光绪元年调任两江总督兼南洋通商大臣。

孙衣言面对的就是如此执着造船的总督。在孙衣言看来，这位总督当年为了造船而不顾国库空虚，是有背民生徒增糜费之举。如果他在朝中，也会像宋晋那样向朝廷呈递奏折，把有限的钱，用于水利建设和赈灾。那么该如何应付沈葆桢呢？孙衣言呆坐公堂，绞尽脑汁，苦思对策。

孙衣言最终决定不执行沈葆桢的命令，拒付三千两银子。让董毓琦建造不用蒸汽机为动力的轮船这件事，实在是太荒唐了。他是主管财政的布政使呀，必须履行自己的职责，保证国库的资金不受损失，哪怕为此丢了乌纱帽。决心已下，孙衣言觉得轻松不少，紧锁的眉头舒展开来，对坐了一堂的部下道："总督大人那边的事，本藩自会

15-2　1860年代福州马尾造船厂一个建筑工地的全貌

处理。"①

说曹操，曹操到。孙衣言话音刚落，藩署大门口便传来一声长报："总督大人到——"

听到这拉长的吆喝声，所有滞留在公堂上的官员都心惊肉跳，不寒而栗。

一队肩扛洋枪的清兵跑步进入藩署，迅速在甬道左右分两排站立。一群亲兵簇拥着一舆八乘大轿，在院子里徐徐停下。锦帘掀起，只见沈葆桢头戴珊瑚顶红缨大帽，身穿一品锦鸡蟒袍，脚蹬雪底乌锻朝靴，威风凛凛，步出轿子。

下属官员们全体下跪，迎接他们的两江总督。一股刺骨的凉意，从布政使的膝盖漫向全身。这股凉意并非来自青砖地面，而是搁在地上的一排排柚木枪托。

"你们都回吧！"总督命令匍匐在他脚下的官员。

"谢大人！"那些面如死灰的官员们说完，便个个抱头鼠窜。

"都退下！"总督命令身旁的枪手和亲兵。

① 光绪五年，时衣言与两江总督沈葆桢意见不合，难以相处。沈葆桢主张多办洋务，可以借用洋款。衣言对洋务，认为宜候库帑稍充，酌量自力，徐图进行，而不以借用洋款为然。又沈葆桢喜用健吏治命盗重案，一切用峻法，不甚究其情。候补道洪汝奎希望风旨，专事刑杀。衣言恒规切之，以是忤衣言。会江宁有命案，不得主名。沈以属洪，则捕路人锻炼定狱。江宁令某，心知其非，以告衣言。衣言曰：洪为求官计，乃杀人以为迎合乎？急言之沈葆桢，沈不省，故事命案定谳，必由藩、臬两司会详。沈葆桢以衣言持异议，乃径下洪论如法。又有台州董毓琦者，略解天算，谲而无行，自言能制轮船，藉地球摄力行驶，不用汽机，沈葆桢俾试制，而命藩库支银三千两给具资。衣言知董妄，其船必不成，再三阻之，沈葆桢不可，强令予金。及船成，不能行，沈内愧，自以养廉赔董款。（《孙衣言孙诒让父子年谱》）

"喳。"枪手和亲兵们全数退到藩署大门外。

偌大的院子中,只剩下孙衣言。

沈葆桢紧趋几步,挽起孙衣言,撩起蟒袍猛的一跪,行过弟子礼。

孙衣言大惊,摆手道:"使不得,使不得,大人折杀小臣了!"

"孙大人何出此言?葆桢在公堂上多有得罪,现在请罪来了。"沈葆桢一脸诚恳。

孙衣言扶起沈葆桢,疑惑使他不知所措。

"葆桢尚未用膳,孙大人可愿赏饭。"沈葆桢和颜悦色道。

"沈大人不嫌鄙府粗茶淡饭,衣言能不遵命。"孙衣言总算定下心来,请总督与他到瞻园用餐。

这时的沈葆桢与上午判若两人,他步入瞻园,一路观赏景物,兴致勃勃。

孙衣言这才释然。记得同治三年,他由湖北布政使回任江宁藩署,两江总督沈葆桢屈尊前来拜访,对他行弟子礼。当时他就诚惶诚恐,以为十分不妥。性格豪爽的沈葆桢说出他的道理,原来道光丁未会试孙锵鸣任同考官,是他推荐沈葆桢当了进士,既然孙锵鸣是他的恩师,那么孙衣言作为孙锵鸣的哥哥,当然也就是他的恩师。孙衣言当时受他一拜,说好以后千万不可再这样。想不到,今天沈葆桢再一次对他行弟子礼,心中实在过意不去。

两人边看边走,已经到了静妙堂。初夏天气,坐在这三面环水的水榭之中,瞻园的一切美景尽收眼底。

沈葆桢的注意力被静妙堂楹柱上的一副对联所吸引,他把目光对着右联,朗声吟道:"大江东去,浪淘尽千古英雄。问楼外青山,山外白云,何处是唐宫汉阙?"接着又把目光转到左联,继续念道:"小苑春回,莺唤起一庭佳丽。看池边绿树,树边红雨,此间有舜日尧天。"他念完此联,对孙衣言道:"这徐达是个人物,不但是明朝的开国元勋,对联也做得好。"

孙衣言道:"沈大人认为这对联好在哪里?"

沈葆桢道:"我以为上联从东坡处得来,生发开去,甚为妥帖。只是这下联,虽十分工整,气韵却柔弱了许多,结果便有些勉强。"

孙衣言道:"沈大人有所不知,徐达建成此园,即兴而作上联,想续之,却自觉无力,只得向天下人悬赏千金以求下联。"

沈葆桢道:"还不如让我来续,也好换些银子给董毓琦,让他试造没有发动机却依然能行使的炮船。"话刚出口,就知道失言了,便讪讪而笑,道:"何不请'江南才子'过来,一同观景赏联?"

孙衣言知道沈葆桢指的是诒让,赶紧吩咐仆人叫他过来。

说话间酒菜已经备好,先吃起来。一杯酒落肚,诒让也就到了,说是从五凤斋过来,离这里近。

沈葆桢见了诒让,道:"老夫与你父亲谈对联来着,你是'江南才子',便请你来。"

诒让行过礼,苦笑道:"还'江南才子'呢,寒窗十载,事无成。"

沈葆桢道:"有句话叫大器晚成。什么叫大器晚成?你就是晚成的大器。老夫看人一向很准,不会错。"

孙衣言道:"衣言于同治十一年、光绪二年两次入朝觐见,老佛爷都是见到了的,她也都问到仲容功名之事,看来还记得仲容小时进宫应对之事。"

沈葆桢道:"人老了好忆旧的。"

孙衣言道:"正是。"

沈葆桢又问诒让:"说是从五凤斋来,这五凤斋有来历吗?"①

诒让道:"这五凤斋取名不久,皆因年初得到一块嘉兴姚氏旧藏的砖砚,右侧存篆书'五凤三'三字,左侧及两端刻张开福道光乙未铭叙。汉宣帝曾用五凤纪年,此砖篆文奇古,想是汉五凤三年制作,因年代久远,残缺一个'年'。晚辈得此古物,心中高兴,便把书斋取名为'五凤斋'。让沈中堂见笑了。"

"如此文雅之名,葆桢哪敢取笑。"沈葆桢道,"还有什么好听的书斋之名,说来听听。"

"沈大人只要爱听,晚辈报上便是。"诒让道,"故里瑞安的书舍,藏有永嘉诸儒的经著史书,故取名'述旧斋',别署'撢艺宦';又因在河南项城得到周代的要君盂,便把在湖北藩署的书舍

---

① 光绪五年,收藏嘉兴姚氏旧藏汉五凤三年砖砚一方,因署所居曰五凤砖砚斋。(《孙诒让年谱》)

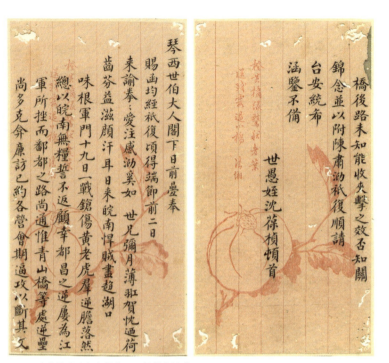

15-3 沈葆桢致孙衣言信札，温州博物馆藏

题为'一盂庵'。"①

"越发雅致了。"沈葆桢赞道，"听说仲容的号也古雅。"

"'籀颐'二字，没什么古雅的。"诒让道，"又让沈大人见笑了。"

"太史籀有你这般痴情执着的隔代弟子，创造出大篆也就值了。"沈葆桢叹道，又说："隐于深园，藏身书斋，文山书海，仲容优哉游哉啊。"

"再这样优哉游哉下去，怕这辈子也就荒废去了。"诒让黯然摇头，见沈葆桢也默然，便转了话题，问："我来时听见沈中堂在说对联的事，是什么对联劳动您关心呢？"

"在评说徐达的楹联，沈大人很有见地。"孙衣言道。

"沈中堂如此喜好，一定是自己做过联子的。"诒让肯定道。

① 光绪元年秋八月，琴西公授于故里瑞安北门宋都桥南邵公屿故地营新居成，额其居曰邵屿寓庐。以正屋后院北斋三楹为先生归时读书之所，先生额之曰述旧斋，别署掸艺宝。光绪二年春正月，琴西公以新授湖北布政使入觐，自皖起行，先生随侍。在河南项城得周要君盂，因自署书室曰一盂庵。(《孙仲容先生年谱简编》)

"倒让你给说中了，不过那是涂鸦之作，不登大雅之堂。"沈葆桢道。

"晚辈很想听听。"诒让请求道。

"你既然想听，我就不揣冒昧诵念一番吧。"沈葆桢也不推辞，走到池边，凭栏而颂，"且漫道见所未见闻所未闻，即此是格致关头认真下手处；何以能精益求精密益求密？定须从鬼神屋漏仔细扪心来"。

"如此好的联子，一定是写了挂在总督府的楹柱上了。"诒让道。

"真挂在总督府的楹柱上，还不迟早让人掀翻了去。"沈葆桢用诡秘的神色看了诒让一眼，道："我把这联刻到福州的新式学堂大门旁了。"

"说起新式学堂，我还要向沈大人请教呢。"诒让道："都说您在福州办了许多新式学堂，我想知道这些学堂教的什么内容。"

"老夫喜欢造船，办的学堂也是船政学堂。"说起造船和为造船而设的学堂，沈葆桢高兴起来："船政学堂分两部分，一为法语学堂，其中又分三所，称造船学堂、绘事院、艺徒学堂；二为英语学堂，也分三所，称航海理论学堂、练船学堂、管轮学堂。"

"学堂如此之多，教的内容又有什么不同？"诒让虽然醉心旧学，但觉得有必要了解新学，不管他是否喜欢新学，新学毕竟已是时政的一部分了。对于在扬州与容闳之间的那场争论，他总觉得自己唐突了些，有些意气用事，言语也十分激烈。容闳总归是文正公喜欢的人，他做的事也都是文正公喜欢的事。但对于容闳的那句"颁定各级学校教育制度，以耶稣教圣经为主课"，他却始终耿耿于怀。想必文正公亦如此，不过为了办洋务，隐忍住罢了。

"涵儿问个不休，还要不要让沈大人安心用餐。"孙衣言暗示诒让不要再问。

"无妨无妨，边吃边谈才好。"沈葆桢道，"法语学堂是为造船而设，造船学堂培养懂得船体、蒸汽机、帆的原理和制造的工程师；绘事院培养会设计和制图的制图员；艺徒学堂培养技艺熟练的工人。学生除了学习法语，还要学习算术、几何、物理、三角、微积分和动力学、机械学。英语学堂是为驾船而设，航海理论学堂学习航海基础科学，练船学堂注重航行实践，管轮学堂培养轮机操作和维修员。"回忆起在福州办船政的事，沈葆桢眉飞色舞，细细道来如数家珍，早就忘了喝酒吃饭。

"学生们是否学习经学呢?"诒让问道。

"问得好,问得好。"沈葆桢对诒让连连点头,表示赞许,道:"我挑选学生,第一个要求就是必须重道尊经,近代科学知识的增长,不能导致变节无常。比如学堂规定的百日丧假,便是雷打不动之事。如果一进船政学堂,便背弃双亲,不按儒家教义去做事,那就与我办学的初衷大相径庭了。"①

"这一点甚好。只是纯甫大人率幼童出洋,千山万水的,诒让便不知道他们如何尽孝道。"诒让道。

"在船政学堂,每日须读《孝经》和康熙皇帝的《圣谕广训》。以中国之心思,通外国之技巧,可也;以外国之习气,变中国之性情,不可也。"沈葆桢说得斩钉截铁。

"以中国之心思,通外国之技巧,可也;以外国之习气,变中国之性情,不可也。"诒让细细咀嚼着这句话,赞同地点头。

沈葆桢随后话锋一转,道:"尊儒是为了经世,经世不可缺少功利之心,你们的温州同乡宋儒叶水心,便是功利学说的集大成者。恩师孙公韶甫应我之请,在锺山书院、惜阴书院讲经,对永嘉学派的评介便极有见地,听课的人都说有茅塞顿开之感。经世不可缺少善变之怀,我在福州主持船政学堂时,一个叫严几道②的学生很有见地,向我递呈《自强之方》,认为中国要自强,唯有善变才能持久。我以为说得很好,这个人有儒学的底子,又有接纳新鲜事物的肚量,以后会大有作为的。"

"如何才叫善变呢?"诒让问道:"买机器,购洋炮,造兵舰,通电报,开矿产?"

"这些事情都迫切要办,却不是关键。"沈葆桢道:"说到善变,第一要紧的事,就是发现和重用有实学的人才。说到实学,算术是基础。洋人善于制造坚船利炮,其原因在于他们在数学上有过人之处。如果我们把数学列入科举考试,使精通数学的人才也能进入仕途,一定会大大地提高士子们学习数学的兴趣。把一大批懂数学的

① 参见庞百腾《沈葆桢评传:中国现代化的尝试》
② 严复,字几道,近代翻译家,译有《天演论》。

15-4　沈葆桢手迹

举人、进士，甚至状元，充实到总理衙门和政府各部，以及军队中去，那么不用太长时间，大清国便会面目一新，赶上或超过列强。同治九年以来，我为了把算术列入武科考试一事，已经三次呈上奏折，可惜朝廷都不予理会，至于把算术列入礼部考试，那就更难通过了。"

把叶水心的功利之说与泰西输入的新学联系在一起，已经牵强得很，亏他还想用算术考试取代科举考试的馊主意，自鸣得意。一直注意听沈葆桢说话的孙衣言，不由得暗自在心里嗤笑。就拿武科考试来说吧，大清国握有兵权的封疆大吏，一向是由皇族或儒生担任的，朝廷通过武举招募武举人、武进士，按惯例只能充当军队低级指挥官，用于冲锋陷阵格斗厮杀。如果这些武举人和武进士，竟然都是一些善于算术却对骑射一窍不通的人，国不破人不亡才怪。再说了，即使把算术作为会试内容，但朝廷派谁担任钦差主持乡试，派谁担任会试的阅卷大臣？

沈葆桢未觉察孙衣言的不快，告诉孙衣言，其实把数学列为科举考试内容，也不全是他的主意，李鸿章、丁日昌和英桂他们也一直有这个意思，李鸿章和丁日昌还要把科学也列入科举，他以为此事不可操之过急，才与英桂提出先把数学列入武科考试，谁知道仍然未获恩准。沈葆桢对此事耿耿于怀，说泰西诸国，近来物理、电学、化学、机械、地质、矿物诸科发明进展很快，中国与他们比较相差悬殊，但中国的数学已有二千多年的历史，数学人才辈出，有清一代，中国数学更为发达，康熙皇帝亲自学习欧几里得几何学；梅九鼎融会中西数学著《数理精蕴》；明安图发奋钻研创《割圆密率捷法》；焦循、汪莱、李锐号称"谈天三友"，论著丰硕；

李善兰更因在尖锥术、垛积术、素数论方面领先于世界，被任命为北京同文馆天文算术总教习。有趣的是，饱读经书的儒学之士中也不乏精通数学之人，乾嘉学派的江永在注疏经文之余，撰写《推步法解》，戴东原在专务朴学的同时，著成《勾股割圆记》《策算》。有这么好的基础，如果予以发扬光大，就会走上一条强国之路啊。

孙衣言用他的沉默不语，回答沈葆桢的长篇大论。在觉察到了这位以耿直执拗出名的下属的疑惑和反对之后，沈葆桢在心里骂了句"对牛弹琴"，怏怏不快地停止了对中国数学的热情洋溢的赞扬。但他仍然决定继续他的谈话，务必要使谈话内容被孙家父子接受，"讲几件家事给你们听听怎么样，此事有关我的岳父林文忠公"。

"说起文忠公的事，我至今还记得咸丰皇帝亲笔写的一对挽联：答君恩清慎忠勤，数十年尽瘁不遑。解组归来，犹自心存军国；殚臣力崎岖险阻，六千里出师未捷。骑箕化去，空教泪洒英雄。"孙衣言听沈葆桢要讲林则徐的事，精神立刻为之一振，他为官数十年，最佩服的莫过于抗英名臣林则徐，在这位正统儒臣的心目中，林则徐一直是他当官和做人的楷模。[1]

"时隔近三十年之久，孙大人尚能一字不漏地背诵，实在难得，我替岳父大人谢过了。"沈葆桢见孙衣言对林则徐如此敬重，十分感动。

"文忠公是举国上下公认的忠臣，是我中国敢对洋人开第一炮的英雄啊！"孙衣言提起林则徐，觉得自己身上的热血沸腾起来。

"道光三十年，文忠公奉召任钦差大臣，赴广西剿办粤匪，至潮州病危，辞世前大呼'星斗南'三字。外人一概不知这三字为何意。"沈葆桢停顿一下，看四周无人，轻声道："'星斗南'即是闽话'新豆栏'。道光十九年，文忠公奉旨前去广东禁烟，因患疝气难以成行。粤商伍浩官说一个德国西医叫伯驾的，在新豆栏这个地方开了一家医局，其人对此症最有办法，文忠公可去新豆栏医局一试。文忠公最恨洋人的，怎么好去洋人处求医，便寻一位患疝气的

[1] 咸丰六年以实录馆议叙，赏加五品衔。在任内凡编成《夷务书》一百卷，编及辛丑、壬寅间海上抚夷事，每太息痛恨，见诸诗歌，而于忠亮如文忠公不克竟其用，尤深慨焉。(《孙衣言孙诒让父子年谱》)

副将，先去新豆栏一试。伯驾为副将绑扎疝气带，副将顿时感觉舒适得很。后来又荐去一人，自称是他的兄弟，也让伯驾如法炮制。他那兄弟试过，说'疝气带好极了'。这兄弟是谁呢，文忠公是也。为什么自称副将的兄弟？是为了不使洋人知道中国的钦差大臣有求于他呀，是正气凛然的需要呀。为什么要说洋人的疝气带好极了，因为事实如此呀。十一年后，文忠公再次奉旨出任钦差大臣，偏又犯了疝气，可惜难以再去新豆栏医局求取好极了的疝气带，弥留之际高喊'星斗南'，皆因于此也。"

沈葆桢讲完林则徐的这段逸事，诒让的脸早已绯红。孙衣言哭笑不得，这沈葆桢也是，当着下辈的面也不避嫌，说起他岳父的疝气病和什么好极了的疝气带来。沈葆桢干嘛要说这事呢，他闹不明白。

"文忠公与英人战后，有一私函寄密友，我看后烂熟在心，今天背给你们听听如何？"不等孙家父子点头，沈葆桢已背诵起来，"彼之大炮远及十里内外，若我炮不能及彼，彼炮先已及我，是器不良。彼之放炮如内地放排枪，连声不断。我放一炮后，须辗转移时，再放一炮，是技不熟也。求其良且熟焉，亦无他深巧耳。不此之务，既远调百万貔貅，恐只供临众之一哄。况逆船朝南暮北，惟水师始能尾追，岸兵能顷刻移动否？盖内地将弁兵丁虽不乏久历戎行之人，而皆睹面接仗。似此之相距十里八里，彼此不见面而接仗者，未之前闻。徐尝谓剿匪八字要言，'器良技熟，胆壮心齐'是也。第一要大炮得用，今此一物置之不讲，真令岳、韩束手，奈何奈何！"①

沈葆桢言罢，静妙堂寂静无声。堂中三人都呆着，面对了池水不发一言。半晌，孙衣言拎起袍角，猛然跪倒在沈葆桢身前，道："下官即拨三千两银子到金陵机器局，作沈中堂试制轮船之用。"

沈葆桢上前一步，扶起孙衣言，道："若轮船试制不成，我必将三千两银子如数奉还藩库。"

---

① 参见庞百腾《沈葆桢评传：中国现代化的尝试》

光绪五年七月，江宁布政使孙衣言接到让他回京担任太仆寺卿的圣旨，他以为从此可以告别烦琐的地方财政官员生涯，到京都过那种盼望已久的清高的京官生活，不禁大喜过望。①

孙衣言在交差之前，花了两个月时间，把厘金局、保甲局、督顾局、支应局、银圆局、铜圆局、善后局、巡防局、机器制造局和藩库的账目、银两、实物，一丝不苟地全部清查盘点一番。这一切自然清清楚楚，没有丝毫差错。唯一一笔还未入账的，是去年沈葆桢要去的三千两银子，因轮船未造好，这笔钱便一直挂着。偏沈葆桢今年以来一直卧病在床，孙衣言虽要办移交，却也不好去催问此事。但总督府很快就来了人，把一张三千元的银票送来，说是沈大人的养廉银。问那奇妙之船是否造出来了，那人道，既然沈大人把养廉银都垫过来了，轮船大概是造不成了。②

藩司这边的事处理得非常完满，孙衣言也就放心卸任。又向吏部告了假，打算先回瑞安老家为早亡的双亲大人修好坟墓，以尽孝道，然后入京供职。谁曾想，回到瑞安后患了严重的湿疹，知道难以治愈，便奏请朝廷予以解职，结束了为期三十年的官宦生涯。③

光绪五年九月，孙诒让和诸惠屏带着母亲叶凝香的灵柩，先行回乡。六日从江宁启程，十月十六日回到浙江瑞安。

同年年底，两江总督兼南洋大臣沈葆桢因肺气肿病复发，在江宁去世。另一种说法是，总督在这年的梅雨季节便重病不起了，他是得到日本军队终于以武力吞并了琉球国，并将其改为日本国冲绳县的消息后，怒发冲冠，大口吐血昏死过去的，拖到年底，气绝而亡。

日本军队是借口发生在同治十年的琉球渔民被杀事件，于同治十三年四月发兵进攻台湾的。时任福州船务大臣的沈葆桢，曾经在接到让他担任钦差大臣的圣旨后，率军赴台湾部署防务。同年九月，直隶总督兼北洋大臣李鸿章，在沈葆桢的军队已经包围日本军队，依仗优势兵力，拒绝日本人的一切赔偿要求的情状之下，因中国的

① 光绪五年七月十八日，有旨衣言以太仆寺卿召还朝。以藩司改京卿者，率以左官为叹；衣言得报，独大喜过望，以为昔在侍队，以抗疏陈时事，而出为郡守，兹获重登禁近，庶冀竭尽论谏之职，克遂平生之志，故谢恩折云：丰耗可验民生，诶正且关君德，盖深有感乎司存之清切也。顾于世会变迁，国事艰棘，不能无慨，故述怀诗，则有"但愁致主仍无术"及"桔梗鸡壅各一时"等语。(《孙衣言孙诒让父子年谱》)
② 金陵厘局，经藩司孙某极力整顿，严杜中饱。(《沈文肃公政书》之《江苏饷源日竭兼筹酌剂折》)
③ 光绪五年十二月，衣言假期届满，而病甚不能造朝，乃请告。原禀略云：窃谓人臣之义，不敢避难。本司一介寒士，渥受国恩，糜损不足言报。第念用人理财，关系至钜，苟才所弗任，即在壮盛之年，亦当知难思退，岂宜以老病孱躯，尸居繁要之职。本年自春历夏，抱疴已及半年，请假不啻十次，闭户深居，几同卧治。若犹瞻顾迟留，久妨贤路，则是志趣卑下，徒恋一官，并非真心为国，朝廷安所取而用之。伏祈奏明开缺调理，庶几于义稍安，于心无愧，而颓疾得从容摄养，或可就瘥，则以余年于乡党之间，造就经制人才，犹足以报国恩于万一。(《孙衣言孙诒让父子年谱》)

15-5　清末民初碳墨精印"沈文肃公暨林夫人遗像"

电报通讯迟缓，前线信息不灵，误认为军事形势有利于日本，接受英国的调停，在北京与日本公使签订《台事专约》，同意在对日赔款五十万两银子的条件下停战。以至于前线的沈葆桢扼腕痛惜，愤恨难平。翌年，日本以此为据，迫使琉球国断绝与中国的藩属关系，不再承认中国为宗主国。

　　对深懂台海军事态势，并以保卫中国海疆为己任的沈葆桢而言，光绪五年出现在台湾北面太平洋上的日本国冲绳县，无论对于他，还是对于中国，都是一颗贻害无穷的灾星。

第十六章

香销梅园

夕阳的余晖穿过高大挺拔的柏树，照着大成门甬道两侧的近二百座青石碑。这些镌刻着元、明、清三代数万名进士姓名的石碑，是那样的高大，以至穿行在其中的孙诒让显得渺小而卑微。

在题有父亲和叔叔名字的青石碑前，诒让长跪不起。在耗尽心血苦读过无数遍圣贤的书籍之后，在经历了一次又一次长途跋涉和科场拼搏之后，光绪九年，他再一次与金榜无缘。

自同治六年中举，他次年便随父亲至京师预试礼部。除光绪二年因病未参加丙子恩科会师，光绪六年因母亲去世守制未参加庚辰科会试，几番上京应考，全都铩羽而归。从同治七年首度赴京参加戊辰科会试，至这次的光绪九年癸未科会试，他已经五次落败。①

整整十六年啊，大好时光弹指一挥间，他也已从二十岁的翩翩少年，步入壮年。学富五车，壮年未能入仕，这对于他，对于退休在家的父亲，实在太不公平了。

当年两江总督马新贻，在保奏孙衣言为江宁布政使的奏章上，有"处为名士，出为名臣"之句，这是对饱读经史立志经世的父亲的最高评价。作为孙衣言的儿子，诒让更明白此话的分量。"处为名士"他做到了，"出为名臣"则未然。

同治十年，他再试礼部不第，恩师张之洞为鼓励他，在京郊龙树寺会见他，并对他说了肺腑之言。张之洞的话他至今记忆犹新："我入翰林院后，先是被钦派为浙江乡试副考官，以后又出任湖北

① 光绪九年春，先生应礼部试，报罢。（《孙诒让年谱》）

学政，所选的人才都是一些朴学之士，这是为的什么？是为了在群夷入侵，洋务日盛，礼乐崩溃，世风日下之时，能有一大批饱学经书的志士站出来，阐扬名教，维护纲常，鞠躬尽瘁，共保我大清江山。在我看来，当朝的臣子分为两类，其一是大臣，他们关心的是朝政之得失，天下之安危；其二是儒臣，他们关注的是劝学崇儒，以保名教。国无大臣则无政，此为标；国无儒臣则无教，此为本。无教之国必将无政，二者孰轻孰重自可分晓。你的身上具备着儒臣之才也，在国家内忧外患风雨飘摇之际，当为中流砥柱力挽狂澜，救危图存保教保国。"

他又一次辜负恩师的期望了。作为接受过正统教育，深知儒学精髓的官宦子弟，他多么希望能成为张之洞、张佩纶这样的少壮清流，于皇宫盛殿之上，谈国事，定国策，崇名教，保社稷。他必须考中进士，进入翰林院。因为只有进入翰林院，才能有机会接近政治中心和权力中枢，他的才华，他的智慧，他的主张，才会得到最大的发挥。诒让对考取功名和研究经学，有着一股锲而不舍的动力，这种动力来自国家、家族以及政治信念赋予他的责任，这种责任不可推卸。

"天行健，君子自强不息"，满腹经纶的他，不甘心做一个靠父亲赈捐，换来一顶七品乌纱帽的京官。胸有大志的他，是不甘心当一个名不见经传的刑部主事的。光绪元年，孙诒让在刑部待了不到四个月，便请假离开京城去安徽，躲进父亲的按察使官邸，闭门读书。他藏身在人迹不到的书斋里，就像一只受伤的雄狮藏身在深山密林，当伤口痊愈并积蓄了力量之后，义无反顾地重回战场。肩负着神圣使命感的他，必须突破那道看上去难以攻破的屏障。然而，他屡战屡败。

平心而论，这次的京都之行是充满机遇的，特别是主持这次会试的考官班子，实在是对他十分有利，礼部尚书、大学士徐桐，兵部尚书瑞联，恩师张之洞的哥哥．刑部尚书张之万，刑部侍郎贵恒等人，都是一些饱读经书之人，与他有同样的政治立场和观点。

本次会试的八股文考题也不难，题目为："'知其说者，斯乎''文理密察'二句及'其事则齐'"；试帖诗的题式更妙，为"赋得'花开鸟鸣晨'得'晨'字"。他自觉在破题上是无懈可击的，承题和起讲也有新意，八股和四比更是严密，但怎么就没有得到考官们的青睐呢？最令他失望的是，幸运之神曾经到过他的身边，但却擦肩而过。①

事后得知，分校官支恒荣很是欣赏他的试卷，并且将它推荐上去，可结果仍被刷了下来。据说，担任阅卷大臣的徐桐、瑞联、张之万和贵恒等人对此事也很是遗憾，深深地自责没有选中这位江南硕儒的卷子。但这对他们来说，却也是无可奈何的事，在铺天盖地而来，词句华美内容却大同小异的试卷之中，寻觅出有独到见解的好文章，从而发现能治国安邦的优秀人才，对他们这几个年老体衰的老臣来说，就像大海捞针，耗尽精气和体力，不免以蠡测海。总之，沧海遗珠在所难免。

16-1 黄绍箕像

一切都结束了。一切都不可挽回了。在一片肃静的甬道上，诒让强打精神，最后看一眼题有父亲和叔叔名字的石碑。碑上刻着父亲中进士的时间，那是道光三十年，父亲时年三十六岁。叔叔则更早，道光二十一年二十四岁时就金榜题名。

呜呼！诒让今年也是三十六岁呀，却败走麦城，愧对社稷，愧对老父。是的，父亲老了，再过一年就步入七十岁了，诒让不孝，再一次击碎了古稀老人的梦。

内阁学士兼礼部侍郎黄体芳的公子、年轻的翰林编修黄绍箕站在远处，同情而无奈地看着孙诒让。②

作为诒让的同乡好友，黄绍箕知道这次打击对诒让意味着什么。诒让是个孝子，本是打算得中进士，跻身翰林，把它作为献给父亲七十大寿的最好的寿礼，可惜未能如愿。这使他想起自己的父亲黄体芳，想起父亲在同治二年考中进士后的一件事。殿试后的父亲名次很靠前，为二甲第九名，不但入了翰林院还被选为庶吉士，父亲首先想做的事就是尽孝道，赶紧请假回乡为他的老母亲举行七十五岁诞寿。那年黄绍箕十岁，他至今都清楚地记得，当年的父亲意气风发，在瑞安小沙巷黄宅张灯结彩，以梨园招待亲友，并且亲自在戏台的柱子上题写对联：敢以科名荣梓里，聊凭弦管替莱衣。

① 见《中国科举录续编》
② 黄绍箕，字仲弢，号鲜庵。瑞安人，光绪五年中顺天府举人，六年登进士第。任翰林庶吉士，散馆列一等第一，授编修。历任四川乡试副考官、武英殿纂修官、会典馆提调、湖北乡试正考官、侍讲、翰林侍讲学士、京师大学堂总办、两湖书院监督、京师编书局监督兼译学馆监督、侍读学士兼日讲官、湖北提学使等。

16-2 孙诒让致黄绍箕信札，瑞安博物馆藏

黄家和孙家的友谊是长久而巩固的，这并不仅仅因为两家是同乡，是共同的理想和利益，使他们走到一起来的。早在咸丰十一年，孙黄两家就为抗击金钱会保卫瑞安城，操办团练，结成同盟，浴血奋战。孙衣言和黄体芳同朝为官，他们的政治主张也是相同的。孙衣言历来主战，不惜被朝廷外放；黄体芳则与张之洞、张佩纶、宝廷同称"翰林四谏"，不怕得罪满族贵族，上折劾崇厚出使俄国订立丧权辱国的条约。① 到孙诒让和黄绍箕一辈，交往更为密切。同治六年，孙诒让出自张之洞门下，乡试得中举人；同治十一年，黄绍箕受业于张之洞，讲求经世致用之学。

对于孙诒让来说，年轻而充满智慧的黄绍箕不但是他的挚友，而且是他在科举之路上的榜样。诒让难以忘记，四年前黄绍箕会试报捷，殿试成绩为二甲第六名，比他父亲黄体芳都提前了三名，入了翰林院，选为庶吉士。父亲闻知好友之子的喜讯，挥笔题诗祝贺②：

> 籍甚黄童妙少年，巍科今日复登仙。真看一战雄场屋，岂独高名压老泉？
>
> 近世文章唐末造，吾乡人物宋南迁。萧萧蓬鬓空铅椠，六代维哀望后贤。③

告老回乡的父亲，他的内心一定是非常失望的。他或许也曾想好了一首贺诗，要赠给他心爱的儿子呢，但现在只能封笔盖砚，让那些美好的诗句撕碎在心底了。诒让仰头长叹。

"仲容兄不要过于自责。"黄绍箕见诒让悲切，走近来道。他本想劝诒让的，反倒自己眼中噙满泪，伤心

---

① 光绪四年，先生父多次上疏，陈述时政得失。并弹劾户部尚书董恂为朝中之奸邪。揭发山西巡抚鲍源深匿灾情不报，玩忽职守、草菅人命。上疏为甘肃高台、四川东乡两地农民无辜被杀鸣不平。光绪五年，先生父弹劾崇厚使俄，不虑后患，任意订约，丧权辱国。抨击工部尚书贺寿慈，勾结商人，招摇过市。(《黄绍箕集》)
② 光绪六年四月，先生会试联捷，中二甲第六名，入翰林院，选庶吉士。按，时同邑太仆卿孙衣言居京师(应为居瑞城)，闻先生得中，喜而简诗以贺。(《黄绍箕集》)
③《孙衣言集》

起来。

"仲弢不必伤心，诒让下次重新来过。"诒让见黄绍箕不自在，连忙上去安慰，"下次会试，我一定还用你给我的镇纸、试笔、墨砚、卷纸，用来十分得心应手的。"

"绍箕一定备好。"黄绍箕认真地点头。

见诒让沉默不语，黄绍箕知道他又在想伤心的事儿了，便想方设法使他换个心情。黄绍箕道："去年你送给我的古砖拓本，真是不可多得的珍宝，我还好好地保管着呢。每当我想你的时候，拿出来看这些晋、元古砖拓本，你就好像马上站到我的面前，和气地朝我微笑。"①

"是吗？"诒让问道，"你果真觉得那些拓本有价值，所以保存至今？"

"当然。"黄绍箕认真地答道。他发现诒让在谈到拓本时，深邃的眼睛里忽然闪过一丝光亮，这是一种难以被命运驯服的勃勃生机，这种南方士子的独特气质与生俱来。

"这册拓本一共拓出六十余种砖刻，据说还有一些没有拓出来。"黄绍箕继续谈论这个话题。

"一些古砖实在是年岁太久远了，以至于残缺不全，沙泥互粘，难以毡蜡，可惜可惜。"诒让说起朽腐的古砖，心疼不已。

"说起拓本的事，我知道你多次到镇江焦山，拓《瘗鹤铭》摩崖石刻、汉定陶鼎和唐经幢诸石刻，每次都满载而归，却未曾一次邀我共去。"知道诒让的心情好了一些，黄绍箕故意埋怨道。

在年纪轻轻便做了翰林的黄绍箕看来，诒让那无拘无束，走遍大江南北，搜金石拓碑林的生活，才叫做学问。在豪迈不羁的状况中认真做学问，那是一种多么令人企慕的境界啊！

诒让见黄绍箕怨他，又呆呆地站着似有所思，以为黄绍箕误解他了，急忙解释道："仲弢万万不可误解诒让，原本是想邀你同去的，可你也随侍父亲行踪如萍漂泊不定呀，如今又入了翰林，如何

① 光绪八年三月，先生得孙诒让寄贻藏砖拓本一册。孙氏于拓本册尾识跋云：自光绪己卯，侍家君归里，端居多暇，辄与友人搜剔金石古刻，所得晋至元古砖无虑百余种，兹择其文字略完具者，拓出六十余种，其残缺不全及年久质朽不任毡蜡、沙泥互粘、未暇刷剔者尚数十种，未及尽拓也。谨以已拓者装成一册，奉呈仲弢太史法鉴。册内多留空纸，觊它日可次第增入。壬午上巳日、诒让记。（《黄绍箕集》）

与诒让同去焦山?"

"据说仲容兄在定慧寺,遇到一位绝色女子,赏梅变成了赏美人。"黄绍箕故作神秘,俯耳上去道。

"哎哟,这是哪个饶舌子的多嘴,说的又是哪门子的事哟。"在少年老成的黄绍箕面前,诒让突然觉出自己做事的荒唐来,连忙掩饰。但思念梅娘的心思,却也就在这时生发开来。

诒让没有选择从天津乘轮船到上海,再从上海坐轮船到温州的归途,决定经由京杭大运河回乡,虽河道狭窄拥挤,却可以经过扬州。

诒让启程,黄绍箕前去送行。他并不知道自己那天无意间的调侃,已酿成诒让的此番扬州之行。

在狭窄的船舱里,诒让听着京杭大运河的水声,却无心观赏运河两岸的景色。心情是那样的沉重,归途是那样的遥远,离京南归的他怆然涕下,诒让无颜见家乡父老,不得不在途中多滞留几日呢。但回乡的心情又是那样的急迫,不止一次地催促船家快行。离南方近了,就是离扬州近了,于是离久别的梅娘当然也近了。

当年那个风华正茂激扬文字的孙公子,如今已成了考场失意的落魄书生,梅娘你还会接受他吗?心情是那样的灰暗,情绪是那样的恶劣,长久地躺在船舱里,更使人浑身疼痛。船到扬州,诒让已是衣冠不整,憔悴不堪了。

初夏的扬州是美丽的,这种美丽的特点是妩媚。运河沿岸的垂柳,与岸边窈窕女子的柳腰纠缠着。流莺清脆的鸣叫声,与青楼中缠绵的歌声交融着。心灰意懒的诒让,多了一份暖意,多了一份期盼。

客船是要往瓜洲古渡去的,① 由那里进入长江,再经丹徒至杭州。诒让却留了下来,换乘一条小舟,驶入瘦西湖。

船家熟悉地方,每到一处,便报出名称来:"冶春亭,西园曲水,小金山,五桥亭,积春台……"

---

① 瓜洲,位于京杭大运河与长江交汇处,南北扼要之地,京杭大运河入长江的重要通道之一。

这些名称似曾熟悉，对了，诒让忆起，那个大雪飘飞的夜晚，他听船家报过相同的名称，景物却被厚雪覆盖着，无形无痕。当时，他为看不清这些景物懊丧过，现在，当他可以看清楚这些景物时，却因它们的平俗和浓妆艳抹兴味索然。

船到清冷的地方了，河道也浅了窄了。船家弃去木桨，拿了竹篙撑船。这才是他该去的地方呢，诒让想。

诒让弃舟而行。那一片梅林呢？那一处梅园呢？那一座梅亭呢？还有那似千顷浪花掀动的香雪海呢？梅娘，诒让来了，你在哪里？

16-3　梅花图（清·金农）

映入诒让眼眶的是满目疮痍，一片凄凉。疏落的梅树，颓塌的梅亭，梅园虽在，却墙裂木朽，一地青苔。梅香犹在，开了门迎他。只见她目光呆滞，那双原本会说话的大眼睛如今全无精神。

"梅香，这是怎么了？小姐哪去了？"诒让急问。

不问也罢，一问，梅香泪如雨下，道："公子您早不来，迟不来，现在还来做甚？"

"难道出了什么大事？"诒让焦急，捏住梅香的手问。

梅香顾不得手被捏痛，哭将起来，道："偏不告诉你，人都死了，告诉你又有什么用！"

"什么，梅娘死了？"诒让怎能相信这种话，他甩开梅香的手臂，恼道："你什么玩笑开不得，偏要开这种咒人的玩笑。"见梅香蹲下来恸哭，知道事情是真的了，诒让身子一软，跌坐在地。

诒让醒来，已在床上。三更时分，残月的青辉照在床上。还是那张他躺过的床，还是那顶旧时的丝帐。只是床旧了，丝帐破了。

掀开丝帐，诒让穿衣出门，借了月光上楼。

确实是先前的梅园。两进的楼房，前楼与后楼由楼廊连接。那并不大的天井，依然立着那尊太湖石。青石案上的花盆也还在，梅桩却枯朽了，让人的心不由得揪紧。后楼的琴室，门虚掩着。诒让推门进去，依然是那道屏风，琵琶还在，人却没了，梅娘再不会抱了琴转身看他。

梅娘在转身之前，是面对了窗，弹奏《梅花三弄》的。那时候，窗外是千树梅花，浓香从窗口漫进来，填满了整个房间，把屋里的一切都熏香了。

诒让走近窗口，久久地凝望窗外。窗外昏沉黑暗，万籁无声，在一片沉寂之中，那弯残月走进云中。待月儿重新走出乌云时，他看见窗下的梅树中有一座圆形的矮丘，没有墓碑，没有供品，只有一座十字架，被疯长着的茅草包围着，开始腐朽倾斜。

"就一年，便朽了去。"是梅香的声音，她什么时候已经站到他身后。

"你是说那座十字架？"诒让问。

"用杉木做的，一年就朽了，想不到的。"梅香絮叨道。

"如此说来，这是为梅娘立的了。"诒让把头伸出窗外，泪流满面，泣不成声。

这么说，梅娘是去年辞世的。一别十二年，相见时已经一个在天上，一个在地上了。在这漫长的岁月中，他没有趁旅途之便来梅园一步，梅娘也没有鸿雁传书寄给他只言片语。他们没有迈出该迈的一步，于是，相识在旅途的他们，各自依然只是旅人。

作为旅人，梅娘比他走得更远，因为她是基督教徒的缘故么？梅娘是基督教徒，他是从不曾想到过的。但回想起来，蛛丝马迹还是有的，对描绘了世界各国疆域的地球仪，对印有西洋诸国人文景物的邮票，梅娘似乎有一种特别的兴致而欣然接受。梅娘是生长在中国的梅花丛中，能诗善画冰清玉洁的女子呀，为什么心中却向往着遥不可及的泰西，甚至把自己的灵魂与那里的上帝联系在一起呢？这是诒让永远不明白的。

月亮又被厚厚的乌云遮住了，黑暗重新笼罩着十字架。诒让张开嘴，却欲说又止。

梅香似乎知道诒让想问什么，道："今年梅花开时，容大人到坟前来过，说是向小姐告别，他要回弥利坚了。"①

---

① 因对洋务派极度失望，光绪七年至光绪二十年（1882—1894），容闳侨居美国。

纯甫又要横跨重洋到美国去么？他此番去美国，与同治十一年率首批幼童出洋时相比，处境已是天壤之别，心情也一定是黯淡凄然的，诒让想。

幼童出洋留学计划失败的消息，诒让是在北京知道的。与容闳同赴美国的中国留学生监督陈兰彬，及后去的吴子登，都是翰林出身的正统官员，其中陈兰彬还在刑部当过主事，是诒让的老同事。对于留美学生虽然学识随着年龄而增长，言行举止却受洋人同化，甚至大多信奉基督教，陈兰彬与吴子登一直疑虑重重。陈兰彬升任驻美公使，容闳升任驻美副使后，两人龃龉日甚。因为容闳致函美国政府，要求让中国学生入海陆军学校一事，遭到美国国务院拒绝，陈吴二人便密奏朝廷，判断学生留美前途无望。刚好工党议员在国会提出反对华工的议案，美国国内掀起反华排华的浪潮，清廷一位深恶洋务的御史便与陈吴二人遥相呼应，奏请立即撤回留美学生。光绪七年，朝廷不顾容闳反对，强令詹天佑等四批共一百二十名留学生全部离美返国。①

"轰轰烈烈的开始，凄凄清清的结束，梅花如此，人也如此，概莫能外。"惺惺惜惺惺，诒让怅然而叹，心灰意冷，"入阿陀罗门，三世十方各圆满；修奢摩他行，四禅六欲共皈依。"

"想做和尚遁入空门了不是？你们这些人，高兴了，跑来疯一场，落寂了，跑来叹一声，又有哪个真顾到小姐的。"梅香端了一盏油灯过来，恨恨道："小姐走时，你们又在哪里？"

"诒让有愧。"诒让深深自责。

"孙公子，你不记得小姐，小姐可是到死还记得你的。"梅香把灯拨亮一些，从一个梳妆盒里拿出锦缎子的包裹，解开来看，是几本发黄的旧书。她把这些书递给诒让，道："人都快死了，还想起你来，说公子喜欢读书，这几本书不可不读的。"

接过书来看，原来是魏源著的《海国图志》②和容闳译的《地理学》。③诒让想，梅娘终究还是心仪那片异国的土地。

① 同治九年，容闳提议派学生官费赴美留学。曾国藩、李鸿章奏报清廷获准。陈兰彬、容闳分任幼童出洋肄业局正、副委员，在沪、粤、港共招生120名。同治十年至十三年4年间，每年派出30名赴美留学。光绪七年，清政府撤回留学生。

② 魏源受林则徐嘱托编著的《海国图志》，是一部关于世界地理历史知识的综合性图书，它以林则徐《四洲志》为蓝本，并参考历代史志，以及明朝以来岛志中的相关资料编撰而成。《海国图志》初刊于道光二十二年（1842），50卷本，57万字。道光二十七年（1847），以六十卷本刊行，共计60余万字，介绍西洋技艺的内容更加充实。咸丰二年（1852），魏源又再次将其扩充为100卷，88万字。《海国图志》拓展国人视野，启发民智，对日本维新运动亦产生重要影响。

③ 容闳翻译的《地理学》，为埃及天文学家、地理家、光学家托勒密所著，内容涉及罗马帝国时代的整个古代西方世界。托勒密认为地理学应包括数理地理学和自然地理学两大部分：前者以天文学和数学为基础，后者研究地表和大气圈的自然现象。他指出要很好地认识地理学，必须掌握有关天文学、数学、大地测量学和地理学史等基础科学知识。

第十七章

击鼓御敌

为父亲做七十大寿的事,诒让提了三次,父亲才勉强答应下来。人生七十古来稀,七十大寿无论对衣锦还乡的父亲,还是对迁回南方的一家大小,都是一件大喜事,父亲却犹豫再三。

诒让知道,对于他在科场的屡屡落败,父亲是十分失望的,但老人家又是那么的通情达理,从不曾为科举失败的事指责过他。在得知他希望考取功名作为贺寿的献礼不能如愿后,平和地对他说:谋事在人,成事在天,涵儿不必勉强。所以,父亲是不会为他考场不顺的事反对做寿的。那么,父亲为什么对做寿的事一直十分踌躇呢?诒让思前想后,觉得一向视国事重于家事的父亲,一定是为了近来越南战事激烈,边关告急,心中抑郁不安。

诒让知道,经历过戎马生涯的父亲,是从不间断地传来的零星消息中嗅到战争气息的。光绪五年父亲因病告老回乡颐养天年,举家南迁已经整整五年。告别官场的父亲,终日以著书写字为乐,周围又聚着听他讲授永嘉学术的同乡,日子过得十分充实。一直不曾生育的诸惠屏又连续生了两个大胖儿子,孙家添丁加口,父亲更是高兴得整日合不拢嘴。[1] 然而,慢慢逼近的战争,抹去了父亲心中的平静和他脸上的笑容。

中法之战早在光绪八年就已经开始了。这年四月,法国军队攻占越南河内。翌年五月,刘永福率领的黑旗军与法军在河内城西纸桥决战,击毙法军司令李维亚及部属二百余人。法军在北方受挫,

---

[1] 光绪八年春正月,长男延畴生。光绪九年六月,次男延畇生。(《孙仲容先生年谱简编》)

中部的进攻却十分顺利，包围首都顺化后，越南被迫签订《顺化条约》，成为法国的保护国。年底，法军向驻扎在越南山西的中国军队发起进攻，云南巡抚唐炯率军逃跑，黑旗军亦被法军击退。光绪十年春，法军又向驻守在越南北宁的清军发起进攻，守将广西巡抚徐延旭不战而逃，法军逼近中越边境。

17-1 中法战争中的清军

中国军队战败的消息，不断地从前线传来，全国为之震惊。慈禧太后对手握重权的恭亲王奕訢早已心存不满，以办理军务不力为由，撤换了以他为首的军机处，任命礼亲王世铎、额勒和布、阎敬铭、张之万、孙毓汶组成新的军机处，命醇亲王奕譞会商军机要政，命奕劻主持总理衙门。最令国人一振的是，她把一向以主战派自居的清流派派往前线，担任要职，擢升山西巡抚张之洞为两广总督，任内阁学士张佩纶为钦差大臣会办福建海防大臣，任陈宝琛为南洋事务会办，随礼部尚书、两江总督曾国荃赴上海与法国使节谈判。与此同时，她又命直隶总督李鸿章在天津与法国代表福禄诺和谈，订立《中法简明条约》，承认越南为法国的保护国，中越边境通商，中国从越南撤出军队。一纸耻辱的和约并不能阻止法军的进攻，驻扎在谅山的清军遭到法军攻击，以孤拔为司令的法国舰队强行驶入福州马尾军港，随后，台湾基隆遭到以利士为司令的另一支法国舰队进攻。

回乡的太仆寺卿孙衣言，在家人的劝说下举行了七十华诞寿宴。多事之秋，退休的京官命诒让谢绝地方官和乡绅的一切贺礼，让他把寿宴办成气氛和睦的家宴。如果没有边境战事的骚扰，退休后的日子还是闲适安逸的，著书立说也屡有所获，儿子和儿媳妇们十分孝顺，咿呀学语的孙儿绕膝而跑，夫人凝香地下有知，也会为之倍感欣慰呢。孙衣言暂且把中法战事放下，在家人的祝贺声中喝了几口家乡的"老酒汗"①，久经风霜的脸泛起了满足的红光。

① 瑞安特产名酒，系采集老酒煎蒸时所凝结的汗珠状液体而得，为晚清贡品。

17-2　法军在基隆港登陆

专程从上海龙门书院赶回瑞安为哥哥祝寿的孙锵鸣，自从入席后就一副心事重重的样子。他的心思一半在寿宴上，另一半远在天津卫的李鸿章身上。对于这位一直以师礼待他的直隶总督，孙锵鸣越来越心怀感激，在感激之余，越发关注起他的命运来。他有一种不祥的预感，为考虑大局而遇事主和的李鸿章，会步曾国藩的后尘，被主战的国人用仇恨的唾沫淹没。①

"少荃是越来越懦弱无能了，"已有几分醉意的孙衣言，终于还是骂开了李鸿章，道："十年前与日本签订《台事专约》，弄丢了琉球国，现如今又与法国订立《中法简明条约》，弄丢了越南。把藩国一个个都送给洋人，藩篱没了，中国也就完了。"②

"一些事情或许少荃也做不得主，"孙锵鸣为李鸿章开脱道，"他想韬光养晦也说不定的。"

"再韬光养晦下去，国将不国了！"孙衣言痛心道，"要是林文忠公在世，局势或许不会溃败到这样程度。"

"主战派的力量也不小啊。"诒让知道不但左宗棠一直主张与法国开战，连张之洞和张佩纶、陈宝琛这些清流大臣们，都已日夜兼程赶赴前线。

"贤侄有所不知，张佩纶就要做李中堂的乘龙快婿了。"孙锵鸣道。

"是吗？若张大人做了李中堂的女婿，那么主战的香师就孤掌难鸣了。"诒让不禁担忧起张之洞来。

"所以张佩纶一心求和，放手让法舰驶入马尾军港。"孙衣言恍然大悟，悚然道："天有不测风云，恐怕有大事发生了。"

"下官求见孙大人——"孙衣言话音刚落，就听到大门外人声嘈杂，猛然一惊，酒已醒了大半，心想，果真有大事了。

① 李鸿章，号少荃（泉）。道光二十七年中进士，朝考改翰林院庶吉士。是科主考官潘世恩，副主考官杜受田、朱凤标、福济，同考官孙锵鸣。李鸿章入翰林院，孙锵鸣之师翁心存授其经世之学。
② 同治十年七月，李鸿章与日本大使伊达宗城签订《中日修好条规》。同治十三年签订《中日台事条约》《中秘通商条约》。光绪二年签订《中英烟台条约》。光绪九年，李鸿章认为"各省海防兵单饷匮，水师又未练成，未可与欧洲强国轻言战事"。光绪十年五月，法军进攻越南谅山，李鸿章与法国代表巴德诺签订了《中法会订越南条约》，法国取得对越南的"保护权"，中越边境对法国开放。

来的是新任知县程锤瑞，他说出一件惊天动地的大事来："刚接到紧急战报，福建水师全军覆没，马尾船厂毁灭殆尽。"

福建水师的惨败，与远在直隶的李鸿章有着直接关系。

清流出身的钦差大臣张佩纶，怀着满腔热血出京行至天津时，被他未来的岳父、直隶总督兼北洋大臣李鸿章，兜头浇了一盆凉水。掌握朝廷外交大权的李鸿章，闭目仰靠在签押房的太师椅上，仔细听女婿讲完长篇主战议论之后，谈了自己对时局的看法。总督的看法经久不变，归纳起来有两条：一是中国与洋人开战已有四十

17-3 张佩纶像

余年历史，从来没有真正赢过，即便一时战胜，未必历久不败，一处战胜，未必各处皆守，到那时再和议赔款，往往数目更为巨大；二是洋人的军舰先进，海军将士军事技术精湛，处于萌芽状态中的中国近代海军远非对手，只能避其锋芒，以免全军覆灭。结论是，一切要依靠和议。

张佩纶就是在未来的岳父大人的影响下，对闯入马尾军港的法国舰队百般妥协，甚至用军乐队和仪仗队欢迎法国海军到来，他一门心思全在上海和谈的结果上。

上海的谈判是失败的。法国代表巴德诺和他的夫人优雅地喝着白兰地，谈论着巴黎的时装和宠物狗，对身旁的曾国荃和陈宝琛不屑一顾，因为这两位拖着长辫子的中国官员是那样的固执迂腐，愿意支付的赔款仅仅只有五十万两银子，而法国政府的谈判底线，是中国政府必须赔款三百万两银子。

慈禧太后躺在柔软舒适的床上，好几个晚上辗转反侧难以入睡。失眠的太后整夜唉声叹气，心绪从来没有像现在这样恶劣，对法国人的做法，她的理解是洋鬼子变着法子，欺负她和年幼的皇帝。"他们这回是冲着我们孤儿寡母来的"，在紧急召开的御前会议上，眼圈漆黑的太后拿着浸透泪水的手帕，向军机大臣们哭诉着自己的不幸，并通知大家，她这回下了决心，准备向法国开战。

从谈判对手忽然强硬起来的表情中，法国代表巴德诺发现了中国政府作战的决心。停泊在马尾军港的法国舰队开始起锚生火，罩在舰炮上的帆布全部卸除，乌黑的炮口对

准扎堆龟缩在一起的福建水师。

法国远东舰队司令孤拔凶光毕露的眼睛,一直没有离开长长的单筒望远镜,身经百仗的他始终解不开心中的一个问题,为什么中国官员容许他的这支舰队进驻中国海军的军港,要知道这简直是往他们自己的脖子上插上一把锋利的匕首。中国人为什么这样做,这是儒家的雍容大度,还是孙子的神奇兵法?

孤拔的顾虑是多余的,他只要到张佩纶的行营去走一走,就会明白这位钦差大臣的诚意。当管带们亲自飞马来报,法军已经生火备战,张佩纶统统付之一笑。他镇定自若地摇着扇子与好友下棋,不时举杯畅饮,以他乐观的情绪告诉属下,他们的统帅胸有成竹。管带们离开行营时的感觉是充实的,尽管他们远离北京,张佩纶的英名还是早就传播到军营中的,他是坚定的主战派,这就足够了,羽扇纶巾的钦差大臣,说不定就是诸葛孔明再世呢。①

法国人的战书送到张佩纶手中,已经离开战只有两个小时了。这份法国舰队司令签发的战书,声明四小时后与中国军队开战,是送往福州督署的,闽浙总督何璟阅后再派飞骑转送张佩纶,一来一去花掉了宝贵的两个小时。张佩纶读罢战书,乐观的情绪来了个一百八十度转弯,上当受骗的感觉使他痛苦得直想呕吐。在朝中的他素以痛骂洋人出名,洋人在清流们眼中是生番是异类,可此次奉旨出京,他待洋人是优礼有加啊,他暂且把他们当作人看待,组织人马欢迎他们进军港,到头来他们居然不顾礼仪,说开战就开战,且时间抠得这么紧,连让中国军舰生火的时间都没有。这样是不行的,是礼义廉耻都不要的行为,他要告诉番人,按照中国的传统行为准则,这样做是错误的,是非常不道德的。

福州船政局一位年轻的法文翻译,走进为他准备好的小船,奉钦差大臣之命前去法国旗舰,与孤拔谈判改期再战。张佩纶让他转告孤拔,既然身在中国的土地上,就必须牢牢记住中国圣贤的一句话:己所不欲勿施于人。张佩纶还要他转告孤拔,务必稍候几个小

---

① 张佩纶,字幼樵。直隶丰润人。同治十年中进士,十三年授编修。光绪元年大考翰詹时,名列二等第三,擢侍讲,充日讲起居注官。"累疏陈经国大政",慷慨好论天下事,与张之洞、陈宝琛等同为当时的清流主将。旋丁内忧,入李鸿章幕。光绪八年(1882),署都察院左副都御史。中法战争初起,主战。受命以三品卿衔会办福建海疆事宜,兼署船政大臣。光绪十年7月15日,法军舰侵入马尾港,张佩纶不加戒备。8月23日,法舰发起进攻,福建水师覆灭,马尾船厂被毁。

17-4　福州战役

时，等中国舰队起锚生火，排好阵法，再光明正大地决一死战。

小船还在风浪中颠簸，法国军舰的大炮就开火了。年轻的法文翻译，带着满肚子的圣人语言，与载着他的小船一起，沉到深深的闽江江底。在江底的法文翻译并不孤独，陪伴他的还有整个福建水师。沉入江底的除了九艘军舰、十九艘运输舰，还有那些正在马尾船厂建造的军舰，至于水师官兵，更是不可记数。幸亏沈葆桢死得早，要不然这位马尾船厂和福建水师的创始人，看到今天这副惨状，一定会跳入闽江自尽。

闽浙总督何璟、船政大臣何如璋、福建巡抚张兆栋，在法军大炮的轰鸣中放声痛哭，他们明白，头上的顶戴花翎从现在起已经飞走了，不再属于他们了，水师已经全军覆没，损失实在太大。

张佩纶的卫队忠心耿耿，他们抬着昏厥过去的钦差大臣，跑出离福州城三十里的地方才停下脚步。卫士们深知，只有保住丰润学士的脑袋，才能保住他们自己的脑袋，他们曾经以自己的人头宣誓：闽船可尽，闽厂可毁，丰润学士不可死。而这些誓言，来自李鸿章从天津发来的电报。

被清流们誉为"内行纯美，秉性忠贞，清鲠不阿，能谋善断，诚挚可以共艰危，警敏可以应急变，内政外事皆所优为，论其志才略实为天下第一人"的张佩纶，躲在闷热的树林里，手脚冰冷，面如土色。但他的思维依然十分活跃，面对烈火熊熊的马尾军港，依然文思泉涌，出口成章。事到如今，想到的只能是些推卸战败责任的句子，却依然工整漂亮，逻辑分明，朗朗上口："格于洋例，不能先发制人；狃于陆居，不能登舟共命！"

为了防御法国军舰的攻击，沿海各省的要塞和炮台都增加了军队，地方官和富绅也都积极筹办团勇。瑞安地处东海之滨，形势自然十分紧张，除了持续戒严，大炮也都在城楼上安放好了，只等法舰来犯。

保家卫国的重任，再一次落到了孙家头上，不但出钱出物，还组织团勇，驻守毗连飞云江的南门。①

从清晨开始，古城中就响起一阵阵低沉而怪异的声音，这怪异的声音在酷热的夏日持久不停，像逼近来的闷雷一般压向万物。这声音是那样的怪诞，令人心悸，不但水草中的蛤蟆纷纷跳入水中，连地底下的蚯蚓都钻出泥土夺路而逃。当无数逃难的麻雀慌叫着，从青瓦屋顶上胡乱飞过时，人们的心思彻底慌乱起来，他们听惯了悦耳的京戏和鼓词的耳朵，开始灵敏地竖立起来，去寻找去捕捉那让人胆战心惊的怪声。

闷雷般的怪声来自一只远古的铜鼓。这只两人才能合抱的大铜鼓，在鼓槌的敲击下不停地震荡着，膨胀着。长满绿色铜锈的饰纹，随了这猛烈的振动，激荡成混沌汹涌的滚滚浪潮。竖起耳朵的人们，走过凹凸不平的石板路，这条石板路通向北门邵公屿，大名鼎鼎的孙宅就在那里。

孙宅大门洞开着，退休还乡的太仆寺卿孙衣言穿着官服，神色严峻地坐在中堂。孙家少爷刑部主事孙诒让，头戴斗笠，身披蓑衣，脚穿草鞋，双手握槌，不停地擂着那只年代久远的铜鼓。不太大的

① 光绪十年夏七月，中法宣战，沿海戒严，先生与里人筹办团防。(《孙仲容先生年谱简编》)

院子里，站着百来号全副武装的团勇，与孙公子一样的打扮，一律斗笠、蓑衣和草鞋，他们是孙家的仆人与从演下村赶来的佃农。

站在门外的邑人们不禁肃然起敬，感激的眼泪源源不断，从他们呆滞的脸上流淌下来，滴在被太阳晒得火烫的石板路上。他们记起来了，每当这座古城遭到劫难的时候，奋起保卫她的总有孙家的老少爷们。人们纷乱的心开始安定下来，这原因一半来自对孙家的信任，另一半则来自他们看到的这只神奇的铜鼓。一个在古城广为流传的故事告诉人们，今天他们看到的绝不是一般的铜鼓，而是民众心仪好久难得一见的宝物，这件宝物价值连城，能够保佑大家平安。

宝物的发现者是孙公子，发现的地点是在温州江心屿，这个流传在瑞安大街小巷的故事就是这样记载的。详细过程是，孙公子那日与朋友同游江心屿，为避雨躲进一座古寺，听见一种与众不同的声音，判断地下埋有铜鼓。雨停后，孙公子雇人挖土，果然挖出铜鼓来，众人惊诧不已。孙公子把鼓运回瑞安家中，有采宝客前来采宝，愿出千两黄金买鼓，被孙家婉言谢绝。有好事的邑人问采宝客，此鼓为何值这许多钱？采宝客道，此宝物由彝人首领孟获所铸，蜀相诸葛亮七擒孟获而不杀，孟获为报恩不再侵扰蜀地，并在诸葛亮班师回蜀时，将此鼓送给蜀军，后来不知什么原因此鼓流落到江心屿。铜鼓既然有这番来历，自然价值连城。

孙诒让手拿鼓槌，继续孔武有力地敲击着铜鼓。走近这鼓声的人们，现在感受到的不再是疑惑和恐惧，而是希望和力量，这是一只能够保佑大家平安的神鼓。

年迈的太仆寺卿孙衣言，站在中堂的石阶上，用威严的声音说道："什么'一时战胜，未必历久不败，一处战胜，未必各处皆守'，说这种话的人身为大臣，一心看洋人眼色做事，到头来遗臭万年。"①

孙锵鸣在一旁听了，直为李鸿章叫屈，却不敢为他辩护。他知道哥哥的犟脾气，宁为玉碎不为瓦全，一辈子坚决主战，谁主和就

---

① 参见中国近代史资料丛刊《中法战争》。

跟谁急，决不向洋人屈膝妥协。

孙衣言用手中的拐杖，狠狠地敲击石阶，声嘶力竭地高喊："一时不胜，则谋再战；再战不胜，则谋屡战！"

团勇们高举手中的洋枪和梭镖大刀，大声呼应道："一时不胜，则谋再战；再战不胜，则谋屡战！"

告老回乡的太仆寺卿，满意地捋捋雪白的胡子，坐回中堂正中的太师椅。丫鬟翠荷连忙上来，为他捶背。

激动过后，全身疲惫，刚才用拐杖狠狠地敲击石阶，现在右手虎口又痛又麻，年老的太仆寺卿不得不闭目养神。如果年轻十岁，他一定会亲自登上南门，去指挥即将来临的恶战，岁月不饶人，现如今接替他去战斗的，只能是他的宝贝儿子德涵了。为了社稷和家乡的父老乡亲，他已经牺牲了一个儿子，现在，他又要让唯一的儿子走上战场！如果凝香还在，她会反对他的做法吗？不会的，她是那样的识大体，会理解他的忠君报国之志，会支持他和儿子的壮举。

雷鸣般的铜鼓声始终不断，低沉凝重中撞溅出金属的铿锵之声，宣叙着孙家抗敌的决心和斗志。

"一时不胜，则谋再战；再战不胜，则谋屡战！"这句话同样由新任两广总督张之洞口中说出。

张之洞是在一次军事会议上，斩钉截铁地说出这句话的，他的话打动了带兵来广西的湘系将领、兵部尚书兼钦差大臣彭玉麟，以及同属淮系的广西巡抚潘鼎新、两广帮办防务张树声。

这些身经百战的老将军，服从书生出身的总督节制的另一个原因是，总督为他们的部队解决了军费问题。为筹集武器采购款和军饷，张之洞向英国汇丰银行先后贷款七百万两银子，不但满足了广东、广西清军的需要，还拨给滇军二百万两、黑旗军四十万两、台湾战区四十万两。张之洞还一反在山西巡抚任上坚决禁赌的正统做法，顶住压力铤而走险，特许广东省开赌，以便向赌局抽捐筹饷。

清流党人的下场，决定了张之洞只能背水一战。对大话连篇而关键时刻弃军逃跑的张佩纶，震怒之下的慈禧太后下旨将其逮捕充军。连并无实权的陈宝琛，朝廷也不将他放过，说他随同曾国荃在上海与法国人谈判时，妄自许诺赔款五十万两银子，将他的官阶降了五级。针对清流派的各种讥讽和垢语沉渣泛起，攻击矛头直指张之洞，说青牛头李鸿藻已被赶出军机处，青牛角张佩纶已被砍除，牛尾巴陈宝琛已被割除，剩下的一只牛角张之洞猖狂不了多长时间了。是像张佩纶和陈宝琛一样走向政治坟墓，还是在绝境中杀开一条血路，在政治舞台上占有一席之地，就全依仗越南的战事了。

张之洞的胜利来自于老将冯子材。光绪十一年春，年近七旬的前敌主帅冯子材，率军收复了广西镇南关，又与法军在北越关前隘决战，毙伤法军一千余人。法军司令尼格里身负重伤，狼狈逃窜，法军全线崩溃。冯子材率军乘胜追击，收复文渊和谅山等地。此役时称"镇南关大捷"。与此同时，云贵总督岑毓英部、黑旗军刘永福部，也在西线向法军发起进攻，在临洮大败法军，收

17-5 在上海印刷的《越南捷报图》（1883—1885）

复州县十多个。喜欢游行的巴黎市民当然不会放过这个机会，他们在香榭丽舍大街上和凯旋门下集合，前进到波旁宫并把它包围得水泄不通，"打倒茹费里"的口号喊得惊天动地。于是，内外交困的茹费里内阁倒台了。

张之洞看见"中兴名臣"这顶桂冠在向他招手，不禁热泪盈眶，百感交集。狭路相逢勇者胜，柳暗花明又一村，他终于笑到了最后。谁说中国自从与洋人开战以来，从来没有胜利的战绩，历史要从他这位两广总督身上开始重写。机关算尽太聪明，李鸿章一定会失宠于老佛爷了，为了保存自己的实力，直隶总督兼北洋大臣竟然向老部下、广西巡抚潘鼎新发出密令，命他"切勿攻坚伤精锐"，以至潘军节节败退，差点造成清军全线崩溃。要不是老将冯子材镇南关一仗，越南战事还不知道如何收场！必要时应该把前线的情况，捅给都察院、御史和翰林院的翰林们，让他们狠狠地参李鸿章一本。

张之洞没有忘记给他昔日的同僚旧友和弟子们寄去报捷的战报，连同寄出去的还有悬赏告示。告示上的悬赏条件十分优厚：杀死法军一名，赏银子一百两至一千两；夺取法国军舰一艘，赏银子二万两至十万两，击沉者奖半数；缴获大炮一门，赏银子

八千两。张之洞如此大张旗鼓地散发告示，当然有他自己的目的：一为鼓励官军与民众杀敌的决心，二为扩大他个人的影响。陶醉在胜利喜悦中的张之洞，甚至开始酝酿一个伟大的军事计划，他要筹集巨额军费，乘胜追击，剿灭法军，收复越南，重塑中国的中央帝国形象。

从两广总督府发出的众多邮件中，有一份是寄给浙江瑞安孙诒让的。读到恩师从广州寄来的战报和告示，诒让自然非常感动，想到香师虽然与他一南一北相隔千里，却同仇敌忾为抗击法国人而战，自觉感情更深了一步。

自光绪十年夏天，中法两国宣战，诒让即率领团勇驻守南门。可惜飞云江口总是那样的平静，平静得就像一汪黄色的死水，没有帆影，没有炮声，诒让壮志难酬。

也紧张过一次，好像大战顷刻之间就要爆发。光绪十年中秋节，温州府前、瑞安县前头等处贴满反洋教的传单，一些人早就对洋人恨之入骨，顾不了合家团聚饮酒赏月，拿了备好的煤油、火药和稻草，便去城西礼拜堂和周宅祠巷天主堂等处纵火[①]。一时间火光冲天，城里城外六座尖顶教堂烧得焦黑。还不解气，又聚众捣毁了海关税务司住房，一把火将海关档案烧得一干二净。洋教士和海关税务官们尖叫着逃往江心屿，胆战心惊地躲藏在岛上的英国领事馆。瓯江南岸埠头早有几十只木船候着，舱里放了稻草、火药和煤油，单等人一上去便驶往江心屿，好把岛上的英国领事馆连窝端了。事闹大了，温州道台和永嘉知县吓得五内俱焚，赶紧带兵去江边拦船，才把领事馆保住。一时间，法国舰队为报仇发誓血洗温州的谣言传遍各地，瓯江、飞云江、鳌江的绿营兵和乡勇都加强了守备。驻守在瑞安南门城楼上的诒让也是几宿未睡，伴着大炮熬红了眼睛。但法国兵终没来，白让人兴奋了好些日子。

腥咸的江风，吹黑了诒让的脸。长时间的风餐露宿，没有消磨他的斗志，他是那么的想建功立业。诒让早起晚归，遥望江口，一

[①] 1882年（光绪八年）11月，英国偕我会传教士苏慧廉抵达中国，并于年底来温接替李华庆牧师之职。《教务杂志》（*The Chinese Recorder and Missionary Journal*）1882年11月2号Missionary News报道："11月2日，偕我会传教士苏慧廉乘伦巴底（Lombardy）号蒸汽船抵沪，将去往温州宣教。"1884年（光绪十年）10月，"甲申教案"发生，温州部分民众在泽雅荣带领下，焚毁温州市区教堂，城西堂未能幸免。（莫法有《温州基督教史》）

次又一次地捕捉炮舰踪影，他多么希望能在城楼上擂起战鼓，指挥乡勇发射炮火击毁敌舰。但他守候了半年有余，连光绪十一年的春节都在城楼上度过，到头来却连法国军舰的影子也没见着，更别提法国兵了。这些红鼻子蓝眼睛的长腿夷兵，都已经被香师剿灭了吧。

诒让像往日一样，为寻不到战机懊丧地回到城楼内。即使戎装在身，诒让也没有忘记读书，他让进喜在城楼里设一张书桌，一有空便捧书而读。

带兵打仗，《孙子兵法》当然是首先要读的书。孙子在《谋攻》篇中说："知己知彼，百战不殆。"梅娘临终时留给他的两本书，成了他了解各国列强的得力工具。

看了容闳译的《地理学》，诒让痛苦得一连几日睡不着觉。除了弥利坚与俄罗斯，那些个西方列强都是蕞尔小国，却横冲直撞把世界搅得天翻地覆，连中国这个中央帝国也不是他们的对手。

魏源是个对今文经很有研究的人，喜好独树一帜。他撰《诗古微》，反对《毛诗》；又著《书古微》，说《古文尚书》是假的。他编的《海国图志》内容庞杂，对泰西各国的政体、宗教、技艺多有介绍，依然脱不了他标新立异的脾气。书中介绍的君主立宪制、君民共主制，与犯上作乱毫无二致。还有那弥利坚，实行民主共和制，四年选一次总统，议会选举少数服从多数，如此无法无天的事情，也只有蛮夷之地的生番才能做得出来。那魏源尤其崇拜泰西的技艺，对枪炮、火车、轮船、起重机、天文仪器褒奖有加，几次三番提"师夷长技以制夷"，说什么只要如此，便可"风气日开，智慧日出，方见东海之民，犹西海之民"。这个人数典忘祖，把咱们中国的老祖宗造纸、造指南针、发明火药、活字印刷的事儿，全都忘了个一干二净，真是长他人志气，灭自己威风。魏源还在书中提到瑞士，把它说成"国无苛政，风俗俭朴，树百年不见兵革"的"西土之桃源"。怪不得梅娘常常想着要去泰西，原来是看了此书的缘故。

这《海国图志》中的文章，也不是篇篇都使诒让憋气的，其中的《筹海篇》，便是诒让倍感兴趣百读不厌的。对魏源提出的"以我之长，削敌之短"的主张，诒让十分赞同。"守外洋不如守海口，守海口不如守内河"，"调客兵不如练水兵，调水师不如练水勇"，诒让更视其为真知灼见。如果此次法国军舰来犯，用魏源的计策治之，那蛮夷虽船坚炮利，但远离后方，供应不济，我方以逸待劳，在飞云江和塘河中与敌周旋，不怕打不赢他们呢。①

诒让正捧了书看得津津有味，忽然听见门外的进喜发出惊恐万分的尖叫："洋人打来了——"他连忙走出城楼，遥望江口。果然，乌云下有几张桅帆，趁了天色灰暗，鬼鬼祟祟地由东而来。

进喜心中惊慌，责任心却使他表现得十分勇敢，他唤团勇们搬出那面铜鼓，又把鼓槌飞递到二爷手中。诒让的手早就痒痒起来，拿到鼓槌便敲，那雷鸣般的鼓声轰鸣起来，由南门城楼传播到古城的各个角落。

天色越发黑了，豆大的雨点从乌云中落下来，打在诒让的斗笠和蓑衣上。那双近视眼被密集的雨水泡了，早已模糊不清，手掌滑腻腻的，很难握紧鼓槌。但鼓槌却始终是紧握着的，不停地敲打着铜鼓。

进喜又是一声尖叫："二爷不好，您手上流血了！"

原来这铜鼓是不怕雨水浸泡的，只是鼓面铁硬毫无弹性。鼓槌不停地从鼓面重重弹回来，诒让虎口崩裂流出血来。

"不要管我，快睁开眼睛看仔细了，那敌舰到城下了没有。"诒让顾不得疼痛，高声喊道。

"喳！"这进喜越发英勇了，冲进雨中，猫在箭垛后探看江面。

江面此刻大雨茫茫，根本分不清哪是天哪是江。洋人可恶，算好了天气来攻城。诒让心中气愤，把铜鼓擂得翻江倒海。

鼓声传到孙宅，孙衣言觉得大事不好，这鼓擂得既急又乱，城楼一定出事了。备轿来不及了，他拿了手杖，披了仆人的蓑衣，便往南门赶。半路上遇到孙锵鸣，也是听鼓声不对劲，坐了轿子往南门赶。孙锵鸣让出轿子请哥哥坐，孙衣言横竖不肯坐进去，谦让几番，兄弟俩干脆弃轿步行。一路上人潮汹涌，都是往北门和西门逃难的，孙衣言拦住一人问，那人说南门怕是守不住了，官府让绿营兵开了北门和西门，放人出城逃命。

17-6 《海国图志》（清·魏源）

① 光绪十一年春，诒让阅大字刊本徐继畬《瀛寰志略》十卷，有笺记十七条，最后一条附注"己酉二月"四字。阅古微堂重刊本魏源《海国图志》百卷，随手识记于册中，朱墨笔凡得一百三十余条，中有附注年月者。又阅海山仙馆刊本外人新译《地理备考》十卷，及上海制造局刊本外人新译《海道图说》十五卷、《长江图说》三卷，各于卷尾记明时日。（《孙衣言孙诒让父子年谱》）

一路被雨浇着，终于到了南门城脚，兄弟俩已经手脚冰凉。既然到了城墙脚下，这城楼总要上的，哪怕与洋人拼他个鱼死网破也在所不惜。想到今日要为大清尽忠，兄弟俩的心情悲壮起来，痛苦和遗憾是免不了的，但他们都是领过朝廷俸禄的人，都是熟读经书的人，既然到了需要他们献身的时候，那么就肝脑涂地罢，那么就马革裹尸罢。

一声震耳欲聋的霹雳，击中高高的南门城楼。在刺眼的闪光中，浓烈的硫黄味充斥城楼，辣得人睁不开眼睛。

"皇天菩萨，法国人开炮了！"进喜哭叫着趴在了地上。

"开炮还击！"诒让拼命擂鼓，虎口撕裂，鲜血迸溅。

关键时刻，偏偏那火捻子被雨水浇灭，水湿的铁炮死鱼模样，躺卧着一动不动。

诒让哭道："天亡我矣！"

老天爷没有让诒让战死沙场，与他作战的是一艘商船。异常猛烈的雷暴雨过去后，南门江边留下一艘断了桅帆的商船。这是一艘走私的商船，想乘着雷雨溜进港来，不曾想被城楼上怪异的鼓声吓得晕头转向，只好在江中胡乱打转，谁知恰巧让雷电击了个正中，断了桅帆，灌了大半舱江水，被潮水推到城楼边。

孤拔司令率领着他的舰队，从台湾西进至浙江沿海后，倒确是在温州沿海彷徨过一阵子的，他最后还是决定北上，进攻镇海要塞。浙江提督欧阳利、宁绍台道台薛福成，闻讯后调集兵将严密布防，法军几次炮击招远炮台，都被守军击退。[①] 光绪十一年二月的一个深夜，薛福成命统领钱玉兴率领敢死队奔袭孤拔舰队，清军船队在夜幕的掩护下，逼近停泊在镇海外洋的法舰。钱玉兴一声令下，兵船上的大炮齐放。孤拔正指挥旗舰驶近炮台，不想被轰了个正着。旗舰受到重创，司令又受了重伤，法国舰队群龙无首，连忙逃往澎湖列岛。那孤拔后因伤重，死在岛上。

前线捷报频传，满朝文武得意扬扬，都说那洋人竟也如此不堪

① 参见《孙衣言集·镇海防夷图记》

17-7 逃到澎湖列岛的法国士兵与当地居民在一座寺庙前拍照

一击,真是三十年河东,三十年河西,时运轮流转,中国人扬眉吐气的时候到了。连一些主和的大臣,都忘了自己昔日的主张,加入到主战派的队伍中去,慷慨激昂,高谈阔论,发誓要把这些不经打的法国兵杀个片甲不留。

主持中法谈判的全权大臣李鸿章,却在天津的府衙里唉声叹气,烦恼丛生,夜不能寐。

已是三更时分,万籁俱寂,远处园子中传出女儿细细的啜泣声。李鸿章听得心酸,长叹一声,提笔在纸上写了一个大大的名字"张佩纶"。

张佩纶,这位以清议闻名遐迩的钦差大臣,还未与他的女儿成亲,就因为马尾战败发配到新疆充军去了。没有为此役人败去了脑袋,已经算他命大。李鸿章原想借与清流大臣联姻,扩展自己的政治势力,减少办洋务带来的压力,随着张佩纶兵败充军,他的计划也付诸东流。

女儿整天哭天怨地,说是他这位当岳父的缚住了张佩纶的手脚,命他不得妄动以免影响和议,以致他不但无所作为,还使福建水师全军覆灭,自己也成了千古罪臣。女儿说得虽有些道理,却未曾从大局着想,体谅父亲的苦心。

"张之洞"，李鸿章提笔写下这个名字，愤然掷笔。桌子上堆着张之洞四处散发的战报和悬赏告示，以及各国使领馆发来的抗议信，说有人为了得到巨额悬赏，打算割取外交官和侨民的首级，到张之洞那里领取奖赏。张之洞在到处扩大影响，把自己打扮成中兴大臣，这是一个野心勃勃的后起之秀，清流派出身和辉煌的战功，将使他成为自己日后极难对付的政敌。

蘸满墨水的毛笔，又写了一个名字"刘永福"。刘永福，这位昔日天地会的袍哥，因为入越作战，竟然名声远扬，成了手握重兵的大将。尤其令人担心的是，此人深受张之洞的重用，不释去他的兵权，将来对朝廷必是心腹大患。

李鸿章越想越烦恼，便把这些写上名字的纸张揉成一团，丢到桌子底下。他在房间里不停地来回踱步，头疼欲裂。待坐回椅子上时，握笔写下"朝鲜""缅甸"四字。

朝鲜是中国的藩国，日本早就有夺取朝鲜之意。近来更是趁中法之战，煽动朝鲜维新党政变。更有甚者，竟派日本军人闯入朝鲜皇宫，杀光与中国交好的一班大臣，连闵皇妃和国舅爷闵咏骏都不放过，留下国王李熙，算是格外开恩了。现如今中法之战激烈，中国军队悉数调往越南，若朝鲜又起战端，日本乘虚而入，朝廷如何应付？

至于藩国缅甸，英国觊觎已久，现如今索性趁中法交战，派遣英军入缅，攻入都城，废了国王，只等把图绘好，这大清属国也就入了英联邦版图了。那时候英军再从云南攻击中国，如之奈何？

李鸿章越想越担心，一夜不眠，五更天便备了轿子赶往火车站，坐专列去北京面见慈禧太后。

慈禧正为中法战事如何收场操心，大臣中有说打的，有说和的，让她很难拿定主意。听说李鸿章要来，十分高兴，早早起了床，梳妆停当了，在宫里等候他前来拜见。

"一时战胜，未必历久不败，一处战胜，未必各处皆守。"李鸿章叩见慈禧太后，说的还是那句老话，依据的还是那个老道理，"奴才最担心处不在越南，不在缅甸，不在朝鲜，不在新疆，而在天津大沽，那里可是一处死穴，若有列强舰队趁我大清兵力空虚寻衅而入，局势将不可收拾。"

慈禧微微一震，脸色发白，沉吟良久，道："那金登干与法使在巴黎谈得怎样了？"

"法国人这回不提赔款要求了。"李鸿章道，心想，那海关总税务司赫德推荐的英国人金登干，倒是个谈判的人才。

"不提赔款就好，在上海谈判时，曾国荃许他五十万两银子，他们不肯，硬要三百万两，我偏不允，打一仗就打一仗吧，现如今怎样，那三百万两银子还真的就省下来了，虽死了些将士，还是合算。"慈禧太后扳开手指，算了一会儿账，微笑道。

"太后英明。"李鸿章恭维道，心中却想，此役福建水师覆没，马尾船厂毁灭，少说也损失了一千多万两银子。张树声主持两广时，向英国汇丰银行借款二百万两银子，张之洞督两广后，又向汇丰银行借款七百万两银子，这样合起来，差不多就是法国人原先要的三百万两赔款的七倍，这还不算民间捐献的钱物和从赌局中抽取的厘金，那笔资金也是天文数字的，所以，哪里又谈得上合算呢。

"和约又如何订呢？"慈禧喝了一口茶，问道。

"中国承认法国与越南订立的条约，云南和广西两省的中越边境指定两处开埠通商，日后中国修铁路应与法国商办，招黑旗军回中国。"李鸿章道。

"就让金登干签字吧。"慈禧低声道，"这样你也好安心，苦心经营的北洋水师，也不至于落得个福建水师的下场。"①

"奴才不敢。"李鸿章一惊，额头渗出一层冷汗，这满族女人如此明察秋毫，令他既恐惧又钦佩。

---

① 1875年（光绪元年），清廷命北洋大臣李鸿章创设北洋水师。1885年（光绪十年），设总理海军事务衙门。1888年（光绪十三年)12月17日，北洋海军正式成军，同日颁布施行《北洋海军章程》。主要军舰大小共有25艘，辅助军舰50艘，运输船30艘，官兵4000余人。北洋水师当时排名东亚第一，世界第九。

第十八章

书藏玉海

初夏的早晨，阳光穿过薄云，把淡金色的光芒，均匀地涂到孙家新宅的屋脊上。

很有气派的几乘绿呢轿，在衙吏和兵勇的簇拥下，挤过弯弯曲曲的小巷，停在孙宅的大门外，一字排开。那些待在屋脊上的阳光，好奇地从大青瓦上滑落下来，铺洒在轿盖子上。

"好气派的宅第，"客人们下轿，仔细看门台上的楹联，你一句我一言道"上联'颐园松菊'""下联'玉海图书'""横批'百晋精庐'"，又都称赞这楹联对得工整，字也好。

进喜听门外嘈杂，拔开门闩，开了条门缝探看。大前年，他随主子上南门城楼抗击英法联军，受了惊吓，身体大不如前。自打孙家从旧宅搬新宅住后，好心的主子让他换了差使，负责看护大门。

"钦差黄大人到——"进喜一声尖叫，喊醒了孙家老小。新宅大门徐徐打开，迎进客人。

孙衣言连忙让姨太太整理好衣装，拄了拐杖到中堂候客。他知道近日有贵客来，想不到客人今天便登门拜访。

来客是钦派赴闽担任福建乡试正考官的黄体芳[①]和他的儿子黄绍箕、侄子黄绍第，陪同前来的是瑞安新任知县杨稚虹。[②]

孙衣言见了黄体芳，握住手不放，又执了他的手，把他引到客厅的椅子上坐好，定住眼睛看他，许久才道："漱兰无恙，衣言放心了。"

[①] 光绪十四年五月，先生父任福建乡试正考官。(《黄绍箕集》)
[②] 杨稚虹，名文斌，云南蒙自人，瑞安县知县。(《孙诒让学记》)

说黄体芳"无恙",不过是安慰的话,这位官运亨通一路升迁至内阁学士、兵部左侍郎的清流派大臣,自为官以来一直主战。法军进犯越南,他上书主张与法军开战,建议破格重用黑旗军主将刘永福御敌。前线捷报频传之时,李鸿章却与法国使臣签订丧权辱国的《中法条约》。黄体芳大怒,痛恨李鸿章治兵二十年,花费国库银两无数,却奉行投降路线,拥兵自保,消极避战,遂递上折子,要求朝廷革去他的海军衙门会办一职,把他的北洋水师统帅权让给曾国藩的公子曾纪泽。慈禧太后看过折子,大怒,申斥黄体芳的行为是"迹近乱政",交吏部议处。光绪十二年,兵部左侍郎黄体芳官降二级,调为通政司通政使。

黄体芳是个很重感情的人,见孙衣言如此关心他,十分感动,道:"体芳惭愧,不能在朝中有所作为。"

孙衣言感慨道:"漱兰兄不必自责,若大臣都能像你一样耿直敢言,事情不会落到今天这个地步。"

知县杨稚虹虽到任不久,但素来敬重孙衣言和黄体芳的为人与学识,作揖道:"两位大人,您们是下官的楷模啊。"

孙、黄二人道:"说哪里话,你是父母官,守土有方,值得称赞。"

气氛轻松起来。黄体芳环视四处,问:"怎么不见孙公子?"

"痴儿怕是夜里读书迟了,昏睡未醒罢。"孙衣言说着话,用昏花的眼睛盯住黄绍箕看,羡慕道:"南皮张蓉楼有福,招仲弢做女婿。"①

张之渊是张之洞的哥哥,任湖北安、襄、荆、郧道台。光绪七年,黄绍箕发妻病逝。张之洞曾经向黄绍箕授业,十分看中这位门生的才气,光绪十年,让张之渊把女儿嫁给他。

"仲容的才学如今是闻名遐迩了,小儿仲弢哪里可比,"黄体芳谦虚道,"光绪十年,太后五十大寿,赏加小儿翰林院侍讲衔,后来又做了武英殿纂修官,也就这样罢了,并没有什么大的出息。"

① 光绪十年八月,先生于江阴学署与南皮张之渊观察之女成亲。按,张之渊,字蓉楼,张之洞兄,原任湖北安、襄、荆、郧道。(《黄绍箕集》)

"还说没有出息,漱兰兄过谦了。"孙衣言道。

"太仆公这样讲,绍箕羞愧死了。"黄绍箕说道,真的把脸羞红了。

"想痴儿六试礼闱不第,又不去做赈捐封赏的刑部主事,我是七十四岁的人了,怕不久于人世了,他一介布衣,让人牵挂。"孙衣言伤感起来。

18-1 玉海书楼一侧

黄绍箕轻叹一声,吟了一首七律:"纵横朱墨委尘埃,临到缄题更一开。花是亲栽皆爱惜,鹤因远别暂徘徊。书生遇合虽由命,圣代公明岂弃才。荏苒三年一指弹,龙门结队驾风雷。"

孙衣言点头道:"黄公子吟纪晓岚的诗鼓励德涵,老夫替痴儿谢了。"

黄体芳想让孙衣言高兴起来,命随从拿出江阴学署《习学记言序目》刻本,道:"这是体芳在江苏学政任上刻印的琴西兄校定本,现在借花献佛,把它奉还给您,也算作此行的一点薄礼。"

"这刻本纸质好印刷均匀,漱兰兄为永嘉先贤做了一件大好事。"孙衣言接过刻本细看,赞不绝口,原来这《习学记言序目》是叶适的著作,经他校定,黄体芳在江阴督印,对弘扬永嘉学说大有裨益。

黄体芳见孙衣言高兴,道:"过奖过奖,没有您的校定本,我拿什么东西来刻印。"

"哪里哪里,此事漱兰兄功不可没。还有仲弢,参与校理,也是有功之臣。"孙衣言面露感激之情,又问,"总共印了几本?"

黄体芳道:"当时也就印了几十本,江阴潮湿多白蚁,前不久想再印一些,那书版已遭蚁害不能用了。"

孙衣言连说"可惜可惜",站起来执了黄体芳的手便走。一行人跟在他们后面,穿过一个小花园,走进一个崭新的书楼,还来不及细看,已站到一间屋子里。只见里面搁了许多木制的刻板,上面密密麻麻的字都是上过墨的,黑黝黝的散发出墨汁的清香。

"这满屋书版,数来共有四千余片之多,诸位可知刻的是什么?"孙衣言道:"是《永嘉丛书》啊,是我与德涵这些年来收集校勘的先辈乡贤们的遗作啊,我们把这些宝贵的书版放在这儿,是为了让钻研永嘉学派经济之学的人们,不必为了找书而东奔西跑，他们如果需要，可以随时到这儿来摹印。"①

一行人听了，不觉肃然起敬。把千辛万苦求访来的古书校勘好了，再花费巨资雇工匠刻在木版上，然后无偿地让大家来摹印，孙家是开天下风气之先啊！

黄体芳感慨良久，对黄绍箕道："仲弢回京时，顺路去江阴南菁书院，把所存书版尽数开放，供人摹印。再者摹印的人多了，书版反而不会被蚁虫所蛀。"

孙衣言笑问："漱兰兄匆匆择定此举，日后不会反悔？"

黄体芳笑答："琴西兄今日才泄露灭蚁良方，我能不及时拿来一用？"

众人会意地相视而笑。笑后，都想起要参观书楼来，便重新又回到书楼外，在古榕和榆树的绿荫下，细看这楼的景致。

台门上有青石横额，篆刻"玉海楼书藏"五字，古朴苍劲得很。

"琴西兄好有面子，求来李若农②的字。"黄体芳仰头看字，点头称妙，又沉吟道："宋礼部尚书王伯厚著作殷富，自谓'如玉之珍贵，若海之浩瀚'，琴西兄以'玉海'二字命楼，出处是否于此？"③

"确实如此，瞒不过漱兰兄的。"孙衣言道，心中却想，漱兰明知今年是戊子年，年命为'火'，与书楼大忌，可偏巧这楼就竣工于火年，他又恰好在火年登门造访，以他绝顶聪敏之人，早已猜出我取"玉海"二字还隐含以水克火之意，只是不说穿罢了。

迈进大门的石门槛，便是一座两进五楹二层的书楼，两进之间的楼上楼下，用廊腰和游道相连，融为一体。前楼中堂的玻璃蹲门，在江南小镇算是稀罕之物。东西两面的墙体是青灰色的，配了原木色的镂空雕花门窗，雅致得很。天井里铺了大块长条石板，拿屋檐上的黛色瓦当一映衬，氛围立时远古深邃起来。

"把个书楼营造成这样，真羡慕死我了。"黄体芳赞叹不已。

"漱兰兄又来寒碜衣言了。"孙衣言谦虚道，心里却十分得意，

---

① 光绪十四年八月，玉海楼筑成，衣言自撰《藏书记》，定《藏书规约》十六条。而以所刊《永嘉丛书》四千余版并置楼下，又自此每年于二月仓圣生日及八月孔圣生日，在楼下设祭，以汉时诸经师及宋时五子，暨吾乡诸大儒配享，凡在诒善祠塾肄业及房族子弟之有志于读书治学者，皆得与祭。(《孙衣言孙诒让父子年谱》)
② 李文田，字若农，广东顺德人，工书善画，著名的蒙古史专家和碑学名家。
③ 李若农学士为题"玉海楼书藏"五字额并跋，泐石以表之。此琴西老前辈聚书之所也。南齐张融自名其《集》曰玉海。玉以比德，海崇上善。宋王应麟亦取以名其书。儒家蓄书称藏，自阮文达始也。(《孙衣言孙诒让父子年谱》)

"屋子虽佳总还是次要的,主要是这书楼里倒真有一些好东西。"

"太仆公快说来给下辈听听,好让我们长长见识。"黄绍箕道。

"既是书楼里的好东西,当然不会是金银财宝,统是些书罢了。"孙衣言道:"不过,你们都是读书人,知道书比黄金贵的道理。"

"绍箕铭记太仆公的教诲。"黄绍箕道,又问:"玉海楼里藏书几卷?"

"书楼虽不大,里面的藏书算起来却也有九万余卷。"孙衣言答道。①

18-2 上:玉海楼题额"玉海楼书藏"(清·李文田)
下:玉海楼题额"玉海楼"(清·潘祖荫)

"不得了!"黄绍箕一惊,道:"民间藏书,明嘉靖宁波范氏天一阁最多时,也不过七万卷,玉海楼超过它了。"

"要讲藏书数量,比玉海楼多的书楼还是有的。本朝江苏常熟铁琴铜剑楼,藏书十万卷;山东聊城杨氏海源阁,藏书更多,达二十二万卷,可惜毁于兵祸。"孙衣言道。

黄体芳见孙衣言有些累了,而黄绍箕却不停地提问,便对黄绍箕说:"你只顾问话,也不知太仆公疲倦,还是找你的仲容哥哥去聊吧。"

不见诒让,黄绍箕正巴不得要去找他,见父亲放话过来,连忙作揖拜别太仆公,风似的一溜烟去找诒让。今天早晨随了他来的项湘藻与项崧,也紧跟而来。

项湘藻与项崧是堂房兄弟,都曾在"诒善祠塾"向孙衣言求学。② 他们的上辈也是读书人,在瑞安草堂巷和南堤街,建了水仙楼、珠树楼两座书楼,藏书数万卷。士以知己者悦,项家兄弟早就与诒让和黄绍箕结为好友。

拔腿之间,后楼也就到了。寻到楼梯,刚要上楼,却有两个书

① 光绪十四年春,衣言为其子诒让卜筑新居于县城虞池金带桥之北,别于其旁建玉海楼以藏书。盖念先世好聚图籍,经乱无复存者,自历官中外得禄易书,舟车所至,即增卷帙;而诒让仰承庭诰,襄助搜访,综所收获,约八九万卷。《孙衣言孙诒让父子年谱》

② 光绪五年十二月,衣言于是杜门不复出,益宣究其平日所笃守之永嘉学术,聚乡里英才而讲授之。如此者十余年,先后受业诸子则有泰顺林亨甫用霖、周丽辰焕枢、晓芙恩熙、季兰恩锜、永嘉王子祥景羲、乐清陈叔和国锵、平阳张蔚文霈、宋燕生存礼、玉环庞凤羲、青田章式典楷、同里林祁生庆衍、黄叔颂绍弟、王小兰翼传、周伯龙珑、仲龙璪、项葱畦方蒨、申甫芳兰、何翰臣庆辅、胡榕村调元、池云山志澂辈,凡数十人。(《孙衣言孙诒让父子年谱》)

18-3 玉海楼藏书

童模样的人挡住去路。挡道的是进喜的两个儿子,大的叫富顺,小的叫富贵。进喜调去看大门后,央求孙家让他两儿子做仆人混口饭吃,诒让身边少人,便让他们做了书童。

"仲容兄好威风,躲进书楼做学问,还布下重兵把守。"黄绍箕见不能上楼,无奈道。

"什么重兵,两顽童而已。"项崧道。

"我们写诗让他下来。"项湘藻说。

"好主意。"项崧道。

楼梯下有一书桌,文房四宝一应俱全。项湘藻磨墨铺纸,让项崧先写。

"楼上一书囚,楼下两顽童。"项崧提笔写了上句,把笔递给项湘藻。

项湘藻握笔思索片刻,写完下句:"梦见周公否?吐哺盛世中。"

"妙极,妙极,这后一句写得好!"项崧抚掌而笑,"周公礼待下士,一顿饭三次吐哺迎客。仲容兄疏正《周礼》,最尊敬的人莫过于周公,行事不敢与周公不符。等把这诗呈递上去,仲容兄一定下楼见我们。"

"不但见我们,接我们上楼,弄不好还要负荆请罪呢。"让富顺拿了诗笺上楼,项湘藻很自信地笑道。

富顺很快下楼,手里仍是那张宣纸的诗笺。项崧拿过来一看,只见上面有朱砂眉批:"此楼下两顽童语焉,楼上书囚听之何益。"

项崧知道诒让认出是他们两兄弟的笔迹,倒打一耙,把他们俩当作顽童了。

项湘藻恨道:"这人一进书楼,就是这般地无情。"

项崧①笑道:"事已至此,只有黄翰林亲自出马了。"

黄绍箕略一沉吟,便挥笔写道:"宦游八载客京华,梦中几番

---

① 项崧,原名芳兰,字申甫,瑞安南堤街人。祖傅霖,道光壬午科举人。叔祖傅梅,有《耕读亭诗》,伯父瓆,有《水仙亭词》。父琪,隐居不仕。崧濡染家学,未冠补博士弟子员。孙衣言致仕归,于家祠设塾,招后进肄业学文,崧与黄绍第、胡调元、林庆衍等并著籍为弟子。衣言独称崧文详整,有体安,得桐城文法。光绪己丑,中举人。(《孙诒让学记》)

18-4 玉海楼百晋匋斋隶书额（清·王懿荣）

回东瓯。故乡山色应无恙，羡君归有玉海楼。"

这回让富贵拿诗笺上楼，就有急切的脚步声，在楼板上响起，随即又"咚咚咚"地响到楼梯。大家抬头一看，来的正是诒让，只见他呆呆地朝众人看，衣衫不整，头发凌乱，沾了墨汁的手里紧捏着黄绍箕的诗笺。

黄绍箕见状先是一愣，随即微笑，项家兄弟把诒让说成"书囚"，真是入木三分。

黄绍箕这一笑，倒把诒让给笑醒过来，自责道："瞧我的记性，父亲告诉过我，说漱兰年伯和你要来，我怎么偏就忘了呢？"

"无妨的，无妨的。"黄绍箕知道诒让认真，连忙道："读书人进入境界，哪个不是这样。"

诒让问："你几时来的，可到书楼看过？"

黄绍箕道："除了你这儿，其他地方都已看过，心情也就四个字。"

诒让问："哪四字？"

黄绍箕答："妒火中烧。"

众人齐声大笑。

黄绍箕又说："父亲赴闽，命我陪他回乡，其中一层意思，是在瑞安选一处合适的地方，待他告老回乡后营造书楼。"

诒让道："这倒也是，你们一直在外做官，藏书一定不少。"

黄绍箕道："书是不少，不可与玉海楼藏书相比的。我正要求教于你，太仆公和你如何收集到这许多书？"

项湘藻、项崧相视一笑，道："算是问对人了。"

18-5 文房器具

诒让道:"仲弢兄有此一问,诒让略作解释,算是抛砖引玉。"

诒让告诉黄绍箕,这玉海楼藏书来源有三。其一是购买散落在民间的私家藏书。父亲在翰林院任职时俸禄不多,京城的书肆虽有好书,往往难以尽兴购取。同治七年到光绪五年,父亲在江苏、安徽、湖北为官,太平军和捻军造反殃及私家藏书,以至许多善本散落民间。那时父亲的俸禄比在京城时已高出许多,便可让他恣意购求,十多年过去,竟然收集了八九万卷之多。私家藏书如宁波天一阁、常熟绛云楼、长洲阳草堂、金陵千顷堂、吴县士礼居、仁和抱经堂、海宁拜经楼、秀水泽存楼、昭文爱日精庐、歙县知不足斋、钱塘瓶花斋、海盐道古楼、江都石研斋,以及仁和邵位西、常熟秦景阳、泰兴季沧苇等数十家,都有藏本转存玉海楼,其中最珍贵的是那些宋代、元代和明代的善本,还有出自各名家的批校本和未刊刻的稿本。①

"仲容兄毕竟是经手之人,说到书藏,如数家珍。"黄绍箕道:"那么来源之二呢?"

"遍求永嘉先贤著作,以充库存。"诒让见黄绍箕听得很认真,说得详细起来。

诒让说:"永嘉学派的老前辈,都是既善于读书又著述丰富的人,但历经宋、元、明、清四个朝代,他们的著作已大多散失殆尽,其中幸存的部分,则流入私人书库成为密藏,人间绝少传本,现在的人往往很难看到。为了搜求先贤遗著,往往靠借钞私家藏本,提供最多的是归安陆刚甫皕宋楼和钱塘丁丙八千卷楼两家。父亲还曾向翁叔平大人求书,得其旧藏四库副本《许及之集》,钞录后,校勘其中错误之处,再归还给翁大人。就这样日复一日,先后得到永

① 参见孙衣言《玉海楼藏书记》、林炜然《关于玉海书藏》

嘉宋代先儒刘元礼的《刘给谏集》、刘元承的《刘左史集》四卷、许少伊的《横堂集》、周恭叔的《浮沚集》、薛艮斋的《浪语集》、许深甫的《涉斋集》、叶水心的《习学记言》和《水心文集》、戴文子的《浣川集》、刘声伯的《蒙川遗稿》等。后来选其中七种，加上叶水心的《水心别集》、陈止斋的《止斋文集》、林竹轩的《竹轩杂著》、王任道的《开禧德安守城录》，以及本朝的《谷艾园文稿》《礼记集解》《尚书顾命解》《集韵考正》，命我校勘后编成《永嘉丛书》。"

"我们刚才在前楼看见《永嘉丛书》的刻板了，这的确是一件功德无量的事啊！"黄绍箕赞叹道。

"除了到有规模的书楼搜集钞录，还向温州当地各方搜访乡贤遗著和地方文献。为此，我曾撰写《征访温州遗书约》，广征明清乡贤遗作，并指定专人在各地负责经办此事，这样先后一共搜罗到乡著二百六十余种，连同以前已经有的，共计四百六十余种。"诒让道。

"说到乡贤遗著，你早在光绪三年就已经撰成《温州经籍志》，广录唐宋至本朝道光以前文籍，共一千三百余家，一千七百五十九部，为保存永嘉之地文献史料贡献巨大。"黄绍箕由衷地说道。①

"家父向来自称要做永嘉之学传人，诒让幼承庭训，便很自然地去做这些事，因为这是应该做的事情啊。"诒让道："接下来说说藏书来源之三。"

"如此甚好。"黄绍箕非常感激。

诒让告诉黄绍箕："这其三，来自师友赠送。曾文正公、俞曲园年伯都有自己的著作相赠，赠书最多的是子高兄。"说到戴望，诒让伤感起来，声音也哽塞了："同治十二年，他自知病重不久于人世，便将几乎所有藏书都赠送给我。他要是能活到现在，看一眼这玉海楼，那该有多好。"

"仲容兄只顾介绍书楼，也不陪我们到新宅各处走走。"见诒让

① 己巳之夏，属稿伊始，寒暑再更，条绪确立。凡为卷三十有二，外编二卷，辨误一卷附焉。著于录者一千三百余家，所目见者十一而已。自知徒殚勾集之勤，未窥述作之旨。纰缪夺漏，惧弗克免。用俟方闻，理而董之。（孙诒让《籀庼述林·卷九》）

伤感，项湘藻向黄绍箕递去眼神。

黄绍箕知道项湘藻的用意，连忙附和道："我也正想观看一番呢。"

大家正要出发，丫鬟翠荷从楼上下来，道："二爷手上还沾了墨汁呢，洗干净再走不迟。"说着便端了铜盆去舀水。

诒让说："不妨事的，顺路到放生池洗净就是。"

一行人离开后楼，推开一扇腰门，一泓池水扑面而来。诒让道："这里是放生池，一为放归众生，二为以水护楼。"

黄绍箕道："安排得十分周到。"

昨夜刚下了场大雨，山水从西而东，一路奔腾，经西河桥、矮凳桥、塔儿头、五显殿，在利济医学堂门前向南转，注入放生池，搅拌起无数个漩涡，然后又涌将出来，急流到玉海楼东南面的金带桥，朝虞池而去。①

项崧道："平日这里的水绿得透明，平静得像一面镜子，想不到今日会如此湍急，如一条黄龙飞游而过。"

项湘藻道："此一时彼一时矣。水是这样，人更是这样。像仲容兄这样的文雅之人，一旦国家有事，还不是振臂而起，麻衣草鞋，率领乡勇登城御敌。"

提起中法战争，诒让的神色凝重起来，道："明明是打赢法国了的，却让出了越南，招黑旗军回国，不但应承开放新的通商口岸，还允许日后建铁路与其商办。本不该如此结局的，可惜香师一番苦心经营了。"

黄绍箕道："家父看不过去，才递折子上去的。"

诒让道："漱兰年伯精忠报国，拼了身家性命才敢递上折子啊，但李中堂势大，又有太后护着。"

黄绍箕恨道："朝廷也就由这些人把持，忠奸不分，肯说话的清流又散去大半，他们更加有恃无恐了。"

"很有些日薄西山的迹象了呢，"诒让把头抬高了看，放生池东

---

① 参见《孙衣言集·放生池记》

面十余步，便是爬满枯藤苔藓的城墙，由北而南蜿蜒而去。垛口上架着的几尊铁炮，被风雨锈蚀了，让人生发出许多时局艰辛的感慨来："唯有顺周公制度，兴永嘉之学，正朝纲，讲事功，中国或许还有一救。"

黄绍箕也抬头看那城墙，正色道："永嘉事功之学始于常州先生薛艮斋①，他便是个主战派，且尤其重视借民众的力量抗敌。南宋绍兴三十一年，金兵大举攻宋，常州先生守住南昌，得力于平时用保甲法组织乡勇，农闲教习乡民骑射击刺，守城时发挥了作用。南宋隆兴元年，张浚北伐失败，主和派势大，次年宋、金达成和议，宋岁贡白银二十万两，绢二十万匹。常州先生极力反对此事，痛骂妥协求和之举，说示弱求和是坐困之策。"

项湘藻道："常州先生把他的思想传授给他的大弟子止斋先生②，止斋先生又影响了追随他的水心先生③。改革内政，慎用官员，加强守备，裁撤冗兵，发展生产，重视商贸，整理财赋，富国强民，收复中原，这些经世事功之说真的是句句金玉良言啊！"

黄绍箕道："常州先生南昌取胜之后，开禧二年水心先生沿江制置，也有击退来犯金兵的记录。"

大家慷慨激昂，见诒让没有言语，回过头看他，那张文静的脸上已因激愤泪流满面。

黄绍箕悔道："坏了坏了，来看书楼的，偏把话题扯远了，都怨我。"

项湘藻、项崧异口同声道："怎么好怨你呢，都怨我们兄弟俩。"

大家一起劝诒让，可诒让的泪水就是止不住地流。于是都感染上了，鼻子酸酸的，眼睛里尽是泪水。

正在伤感，忽然传来几声清丽的琴声，明朗朗的，像雨后的天上飘过的云朵，高远脱俗。

黄绍箕用手拍脑门，道："瞧这脑子锈的，怎么偏就忘了这事儿？现在有救了，有救了。"

① 薛季宣，南宋哲学家，永嘉学派创始人。字士龙，号艮斋，学者称常州先生，永嘉（今浙江温州）人。历仕鄂州武昌令，大理寺主簿，大理正，知湖州，改常州，未赴而卒。薛季宣反对空谈义理，注重研究田赋、兵制、地形、水利等世务，开永嘉事功学派先志。著有《浪语集》《书古文训》等。
② 陈傅良，字君举，号止斋，人称止斋先生，温州瑞安湗村（今塘下罗凤）人。乾道八年中进士，官至宝谟阁侍制，中书舍人兼集英殿修撰。永嘉学派主要代表之一，为学主"经世致用"，反对性理空谈，与同代学者陈亮并称"二陈"。
③ 叶适。

第十九章

颐园听梅

众人都在纳闷,怎么突然跑出这么好听的琴声,那黄绍箕又说"有救了",想是他预先知道的,却不知葫芦里藏的什么药?都拿眼看黄绍箕,只见他满脸诡秘,一副认真听琴的样子。

那琴声确实迷人得很,诒让渐渐醉了去,恍惚中听见黄绍箕在耳边轻语:"你可听出曲调来了?"

诒让仍闭了眼,道:"是正宗的苏州评弹,当年在江宁倒是时常听的,回到温州也就与其无缘了,今日奇怪,怎么又听到了。"

黄绍箕装作生气,道:"你就知道奇怪,也不想想是谁让你享受此福。"

诒让睁大眼睛,道:"莫不是你把人带到这里来的。"

黄绍箕点头,道:"正是,玉海楼建成,家父的贺礼是江阴学署刻本《习学记言序目》,用来借花献佛,小弟的贺礼便是美人佳音,聊表心意。"

诒让的心情舒畅起来,道:"那还不赶快带我去见人。"

黄绍箕却慢慢吞吞地说:"一听说美人,便猴急起来了。"

众人都笑弯了腰,又被好奇心驱使着,揉着笑痛了的胸口,簇拥了黄绍箕,疾步朝传来琴声的地方走。

跟着琴声,穿过天井和月门,便来到书楼西边的颐园。这颐园花木茂盛,假山玲珑,园子正中凿一方荷池,已见几朵早开的白莲不染纤尘,亭亭玉立在池中,煞是可爱。荷池北边是船厅,屋顶呈"人"字形,算作船背,上下两层共有三十二扇镂空的梅花窗,上层的窗子用竹竿撑开,算作船棚,下层的窗子便可让客人凭窗观景了。最妙的是,由船厅内向外看,最先映入眼中的是一池芙蓉;由外往船厅看,亦是一池莲花托着一艘画舫。①

颐园可爱是真,然而最可爱的莫过于琴声,还有和着那曼妙琴声的甜软吴音,把人都听呆了。

声音是听到了,却找不到人。正在奇怪,只见黄绍箕走上几步,推开船厅的两扇门。里面先是露出一角浅黄色的裙钗来,逶迤在磨光青砖地面上,人随了琴声晃动,在丝弦上雪花般飞舞的玉指也让人看到了。偏是最想见到的脸,固执地俯向琵琶,半隐半现,紧紧勾着人的魂不放。

一曲终了,女子抬起头来,水汪汪的眼睛瞟向诒让。

"天哪!梅娘,您终于来看我了。"诒让跑进船厅,大声喊道。

女子一惊,把头俯得更低了。

诒让不禁长叹一声,知道现在那双美丽绝俗的眼睛已经不再看他,转而向门外寻找冰雪世界,那儿有梅娘日夜相守的梅花呀。诒让把脸转向门外,却看不到冰雪梅花,眼前只是一池莲花。他揉了揉眼睛,看眼前的女子。

女子又抬头瞟一眼诒让,微微一笑,赶紧低下头去。

这不就是梅娘么,见了他为什么欲说还休?她还是像先前那样,一颦一颦间透露出妩媚。对了,她嘴角边的那颗黑痣也还在,细细小小的,娇媚可心。

"梅娘,您抬头看看诒让啊,诒让就在您身前呢。"诒让道。

女子顺从地抬起头来,用她的明眸安然对着诒让。

19-1　琵琶诗意图(傅抱石)

① 衣言筑埊航斋于玉海楼旁,设榻以待客,而长室明窗,宴坐期间,宛然舟居,因忆彭刚直玉麟督师长江,尝名其自用小舟曰"恰受航",辄取其义,以命斋名,盖深佩刚直之清约,而辄以自况也。埊航斋之南隙地,广可半亩,杂莳盆卉,疏小池,引水以种荷,日涉成趣,足为颐养天年之助,因自题曰颐园,手书"退思补过,时还读书"八字为联泐石。于是仲弟锵鸣扶筇时至,相与谈风月于花裀,叙天伦之乐事。锵鸣命工为图颐园春宴,征诗海内,播为佳话焉。(《孙衣言孙诒让父子年谱》)

诒让迫不及待地去读这双眼睛，却读出许多生疏来。没有高傲孤寂，没有凄丽抑郁，他找不到那双高洁冷艳的眼睛了，找不到了。他现在与之交流的，尽管也是一双美丽绝俗的眼睛，但藏在里面的只是温柔顺从，安详平和。

诒让的心碎了，眼前一黑，只见窗外昏沉黑暗，万籁无声，沉寂之中，一弯残月走进云中。待月儿重新走出乌云时，他看见窗下的梅树中有一座圆形的矮丘，没有墓碑，没有供品，只有一座十字架，被疯长着的茅草包围着，腐朽倾斜。

可曾几何，梅娘面对了窗弹奏《梅花三弄》，那时候，窗外千树梅花的浓香漫进屋来，把整个房间都填满了，把屋里的一切都熏香了。

诒让呻吟道："快，快弹《梅花三弄》！"

就听见玉珠落地般清细的声音，在船厅响起，煞是动人。诒让屏声而听，知道是《寒山绿萼》；又看那手指，轻拢慢捻的，知道是《姗姗绿影》了；接下去应该是《三迭落梅》了，果然，声音急促起来，碎成一阵阵啜泣。

诒让用手捂住耳朵，流泪说："这琴也诅咒人么，刚才还活生生的，说凋落也就凋落了去。"

女子的手一哆嗦，许多颗泪珠涌出来，挂在长长的睫毛上。这晶莹的泪珠儿，被门外射进来的光映照着，折射出点点光斑来，带了委屈，带了孤独，战栗着，滚动着。

当被泪水浸泡着的眸子，欲说无语地凝视着他时，诒让终于读到了深藏其中的高贵。他被这高贵征服了，心中充满温情，他用手去握女子的手。这是一双美丽绝伦的手，像刚离开巢窝的小鸟，带了些惊慌与羞涩，很乖地躺在他温暖的手掌中。

黄绍箕要回北京了，诒让送他。刚送走南下福州的黄体芳，现在又要送黄绍箕北归，诒让的心里空落落的。想到好友别去，天各一方，自己身处偏隅小城，落寂感攫获了孤独的心。

两人下了绿呢轿，站在埠头不忍分手。

诒让凄然道："此番一去，不知何时才能相见。"

黄绍箕明白诒让心中的苦楚，道："仲容兄不要伤感，明年会试，咱们便又可在北京再见了。"

诒让更添一层忧郁，道："屡试屡败，诒让早已心灰意冷，奈于父命，一再赴京应付罢了。明年的己丑会试打算不去了，想静下心来把《礼疏长编》稿写好。"

听诒让说起《礼疏长编》，黄绍箕道："侍父回乡之前，听内子说起，南皮公为了弘扬国学，要在广州刊刻《国朝新疏》，《礼疏长编》亦在征集之列。"①

诒让想，黄绍箕是张之洞的侄女婿，既然他夫人知道此事，那么就是真的了，便说："香师既有重托，我就更要努力完成此书了。"

黄绍箕道："南皮公督两广可谓呕心沥血，政绩显著。他亲自参与理财，撤换不法税官，革除一切私税规礼，国库逐渐充盈起来。中法战争结束也就几年，他不但还清上任时向英国汇丰银行借的七百万两银子，还把前任留下的洋债也一并还了，不仅如此，还修复黄浦船坞建造轻型兵舰，修建广州天字码头以利商贸，缫丝局、制钱局和枪弹局也已开办，花钱不少。"

诒让叹道："做了封疆大吏，办洋务也是不得已的事儿，难为香师了。"

黄绍箕见他似乎话中有话，便道："南皮公虽办洋务，却丝毫没有忘记自己当年的清议之言，听说他为书院书局存留的银子就有五十万两，不然怎么去刻印《国朝新疏》这样的鸿篇巨帙呢。"

诒让道："香师做的事儿，一定不会有错。中法战争时，我在南门守城，当时也不怕什么，事后想想，法寇果真打来，城楼上的几门铁炮还真难以御敌。战争结束后，找来一些译本和时务书籍报章，读后感触颇深，其中冯桂芬的《校邠庐抗议》②，读了两卷，很有启发。又想，咱们受父辈影响至深，都崇拜永嘉事功学派，而事功最讲究变通，如今中国藩国尽失，口岸洞开，洋教盛行，形势之危急，世道变化之严酷，是数千年以来所不曾遇到过的，一些事情该变则变，不必太拘泥的。"

黄绍箕道："原以为你躲在书楼里啃古书的，原来也偷偷读了不少洋书禁书。"

诒让道："虽然读得不多，却有鲜为人知的发现，所谓西学，

---

① 光绪十四年秋，粤督张香涛之洞驰书诒让，征《周礼正义》稿，并招赴粤，相与商榷，谋即付刊。时书稿尚未写成，诒让亟校核理董。（《孙衣言孙诒让父子年谱》）

② 《校邠庐抗议》是近代思想家冯桂芬代表作。"校邠庐"系居处，"抗议"二字语出《后汉书·赵壹传》。此书共收政论47篇，针对世界格局和中国变局提出改革方案。

没有一样不发源于咱们中国。"

黄绍箕惊诧道:"这倒是第一次听说。"

诒让道:"说给你听。洋人的测算和浑盖之器、地圆之说,全都不出《周髀》的范围,这事清楚明了,不必细谈。连西洋自诩不可一世的制作技艺,其根源亦来自《周礼》,《考工记》中记载的挈壶氏,有以火爨鼎而水沸腾之法,这恰恰就是蒸汽机的动力原理发源自中国的证明。至于洋人的声学、光学、力学、化学,在《墨子》中是一应俱全,其源肇始于中国是一清二楚的事。"

黄绍箕道:"既如此,那洋人是取法中国,后来居上。"

诒让道:"正是,所以'师夷长技'的说法是不对的,这技艺本来就是中国的东西,只不过几千年来国人不甚重视,以至于让洋人任意生发开来。"

黄绍箕道:"甚至青出于蓝了,可恶至极!"

两人谈兴正浓,轮船上派了人来,说:"请黄翰林上船,现在正值潮平,轮船按例要起锚离岸的。"

诒让便要黄绍箕上船,黄绍箕摆摆手,让来人先回船上去,说还有几句话要与孙主事谈。

黄绍箕问:"宫中的事情可有耳闻?"

诒让摇头道:"这么偏僻的地方,哪里知道什么宫中秘闻。"

黄绍箕压低声音,道:"光绪皇帝今年要大婚亲政了。"

诒让屈指算来,道:"可不是吗,一十八岁整了。"

黄绍箕道:"知道他的师傅翁叔平大人除了给他讲经,还给他讲授什么吗?"

诒让道:"我又不在宫里,怎么知道翁大人给他讲些什么。"

黄绍箕道:"冯林一[1]的《校邠庐抗议》。"

诒让道:"原来他在宫中也读此书。"

黄绍箕道:"岂止是读,圣上还把其中的《汰冗员议》《许自陈议》《省则例议》《改科举议》《采西学议》《制洋器议》等六篇,

[1] 冯桂芬,字林一,江苏吴县人,著有《校邠庐抗议》

装订成册，置于寝宫，随时浏览。"

诒让问："圣上还读些什么？"

黄绍箕道："翁大人命出国使臣把他们的日记和游记进呈给圣上，让他了解泰西各国政治军事、地理气候、风土人情，圣上读得不亦乐乎，有了学西文的念头，还自叹身处深宫，不能游历泰西诸国。"

诒让怅然道："这嗜好竟然与梅娘相同。"

黄绍箕问："你说的梅娘是哪一位？"

诒让自知失言，道："刚才我说梅娘么？好像没有说过嘛。"

黄绍箕暗暗一笑，不再追问。

轮船上又来人请黄绍箕上船，这回是船长亲自来请。

黄绍箕与诒让作揖告别。上了船，见诒让的眼睛不停地在他身前身后寻觅，知道他在找谁，喊道："仲容兄不必找了，她已侍候新主去了。"说完，船已走远。

站在岸上，看那艘轮船渐渐入海，不见踪影，诒让怅然若失。他摇头长叹一声，坐进轿子，让轿夫折回玉海楼。

回到书楼，诒让命富顺到老爷与诸夫人、陈姨娘处，告诉一声自己已送客回来。又命富贵在楼梯口守着，别让任何人上来。自己上了楼，木头般坐在书案前，一动不动。枯坐了好一阵子，才觉得脑子清醒了些，想续作《礼疏长编》，便命翠荷过来磨墨。

翠荷原是服侍老爷的丫鬟，略微认识几个字。自春儿死后，诒让一直没有合适的丫鬟，其间虽认真挑选了几个，都不合自己的心意。老爷见诒让著述之事繁重，便把翠荷给他，只是诒让用来仍不称心。

诒让把纸铺好，见墨已磨好，拿笔蘸了，埋头写字。写了几行字，觉得今日的墨磨得与往日不同，十分地均匀，浓淡也正好，便夸道："磨了好几个月的墨，也就今天才合我意。"

要是往日，那翠荷听了好话，一定会高兴死的，可是今日却不发一言，这却是为何？诒让回过头看，这一看不要紧，直把他惊得从椅子上滑到了地上。

"梅娘，您怎么在这楼中？"诒让诧异地问。

"二爷那日听奴家弹琴时，便唤奴家'梅娘'，今日在书楼又喊奴家'梅娘'，想

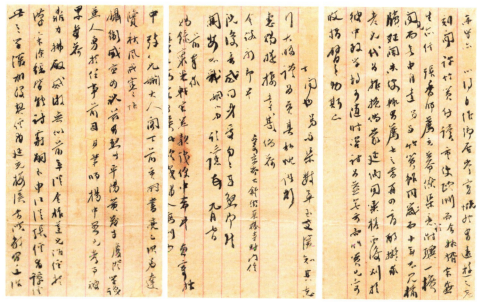

19-2　孙诒让致黄绍箕信札

必是认错人了。"女子扶起诒让,含了几分娇羞道。

"对了,您就是在颐园弹琵琶的女子。"诒让记起来了,道:"您不跟黄翰林北归,滞留此地,却是为何?"

"黄翰林命我侍奉新主。"女子道。

"他倒是这样说过,只是这新主是谁?"诒让问。

"就是二爷您。"女子侧身做了个万福,道。

"此事我怎么一概不知,您说给我听如何?"诒让道。

"奴家扬州人氏,今年刚满一十五岁,早年家世还好,父亲也是断文识字的廪生,后为生计所迫,经商置了几亩薄地,虽谈不上富裕,倒也与世无争自得其乐。可惜后来母亲病死,父亲思念成疾,不久也命归黄泉,家道中落,奴家只得浪迹天涯。"女子道。

"天姿国色的人,却都这般地命苦,老天不公平!"诒让恨道,又问,"姑娘既出生在扬州,可知那里有个梅园?"

"奴家虽生在扬州，不久便流落天涯，对扬州的事并不太清楚。"女子道："奴家倒有一问，二爷您刚才说'都这般地命苦'，这'都'字中，又含了谁呢？"

"这个么……"诒让一时语塞，心里想，这女子琴弹得好，对语言的感觉也十分地敏捷，顿时生出许多好感来，问："您又是怎样结识黄翰林，又是怎样到我这玉海楼来的？"

"黄大人路过苏州，奴家有幸为他弹唱一曲苏州评弹，他听后便带奴家到温州唱曲，一为贺玉海楼建成，二为聊解路途乏闷。"女子慢慢道来："在颐园，奴家为二爷您弹了《梅花三弄》，回去后他有意让奴家留在玉海楼。前日，他去您家与二奶奶说妥当了，让奴家在您身边当个贴身丫鬟。"

"万万不可，姑娘这样的人做我的丫鬟，真真屈死了！"诒让急得不行。

"二爷不答应，奴家长跪不起了。"女子说完，真的跪下地来，两眼一红，泪水涌了出来。

"您这样一来，叫我怎生是好。"诒让连忙搀她起来，女子拼死跪着，诒让只好答应她留下，说："暂且留下也罢，只是不知道姑娘尊姓大名。"

"姓杨名倚玉。"女子破涕为笑，行了礼，道："小女子谢过二爷了。"

"这名字俗了一些，"诒让沉吟道："名字俗本不要紧，只是您原本不是俗人，总得改过才显得妥帖。"

"小女子年幼便离家学艺，早把真名给忘得一干二净，'倚玉'是师傅给取的艺名，二爷要改，那就改了去吧。"倚玉说着，眼圈又红了起来。

"我看这名字不但俗，还勾起您的悲苦来，真的还是改了好。"诒让拿笔在纸上写一个大大的"梅"字，道，"单改一字，把'玉'字改成'梅'字便妥。"

"如此一改就成'倚梅'了，倚了梅花，看那漫天飞舞的雪花，二爷一定极爱这种景致呢。"倚玉说道。心中却联想到，二爷三番两次把她叫作"梅娘"，这回又把她的名字改为倚梅，怕是有什么不好说穿的隐情吧。便不再问，装出很高兴的样子。

诒让见她高兴，知道这名字就这样了，便把笔搁在笔架上，歪了头笑看着倚梅。

"二爷已经把倚梅的名字改好了，但倚梅也要请二爷改一个称呼。"倚梅道："二爷既然收小女子做了丫鬟，却又把小女子称作'您'，这是否也得改过才显得妥帖？"

"好，好，好！有道理，改了便是。"诒让见倚梅机智聪慧，好不高兴，道："倚梅

19-3 梅花图（清·赵之谦）

啊，有你这样的才女伴我，不但书楼生色，书楼中的人也会文思泉涌呢。"

"这回改称'你'了，闻过改之，真君子也。"倚梅一笑，拍手赞道，"至于书楼生色和文思泉涌，倚梅就不能打包票了。"

"天天有你在我身边，还用打什么包票。"诒让笑道，突然嗅到一股清香，竟是从倚梅身上发出来的，克制不住，一把搂过她来，抱入怀中。

倚梅把头深深埋在诒让怀中，用动听的吴语呢喃道："二爷既然让奴婢去做梅花，可否答应为奴婢办一件事儿。"

诒让把脸贴在倚梅蓬松着的黑发之中，发誓道："你说的事儿，我拼死也要办到的。"

"二爷不要乱说。"倚梅连忙用小手掩住诒让的嘴，道："奴婢的事儿倒也不难，明年开春，二爷您寻一株梅来，在颐园里栽种下去便是。"

"我以为是什么难办的事，原来就是栽种一株梅树。"诒让松了一口气，说完，捧紧了倚梅的脸看，道："你倒说说看，我的心思你怎么就知道得一清二楚。"

第二十章

武昌之行

水天苍茫。江轮载了孙诒让，驶向武昌。此行关系重大，是为谒见湖广总督张之洞，商榷刊行《周礼正义》的初稿《礼疏长编》。

前年秋天，还在两广总督任上的张之洞，来信召诒让赴粤，征《礼疏长编》稿，并备了千余两银子，准备将书稿放到广雅书局刻印刊行。诒让感动得不得了，含泪向南遥拜致谢。只可惜书稿庞大繁复，一时难以完成，未能成行。写成《礼疏长编》，已是去年年底了。今年正月一过，便打点行装，随身带了《礼疏长编》稿，乘船赶往武昌。①

船舷外，一片白茫茫的世界，笼罩在长江上的细雨浓雾，浸湿了诒让的衣衫和长辫，他却浑然不觉。科场不顺，屡试屡败，不知不觉间已在这世上活了四十三年，对于望子成龙的父亲，对于寄他予厚望的恩师，对于他深深挚爱着的祖国，他能交上的答卷，便是此行随身带上的《礼疏长编》。

从同治十二年起，诒让开始着手撰写《周礼正义》。他历时六年草创《周官疏》，完成资料准备工作。随后，着手著述《周礼正义》的初稿《礼疏长编》，其间历时十一年，《礼疏长编》完稿已是光绪十五年。

《礼疏长编》尽管只是《周礼正义》的初稿，但意义十分重大：其一，这部百科全书式的著作，肯定了中国远古时代官制的先进性，并详尽地展示了远古时代合理的社会分工，通篇散发出传统经学中

① 光绪十六年正二月间，诒让计偕北行，箧携新写成《礼疏长编》稿本数十巨册。时张之洞移节两湖，遂先往鄂垣以就商榷。（《孙衣言孙诒让父子年谱》）

的理想主义光辉；其二，力倡通小学明训诂的科学治经方法，自惠栋、戴东原之后，继续擎起乾嘉学派的大旗，奠定了一代朴学大师的坚实基础。①

站在船舷上的诒让，透过湿寒的雨雾，依稀看见了蜿蜒在长江之滨的武昌古城墙。他的心突然狂跳起来，他就要见到恩师张之洞了，他数十年的心血就要得到回报了，他的人生价值就要得到肯定了。

20-1 左：《周礼正义》（清·孙诒让），温州博物馆藏；右：《周官正义》（清·孙诒让），温州博物馆藏

诒让跑过水滑的过道，推开客舱的房门，轻轻坐在搁于床铺上的书箱旁。沉甸甸的书箱中，放着他的《礼疏长编》呢。

这边早已惊醒了富顺和富贵，睡眼惺忪的兄弟俩，不分青红皂白扑将上来，死命抱住两只书箱，尖叫道："有强盗哇——要抢二爷的宝贝哇——"

诒让大笑，啐一口道："看仔细了谁是强盗，再叫喊也不迟。"

两兄弟这才明白过来，抹着眼睛站着傻笑。

诒让道："武昌就要到了，还不都去漱洗干净了好上岸。"

兄弟俩点头称是，却又留下一个人来，坐在书箱旁边，说等一人洗漱定当了，再来换班。这一路上两兄弟的行径一直如此，诒让笑笑，也就不去管他。他哪里知

① 又著《周礼正义》八十六卷。以为有清经术昌明，于诸经均有新疏。《周礼》以周公致太平之书，而秦汉以来诸儒不能融会贯通，盖通经皆实事实字，天地山川之大，城郭宫室衣服制度之精，酒浆醯醢之细，郑注简奥，贾疏疏略，读者难于深究而通之；于治尤多谬戾，刘歆、苏绰之于新周，王安石之于宋，胶柱锲舟，一溃不振，遂为此经诟病。诒让乃于《尔雅》《说文》正其训诂，以《礼经》《大小戴记》证其制度，研撢廿载，稿草屡易，遂博采汉唐以来迄乾嘉诸儒旧说，参互译证，以发郑注之渊奥，裨贾疏之遗阙。其于古制，疏通证明，较之旧疏，实为淹贯。而注有牾违，辄为匡纠。凡所发正数十百事。非敢坏疏不破注家法，于康成不曲从杜、郑之意，实亦无悖；而以国家之富强从政教入，则无论新旧学均可折中于是书。识者韪之。（《清史稿·儒林本传》）

道,进喜在起程前,把两个儿子叫到床头,扔下一句话道:"这箱子里的书是二爷的命,你们路上随侍若有一点闪失,就别回来见我,跳到长江里喂鱼了事!"兄弟俩牢记父亲的狠话,一路上尽心尽职,不敢有丝毫怠倦大意。

江风吹来,驱散些许雨雾,放几丝阳光进来。一声长笛,江轮靠在汉阳门码头上。

富顺、富贵早已料理停当两箱书稿,只等船工把跳板放好,便可挑了箱子上岸。诒让瞥一眼窗外,只见码头上一个秀才模样的人,一副等不及的样子,也不等跳板搁实了,便大步流星跳跃而过直奔船舱。莫非他是急性子的宋平子?

来人果然是宋恕①。进了客舱,向诒让点了点头,便拎过书箱,要挑了上岸。两兄弟哪里肯依,看这人长相邋遢,布衣布鞋,满腮帮胡子也不刮净,必定是强盗无疑,害怕起来,大声喊将起来:"救命啊——强盗抢劫啦——"

宋恕将箱子放下,满脸委屈,道:"我是好心,看你们人小,怕挑不动这箱子,才来帮忙,却被当成强盗了,真是好良心遭雷劈。"

诒让见宋恕生气,赔笑道:"他们又不认识你,不知者不怪嘛!"

宋恕快快道:"这倒也是。"

见富顺、富贵依然满脸狐疑,诒让喝道:"还不快来叩见宋公子。"

弟兄俩守住书箱,却不肯过来叩头。诒让道:"你们也是,说起来也算是孙家的人了,可是连本家的人都不认识,见了面就喊人家是强盗,这还有礼数没有?"

两兄弟的脸就红了,却还是一副不认错的样子。诒让说话的声音大起来,道:"这两个小厮怎么就偏懂得衣帽取人了,可知道你们要抓的强盗,是韶甫叔叔家的四女婿宋平子,我堂妹孙思训的丈夫!反了反了,你们都回瑞安去,我侍候不了你们!"②

① 宋恕,字平子,浙江平阳人。年少即谙国学,及年长,广读欧美各国译本,二十余岁时学贯中西,名噪一时。
② 宋恕八岁在塾,瑞安孙锵鸣过其家奇之,妻以女。(《孙诒让记》)

富顺、富贵听了大惊失色，跪下求饶。宋恕反而不好意思起来，劝道："小孩们也是尽职，说重了反而不好。"

见宋恕相劝，诒让的脸色才舒缓一些，命两书童挑担下船。码头上的轿子已等候好久，是宋恕安排的，让客人进了轿，便往客栈抬了走。

到了客栈，在上等房间住下，诒让便打发富顺、富贵去总督府递帖子，求见张之洞。

宋恕稳坐一旁，微笑道："涵兄大可不必如此急迫。"

诒让问："此话怎讲？"

宋恕道："你若前年把书写成了，送到广州去，张中堂或许也就拨官银给刊刻了，现如今事过境迁，此事怕是难了。"

诒让不解，又问："你这一说，我越发不明白了，能否说得清楚些？"

宋恕道："你看看我就明白了。"

诒让瞄一眼宋恕，摇头道："还是不明白。"

宋恕道："我来时布衣，在武昌逗留月余，依然布衣一个，这还不明白么？"

诒让细想一会儿，唔道："这不还依然是一个布衣，怎么，香师没有用你？"

原来这宋恕是浙江平阳人，幼年时读书过目不忘，被誉为神童。八岁那年，孙锵鸣有事去他家，见宋恕颇有天赋，便把女儿许配给他。应李鸿章、沈葆桢之邀，孙锵鸣主持上海龙门书院和金陵钟山书院，便让宋恕随读，使悟性极高的宋恕学识大进。宋恕素来敬重张之洞，这次专程来武昌，是想加入他的幕府，但却受到冷遇。①

宋恕见诒让不知内情，便告诉他道："张中堂现在是一心办洋务，与以前判若两人，所求之人亦是盛杏荪之流。"

诒让问："杏荪在武昌？"

---

① 光绪十六年庚寅游湖北，谒两广总督张之洞，说以变法，不听，登黄鹤楼赋诗见志。(《宋恕集》)

宋恕道:"人家现如今是大名鼎鼎的上海轮船招商局督办、登莱兵备道兼山东海关监督,不但身在武昌,还是总督府的座上宾呢。"

诒让问:"其中有何奥妙?"

"你既要听,且让我细细说来。"宋恕喝了一口茶,把一应事情说给诒让听。宋恕说:"张中堂治两广好端端的,为什么要调任湖广,其因头是芦汉铁路。说起铁路,西方诸国都把它视为命脉,一国多则十万里,少则几万里,可中国偏有人泥古不化,说造路易引来洋人、毁坏祖坟、夺车船之利,于是争论了十多年,把工夫全用在口舌上了。光绪二年唐建时倡办铁路,未成。光绪六年,刘省三又倡办铁路,仍未成。光绪七年,李中堂与唐建时再倡办铁路,终于筑成唐山至胥各庄铁路,宫中却又有人进言,说铁路靠近东陵,若机车牵引,发出巨响,定会惊扰先皇寝宫。西太后下旨只许用马车牵拉火车,一时间成为传遍世界的大笑话。去年,李中堂又以方便调运军队为由奏请筑造津通铁路,台湾巡抚刘省三、江苏巡抚黄子寿上言支持,朝中有御史反对,理由是如此将使京城门户洞开,危及朝廷社稷。双方各执一词,弄得西太后也拿不定主意,不知如何才好。张中堂是何等聪明之人,以中庸之策上奏,说修筑逼近京城门户的津通铁路,不如兴修腹省干线芦汉铁路,平日便利漕运、赈务、商务、矿务、行旅,战时则可用于调兵运械。此议一出,满朝皆喜,张中堂也奉旨从两广调往湖广。倒不是官职升了,而是人气之旺远超李中堂,从过气的清流派摇身一变,成了新的洋务派首领。"

诒让听得恍惚,问:"既如此,为何又牵出杏荪来?"

"说到杏荪,那就又是一段公案了。"宋恕端起茶杯,饮了一大口茶,道:"此人何等机敏,见李中堂势弱,唯恐日后难以依靠,便作狡兔三窟之思,向张中堂曲意奉承,几封书信下来,竟深得香师赏识,邀他到武昌长谈。为得到张中堂信任,替今后插手芦汉铁路打下基础,盛杏荪把已到手的矿储量丰富的大冶狮子山铁矿拱手相让,以谋求张中堂奏派他为铁厂督办,同时又劝说张中堂吸纳商股,以期控制此事的命脉。"

诒让一惊,道:"你可已将其中利害告之香师?"

宋恕耸耸肩,道:"我又不是他幕府中人,何必去凑热闹。张中堂城府之深,绝非盛杏荪可以企及,盛杏荪若一心相投,他自当重用,若盛杏荪另有企图,他自有周旋之计。"

听宋恕如此一说，诒让才松一口气，道："我方才是杞人忧天了。"

又说了一会儿话，富顺、富贵兄弟俩敲门进来，回说已将帖子呈进总督府了。诒让命他们到后房休息，自己又与宋恕聊了几句，因路途劳累，眼皮架不住，上床睡了。

第二天一早，诒让还在睡觉，客栈门外便喧闹起来。店家急急推门进来，道："客家快快醒来，总督府来人了。"

诒让今日睡得死，没有醒来，却把睡在他身边的宋恕吵醒了，见店家胡乱嚷嚷，搅了他的好梦，不禁大怒，顺手拿起床下的布鞋朝来人掷去。只见来人"哎哟"一声，被鞋子掷了个正着。

宋恕仔细一看，不禁大笑起来，原来被他掷中的人是张之洞的幕僚梁鼎芬①。梁鼎芬原是翰林编修，中法战争时弹劾李鸿章畏敌议和，说他有"十可杀"之罪，官降五级。张之洞心中甚为梁鼎芬不平，将他请到广东主持端溪书院，奉调湖广后，又让梁鼎芬随他到武昌，掌管经心书院。

诒让已经醒来，见梁鼎芬捂了头不知如何是好，连忙道："平子不可无理。"

梁鼎芬道："是我唐突了，不关平子兄的事。"

诒让道："不知节庵兄驾到，失迎了。"

"哪里哪里，"梁鼎芬道，"仲容兄学贯古今，深得通儒治经史之小学家法，穷经著述，大作如林，鼎芬仰慕已久，今日得见，三生有幸。"

宋恕笑道："原来你这么早吵醒我们，就为见仲容兄一面啊，现在人已见了，我们又好接着睡觉了。"

梁鼎芬道："不忙不忙，还有一事尚未完成，不好向张中堂交差。"

宋恕道："何事请讲。"

梁鼎芬道："张中堂命我前来取《礼疏长编》。"

---

① 梁鼎芬，字星海，号节庵。光绪六年进士，授编修。历任知府、按察使、布政使，因弹劾李鸿章，名震朝野。后应张之洞聘，主讲广东广雅书院和江苏钟山书院，为《昌言报》主笔。

宋恕道："这么急啊，看来此事有戏了。"

梁鼎芬道："《周官》经乃先圣经世大法，可惜秦汉以来诸儒不能融会贯通，幸好有仲容兄疏正，真是天降斯人于大任也。昨日在总督府议事，恰好衙吏呈上仲容兄的帖子，张中堂大喜，说中国从此多了一部巨著了。"

诒让感激道："还是香师记得诒让。"

说罢，唤来富顺、富贵，让他们把书箱抬过来。梁鼎芬道过谢，命仆人进屋把书搬到门外车子中去，道别时说："仲容兄静候佳音。"

梁鼎芬随车走远，宋恕摇头嘀咕道："只怕是虚与应酬罢了。"

诒让正色道："别人怎样我不知道，香师决不会的。"

身旁的富顺、富贵踮起脚，瞪大眼珠子看那马拉着车子载了两箱书远去，急道："这人又不熟，就这样随便让他把书拉走，出事怎么办？"说话间，马车已一溜烟跑得无影无踪，便捶胸顿足，好像自己的命根子也随了那书被拉走。

张之洞在仰山堂接见诒让，是在五天后的一个晚上。当师生俩在客厅相聚时，相互间的第一个感觉是，岁月催得人老了许多。

"之洞让仲容久等了，不该不该。"张之洞请诒让坐下，十分抱歉地说道，又转身朝里屋喊："张兴还不快快上茶。"

张兴很快端茶上来，见了诒让道："是上等百岁佛茶，老爷专门为您准备的，此茶武昌很难找到，老爷托许多人才寻到一些。"

诒让感动道："诒让何德何能，劳动恩师为我备下如此名贵之茶。"

张之洞道："不如此，怎忆当年。"

诒让明白，张之洞说的"当年"，指的是同治十年他们在京城龙树寺的会面，那次香师招待他的就是这百岁佛茶。从同治十年到现在的光绪十六年，已经整整二十年了啊，真是岁月如梭，光阴似箭。忆起恩师多年来对他的器重，想起自己久试不第身居僻地，辜负了恩师对他的期待，不禁百感交集，慨然叹道："大浪淘沙，诒让落伍之人，有愧香师。"

张之洞知道诒让心中的沉重，站起来，到书桌上拿过一本《礼疏长编》书稿，正色道："都写出这样的巨著来了，还说是落伍之人，那么像之洞这样的俗人，又有什么脸面活在世上呢。"

诒让听后惶恐不安，心想香师虽仕途通达，毕竟是饱读之士，说出这番话来，也是心中的一个未解开的结。正想安慰几句，却苦于找不到合适的言辞。

张之洞继续道："至于落伍者，之洞正是，戎马倥偬，疏于通经，这些年来每想到这些，常常惊出一身冷汗。许多次想奏请辞职，脱了官袍，找一间书斋，躲开人专心读书。"

20-2 中年后勤于办洋务的张之洞

身居高位的张之洞竟有如此心迹，诒让不禁肃然起敬，道："之所以香师是名臣栋梁也。"

张之洞道："你为什么就不能早两年写好《礼疏长编》，那样的话，现在都已经编入《国朝新疏》，刻印面世了。"

诒让道："这是因为对此书尚不十分满意啊，现在的书稿对贾公彦之疏存在的问题未作全面批驳，对周官职事的内在联系也缺少贯通，对先秦古籍的举证多有欠缺，疏文亦未能从烦琐冗长的清儒经说异义中走出来。"

"想不到仲容对自己如此苛刻，之洞钦佩之极。"张之洞动容道，"从清议之臣到醉心洋务，之洞屡屡遭人诬骂，却不知之洞最重名教，在两广任上刊刻《国朝新疏》便足可证明。身为疆臣，历经战事，深知不办洋务，不足以与洋人抗争，但办洋务时尤其要重视如何固本。近来常常在思考，如何在合适的时候，提出'中学为本，西学为用'这个论点，以求得国人的共识。"

诒让近来对于洋务的看法正在逐渐改变，但许多地方还是觉得模糊，现在听了张之洞的话，不禁豁然开朗，道："'中学为本，西学为用'，这是何等高瞻远瞩的论点啊，听了如雷贯耳，此说一经传播，中国有救了。"

张之洞上来，紧紧执了诒让的手，一字一句道："既然中学为本，仲容身上的担子重如泰山矣。"

正说得兴头上，候补道蔡锡勇、幕僚赵凤昌来请张之洞，说盛宣怀有要事商量。张之洞只好暂且离开客厅，到了门外吩咐张兴切切不可怠慢孙公子，又命人去请梁鼎芬过来，陪客人叙谈。

梁鼎芬很快就来了，互相寒暄一番。诒让问起造路之事，梁鼎芬道："芦汉铁路长二千余里，所需款项巨大，张中堂为筹款一事寝食不安，很少歇息。"

诒让道："据说朝廷十分重视芦汉，答应每年由海军衙门拨付二百万两银子，香师在两广任上募集的五十六万两捐款也可调拨到鄂，难道有变故不成？"

梁鼎芬道："即使这些款项到账，也不过是杯水车薪，更何况李中堂不去体谅张中堂的难处，反而唯恐芦汉太过顺利，借口日本进逼关东事紧，奏请缓办芦汉，先建营口到珲春的铁路，朝廷准奏，谕海军衙门明年停拨银子。粤事更是由新任两广总督、李鸿章之兄李瀚章主持，他哪里会准调那五十六万两捐款。张中堂到鄂不久，局面分外困难。"

诒让道："原来办芦汉如此艰难。"

梁鼎芬接着说："您是知道薛叔耘①的，他对办铁路最为支持。要筑造芦汉铁路，需要无数铁料，用洋铁花费巨大，张中堂决定自办铁厂，盛杏荪献出大冶铁矿，薛叔耘正好出使德国，赊购来铁厂所需机器材料，但这边没有款项可汇，急得薛叔耘要撞墙。"

诒让道："真难为薛叔耘了。"

梁鼎芬道："此次办芦汉，最难的是人才稀缺，尤其通西学知西事的人最缺。就拿炼铁来说，先不提开矿、运石、炼焦诸项，光盖一座大炉，就需数十万块耐火洋砖，悉数从数万里之外运来，都编了洋序号，须按号砌造。工匠、监工、提调、帮办、督办等都不懂洋文，工程十分迟缓。至于那生铁厂、熟铁厂、贝色麻钢厂、西门子钢厂以及铁轨制造厂、机车制造厂的图纸，整整堆满一屋，更如天书一般，无人能够破解。张中堂为此事伤透脑筋，正四处延揽

① 薛福成，字叔耘，号庸庵，江苏无锡宾雁里人。

20-3　1894年张之洞视察汉阳铁厂

人才,以图实现大志。"

诒让沉吟道:"怪不得平子称不能进入幕府,现在知道缘由了。"

梁鼎芬道:"中堂大人的当务之急是芦汉铁路干线,渴求西学之才也是不得已而为之,平子兄是聪明之人,一定深明其中道理。"

诒让道:"妹婿桀骜不驯,即使在香师的幕府中,怕也不会长久。"

梁鼎芬道:"有一人您一定认识。"

诒让问:"指的是谁?"

梁鼎芬道:"翰林侍读许竹筠。"[①]

诒让道:"当然认得,同治六年乡试,我与他皆出自香师门下。"

梁鼎芬道:"这就是了。中堂大人得知许竹筠将于年内出使,任大清驻俄罗斯、德意志、奥地利、荷兰四国大臣,特地修书一封,举荐宋恕兄为随行幕僚,意思全在其中了。"

[①] 许景澄,字竹筠,浙江嘉兴人,同治七年进士。1880年(光绪六年),出任驻法、德、意、奥、荷、比等国公使。1890年(光绪十六年),改任出使俄、德、奥、荷四国大臣,迁为内阁学士。1900年(光绪二十六年)在总理衙门大臣兼工部左侍郎、京师大学堂总教习任上,反对清军和义和团攻打外国使馆,被慈禧定为"任意妄奏,语多离间"之罪处死。著有建议加强海防的《外国师船表》及《许文肃公遗稿》《出使函稿》等。

诒让想不到香师如此细心，当即谢道："节庵替我与妹婿谢过香师。"

梁鼎芬迟疑道："有一件事不知当讲还是不当讲。"

诒让道："但讲无妨。"

梁鼎芬道："这里的境况您已知道个大概，《礼疏长编》刊刻之事只怕会延误。张中堂数次命我进府，嘱我用经心书院经费刊印此书，可经心书院几年前被大水冲坍，残垣破壁，修缮的经费至今尚无着落，哪里还有刻印大作的巨额费用呀。倒是这样一来，向张中堂要求拨款修复书院的话也说不出口了。想到中堂大人不是为了办洋务不顾名教的人，近日为兼顾两头之事都愁白了头，真的是不好意思去打扰他了。"

诒让道："湖北百废待举，苦了香师。我这次来鄂带了《礼疏长编》，本意倒不是非刊刻成书不可，此行一是为香师前年征稿之事有个交代，二是向香师求教商榷。"

梁鼎芬叹道："也就迟了两年，您若前年把书稿送达广州，此事早就大功告成了。"①

诒让道："请你转告香师，等鄂事有了定局，再谋为刊印不迟。"

梁鼎芬见诒让如此大度，深为感动，双手抱拳作揖，道："您这样一说，鼎芬也就放心了，中堂大人那里我会去解释。"

① 光绪十六年二月廿七日到申，廿九日附船上驶，初五日到鄂。谒见香师，深荷优睐。惟鄂中自裕寿师（裕禄，字寿山，满洲正白旗人）履任后，以刻书非近时急务，即行裁撤，仅存官书处售书而已。至局款则尽举以归部用，督抚不能擅支一泉。香师谈及，深为扼腕。拙稿拟寄粤局校刊，并欲重刻《古籀拾遗》，与郑子尹先生《汗简笺证》并行。惟彼中大吏与香师意见微有未洽，不识能否应手。天下事各有机缘，倘《礼疏》早成两年，则此时已可刊毕，可惜之至。某留鄂七日即返棹，十六日到申。（孙诒让《致周伯龙书》）

第二十一章

雪飞人归

看见落到铜盂中的是一口鲜血之后,诸惠屏知道自己已经毫无指望了。她静静地躺在床上,泪水从眼角淌下,浸湿了一大片枕巾。她不知道自己是什么时候落下这毛病的,也不知道什么时候便病入膏肓了,就不久于人世了。

门外的厢房,有人发出细细的啜泣声。惠屏支起身子唤她,原来是新来的小丫鬟李雨菱。原先一直由秋云服侍的,可她不想耽搁了秋云,选一户好人家让她去了。中间换了几个丫鬟,那雨菱虽只有十一岁,待人却体贴得很,人也长得清秀俊丽,便留了她使唤。

"雨菱不许哭,看惊吓了二爷。"惠屏强打精神道。

"您总是不让告诉人,雨菱怕出大事呢。"雨菱哭道。

"不妨事的,雨菱不要怕。"惠屏说着,眼睛又红了起来。

"都吐出血来了,还说不妨事。"雨菱怨道,拧一把面巾,轻轻擦净惠屏嘴边的血痕,又帮她掖好被子。

冬天的黄昏,天色暗得早。寒风透过门窗的缝隙,布满整个卧房。惠屏朦朦胧胧睡去,觉得房间空阔得很,昏黑得很。她好像看见大儿子延畴拉了他弟弟延畇的手过来请安,见她睡着,便蹑手蹑足地退了出去。在厢房里,延畴与雨菱在轻轻交谈,她听不清楚他们在说些什么,想问他们,却没力气坐起来,又昏沉沉地睡死过去。

惠屏醒来时,屋里已经点了灯,给人一种暖和的感觉。被窝里也好像暖和了许多,尽管吐了血,气血却还不错呢。惠屏这样想着,脚便触到了铜壶,原来是雨菱把添了热水的铜壶放到被窝里,怪不得这么暖和。惠屏感谢雨菱细心,明白自己的身体是彻底垮掉了。

雨菱见惠屏醒来,连忙过来服侍,问道:"二奶奶是起来吃饭呢,还是让雨菱把饭菜端到床上来?"

惠屏摆摆手道:"我一点都不觉得饿,暂且把饭菜放一放吧。"

雨菱不依,道:"都说人是铁饭是钢,不吃饭,这人还支持得住啊?再说啦,我还让厨房给做了您喜欢吃的清蒸鱼饼和生煎豆腐呢,好歹总要尝一口。"

惠屏道:"你先告诉我,二爷晚餐都是哪几样菜,他胃口如何?"

雨菱回道:"按您的吩咐,厨房给做了四荤四素,荤的是红烧黄鱼、冬笋炒肉片、清炖海参、人参老鸭,素的是荸荠香干、香菇菜胆、海带豆芽、麻油香芋。"

惠屏问:"他吃了多少?"

雨菱回道:"听倚梅说,二爷还没动筷子。"

惠屏急道:"这又是怎的?定是忘了给他做汤吧,你刚才好像没有说到汤,没汤下饭可不行。"

雨菱忙说:"做了汤的呀,按照您的吩咐,厨子做了鱼丸汤和鱼皮蛋羹的,都是二爷最喜欢吃的汤。"

惠屏道:"那他为什么没胃口?"

雨菱道:"还不是把心都放到书中去了,让那许多书包围着,就是我,也要先吞下书去,再去想什么吃饭的事儿呢。"

惠屏笑道:"这小蹄子,怎么变得这么会说话了。"

雨菱说:"二奶奶笑了,胃口一定开了吧,雨菱这就到厨房,给您把饭菜热一热。"

惠屏支起身子,吩咐道:"你去书楼一趟,把二爷的饭菜也带去热了,让倚梅无论如何劝二爷吃了饭再写书。还有,老爷和陈姨娘那边也去问一问,饭菜可口不。"

雨菱走了,偌大的正房越发空荡荡的了。但一想起孙家老小的一大摊子事,想起那些需要她去安排去料理的事,惠屏的心里便十分地充实。婆婆去世了,公公老了,诒让又是个只知道读书做学问的人,陈姨娘脾气乖张不懂经济,孙家管事的就是她这个大儿媳了。想起自己一个弱女子,却管着孙家的这许多事,惠屏觉得她成了一个责任重大、举足轻重的人。回想起来,一桩一桩事情都是挺难的,虽尽心尽力了,办得也不总是完美无缺,不禁靠在垫被上,轻轻叹了一口气。

公公虽担任过知府、布政使、盐法道,官至太仆寺卿,却是个不折不扣的清官。在任上的俸禄,除了供养一家大小,置了些田地供日后所用,其余全都用来买书刻书。退休还乡后,朝廷发给他的二万两养廉银,则全数用来建造住宅和玉海书楼。孙家看

21-1 孙诒让题万年少赠顾亭林《秋江别思图》摹本，瑞安市博物馆藏

上去家大业大，其实并无积蓄，若真要遇上什么急事，还不知道如何解拆呢。偏那公公和诒让都是忧国济世之士，把报国之事看得比性命还要重，哪里还顾及什么家产私财。中法战争时为守城御敌，诒让亲自击鼓守城，为办团防花费了几千两银子。公公回乡后致力讲学，办了诒善祠塾，求学者不限孙家子弟，温州各地凡慕名来投者一并收留，这又是一大笔开销。国事维艰，灾害连年，大街小巷常见弃婴孤儿，公公与诒让都是菩萨心肠的人，先办了育婴堂收留弃婴孤儿，后来人数多了，又办了养济院，为筹款购买屋基，雇用奶娘、杂役及蒙师等，竟把祖上传下来的田地卖出许多。她急了，要诒让去问公公，诒让却拿《礼记》中的《礼运》篇开导她，吟诵道："老有所终，壮有所用，幼有所长，鳏寡孤独废残者皆有所养，是为大同。"

想起自己的身体一日不如一日，公公和诒让偏又都是不懂理家的人，惠屏心情十分沉重。病入膏肓之人，到九泉之下与婆婆见面之时已不会太久，一旦与老人家相见，问起她治家之事，她又何以面对呢？一股从心底生发出来的寒冷蔓延到全身，惠屏觉得全身都在发抖，往下移动身子，想够着脚底下的铜壶。努力了一阵子，铜壶倒是够着了，但人却冻得一哆嗦，原来那壶里的水早就冰凉了。眼前一黑，整座房间翻转起来，人也随着床铺和罗帐旋转不停，恶心加上咳嗽，吐进铜盂中的又是一大口鲜血。

雨菱带了一身寒气进来，看见惠屏拥着棉被奄奄一息，赶紧跑过来照料。她爬进床来，为惠屏掖好被子，又伸手拿出惠屏脚后跟的铜壶，要去换上热水。

"雨菱不要忙了。"惠屏有气无力地说。

"人都冻成冰棍了，还不让干这干那的。"雨菱翘起小嘴。

"你能扶我起来么？"惠屏央求道。

"要问的事情我都替您问了，好好儿的，干嘛要起床呀？"雨菱只顾忙自己的。

"你既不帮我，我就自己来吧。"惠屏说着费力地掀开被子。

"哎哟，二奶奶您真要起床啊。"雨菱赶紧过来帮惠屏穿上棉袄。

惠屏道："我们一道到外面走走。"

雨菱忙说："不得了，外头下着雪呢，您没看见我的身上都是雪。"

惠屏感到眼花，贴近了看，雨菱的鬓发和衣裙上果真落着许多雪花。

雨菱道："没骗您吧，真的下雪了呢。"

惠屏勉强笑道："这么说来，是今年的头场雪了，既是头场雪，我偏要去看看。"

雨菱不明白，一向脾气温顺的主子，近来怎么变得十分固执了，就顺着她道："二奶奶既然一定要去看雪，也不一定非得现在就去呀，赶明儿早上太阳出来再去也挺好的。"

惠屏就把些许怒意写在了脸上，道："我还没死呢，说话就成耳边风了。"

雨菱冒雪跑了一大圈，没听到好话，反倒被主子抢白一顿，心里不受用，鼻子一酸，眼泪便唰唰地流了下来。

惠屏知道自己冤枉雨菱了，连忙道："雨菱乖，不哭，是我错怪你了。"

雨菱抹去泪水，道："我哪里哭了，没有的事。只是二奶奶要出去看雪，也要吃了饭再走。"

惠屏这才想起，自己和雨菱都还没有吃饭，便说："咱们这就用餐吧。"

雨菱从锦盒里端出刚从厨房暖过的几样菜蔬，又盛了一浅碗饭，端给惠屏。惠屏捧了碗，却没有一点食欲，看着饿慌了的雨菱大口吃饭，权当作自己也吃过了。

雨菱打开绸伞候着主子，惠屏走出正房，便感觉到一顾寒气袭来，不禁打了一个寒噤，叹道："真是弱不禁风了。"

腿脚软软的，直到雨菱过来扶住自己，惠屏才觉得踏实起来。那些朵雪花被绸伞挡着，人倒不觉得怎么冷，走了几步，头脑清醒许多。

惠屏道："我们到书楼去吧。"

雨菱笑道："二奶奶想二爷了吧。"

惠屏道："这小蹄子又胡思乱想了。"

便往书楼走。出来急，没带上灯笼，黑灯瞎火的，路又滑，主仆二人搀扶着慢行。先出了百晋精庐的二门和大门，再走过颐园，前面便是玉海楼。前楼黑洞洞静悄悄的，没有一点儿声音。两人站在天井里，看见后楼亮着灯光，那一缕微弱的火苗在窗格子后不停地窜动着。

"诒让，您还是这样不爱惜自己的身体，废寝忘食，一心著述。"惠屏心疼道。

"二奶奶，我们上楼去吗？"雨菱问道。

"二爷写书辛苦，我们不要妨碍他，就在这儿看他吧。"惠屏道。

"嗳。"雨菱懂事地点头，使劲呼出嘴中的热气，去呵那双冻僵了的拿伞的小手。

就这样站着，让那越来越大朵的雪花，堆满绸布伞顶。那楼上窗格子后的蜡烛，已经换了新的，楼下的主仆二人，却依然直直地立着，纹丝不动。

惠屏仰倒在雪地上是子夜时分，那时窗格子后面的火苗灭了，后楼一片漆黑。雨菱尖利的喊声划过夜空，钻入孙宅的每一个角落和每一个人的耳朵。

诒让跑到楼下，看见夫人的面色比地上的厚雪还要苍白。他不停地落下来的眼泪滚烫滚烫，抹开惠屏僵冷的眼帘和发青的嘴唇。

惠屏看见诒让了，为自己的唐突感到深深的悔疚，为自己妨碍诒让写书十分歉疚。她想对诒让说"下雪天，怎么可以不穿棉袄就下楼来呢"，可是，她的喉咙干涩嘶哑，说不出一句话来。

是谁，打着一盏灯笼来了，蹲下身子，把一件棉袍披在诒让的身上。是倚梅，是倚梅把棉袍披在诒让的身上，现在好了，诒让可以得到温暖了。倚梅，她可以替代自己，关心和照料诒让，她要对诒让说"倚梅是可以一辈子照料您的人"，可是，她身上的血液在迅速地枯干，她的喉舌僵死了。

诒让，我最爱的人，您能对我说一句话吗，用瑞安的本地方言，您懂我的意思吗，这是即将永远离开您的我，最后的一个请求呀，您能满足找么？抱紧我，诒让，我的眼前黑暗一片。抱紧我，诒让，我的身体正撕裂成碎片。好了，您那温柔的嘴唇张开了，您嘴里呵出的热气喷拂在我的脸上了，我听见您的话了，那是天籁之音啊："茶山的杨、杨、杨梅、梅……真、真、真好……好吃！"

风大了，吹起雪，在天井里旋转起来。①

21-2 重修泉川诸氏宗谱序
（清·孙诒让）

① 光绪十七年，嫡室诸夫人卒。(《孙诒让年谱》)

第二十二章

八试礼闱

光绪皇帝穿了一身黄缎便袍，在御书房等待他的师傅与宠臣翁同龢。他那张气血不足的脸上，写着许多难以排解的忧愁和抑郁。

慈禧太后是于光绪十五年结束垂帘听政，还政于光绪皇帝的。弹指一挥间，已是光绪二十年，年轻的皇帝亲政五年，没有丝毫成就感。每当他身穿龙袍，在太监和宫女的簇拥下走进宫殿，坐在金碧辉煌的龙椅上时，不但没有那种君临天下的豪迈之气，更多的却是被无数根丝线牵拉着的感觉。多愁善感的皇帝很有些自知之明，他虽贵为统治百官和三万万百姓的天子，实际上不过是身不由己的提线木偶罢了，而提拉着丝线的是令他心怵的西太后。

皇宫生活给予他的单调和刻板，太后给予他的严峻和淡漠，使皇帝的性格日趋孤僻乖张。只有当翁同龢到宫中来的时候，他才会感到放松和适意。当他还是个四岁的小娃娃，从醇王府被接到皇宫做了小皇帝的第二年，入值毓庆宫的翁同龢便如一缕阳光，温暖着他那颗饱受惊吓与离别亲人之苦的心。年幼入宫，对于世界的一切知识，都是他的老师翁同龢教授给他的。

今年已经六十五岁的翁同龢，自咸丰六年应顺天会试状元及第，仕途一帆风顺，令朝中大臣既羡慕又嫉妒。受到两宫太后的恩宠，在养心殿为她们进讲《治平宝鉴法

22-1　翁同龢像

编》《宋孝宗与陈俊卿论唐太宗能受忠言》，是他日后晋升的一块敲门砖。① 同治皇帝病危，他与潘祖荫等以朝政不可一日无人料理，联衔奏请两宫皇太后权理朝政，以后又全力支持西太后再度垂帘听政，则为今后参与朝政奠定了坚实的根基。让曾经担任过同治皇帝师傅的翁同龢，再度担任光绪的老师，更是慈禧对翁同龢极其信任的一种表现。两朝帝师，还有什么比这更荣耀的事呢。但自从慈禧结束垂帘听政，退居颐和园后，翁同龢与太后之间的隔阂日益加深了。

列强进逼，国防松弛，大清国危在旦夕，慈禧却把西郊的清漪园扩建为颐和园，② 工程预算白银一万万两，这笔款项可用来建支北洋舰队。更为翁同龢不满的是，还政于帝的太后已拥有这般奢华富丽的颐和园，白天在乐寿堂正殿享乐，晚上在颐乐殿听戏，日子过得天仙一般，却还要暗中干预朝政。她命光绪到颐和园来，内阁及军机处等都迁入园内办公，还在仁寿殿召见王公大臣，如此这般，哪里还是什么皇帝亲政！

今年是甲午年，为了庆贺西太后的花甲万寿之年，醇亲王与李莲英，早早就想出"建军祝寿"的妙计来。他们以筹资挖昆明湖，开办昆明湖海军学堂为名，一面挪用海军经费，一面让地方官向百姓募捐数千万两银子，用于为慈禧太后祝寿。为了遮人耳目，海军衙门在颐和园昆明湖搞了一场可笑之至的海军演习。"有道惟闻收四夷，筹边端合驻雄师。昆明池水无多地，安用区区习战为？"这是翁同龢在昆明湖观看水师演习后，在御书房里写下的诗句，表示对慈禧所作所为大为不满。③

处在佞人包围之中的太后，已经日益衰老昏聩，大清国的存亡，现如今就系在光绪皇帝一身了，这是翁同龢内心深处的想法。如何尽自己的忠心，辅佐年轻的皇帝掌握朝政，是他面临的极为紧迫之事。发现和任用一批有经世之才，有奋发向上的志向，真正效忠于皇上的年轻官员，是走出困境的唯一出路。

---

① 翁同龢，字叔平，江苏常熟人，大学士翁心存之子。咸丰六年一甲一名进士，授修撰。八年，典试陕甘，旋授陕西学政，乞病回京。同治元年，擢赞善。典山西试。父忧归。服阕，转中允。命在弘德殿行走，五日一进讲，于帝前说《治平宝鉴》，两宫皇太后嘉之。累迁内阁学士。(《清史稿·翁同龢传》)
② 颐和园，原为清漪园，占地约二百九十公顷。乾隆十五年（1750），乾隆皇帝为孝敬其母孝圣皇后动用448万两白银建清漪园。咸丰十年（1860），清漪园毁于英法联军。光绪十四年（1888）重建，改称颐和园。
③ 见谢俊美《翁同龢评传》

翁同龢走进御书房时,光绪正捧了郑观应的《盛世危言》看,见翁同龢进来,道:"翁师傅可来了,朕边读书边等您呢。"

翁同龢拜过光绪,见他面色不好,关心地说:"皇上终日用心读书,还要注意保养龙体。"

"不读书,身体怕也不会见好。何况在这园子里,朕是终日无所事事,唯有读书可以打发日子。"光绪赐翁同龢坐下,叹一口气,道:"翁师傅最近忙碌,也要注意身体。"

翁同龢道:"老臣年岁大了,身子骨倒还硬朗。本该多来陪陪皇上的,无奈兼了户部尚书与总办太后六旬万寿庆典大臣的差使,事务繁多,身不由己。"

22-2 《载湉读书像》(清·佚名)

光绪道:"差事办得还顺?"

"这些年接连打了许多败仗,那些《条约》都是要履行的,要付各种赔款,还不掏空了国库。去年京师、直隶又遭水灾,须急拨巨资开挖永定河,户部更加难以维持了。然最难办的是太后庆典的差,内务府要钱很急,户部决难全数满足,已经结下怨了。"翁同龢把烦心的事情说出,见光绪脸色渐渐难看起来,连忙转过话题,道,"不说这些了,还是说读书的事儿顺心。"

光绪道:"朕看了《盛世危言》,以为颇能切中时弊。陈次亮①的《庸言》、汤蛰先②的《危言》和黄公度③的《日本国志》也一并读过。总之,翁师傅此番进呈的书都已读了,使朕振聋发聩,受益匪浅啊!"

翁同龢道:"只要皇上觉得这些书还可以一读,老臣便放心了。"

光绪道:"不但这些书,先前读过的《泰西各国新史揽要》《海国图志》《校邠庐抗议》,朕也都翻出来再次读过。"

翁同龢问:"皇上如此坚心去读有关西学之书,读后又有何

① 陈炽,字次亮,江西瑞金人,著有《庸言》等,维新派成员。
② 汤寿潜,字蛰先,浙江萧山人,著有《危言》等,立宪派领袖人物。
③ 黄遵宪,字公度,广东客家人,著有《日本国志》等,有"近代中国走向世界第一人"称誉。

想法？"

光绪沉吟道："至于想法，唯有一字。"

翁同龢急问道："哪个字？"

光绪坐到书案上，拿笔写下一字，递给翁同龢。

翁同龢接过一看，正色道："好一个'变'字！"

光绪心情激动，颤声道："国事至此，唯有求变图新了。"

光绪二十年四月，翁同龢被钦命为顺天会试复试阅卷大臣和殿试读卷大臣，向他的延揽人才计划迈进了一大步。首先相中的人才，是江苏南通举人张謇，他准备不遗余力，务必把他拉入帝党的势力范围。在他考虑选用的人才中，还有浙江瑞安举人孙诒让和广东南海举人康有为。①

张謇出身贫寒，天资聪颖。年轻时颇得通州知州孙锦云赏识，经他介绍，被鹅鼻炮台提督吴长庆聘为军幕。张謇在任上代吴长庆拟《陈中俄战局疏》，代江苏学政夏同善拟《历陈时世书》，其文激扬慷慨，笔法清新，清流派首领李鸿藻极为推崇，朝野传播一时。光绪八年，朝鲜发生"壬午兵变"，吴长庆奉旨率庆军督援朝鲜，委派张謇筹划前敌军事。张謇临敌不乱运筹帷幄，大胆起用他的学生袁世凯，命他指挥前敌先锋营，迅速平定兵变。因功勋卓著，二人得到朝鲜国王李熙赠予的三品冠服。翁同龢时任太子少保、工部尚书，在读到从朝鲜归来的张謇拟就的《朝鲜善后六策》《乘时规复流虬策》②后，不禁为张謇能文亦武的雄才击节而赞，从此把他视为国家栋梁之材。光绪十六年，张謇考中第一名举人，时称南元，总裁官就是翁同龢。

对于孙诒让，翁同龢更是熟悉，因为咸丰六年他考中状元那年，诒让之父孙衣言便是会试同考官之一。诒让已完成初稿的《礼疏长编》和《墨子间诂》，奠定了他的朴学大师地位。他集三十年读书笔记写定的《札迻》，一举校雠了周、秦、汉、魏至齐梁共七十八家著作，江南鸿儒俞樾读后叹道："我老矣，仲容年龄不及我，学

---

① 光绪十八年，是科会试诒让未赴，正考官常熟翁书平同龢搜索公卷，愿置诸门下而不得。(《孙衣言孙诒让父子年谱》)

② 流虬即琉球国，史传隋炀帝命羽骑尉朱宽访求异俗，至此国地界，万涛间远而望之，蟠旋蜿蜒，若虬浮水中，故以流虬名之。

问却超过我，浩如烟海的经书史记中，还有无穷无尽的错误正等待仲容去修正呢！"①孙诒让不但在训诂考据上造诣非凡，在金学方面也独占鳌头，无人能及。光绪十年，收藏了许多先秦铜器的工部尚书潘祖荫②，邀请以治金文闻名京师的盛昱、李文田、王懿荣、费念慈、江标、王颂蔚、黄绍箕等达官名流，以及来京参加会试的孙诒让到府中，向客人出示"克鼎"铭文，希望有人能文释字。"克鼎"铭文号称世间最难懂的文字，时人概莫能辨。在大家无奈地摇头，表示难以破解之时，却见孙诒让不慌不忙坐于席中，把铭文中"扰远能执"一句中的"扰"解释为"柔"，把其中的"执"解释为"迩"，认为它们声近字通。诒让先举《诗经》中"柔远能迩"，又举《书》中的"执祖"即"迩祖"来加以证明。诒让一席话，令大家佩服得五体投地，潘祖荫亦叹为精绝。③事后，潘祖荫曾向翁同龢极力推荐诒让。

得识康有为，是因为庶吉士教习黄绍箕一次大胆的行动。光绪十四年，黄绍箕与康有为在北京订交后，把康有为写给光绪皇帝的一封书信，介绍给国子监祭酒盛昱，请他转交翁同龢代呈。这封书信鼓吹变法，言辞十分激烈，请求皇帝"变成法，通下情，慎左右"，翁同龢虽然钦佩康有为的勇敢，却不敢把这封书信转呈给皇帝，也不敢接见这位远道而来的南国秀才。④康有为没有为京师之行而气馁，这位早年酷好《周礼》，打算通解这部巨著的秀才，居然背叛了自己的初衷，由治古文经转为治今文经《公羊传》。他在南海办了一个万木草堂，招了新科举人梁启超等人为弟子，为僵死两千年之久的今文经翻案，宣称自东汉以来，儒学的正统地位都为"伪经"所篡夺，而他认为的"伪经"即古文经《左传》《毛诗》《古文尚书》和《周礼》等。暂且不去判断今文经与古文经两千年来的是是非非，单拿康有为以今文经为理论工具，利用今文经狂热地鼓吹变法

① 今年夏，瑞安孙诒让仲容以所著《札迻》十二卷见示，仇校古书，共七十有七种……至其精熟训诂，通达假借，掇拾古籍，以补讹夺，根柢经义，以诠释古言，每下一说，辄使前后文皆怡然理顺。阮文达序王伯申《经义述闻》云：使古圣贤见之，必解颐曰："吾言固如是"。数千年误解，今得明矣。仲容所为《札迻》，大率同此。然则书之受益于仲容者，亦自不浅矣。……余老矣，未必更能从事于此。仲容学过于余，而年不及余。好学深思，以日思误书为一适，吾知经疾史羔之待于仲容者，正无穷也。（俞樾《札迻序》）
② 潘祖荫，字在钟，号伯寅，吴县（今江苏苏州）人。咸丰二年一甲三名进士，探花，授编修。数掌文衡殿试，在南书房近四十年。光绪间官至工部尚书。通经史，精楷法，藏金石甚富。
③ 光绪十五年，潘祖荫为是科会试正考官，甚望得诒让卷，而诒让乃未赴。光绪十六年三月，在京师，与盛昱、李文田、费念慈、江标、王颂蔚诸人屡集潘祖荫斋辨证鼎彝奇字。五月，做《克鼎释文》。六月初，诒让旋里。既南归，潘伯寅复驰书以新得井人残钟拓本寄示，属为考释。诒让答书未达，而潘公遽逝。时年六十一。（《孙衣言孙诒让父子年谱》）
④ 戊子岁，康有为初上京师，参加举人考试，曾上书光绪皇帝，建议尽快变法，以挽救国家危亡，由于言辞激烈，达官都不肯转递上达。而黄绍箕遂为之介绍国子监祭酒盛昱转致翁同龢代呈，翁也不敢，盛又转请御史祈世长代呈，后终因祈病而事未果。（《黄绍箕集》）

维新,就是一位不可多得的人才。

翁同龢把张謇视为全才,把孙诒让视为奇才,把康有为视为狂才,而他自己便是发现这些千里马的伯乐,他现在要做的是怎样从浩瀚如海的试卷中,挑选出他应该选出的卷子,使这些人才脱颖而出,成为国家的栋梁。

今年四十二岁的举人张謇,已是第五次赴京参加会试了。考试之前,他受邀来到庚寅殿试探花、翰林侍读学士文廷式的家中。张謇走出轿子时发现,等待他的不但有文廷式,还有庶吉士教习黄绍箕、南昌经训书院主讲皮锡瑞、内阁中书杨锐。看见这么多的朋友在迎候他,心里十分感动。

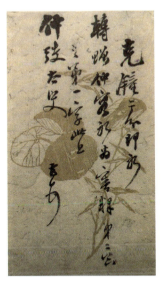

22-3 潘祖荫致黄绍箕,转赠鼎彝奇字于孙诒让

文廷式首先迎了上来,说:"季直兄光临寒舍,廷式不胜荣幸。"

张謇道:"芸阁兄太客气了。"

文廷式道:"季直兄此番来京,最高兴的当为翁大人了。"

张謇知道文廷式是翁同龢的门生,却故作不解,道:"这是为何?"

皮锡瑞道:"为了圣明的皇上得到治国平天下的俊杰之才啊。"

张謇是何等聪明之人,早已听出皮锡瑞的弦外之音,心想,大家都是求变自强之人,朝中又是这般情形,只有把身家性命都绑在皇上这条船上了,只是慈禧太后的势力如日中天,光绪皇帝生性懦弱,跟了他,日后还不知如何结局呢。

杨锐见张謇沉默不语,知道他有心事,便对文廷式道:"人已齐了,芸阁兄还不吩咐厨子上菜呀?"

黄绍箕在一旁急忙摆手道:"不可不可,还有一位客人尚未到呢。"

张謇知道黄绍箕亦是翁同龢的门生,所以他们约的另一位客人也一定是翁同龢看中的人,此人如此倜傥不羁,让这许多人等他,又会是谁呢?

见张謇面露狐疑,黄绍箕道:"说到此人,还与季直兄有一层扯不断的关系呢。"

张謇连忙问道:"这人是谁,与我有什么扯不断的关系?"

皮锡瑞已经明白黄绍箕说的是谁，道："都一根藤上的两只瓜了，还装作什么也不知道。"

张謇越听越糊涂，道："我越发不明白了。"

文廷式笑着对皮锡瑞道："麓云①兄才高八斗，怎么现在到爪哇国去了，怎么可以把他俩比作两只瓜呢，俗了俗了，该选文雅些的比喻才行，譬如并蒂莲之类。"

皮锡瑞道："还不是因为在你家挨饿，把那八斗才全饿光了。"

黄绍箕道："也不能怪芸阁兄的，是我让他暂且不要上菜。"

众人都掩住嘴笑。肚子里"咕噜噜"地响，倒真的是饿了。

张謇不依，盯住皮锡瑞道："麓云兄到底还是说出他的名字来，也好让张謇安心等待。"

黄绍箕插上来道："你是北张。北张来了，南孙还未到呀。"

张謇连忙道："原来如此，该等该等。"

原来江南士林公认张謇、孙诒让才学最高，因张謇是江苏南通人，孙诒让是浙江瑞安人，张在北，孙在南，所以便称他们北张南孙。现在张謇听说孙诒让要来，当然连说"该等"。

黄绍箕见张謇诚恳，道："今日芸阁兄做东，是预祝季直和仲容兄今科会试高中。"②

众人异口同声道："正是。"正在说话，门人来报："瑞安孙诒让主事到——"

大家笑道："这不，说曹操，曹操到。"便做齐走到大门口，群星拱月般地迎进诒让。

诒让一进厅内，便高声道："我真真是气饱了，晚

22-4 张謇像

22-5 文廷式像

① 皮锡瑞，字麓云，湖南善化人，著有《经学历史》《经学通论》等。
② 文廷式，字芸阁、道希，江西萍乡人。光绪十六年进士，授编修。二十年大考，光绪帝亲拔为一等第一名，升翰林院侍读学士，兼日讲起居注官。文廷式志在救世，遇事敢言，是帝党重要人物。

光绪二十年夏四月十一日，萍乡文廷式宴先生及公车诸名士皮锡瑞、杨锐、张謇等于京门。（《孙仲容先生年谱简编》）

22-6 康有为像

上这顿酒菜是吃不下去了。"

众人听不明白他发的是哪门子火,都瞪大了眼睛看他。

诒让脸色发青,一副气极了的样子,道:"世上竟有如此卑鄙小人,真是岂有此理!"

黄绍箕走到诒让身边,拉住他的手轻声问:"是谁得罪你了,告诉我们,决饶不了他!"

诒让摔开黄绍箕的手,大声道:"他不是得罪我,是得罪先圣了!"

黄绍箕终于听明白了,诒让骂的人是康有为①。他之所以骂康有为,是刚读了康有为写的《新学伪经考》,而把这本书送给诒让一读的,便是他黄绍箕。

黄绍箕没想到诒让读完《新学伪经考》之后的反应会如此强烈。他把这本书送给诒让一读,是因为它见地新颖,惊世骇俗,士林引以为怪异,朝臣斥骂为大逆不道。恰恰这"怪异"与"大逆不道"之说,使他敏锐地感觉到,这是一本难得的著作,它深深触痛了守旧派麻木的神经。黄绍箕是京察一等的京官,因政事勤勉交军机处记名以道府用,也就是说日后朝廷准备委他以重任。但他同时也是一位视国家的命运为自己生命的人,在中国积极求变的一批中青年官员和知识分子中,他是最初的醒悟者和鼓吹者。摒弃门户之见,一切为了求变,是他当年与康有为订交,千方百计为其递呈上书,现如今又积极推崇其著作的动力。

文廷式已看出黄绍箕与孙诒让之间的芥蒂来,连忙请大家在八仙桌旁就座,试图缓和一下气氛。不一会儿,酒菜都已上来,文廷式道:"咱们以酒助兴,边喝边谈。"

文廷式知道黄绍箕的苦心,黄绍箕不止一次地告诉过他,与诒让同朝为官,革弊政,求变法,是自己从来不变的愿望。他之所以说"咱们以酒助兴,边喝边谈",是因为既然大家都为救国走到了

---

① 康有为,字广厦,广东南海县人,人称康南海。康有为少年时受宋明理学影响,鄙弃汉学家的烦琐考据,企图开辟新的治学道路。光绪五年(1879)开始接触西方文化。光绪十四年(1888),康有为到北京参加顺天乡试,上书光绪帝请求变法,受阻未上达。光绪十七年(1891)在广州设立万木草堂,收徒讲学,写《新学伪经考》《孔子改制考》。

一起，这些问题就该谈得透彻，这其实也是今晚聚会的意义所在。

都喝了一些酒，各各想着心事，场面便有些沉闷。

还是皮锡瑞先打破沉默，道："我也是刚读完康广厦的《新学伪经考》，觉得是本好书。尽管书中有些说法过于武断，比如说《周礼》等书都是刘歆所伪造，刘歆有这样的本事吗？再说啦，他既信《史记》，却又认为刘歆私窜《史记》，便自相矛盾了。"说到这里，皮锡瑞站起来，把头一仰喝完杯中酒，大声道，"但锡瑞记得一句老话，叫作'重病要用猛药治'。咱们中国得的是重病啊，得的是顽症啊，依我看来，康广厦的这本书虽有门户之见，同室操戈之嫌，却也具有变法开智力之效，破除守旧拘牵之功，说不定就是一帖猛药呢！"

诒让喝了一些酒，红了脸驳道："还猛药呢，只怕是毒药，比砒霜都要毒百倍，煎了让人服下，别说是病重的人，只怕是好端端的人也要喝死的。不但反对刘歆的古文经学，还骂了许叔重、郑康成、孔冲远①，竟然要否定周公，否定传世数千年的圣贤之书，此人之狠，真是比秦王嬴政焚书坑儒有过之而无不及。"

见皮锡瑞摇头坐下，杨锐②接着道："杨锐不才，只是听到有这样一种说法，乾嘉以来，朴学盛行，士子趋之若鹜，但此学墨守成规，寻章索句，烦琐考据，不似今文经学研求先圣微言大义，另辟蹊径，破旧求新。"

诒让端了杯子，自斟自喝，道："诒让只知道宋学之衰，就在于解经随心所欲，音韵不通，训诂不精，不察本末源流，不辨正义歧误，于是牵强附会，曲解走样，经失道丧。为破旧求新，而不求甚解，哪怕杜撰出更多的微言大义，其结果还不是一样的误国误民。"

张謇在一边仔细听了好久，道："我没有仔细读过《新学伪经考》，也就不去评论这本著作的得失了。不过我前些天去翁府拜访翁大人时，得知他老人家似乎十分看中康广厦的才学。他知道康广厦去年乡试中了举人，现如今与弟子梁卓如一起来京师参加会试，嘱我代他勉励他们，务必考中进士才好。"

① 孔颖达，字冲远，唐冀州衡水人，经学家，著《五经正义》等。
② 杨锐，字叔峤，四川绵竹人，戊戌六君子之一。光绪十五年（1889），考取内阁中书，获章京记名，协编《大清会典》，书成后晋升内阁侍读。光绪二十年（1894），甲午战争中，和议传出，独有杨锐激励御史王鹏运进谏并代王作疏上奏，奏疏中有"齐顷公败于鞍，七年不饮酒食肉，越勾践败于会稽，二十年卧薪尝胆"之句。慈禧看后甚为恼怒，要恭亲王奕訢将其充军，奕訢回答"言官无邪"，方得免。

诒让听张謇说话，仰头把杯中的酒一口喝干，冷笑一声道："翁大人怎么不勉励他们师徒俩，把状元、榜眼一并拿了去才好。"

黄绍箕知道诒让喝醉了，拿过酒杯，劝他别再喝了。诒让不听，夺过杯子，又往里面斟满了酒，道，"我今日是知道什么状元、榜眼、探花，还有什么劳什子进士了。"

诒让一番话下来，张謇的面上便有些挂不住，只觉得满脸火辣辣的又烫又红，幸亏有酒色遮盖，才掩饰过去。

文廷式因是探花出身，被诒让说着了，那脸也是红红的，因是主人，不好说什么，只是接连喝酒，讪讪地苦笑。

张謇怔了好久，觉得一些话不得不说，知道诒让是耿直之人，说话虽重了些，但也是对翁同龢如此器重康有为误解所至，便小心解释道："仲容兄，皇上自亲政后，虽体察国情，立主求变，但大权旁落，决策均出自太后。太后周围，奸佞之人甚多，圣上要用一些忠臣志士，替他出谋划策，反而十分困难。国事艰难，正值用人之际，翁大人器重康广厦，自有他的苦心，您要体谅翁大人的难处，更要体谅皇上的难处。"

文廷式几杯热酒下肚，听张謇说起皇上，不禁悲上心来，洒泪道："圣上备受欺凌，困守深宫之中，咱们既然要辅佐于他，自然应该同舟共济才好。"

诒让神情凝重，道："各位所说，虽有道理，但诒让以为，为皇上千秋大业和社稷所计，变化无常之人决不可用。想那康广厦，早年酷好汉学，苦读《周礼》，为之钻研著述。后见廖季平①所著之书《知圣篇》与《辟刘篇》，便尽数拿来，篡改为《新学伪经考》，用来攻讦汉学。反复无常，夺人所爱，如此恶行哪里是君子所为！"②

见众人都屏声静气听他说话，诒让加重语气道："更令人不齿的是，此人自开办万木草堂以来，竟然自号'康长素'。'素王'者，孔圣人也，'长素'者，长于素王也。更为甚者，赐弟子梁启超号，曰'轶赐'，'轶'义为超车，赐，端木赐，子贡也，轶赐就是启

① 廖平，字季平、旭陵等，四川井研县人，经学家。
② 炳麟素治《左氏春秋》，闻先生治"周官"，皆刘氏学，驳《伪经考》数十事，未就请于先生。先生曰："是当讳世三数年，荀卿有言：'狂生者不胥时而落。'安用辩难，其以自熏劳也。"顷之，康有为败，其学变绝。（章炳麟《瑞安孙先生伤词》）

康氏学术之谬，数年前弟即深斥之。去年致章枚叔孝廉，亦曾及之。（孙仲容《致汪康年书》）

超超过子贡也;赐弟子陈子秋号,曰'超回',子秋超过颜回也;赐弟子麦孟华号,曰'驾孟',孟华骑在孟子头上也。如此狂妄之徒,纵然成了高官新宠,诒让亦不屑与其为伍!"

黄绍箕跌坐在椅子上,目瞪口呆地听着诒让数说着康有为的种种不是,面似雪白,心如纸灰。他没有料到今晚的聚会竟是这样的场面,诒让对康有为的成见之深,令他心如刀绞,同是立志报国之人,本不该发生这样深的误解的。黄绍箕沉默良久,终于开口道:"绍箕素来敬重仲容兄的为人和才学,明白仲容兄经世致用的愿望与理想。但说到经世致用,其实广厦兄也有这种想法呀。光绪十四年,我与他在京城相遇,他涉猎西学图新求法的勇气,维新救亡图存的热情深深感动了我,于是我们相互订交。广厦兄写给皇上的那封鼓吹变法的书信,言辞是那样的诚恳,情绪是那样的激烈,以至于当朝最具变革思想的翁大人,都不敢转呈给皇上,只怕酿成祸端。别看紫禁城风和日丽,昆明湖波平浪静,暗地里却是刀光剑影,暗礁密布啊。广厦兄面对血腥和死亡,大胆投书皇上,实在是深深地感动了我的。"

说到这里,黄绍箕感极而泣,语不成声,过了好一阵子,才勉强安定下来,道:"要进行一场变革,必须具备许多条件,要有领头的人,还要有辅佐的人,更重要的是还要有理论准备。现如今领头的人有了,他是当今的圣上;现如今辅佐的人也有了,他们是帝师翁大人和在座的各位忠臣志士;而维新变革的理论,就是广厦兄的《新学伪经考》呀。平心而论,《新学伪经考》材料丰富,高屋建瓴,出语石破天惊,但立论常常武断,或抹杀或曲解证据。然而,广厦兄的本意是借用今文论政,借此书打击守旧者恪守祖训的古旧礼制,冲荡阻碍变法维新的层层藩篱,从而达到托古改制的目的呀。"①

诒让愤然而立,道:"为求西学,为图维新,本无可责,但凭牵强附会之臆说,把数千年文明一扫而空,这又与浩劫有何不同?诒让治《周礼》已久,去年十月,又写定《墨子间诂》。窃以为西学之源在于中学,其制度常常源自于《周礼》,其技艺每每学出于《墨子》。②

①《新学伪经考》又名《伪经考》,十四卷,初刊于1891年。康有为认为,历代封建统治者所尊崇的"古文"经典,如《周礼》《逸礼》《古文尚书》《左传》《毛诗》等都是西汉末年刘歆伪造的,因此都是"伪经"。而刘歆制造伪经的目的,是为了帮助王莽篡夺西汉政权、建立国号为"新"的朝代,所以古文经学是新莽一朝之学,只能称之"新学"。

②"让少溺于章句之学,于世事无所解。囊读墨子书,深爱其撢精道术,操行艰苦,以佛氏等慈之旨,综西土通艺之学,九流汇海,斯为巨派。徒以非儒之论,蒙世大诟,心窃惜之。尝谓《墨经》揭举精理,引而不发,为周名家言之宗。窃疑其必有微言大例,如欧士论理家雅里大得勒之演绎法,培根之归纳法,及佛氏之因明论者,惜今书伪阙,不能尽得其条理,而惠施、公孙龙窃其绪余,乃流于僞诡口给,遂别成流派,非墨子之本意也。"(孙诒让《籀顾述林》)

诒让自参与中法之战,浏览泰西之书,方知青出于蓝胜于蓝之理已应验于中国,那西人现如今不但兵器船舰远胜我国,天文、化学、工学、商学及农家种植学诸方面,也已远超我国,由此,国人当悉心求学西法。然而,中国的政教则自古有之,齐全而完备,何须取法于夷人。至于《周礼》,是先圣治国的典章大全和百科全书啊,怎能让无知小人肆意诽谤百般污蔑!公论何在?天理何在?"

诒让说完这番话,早已悲愤得泪流满面。他用颤抖的手,为自己斟满杯中酒,仰脸一干而尽,用力把酒杯往地上掷去。

酒杯的碎末,溅满黄绍箕的袍子。大家都惊呆了,怔怔地看着一动不动的黄绍箕,和浑身不停地颤抖着的诒让。

黄绍箕一阵头昏目眩,自己做错了什么,竟使得多年的至交如此伤心?自己做错了什么,竟引发亲如兄弟的挚友雷霆之怒?哦,他明白了,他明白了,对于诒让来说,《新学伪经考》是一只蘸满毒液的利剑,而向他刺出这把利剑的,竟是他最忠诚的好友!现在,一切的后悔与自责,都已为时过迟了。诒让的心在流血,诒让的精神在崩溃。诒让是把《周礼》看得比生命还要重的人啊,是把青春年华都奉献给《周礼》的人啊,是把汗水与心血都用来浇灌《周礼》的人啊,所以,诒让有权力诅咒把《周礼》视作伪经的《新学伪经考》。

黄绍箕怔怔地坐着,感受着诒让的怨恨与仇视。他丝毫没有责怪诒让的偏执和顽固,他只是觉得自己对不起诒让。由于他的急躁,诒让已经产生了误会。诒让是那种心气很高的人,他就要离他们而去了,他再也不会与他们同朝为官了。深深的遗憾与惋惜填满了黄绍箕的心,他的眼睛里噙满了抱歉的热泪。

诒让看见黄绍箕眼中的泪水了,他知道黄绍箕的心在发痛,于是,他自己的心也揪痛了。多么难得的一次聚会呀,多么难得的新朋旧友呀,他为什么如此不理智,如此不通融呢?夜深了,门缝里钻进来的风带了寒气,诒让身上一阵战栗,他起身告辞。别了被窘迫包围着的众人,蜷缩在黑暗的轿子中,行走在凹凸不平的马路上,孤独的诒让有一种预感:他今生今世再也不会到这座皇城来了。

甲午的恩科会试是初夏发榜的。张謇不负众望,在翁同龢慈祥与期望的目光中,殿试得了一甲第一名,高中状元,授翰林院修撰。四十三岁的状元郎,在兴高采烈之余,一下子娶了梁氏、吴氏两房小妾。

第二十三章

琉球诗吟

对于太仆寺卿孙衣言而言，甲午是不吉利的年号。开春，诒让八试礼闱不第，自此不复京试。①立冬，中日战事起，琉球只怕不保。这个琉球国，是孙衣言念念不忘之地，他记挂此地，是因为道光二十一年在国子监做过琉球教习，与琉球国留学生感情深厚。

琉球国在台湾岛和九州岛之间的琉球群岛，南北长两千里。琉球岛民中有日本九州南岛原住民，也有漂洋过海而来的波利尼西亚人。琉球曾被称为九州南藩阿儿奈波，独立建国称为琉球国，已是南宋的事了。到了明代，愿意成为藩国，明太祖赐琉球巴志王尚姓，定都首里城。之后琉球通闽语，盛汉学喜汉诗，官服官帽仿明样式。明万历三十七年，日本幕府末期，西南大藩之一鹿儿岛藩，派大将桦山久高率兵攻占琉球，逼迫琉球国进贡。琉球国虽兵败无奈向鹿儿岛藩进贡，但朝野哪肯臣服，年年依旧按例向大明国朝贡，以图日后或有转机。

到了大清国时，日本已控制琉球。虽如此，琉球依然心属中国。道光二十年，琉球国选派官家子弟，随同史臣渡海北上来中国求学，清廷恩准。道光二十一年四月，琉球官生阮宣诏、郑学楷、向克秀、东国兴入国子监，师从琉球教习孙衣言。孙衣言这一教教了三年，教的是儒家学说和汉诗写作。②

孙衣言知道琉球学子来到中国，苦心孤诣地学习经文汉诗，是极不容易的事，便花大力气悉心传授。知道学子们酷爱汉诗，孙衣

① 光绪二十年春，八试礼部不第，自是不复至都。(《孙仲容先生年谱简编》)
② 道光二十一年，衣言考选国子监琉球教习，受知于祭酒花松岑沙纳、王炯斋煜、司业灵芝生桂、蒋誉候元溥，同时以能诗古文为杜芝农侍郎受田赏识。同年四月，琉球弟子向克秀(字朝仪，首里府人)、阮宣诏(字勤院，久米府人)、郑学楷(字以宏，久米府人)、东国兴(字子祥，首里府人)四人入监读书。自是令其泛览汉魏唐宋以来诸家作者，间语以古人作诗格法蹊径，皆洒然有得。又，琉球都通事梁时亭(学孔)，来质诗法。(《孙衣言孙诒让父子年谱》)

23-1　中国古代史籍中琉球人的形象（左），清朝皇帝御赐琉球国印（右）

言令其泛读汉魏唐宋诸家，使其通晓格律韵致，鼓励他们写作汉诗，由他逐字逐句批改。东国兴呈习作三首，《夜雨》一首有"鸡鸣不已纱窗晓"句，孙衣言批注："'不已'二字太老实，为其改为'忽报'。"《舟泊钱塘江》写杭州，孙衣言批注"武林楼阁接潮水，葛岭云霞迎客船"句："舟中不能望见西湖。"《大竿岭逢雨》写雨，孙衣言令其修改"却恐天昏行不得"句，道："'天昏'二字，更觉骇人。纵使大雨，也断无天昏之理，日暮向晦，则当用'黄昏'二字，乃为平稳。"①

孙教习如此尽心尽力，琉球官生和家长看在眼里，铭记于心。东国兴父亲顺德，把琉球小刀、琉球花布和自己写的草书，赠给孙衣言。向克秀父亲也把琉球笺纸、琉球瓷器和海马，送给孙衣言。孙教习则赋诗答谢。孙衣言如此诚恳待人，琉球官员来中国时，也都到国子监求教诗法，琉球国都通事梁时亭、琉球贡使向绍元、都通事梁必达，都成了孙衣言的好友。

一晃三年过去。道光二十四年春，诸弟子学成须得归国。孙衣

① 见琉球大学图书馆《东国兴诗集》

言亦任国子监琉球教习期满，将作为候补县令由吏部派往南方任职。孙衣言见阮宣诏等所作汉诗已很可观，便选其中佳作刻印成集，一共四卷，题为《琉球诗录》，并为之写序。①

众官生依依不舍，洒泪作别。阮宣诏前往福州，任进贡厂柔远驿存留通事，此驿由明成祖所建，原称怀远驿，万历年间称柔远驿。后毁于战火，清康熙帝下令重建，又称琉球馆。东国兴回到琉球国，任琉球国学文章师。向克秀行途得病，卒于福建。阮宣诏写信告诉孙衣言这些事，孙衣言欣然提笔赋诗，寄赠阮宣诏和东国兴：

23-2 19世纪的琉球官员（前排3人）。从其服装上可以看出受中国文化影响之深

> 来鸿归燕喜联翩，春信梅花动海天。
> 红馆风光宜此日，槐厅灯火忆当年。
>
> 闻说东生有特除，文章训诂事如何。
> 昔时好学偏怜汝，近者言诗谁起予。

写罢两首诗，想起好学弟子向克秀早逝福建，禁不住伤感起来，垂泪道："独伤向秀成黄土，谁为山阳问旧居。"②

到了道光三十年，孙衣言念及师生之谊，请名家画了《海客授经图》。好友邵懿辰、林鹗、金衍宗、张振夔、徐乃康、徐献廷等见图，纷纷题咏，桐城名家戴钧衡则撰跋记其事：③

> 瑞安孙君劭闻，教琉球子弟凡三年，讲论经义之余，授以古今体诗法，弟子皆通经，尤工诗，梓行京师，人争传诵。后数年，孙君追作图，以纪朝廷之盛，余见而叹曰：孙君固通经

① 衣言在国子监执教数年，先后与花松岑祭酒（沙纳）、王炯斋祭酒（煜）、灵芝生司业（桂）、蒋誉侯司业（元溥）游。是年充国子监琉球教习期满，有旨以知县用。阮勤院等学成归国，其所为古诗往往可观，衣言乃择其雅者，录而刻之，谓之《琉球诗录》。琉球人极重之，几于家有其书。盖彼中诗人，素所讲习五七言律，绝无及古体者，自是风尚为之一变。《琉球诗录》册首有孙衣言序文，《逊学斋文抄》未载，兹从《琉球诗录》印本移录于下。（《孙衣言孙诒让父子年谱》）

② 参见沐义《中国和琉球·特殊友好500年》。

③ 道光三十年，作《海客授经图》，征时人题咏，题诗者有邵懿辰、孔宪彝、孔宪庚、彭昱尧、林鹗、金衍宗、张振夔、徐乃康、徐献廷等。（《孙衣言孙诒让父子年谱》）

工诗者，故琉球弟子成就若此，彼来学者，苟不遇君，则中国群相夸尚之时文，乃彼所不学，其所得于中国者不过排律八韵而已，弟子之遇师固有幸有不幸哉！

咸丰三年，琉球使臣赴京送贡品，阮宣诏、东国兴二人托他带土产到翰林院给孙衣言。孙衣言收下礼物，翻来覆去找信件，没找到信生气起来，吟道：

23-3 《琉球诗录》（清·孙衣言辑），福建省图书馆藏

阮子犹闽峤，东生在旧间。揭来千里使，偏惜一行书。
从宦情难展，论文意未舒。南风相问讯，郑谷兴如何。

诗中写道，阮宣诏和东国兴，一个在福州，一个在琉球，可知道为师的，是多么思念你们。托使臣带东西来，却偏偏不写信，你们啊，为什么就不写个一言半句呢？咱们现在身在宦途，各自忙于政务，难于细叙衷肠。想和诸位谈论经文汉诗，那也只能在梦中了。南去的风啊，倘若你到了琉球，可得替我打听一下郑学楷，他现在过得怎样了，身体可好仕途顺利否？

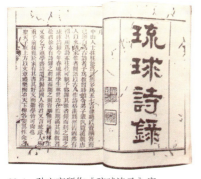

23-4 孙衣言所作《琉球诗录》序

咸丰五年，阮宣诏任琉球副使，赴京入贡。办完公差，赶紧去澄怀园见孙衣言。孙衣言设宴款待弟子，得知东国兴现在王宫，

为琉球王世子讲经。郑学楷官至琉球国正议大夫，于咸丰三年亡故。孙衣言为弟子事业有成感到欣慰，又想到短短十年，先后两位弟子阴阳两隔，万分难过无心饮酒，怔怔地看着酒杯。酒杯里的自己，两鬓已经花白，抬头看阮宣诏，他的头发也已见白。

孙衣言颤声而吟："十年回忆授经时，万里重逢亦自疑。鬓发相看俱老大，文章今见有光仪。"阮宣诏听了百感交集，强含泪水点头聆听。孙衣言也已泪水满眶，道："门下东生最妙年，当时文笔亦飘然。新闻酒醴王门内，时对图书玉版前。"阮宣诏知道，当年四人渡海留学，东国兴才学最好，恩师最记挂的是他。正在想着，孙衣言已按住他的手，提起声音道："却期燕雁能相代，来慰离情到日边。"阮宣诏泪下，连忙道："恩师放心，宣诏定当把话带给子祥。"

咸丰十一年二月，太平军经处州入温州，福建记名道张启煊率官兵应战，孙衣言长子孙诒谷战死军中。在那个悲伤的日子里，孙衣言还念念不忘琉球弟子。七月，孙衣言受命赴任安庆，绕道福州时遣人去琉球馆，打听阮宣诏和东国兴近况。

得知阮宣诏官至总理唐营司，东国兴官至耳目官，孙衣言很是欣慰，对属下说，总理唐营司，任职久米府，这可是琉球国的重臣啊！明时，琉球愿做番国，太祖朱元璋选派三十六个姓氏的闽人去琉球，帮琉球人学习闽语和技术，这些闽人的子孙现在都在久米府，聚居地称唐营。这很重要，现在有很多海外人士，都称中国为唐。耳目官亦不得了，在大清国那就是大学士。

同治六年夏天，琉球国派阮宣诏来中国，这回他带儿子克绩、成勖同行。孙衣言时任紫阳书院主讲，阮宣诏一到杭州就去见他，送给他五十把琉球折扇。过了三日，东国兴又途经杭州，急匆匆赶去紫阳书院看望恩师。

东国兴终于又来中国了。他作为官生第一次到中国，是道光二十一年，二十多年后再到中国，则是琉球贡使。孙衣言见到东国兴，自然十分欣喜，拉住他的手，上上下下反复看他，道："没有变没有变，还是在国子监时的模样。"东国兴道："真想在书院住下，求教汉经汉诗。"孙衣言喜出望外，道："如此甚好，如此甚好。"随即摇头，道："不能够了，不能够了，子祥现如今做大臣了。"携手就座，饮酒。桌边有画师候着，把师生二人当时情景，画了一幅《重谈瀛海图》。

几杯黄酒落肚，孙衣言脸色酡红，赋诗道：

> 万里来相见，今生殊未期。片时留笑语，垂老惜颜鬓。
> 有道堪王传，读经尚本师。远谟犹藉手，衰苶竟何为。

东国兴知道恩师为弟子学成归国受到朝廷重用而满心欢喜。但也从中听出苦楚与哀伤，从朝臣到书院是一种冷落，边缘化对于满怀壮志者，既伤心又伤身。

孙衣言和琉球弟子的事，慢慢地在朝野传开，一时间成为佳话。同治七年，朝廷起用孙衣言，任其为两江候补道员。两江总督曾国藩调任直隶总督。孙衣言接旨到了南京，曾国藩正打点行装北上赴任。曾督临行对孙衣言道："国藩听说，琴西所编《琉球诗录》，琉球人几乎家有其书。"说罢磨墨铺纸，用篆书写了联和跋送给孙衣言：

> 大笔高名海内外，君来我去天东南。琴西仁弟重来金陵，而余将北行，篆句奉赠。琴西有琉球弟子，东洋盛传其诗，故首句及之。戊辰冬月，曾国藩并识。

同治十二年二月，正在国子监求学的琉球国官生林世功，听说淮南提刑孙衣言到北京入朝述职，连忙去见他。[①] 林世功说自己出自阮宣诏和东国兴门下，孙衣言笑道："汝亦我小门生也。"林世功告诉师公，此次琉球国派往中国的官生也是四人，一人卒于途中，另二人病逝国子监，活着的就剩林世功一人。林世功想告诉师公，琉球危矣！同治十一年，日本借明治天皇亲政之机，削琉球国号，改设"琉球藩"。林世功想说，又迟疑着不说，怕师公听了难过。

同治十三年，林世功学成归国。次年任国学大师匠，又擢为世子尚典的讲解官。就在他平步青云之时，琉球国却正面临亡国深渊。光绪元年，日本派内务大丞松田道之出使琉球，强迫琉球断绝与中国的宗藩关系。琉球人不肯做日本人砧板上的鱼肉，琉球国王尚泰

---

① 同治十二年二月二十七日晴，午后补拜城东各友。晤李少荃爵相、章采南同年。知琉球官生林世功欲来谒见，以门人阮宣诏、东国兴访予近状也，因订以二十九日辰刻出城，其教习徐明经与之偕来。午后，朱修伯宗丞招饮。宋雪帆阁学、程容伯鸿胪诸同年，集于馀庆堂。(《孙衣言集·癸西瞻天日记》)

上书日本政府，奋笔写道："自归清国版图，以其保护声援，乃可无忧外患，自建为国。有古来风俗之礼乐政刑、自由不羁之权利，上下雍睦，安居乐业，若离清国必失自由权利而招掣肘之累，国家岂可永葆？父子之道既绝，累世之恩既忘，何以为人，何以为国？"

与松田道之谈判破裂。尚泰派遣三十九人组成密使团，赴中国求救。密使团由紫巾官向德宏、通事林世功、都通事蔡大鼎率领，避开日本人耳目，深夜驾船从湖边底港出发，在伊江岛遭遇台风险些触礁沉没。数月后到达福州，与贡使毛精长会合，将尚泰的密信交给闽浙总督何璟、福建巡抚丁日昌，提出赴京师请愿。接到何璟上奏，清廷仅以宗主国驳诘日本，晓以情理，不准琉球密使团入京，令其回国。①

23-5 琉球国最后一位国王尚泰

日本知道清廷不愿深涉琉球之事，光绪四年冬，派遣松田道之为处分官，率兵前往琉球，勒令国王尚泰写誓言，保证不再向中国求援。随即又派日军五百人自那霸登陆，占领琉球国都首里，之后宣布废琉球国设冲绳县，由日本人锅岛直彬担任县知事。国王尚泰和世子尚典等王室成员，则统统押至东京软禁起来。

琉球王尚泰密使向德宏赶至天津，上书李鸿章，发誓"生不愿为日国属人，死不愿为日国属鬼，虽糜身碎骨亦所不辞"，恳求清廷尽早出兵。林世功、蔡大鼎、毛精长诸人赴京师后，与在天津李鸿章请愿的向德宏相互呼应，一个月内九次向总理衙门和礼部请愿，吁请大清讨伐日本，力助琉球复国。他们甚至还不顾屈辱地下跪，跪在百官上朝必经之地东华门，遇到大臣就向他们哭诉，引得官员们也眼睛发酸。可这些中国官员又有什么用呢，他们都是怕事之人，环顾周围唯恐被日本人发觉，还让他们不要哭出声来，免得日本人生事。走投无路的林世功，只能寄希望于神佛，去到正阳门关帝庙点香发愿，祈求琉球国运回转。

光绪六年，日本明治十三年，日本外务省派遣竹添进一受来华，

① 1872年，日本宣布废除琉球国，改为琉球藩。1874年，强迫琉球停止向清朝朝贡，引起了琉球亲清派（日本人称其"顽固党"）的不满和恐慌。1875年，琉球国遣紫巾官向德宏、都通事蔡大鼎、通事林世功等人，假借探问未归国的进贡使毛精长的名义，赴清朝交涉。1879年，日本兼并琉球国，因冲绳县警察的镇压和逮捕，不满日本统治的琉球人纷纷流亡清朝。以向德宏、林世功为首的流亡者，频频向清廷上书请愿，希望凭借清朝的力量重建琉球王国。

向李鸿章提出分岛改约案。分岛改约案的内容是，日本愿将琉球最南端两岛，即宫古岛与八重山岛划归给中国，其余琉球国土均归日本所有；与此同时，中国须同意修改中日通商条约，允许日商进入中国内地贸易。

　　林世功闻讯大惊，中日两国的这个条约，岂不是活生生把琉球国拆分了去么！怪不得清廷对琉球使臣所提请求，一直态度暧昧，不作正面回应，原来是迫于日本淫威，助纣为虐要把琉球瓜分了去。琉球国完了，这个世界不再有容身之地了，才学也好功名也罢，对于亡国奴而言有什么用处！林世功越想越气愤，越想越绝望，提了把剑跑到大清国总理衙门，往喉前用力一割，顿时鲜血迸溅，瞪着双眼而亡。

第二十四章

甲午之殇

太仆寺卿孙衣言,是在甲午年十月二十日去世的。① 这位长寿的老人,历经道光、咸丰、同治、光绪四个年号,整整活了八十年。他本可以颐养天年,再活得长久些的,最终还是辞世而去。宦海倦游辞官退休的老友黄体芳,从北京下斜街宅第的书房里,巍颤颤地提笔写了一副挽联,寄到瑞安孙家来。联曰:

程门尺雪,幸我乡通德有人,如何一老不遗,剩石室文章,绝学重冒浮沚派;

吴郡秋风,惟先生见机最早,却恨闲身若寄,听边城笳鼓,暮年忍读首邱篇。

好一句"却恨闲身若寄,听边城笳鼓,暮年忍读首邱篇",黄体芳到底是深知老友心境之人。这光绪二十年,正是战火纷飞的甲午年,闲居古里,睡梦中不断地听到边城告急的笳声鼓声,风烛残年的太仆寺卿胆战心惊。

日本军队是在甲午年春夏交替之时,在仁川登陆侵入朝鲜的,一路势如破竹,直逼牙山。李鸿章奉谕向朝鲜增兵备战。

六月二十三日,北洋舰队管带方伯谦率济远舰和广乙舰,运送兵员及辎重至朝鲜后返航,刚出江口,游弋于此的吉野号、浪速号、秋津洲号三艘日本巡洋舰猛扑而来,济远号奋起反击,击伤吉野号

---

① 锵鸣挽以联,云:"西清燠直,南国维藩,未耄早归来,更古籍丹黄都遍,试看鹤发婆娑,钟鼎林泉两无憾;君侍三天,我驰八桂,一生几会散,幸故园风雨相依,胡遽雁行断折,泰山梁木复谁宗"?

诒让有哀挽联云:"清班九列,上寿八旬,十六载林泉终老,国事总关心,寝疾弥留,犹念穷边惊风鹤;韩柳文章,薛陈学案,三万卷朱墨如新,父书未能读,藐躬孤露,徒余哀泪泣皋鱼。"

俞曲园挽以联:"数丁酉甲辰庚戌三度同年,淘推理学名臣,内官禁近,外任屏藩,晚以太仆归田,老去白头,重游泮水;刻横塘竹轩水心诸家遗集,自任永嘉嫡派,文法桐城,诗宗山谷,更有封章传世,将来青史,岂谨儒林。"(《孙衣言孙诒让父子年谱》)

和浪速号，自身亦遍体鳞伤，退出战斗。广乙舰则在躲避日舰追击时触礁沉没。此时，清军征用的怡和公司英国商船高升号恰好驶入作战海域，船上满满坐着九百五十名淮军，由操江舰护航驶往朝鲜。三艘口舰围拢过来，掳获了"操江"号，开炮击沉宁死不降的"高升"号。"高升"号沉没后，日舰用机枪扫射掉落海中的清军将士，以至水浪赤红，浮尸蔽海。此为丰岛之战，甲午战争由此开始。

光绪二十年七月一日，中日两国同时宣战。八月十六日，日军进攻平壤，入朝参战的清军总兵左宝贵战死在北门，清军统帅直隶提督叶志超怯战，趁黑夜率残余清军逃出平壤城，一夜狂奔三百里，渡过鸭绿江逃回中国境内。

十七日，海军提督丁汝昌奉李鸿章之命，率北洋舰队主力运送四千名淮军增援平壤，十八日于返航途中与日本海军主力在鸭绿江口大东沟海面遭遇，下午十二时五十分，黄海血战爆发。日军先以巨炮击沉北洋超勇、扬威两舰。北洋旗舰定远号刚开炮参战，海军提督即从飞桥上跌落身受重伤。管带刘步蟾接替指挥，血战四个半小时，定远舰竟中大小炮弹二千余发，终因船大吨位重幸免沉没。战斗中，致远舰弹药用尽，中炮受创，管带邓世昌下令开足马力撞击日舰吉野号，不幸被鱼雷击中，全舰二百五十余人以身殉国。经远与围攻上来的日舰一场恶战，至下午四时四十分沉没，管带林永升阵亡，舰上官兵二百七十二人，生还者仅十六人。海战中触礁搁浅，翌日被日舰击沉的还有广甲舰。

九月二十六日，三万日军由安平河口渡过鸭绿江侵入中国辽东，不到一月，接连攻占九连城、凤凰城、海城、金州，最后占领了大连湾炮台，李鸿章花费白银数百万两，苦心经营十几年建起的旅顺军港也落入敌手。

这就是国事，让人气死、恨死、愁死的国事！

光绪五年日本占了琉球，欲与中国处分琉球，拿走大部琉球国土，中国仅得宫古、八重山二岛。那时俄罗斯军队逼近中国边境，大战一触即发，清廷无力应付日本纠缠。待到中俄谈判停当，边境之事安定下来，朝廷即否决琉球案处分。日本公使宍户玑，见此只好回国。此后过去十五年，中国亦想重开谈判，保全琉球国体，但与日本主张相去甚远，琉球之事便搁置至今。

搁置下来也是好的，等到北洋水师强大起来，威压日本蕞尔小国，琉球番国或可挽回。现在完了，彻彻底底完了，北洋水师全军覆没，大清国已手无缚鸡之力。接下

24-1
阿瑟·B.布朗为《东京新闻》提供的版画,描述了浪速号击沉高升号的场面,可以看到在高升号甲板上用步枪勇敢还击、宁死不屈的清军士兵(上)
法国 Le Petit Journal 杂志(1894年8月)描绘了高升号的沉没和船员掉入水中的悲惨情形(下)

24-2 "致远舰"官兵合影,中为管带(舰长)邓世昌。此照片由日本派来侦察清军舰队的间谍所拍摄

去会签约,签极其耻辱的条约,这份条约挖大清国的心,吃琉球国的肉,连一块骨头都不会留下。

再传弟子林世功,你幸亏在光绪五年走了。林世功你还是早走的好,不再看这个无可救药的世界。林世功你若那时不走,拖到光绪二十年走,眼巴巴等十五年,等琉球复国,等来的还不是大清完败,琉球国从此不再有。林世功你走了,现在要轮到我走,让你师叔阮宣诏、郑学楷、向克秀、东国兴,统统都来见我,我要听他们念经文吟诗文,看看他们有无长进。

这就是弟子事,令人肝肠寸断、泣血不止的弟子事!

诒让一介书生,天资聪慧,却生不逢时,伴随着他的始终是劫难和战祸。诒让偏又爱好学问,淡泊仕进。在这个纷乱的世界上,没有了他这个当父亲的全力相助,单纯耿直的诒让势单力薄,能够应付得了纷乱的经学流派之争吗?能秉承永嘉先贤的信念,继续走朴学之路,精益求精从而成为一代宗师,为孙家光耀门楣吗?能锲而不舍改定《周礼正义》，遍求周公经纶之迹，使制度美密、纤细无遗的周礼纲维天下，通经致用从而成为一代大儒吗？他不知道。

诒让一个独子，平常又是娇宠惯了，只知道读书习文解经著述，从不理会家中钱财薪俸田亩租赋。他日后是一家之长，须照顾整个孙氏家族，能统揽全局，不使孙家家道败落衰颓沉沦吗？可惜诒让的正室诸惠屏积劳成疾，三年前不幸病逝，这位贤惠的儿媳妇不但孝敬老人，还为孙家精心理财治家，使自己和诒让得以专心治学。诒让还能有这样好的媳妇，孙家还能找到这样的当家人吗？他不知道。

诸惠屏身后给他留下了延畴、延晦两个孙子，使他尝到了做爷爷的天伦之乐。诒让在侧室陈翠婷去世后，相继娶了三房杨倚梅、四房侯心苇。杨倚梅为他生了孙子延钊，侯心苇为他生了孙子延锴、延瀚。① 诒谷早亡，诒让成了独苗，这独苗却为他生养了这许多聪明听话的孙子，阿弥陀佛，这是多么令人欣慰的事啊。可在这列强称霸、盗贼蜂起、道德沦丧的年月，儿孙们能够长久地生活在舒适的孙家大宅里，而不颠沛流离吗？他们能够长久地沐浴在玉海楼的翰墨书香中，而不使学业荒废于战火吗？他们能够长久地依靠祖上留下的银子和田地，过着衣食不愁的生活吗？他不知道，不知道……

这就是家事，令人牵肠挂肚、思念不已的家事！

孙衣言死去多时，仍然没有合上那双深陷如洞窟的眼睛。国事、弟子事、家事，他一样都放心不下，也就只能大睁着那双黑洞洞的枯眼撒手人寰了。

老父亲弥留之际，诒让不在身边，他一身蓑衣麻鞋，带了几个团勇到飞云江口观察地形去了。战争的硝烟已经从遥远的北方弥漫到南方，惊恐万分的乡绅们聚集起来，公推诒让担任瑞安筹防局总董。②

在海潮汹涌的飞云江口，诒让的心中猛然揪紧。作为现如今瑞

---

① 光绪十八年夏五月，侧室陈孺人卒。光绪十九年春正月二十日，男延钊生。秋九月十一日，男延锴生。光绪二十年冬十月初五日，男延瀚生。（《孙仲容先生年谱简编》）

② 光绪二十年，时中日战起，邑城设筹防局，诒让总董其事，有《办防条议》上陈浙抚廖寿丰。（《孙仲容先生年谱简编》）

安的军事总指挥,与中法之战时率孙家团勇驻守南门城楼相比,时局更为艰难,责任更加重大。日本虽是蕞尔小国,但比法国更加凶恶,更加可怕。日本自同治七年实行明治维新以来,工业资本翻了十三倍,商业资本翻了三倍半,资本总额增长了十八倍。国力强盛起来的日本,加入列强分割世界领土的战争,把吞并东亚作为保障本国持续发展的政策。在朝鲜与辽东落入虎口,北洋舰队主力受到重创之时,中国面临亡国灭种的危险。

瑞安的军事准备是严重不足的,战备松弛,加上地形难守,局势十分险恶。瑞安县城距离东海仅二十余里路程,海口广阔,无险可守;内港虽有东山上炮台与下炮台,但年久失修几近坍塌,炮台没有巨炮,仅有光绪初年浙江省自铸的七尊铁炮,口径只有三寸,一次仅能装填二斤八两火药,射程之近、威力之弱可见一斑;县城城垣四十年未修,墙身开裂,垛口坍坏,城门朽烂,守城的土炮仅三十余门,大半锈烂不可用;绿营饷绌兵单,只有四百余名老弱军士,旧存洋枪不过一百余支,大都已经损坏;水师只有几艘旧式帆船,没有轮机动力,全靠风力行使,航速慢如蜗牛。兵备如此荒废,一旦日军来犯,仓促之中应战,后果不堪设想。①

与中法战争相比,日本人进攻瑞安的可能性极大,因为早在三百多年前的明代,瑞安就屡遭倭寇烧杀掳掠。嘉靖三十一年五月,倭寇在瑞安东浦登陆,在莘塍一带杀人劫财,焚烧民房。嘉靖三十七年四月初,倭寇八百余人在瑞安梅头前冈登陆,大肆烧杀奸淫后,围攻海安城失败退入海中。五月中旬,倭寇再次进攻瑞安,他们从海口进入飞云江,在东山登陆,一路杀至瑞安城下,沿途民房被焚毁十之八九,残杀乡民数万人之多。因沿江明军疏于防守,倭寇竟深入内陆数百里,直抵浙闽交界的泰顺县。后因名将戚继光组建了戚家军,苦战数年,才终将倭寇击溃。

现如今的新式日本军队,已不是由当年来自山口、丰后、大隅、萨摩、博多湾、对马、五岛等地浪人组成的倭寇,国运衰败国势颓

① 见孙诒让《办防条议》

丧的大清朝，也已难觅能使日本兵闻风丧胆的名将戚继光。强劲的海风吹得诒让脚步不稳，想到残酷的历史与现实，想到难以承受的重任与职责，诒让不禁惊恐交加浑身燥热，然而从脑门和手心冒出来的却是粘湿的冷汗。

诒让心中焦灼，命团勇在海堤上铺开纸来，提笔疾书《甲午瑞安防办条例》，准备呈报给浙江巡抚廖寿丰。

诒让尚在书写，瞅见富顺、富贵兄弟俩涉过滩涂，浑身泥浆呼天抢地哭叫而来，说老爷归天了，杨姨太、侯姨太让二爷速速回

24-3 清雍正至道光年间温州沿海岛屿图

去。诒让顿时觉得天旋地转，双腿发软，瘫倒在地。富顺和富贵是备了轿子来的，七手八脚把二爷搀进轿子，便飞快地往县城赶。

诒让看见全身冰冷的父亲，换上一套崭新的二品官服，仰卧在雕刻精致的木床上，正瞪大了枯干的眼睛看他。老人大张着嘴，似乎有千言万语要向他嘱咐，但僵硬的舌头阻碍了他的意愿。

诒让放声大哭："父亲，您还有什么未说的话，快快告诉德涵，不孝儿正跪在您的身边。"刚从海边赶回家的人，又累又急，话未说完，牙关一咬，人已晕了过去。

披麻戴孝的杨倚梅，赶紧命丫鬟去端开水过来，自己拿了调羹，要把开水喂进诒让嘴里。偏那诒让的牙关咬得铁紧，怎么都弄不开来。还是侯心苇心硬，拿一根象牙筷使劲去撬，弄出许多血沫来，也不知是牙龈的血还是舌头的血，总之是把嘴给张开来了。杨倚梅连忙把开水灌了进去，被水一烫，诒让苏醒过来，想要再哭，却发不出声音来。

见诒让如此悲伤，倚梅泪如雨下，道："老爷已不能活过来了，二爷这个样子，真出了什么事，家里这么多女人与孩子，又如何收场呢。"

诒让嘶哑着嗓子，问："老爷弥留之际，都说了什么，快告诉我。"

倚梅道："也没有说话，想是没有气力说话了，只是拿眼睛看我们。"

诒让道："你知道父亲眼睛早就看不见东西的，怎么知道是对了你看？"①

倚梅道："我也是这么想嘛，一下子却不知道该如何办。"

心苇道："倚梅姐姐很是聪明，想了一会儿，从玉海楼搬来二爷您的手稿《礼疏长编》，让老爷的手放上去摸，老爷的脸色竟红润起来。"

倚梅道："心苇妹妹也是懂事的人，又在老爷的枕头下，找出几卷您的《墨子间诂》聚珍版刻本，放在他的身边，老爷微微点头，似乎有一些笑容浮现在脸上。"

诒让点头道："你们做得好，顺了老爷的心意了。"

心苇道："什么是老爷的心意呢，二爷可否告诉我？"

诒让好像没有听见心苇的话，只是自言自语道："父亲，您放心，德涵知道您的心意，您嘱咐我，早日改定《礼疏长编》，把这言古切今之书刊刻出来，颁行天下，经世致用，救国救民于水火之中。孩儿一定听您的话，照您的心意去做，使天下奉行周公之制，使中国找到强盛之路，从而傲立于当今世界。父亲，德涵知道您的心意，您嘱咐我，尽快把《墨子间诂》印行流传，向国人宣讲《墨子》强本节用、兼爱非攻的要义，学习墨子传授给我们的兵法，掌握墨子教授给我们的技艺，告示国人技艺本出自华夏，告诉国人习西学而不忘中源。"

诒让就这样长久地跪在父亲身边，流着热泪，向父亲倾诉，与父亲交谈。父亲没有死，他不会死的，他还活着，他的眼睛还张开着，慈祥的他，永远是那样和气那样耐心地听着儿子的叙说。

倚梅跟着诒让跪在地上，心想，这人也就这样了，你说他迂腐，也真的是迂腐得很，你说他可爱，也真的是可爱得很。老爷是当朝的太仆寺卿，栋梁一般的人，今日倒了，剩下只知道做学问的二爷，孙家以后的日子还不知道如何过下去呢。心里一酸，眼睛又红红的了。

---

① 光绪十八年秋冬间，衣言两目失明，不复观书，常静坐，命诸孙诵宋人小词以自娱。（《孙衣言孙诒让父子年谱》）

心苇是温州富商家的千金小姐，细嫩的膝盖哪里经得住跪，早已经红肿了起来，只好龇牙咧嘴地站起来，直了直腰，坐在椅子上，继续听诒让对老爷说话。她还是个十六岁的女孩子，看见比自己年长三十一岁的丈夫，大孩子般的长跪着，不停地哭诉，说着许多她不太懂的话，总觉得怪怪的有些难以理解，甚至觉得有点儿可笑。

丫鬟抱着的小儿子延瀚肚子饿了，咧了咧嘴，随了他父亲的哭声哭叫起来。大人的哭声和小孩的哭声此起彼伏，屋里多了许多生气，气氛也舒缓了许多。心苇解开袍纽，撩开衣襟，摸出丰满白皙的乳房，把樱桃般饱满的乳头塞进孩子的嘴里。

延瀚吮吸着乳汁，进入香甜的梦乡。诒让也累到了极点，昏昏沉沉地倚着床榻睡了去。进喜端了一铜盆的热水，蹑手蹑脚地进来，拧了一把热毛巾，小心地把它捂在老爷的眼睛上，然后，又把毛巾掀开来，用手掌轻轻合上他的眼帘，道："老爷，您合上眼，放心地走吧，奴才会保护好二爷的。"

太仆寺卿的眼睛终于闭上了。大红蜡烛发出的火光，照射在他那深谷般凹陷下去的眼窝里，折回温和安详的光芒。

筹防局总董的日程排得满满的，绿呢官轿载了他，马不停蹄地走遍瑞安的军事要塞和大街小巷。

邮差频繁地出入孙家大宅，及时地为总董送来一封封战报。北方来的战报如同噩耗，日本海、陆军已经在威海卫合围，把北洋舰队主力堵在军港里。日本方面的战争准备情况也逐渐透露出来，原来早在光绪十三年，日本内阁就已经制订了《征讨清国策》，提出以五年为准备期，抓住有利时机进攻中国的计划。到甲午战争爆发前，日本的军费开支已占国家总预算的四成，建立了拥有六万三千名常备兵、二十三万名预备兵的陆军，排水量达六万多吨的海军舰队，完成了发动战争的准备。

总董的书案上，搁着许多北京的朋友们寄来的信。这些来信，不约而同地把矛头指向年迈的慈禧太后，指责她把原本就匮乏的海军军费，移用来建造美艳奢靡的颐和园，以庆祝她的六十岁生日。义愤填膺的朋友们在来信中，已经把北洋大臣李鸿章骂作"老贼"，说他避战自保，借口"保船制敌"命令中国舰队全部躲进威海卫军港，坐以待毙。特别使他们气愤的是，日军向旅顺发起进攻之时，丁汝昌亲往天津求见李鸿章，痛哭流涕，要求率北洋舰队主力驰援旅顺，与敌军决一死战。李鸿章却严令丁汝昌："作为海军提督，你的任务是在威海卫守住你的军舰，其余的事情与你无关！"

由此，旅顺港孤立无援，军心大乱，落入敌手。

总董应约，到大沙堤孙锵鸣的宅第，会见了七十七岁的叔叔。在俞樾题写的"天下翰林皆后辈，一朝将相两门生"的蓝底金字楹联下，聆听他与众不同的一番理论。[①] 这位昔日的上海龙门书院山长，极力为他的得意门生李鸿章辩诬，说到委屈处，不觉老泪滂沱，泣不成声。锵鸣说，以他看来，北洋舰队的灭亡只怕是迟早的事了，因为这支曾经跻身世界海军第八强的舰队，已经在皇家糜费的挥霍中，在政治集团的相互耗损中，过早地腐朽衰败了。

24-4　孙锵鸣晚年像

孙锵鸣说，在丰岛海战之前，日本海军已拥有新式舰艇二十一艘，其中的九艘为英德制巡洋舰，是世界上航速最快的军舰，时速高达二十三海里，且装有十英寸口径的速射炮。而中国海军，自光绪十四年后就未增一艘新舰。衰老的北洋舰队，虽然不乏大吨位的巨舰，如"致远""济远""靖远""来远""经远"五艘巡洋舰，各重一万三千吨，旗舰定远号也重达七千吨，但这些巨舰的时速仅为十五海里。中国军舰无快炮是致命的弱点，中国舰炮的射速仅为日舰的二十五分之一，中国舰炮每五分钟只能发射一发炮弹，而日本舰炮每一分钟可发射五发炮弹。这就好比两个剑客角斗，在规定的时间里，其中一个可出剑二十五次，另一个却只能出剑一次，其胜负不难判断。

孙锵鸣说，李中堂争取过，呼吁过，北洋舰队必须要购置新式军舰，但是他的声音如泥牛入海，无人理会。大权握在西太后、李莲英和醇亲王手里，他们正醉心于拓深昆明湖和建造石舫。户部虽是翁同龢当家，可他向来看不惯李鸿章，把他视作崇洋媚外的洋务派首领、可恶的投降派贼臣、顽固的后党核心人物，对拨款买快舰快炮之事不予理睬。海军衙门更不用说了，财权握在醇亲王手中，

[①] 光绪丙戌，侍郎公年寿七十，俞曲园编修赠联云：天下翰林皆后辈，一朝将相两门生。（孙宣《朱庐笔记》）

这位王爷可是太后万寿庆典的总设计师。李鸿章孤掌难鸣，也不去想什么快舰了，只求户部和海军衙门在北洋舰队出海作战之前，拨六十万两银子急购二十门快炮，替换各主力舰上的慢炮，可气的是户海两衙门竟一毛不拔，李鸿章无法可想，只得从北洋舰队粮饷给养中挤出二十万两银子去购快炮，炮虽运到中国来了，但时间紧迫，已来不及安装。

孙锵鸣说，李中堂知道中国海军打不得，一意说动俄英两国出面调停。但翁同龢偏要说打得，说打不赢红毛番，还打不赢小日本。他极力怂恿清廷对日作战，目的是为了树立皇帝的威信，壮大帝党的势力。翁同龢凭三寸不烂之舌，在朝廷上下掀起了一股与日本决战的狂飙，一向生活在懦弱求和氛围中的王公大臣们，甚至提前尝到了扬眉吐气的快感。他奋发激昂的言语，甚至迷惑了精明的老太后，在昆明湖看过水师演练的她，相信强大的帝国海军能够战胜日本舰队从而一吐她积存多年的恶气，好为她的万寿庆典增添光彩。大内总管李莲英亦是主张一战的人，光绪十二年他代表太后检阅北洋水师，那巨大的军舰变换着队形从黄海海面驶过，乘风破浪耀武扬威，给他留下了深刻难忘的印象。年轻的皇帝更是热血沸腾，他为表示对主和派的言论深恶痛绝，竟然在金銮殿上把尚方宝剑赐给翁同龢、李鸿藻和恭亲王，命他们对主和者先斩后奏，矛头直指李鸿章。现如今兵也派了，仗也打了，以卵击石的后果也出来了，那就是北洋舰队从此将从地球上消失。

叔叔悲观的看法，并没有影响诒让抗敌的决心，既然他是这座城市的筹防团总董，他就得一心一意把城防搞好。不过想归想，运作起来便不容易。最懊恼的是防务费用紧缺，捐款一事很难急就。

筹防局开设之初，县里的地方官倒是带头捐了银子，轮到百姓捐款便十分困难。按以前的规矩，由筹防局出面筹办劝捐，城乡一律按人口分成大户和中户纳捐。城里的户捐倒是收齐了，但各乡的户捐便难以催收，乡民不顾大局，往往认为战事远在朝鲜，尚未对他们构成危险，便以种种借口拖延，任凭筹防局的人舌敝唇焦，硬是顶住不交，除官捐外，户捐总共才收到三千余元，没办法只得向书院、义渡借公款计一千五百两，以供急用。经费欠缺，办起事来也就捉襟见肘了。修理城墙和购买装炮的火药事不宜迟，两项开支一共花了三千多元，如此一来，填塞江口阻止日本巨舰入港之事，便因缺钱延误下来。虽然装石块用来填江的炭篓，已由城乡各户捐来，不用付钱，但插到江底去的一万根木桩，却是需用银子去采购的。①

诒让生就是个做事情最认真的人，可这些事偏是随你怎么认真也做不好的，烦躁起来，不思茶饭，人瘦了许多。

倚梅看到他这副模样，十分心疼。诒让办完公事，全身疲惫，在家呆坐着想心事时，倚梅会抱了琵琶，弹些清心的曲子给他听。要是平日，诒让一定会凝神细听，高兴时，还会合了拍子摇头晃脑，陶醉其中。然而现在，他却愁眉紧锁，心不在焉。

倚梅没办法，去找心苇商量这事儿，心苇道："我有一计，保准二爷高兴。"

心苇是富家的千金小姐，平时娇宠惯了，家里大人拗不过她，没让她缠脚。也就十六的年纪，腰细臀肥的，走路杨柳一般扭。那双大脚板踩在孙宅的青砖路面上，蹦蹦跳跳的，踏在玉海楼的楼板上，便轰轰隆隆的了。诒让看多了小脚的女子，看她别有风姿，颇觉可爱，也就对她另眼相看，并不在乎她的走相。但现在心烦，见心苇风风火火地走来，便训她道："虽是大脚，却也该收敛些的。"

心苇自嫁到孙家，哪里听到过诒让一句狠话的，禁不住眼睛就红起来，从衣襟里抽出手绢擦泪，不想这泪水越擦越多，如同泉水一般。

诒让看呆了，道："都说女人是水做的，眼见为实，现在是深信不疑了。"

心苇破涕为笑，嗔道："别人说我大脚，我也就忍了，偏你也说我大脚，怎么不叫人气恼。"

诒让捏住她的小拳头，道："是我说漏嘴了，心苇不会见怪。"

心苇甩开诒让的手，撒娇道："偏要见怪，偏要见怪。"

诒让讨饶道："人家有心事，才胡乱说话的。"

心苇道："什么心事，说与我听听，帮上忙也说不定的。"

诒让道："全是军事上的要事，说给你听，你也不懂。"

心苇道："我年纪小，你总是欺负我，有要紧的事都告诉倚梅

① 见孙诒让《办防条议》

姐姐，不漏一丁点儿风声给我。"

"好好好，我就说一些给你听，看你这小丫头能帮上忙不。"诒让奈心苇不何，索性把烦人的事说给她听，"日寇已经逼近过来，除了城墙要修，江口要填，那东山炮台是最要紧的，偏那日本军舰上有巨炮，东山炮台却没有。绿营兵丁向来无用，几番抗敌全仗民团，但筹防局只有少数光绪十年购置的前膛老式洋枪，锈烂而不能用。先说这些，你能帮得上忙？"

心苇吐吐舌尖道："你肚子里藏这许多事儿，怪不得不思茶饭。我说要把这些事儿都办妥了，别说你不信，就我自己也不信。但挑其中一件去办，也并非就办不成。"

诒让急得跺脚，道："我的小姑奶奶，你既然有灵丹妙计，干吗还藏着掖着不拿出来，想急死我么？"

心苇偏不说破，道："办成了，有一件事得依我。"

诒让道："快说快说，我依你就是了。"

心苇道："事儿办成后，你得好好儿吃顿饭。"

回娘家住了十来天，心苇坐小船回瑞安。尾随她的是五条小船，每条小船的舱里都搁着一只大木箱。天蒙蒙亮，这支奇特的船队便出了温州城。船夫们手中的桨均匀地划过水面，小船儿慢悠悠地漂过七十里塘河，过了中午，已一溜烟穿过瑞安东郊的硐桥，弯进东门吊桥，顺着金带河驶入玉海楼东侧的放生池，靠在石埠头了。

诒让把心苇扶上岸来，又命仆人去抬箱子。搬箱子的都说箱子忒重，诒让问心苇里面装的是什么，心苇说打开来不就知道了。

便把箱子弄到后楼中堂，用铁凿撬开了。诒让瞅去，连眼睛都绿了，嚷道："我的姑奶奶，你真的搞来了好东西！"

心苇笑道："温州商绅也要捐款买枪的，自然少不了父亲一份，我硬要他分一半给我，他没办法经住我磨的，便搬给我五箱。"

诒让去数，每只箱子十支洋枪，虽是老式的前膛枪，却崭新得发着蓝光。心苇又从一只长木盒里拿出一个包裹，揭开绸布，众人做齐喝一声彩，原来竟是一支德国新式后膛毛瑟枪。

诒让也不顾许多人在，喜不自禁地搂过心苇，道："你是我的大救星！"

心苇倒难为情起来，小声说："只顾疯，也不怕人看见。"

24-5 威海卫之战。1894年1月，埃德加号上的军官所见日军松岛号对威海卫进行炮击的场面

诒让缩回手，道："坐了半天船，肚子一定饿了，倚梅已经为你备好饭，正等你去。"

心苇暗地拧了一记诒让的手，道："看书过目不忘的，怎么我说的话就忘了？"

诒让想起来原先答应她好好吃顿饭的，连声道："好好好，咱们一起去吃饭。"

见他们一起过来吃饭，倚梅当然高兴，亲自盛饭添菜忙个不停。吃过饭，诒让让心苇去午睡。心苇说都下午了还睡什么觉，不如拿了毛瑟枪到南门城楼上放几枪，试试灵不灵。诒让其实也想试枪，便命备轿，同去南门。

登上城楼，让团勇扔几只陶罐到江中，好当做靶子。因是新式后膛枪，都不会放，眼睁睁地看那陶罐漂远。心苇不耐烦起来，夺过枪瞄了就放，一枪一只陶罐，都粉碎了沉入江底。城墙上一片欢呼，都说瑞安出了女将军了。

直隶总督、北洋大臣李鸿章，在光绪二十一年正月初五听到了从威海卫传来的丧钟。这一天，日本军队攻占威海卫南炮台，完成了对北洋舰队的海陆包围。丁汝昌发来的要求突围的电报，紧捏在李鸿章的手心被汗水浸得透湿。

突围作战是自投罗网，鲨鱼般凶恶的日舰正等着撕碎残余的北洋舰只；龟缩在军港也不是路，瓮中之鳖是必然的结果；央求俄英诸国调停，留几艘残舰伤船权作中国海军的种子，别让中国海军断了血脉，他一厢情愿地把这些话说了无数遍，其结果证明只不过是白费时间。天要亡我，我又有何法！七十三的老人口吐白沫，瘫倒在太师椅上。

正月十八，战事险恶到了极点。当北洋舰队不降即船沉人亡的现实血淋淋地摆在面前时，一些军官和随舰的洋顾问开始围攻丁汝昌，逼迫他率舰队残部向日本人投降。丁汝昌的回答是立即开炮突围，但他的命令无人执行。丁提督仰天长叹，自杀殉国。管带刘步蟾等一批海军

24-6 威海卫炮台相继失陷，北洋舰队前后受敌，陆军鼓噪哗变要求降敌求生，走投无路之中，丁汝昌委托程璧光代办投降事宜，自己引咎自杀

军官和退守刘公岛的淮军将领，宁死不屈服毒自尽。正月二十三，威海卫陷落，北洋舰队全军覆灭。消息传到天津，舰队的创始人李鸿章，蜷缩在冰冷的太师椅上，他感到自己的龙心骨被人抽走了，从此以后，他再也不能像以前那样挺着脊梁上朝了。

日本军队从辽宁逼近北京。朝廷摈弃了屡战屡败的淮军，调两江总督刘坤一率湘军阻敌。但太后和皇上寄以重望的湘军并没比淮军强，他们与日军一触即溃，牛庄、营口、田庄台等军事要地相继失守，北京危在旦夕。

一件令人更加恐怖的差事降临在李鸿章头上，清廷任命他为头等全权大臣，赴日议和。李鸿章深知这次的东瀛之行，将使自己永远钉在中国的历史耻辱柱上，但太后的眼泪和皇上的惊恐，催促他走上万劫不复路。没有了北洋舰队的李鸿章，在臭名昭著的《马关条约》上签了字，中国不但要割让台湾、澎湖等地，承认日本对朝鲜的控制，增开通商口岸允许设立工厂，还要赔偿日本军费二万万两白银。现在，中国的龙心骨也被人抽走了，东方最强大的帝国从此成为了历史，绵绵不绝的噩梦将永远缠绕着这个腐朽的古国。

战争结束了，各种漫骂像怒潮淹没了李鸿章。躲在官邸中的他苟延残喘，悲苦地回忆自己做过的一切。他至今难忘在战前说过的话："中国文武制度，事事远出西人之上，独火器万不能及。"但现在，痛定思痛的他在写给旧属朋僚的信中反思道："我办了一辈子的事，练兵也好，建海军也好，都是纸糊的老虎，什么时候能够真正放手去干？这一切不过是勉强涂饰物，虚有其表，就好像一间破屋，由裱糊匠东补西贴，看上去虽然像是新房子，但如果一旦真相败露，因为没有预备好修葺的材料，也没有选

24-7 日文版《马关条约》

好改造的方式，其结果一定不可收拾。"他已经无意中触到了战争失败的关键，他说的"材料"和"方式"牵涉到政体的变革，但对作为洋务大臣的他来说，这一切只能是悖论，是解不开的死结。

筋疲力尽的团练们走下瑞安城楼，耻辱的条约换来了凄楚的和平，卸甲归田后的他们，将终年在贫瘠的土地上劳作，把汗水换来的铜钱上缴给官府，输往海那边的扶桑，以便他们再度扩军备战，再次侵入中国。

一个春雨霏霏的夜晚，忙碌了一天的人们都进入了梦乡。诒让赤着脚，悄悄走出玉海楼，从湿滑的石埠头步入放生池。

江南的雨夜阴柔湿润，池水像薄绸一般围拢过来，缓慢地漫到人的胸部，微腥的水汽冲到鼻孔里去，使人有些呛，也使人有些醉。诒让觉得淤泥中的脚发飘，人站不住，侧身半浮于水中，很像一条鱼。

"皇天——"

倚梅是最早发现诒让失踪的人，她在发出一声能够喊醒孙宅所有人的尖叫后，本能地向东跑向放生池。

富顺、富贵自知失职，箭一样冲向放生池，摸黑捞到了水淋淋的二爷，并自作主张地拎起石埠头上的衣槌，使劲压向二爷圆鼓鼓的肚子，直到含有绿藻的河水从二爷嘴里冒了出来。

当心苇披着散乱的长发，领了众人点了无数只灯笼，围住放生池时，诒让已经头脑清醒地躺在埠头的石阶上了。他看见灯笼倒影在水池里，红彤彤的，像极了夏日的荷花，十分美丽。荷花之中，漂浮着一只樟木书箱，一个小丫鬟死死抱紧书箱，不让它沉入水中。

富顺、富贵兄弟俩再次跳进池中，他们认识那只书箱，书箱里珍藏着《礼疏长编》。父亲曾经警告过他们：这箱子里的书是二爷的命，稍有损失，让他们别回家，干脆去河里喂鱼。他们可不愿意被当作鱼饵，让父亲拎了耳朵扔到河里喂鱼。所以，他们必须把那只箱子捞上来。放生池并不太大，他们在捞上箱子的时候，顺便捞上了小丫鬟。

诒让觉得水湿的小丫鬟面熟，想起来她原来是服侍惠屏的，道："你真傻，小小年纪，不值得为那劳什子拼命的。"

奄奄一息的雨菱答道："都知道这些书就是二爷的命，我抱住这些书，也就抱住了二爷的命。"

诒让凄然道："不佞囊者所业，固愧刍狗已陈，屠龙无用。"①

雨菱听不明白这些文绉绉的话，瞪大眼睛看着诒让。

诒让知道她不懂他的话，便说："那些书太古旧了，我也太老了，对这世界没有用了。"

雨菱十分惊讶，道："这些书都是您新写的呀，新写的书怎么会太古老，没有用呢？您以前写了这许多的书，您今后还能写出更多的书，怎么会认为自己太老了，没有用了呢，奴婢实在不明白。"

诒让把眼睛死死盯住雨菱，恨道："你以为这些书能救北洋水师么？你以为这些书能救社稷么？你以为这些书能救中国么？"

雨菱闭上双眼，想了好一会儿，轻声道："我父亲求了一辈子菩萨，但还是生病死了；我母亲求了一辈子菩萨，但仍然家贫如洗；我自从懂事起就求菩萨，但到今天还是当丫头的命。您说，我们就别去求菩萨么？"

诒让顿悟，道："此话莫测高深。"

雨菱摇头道："我哪里说得出什么高深的话来，我只知道这些书是二爷的命。"

善后之事是心苇处理的。她命木匠拿来长铁钉子，把通往放生池的后门紧紧钉死，长长地嘘了一口气。

放下心来的心苇，听见远处的颐园中响起舒缓动听的琴声，知道是倚梅在哄二爷高兴。二爷高兴得起来么，把用多年心血写就的书都沉到池里去了，他这心还不是全弄碎了么？心都碎了，琴声能够修补得好么？心苇认为自己的决定是对的，把后门钉死了，二爷没法子到放生池去，危险也就没有了。

① 又垂询《礼疏》，曩载校研，妄思缀辑，削稿盈尺，写定无期，重以今学之日新，窃恐斯道之将废。坻壤同论，伯松腾笑于元亭；刍狗已陈，濠吏献哂于鲁叟。聊自珍于享帚，尚未逮于镌黎。辱荷齿芬，弥增颜汗。(孙诒让《与温处道宗源瀚书》)

第二十五章

兴儒救国

深居玉海楼的孙诒让，凭窗而坐，形容枯槁。

国破人亡，让人心碎。偏偏祸不单行，大公子延畴又得了重病，高烧不退。瑞安所有的名医都请了，还是没有办法医好延畴的病。延畴是五月病亡的，在这个世界上活了十四年。诒让的心是那样地疼，因为它又碎了一次。

夜深人静时，他会看见诸惠屏坐在床边，开导他说，父亲在世时最喜欢的就是延畴，或许爷孙俩结缘，一定要在一起。从梦中惊醒，他会感觉心中轻松了些，但枕巾早已被泪水打得透湿。这泪水寒如雪水，是惠屏流下的吗？

失去向往与希冀的书斋生活，变得漫长单调。一门心思沉醉于训诂考据的日子已不再有，像重勘《墨子间诂》和重校《札迻》这样重要的事，如今竟也心不在焉。更多的时间里，诒让便是这样呆坐在北窗旁，遥看窗下那被风吹皱水面的放生池。

心苇早已把通往石埠头的门给钉死了，倚梅则终日不离他的左右。这也难怪她们，谁让自己得知战败的消息后，万念俱灭，带了一生心血的结晶——《礼疏长编》，义无反顾地走向窗下的那池绿水呢。延畴的离去，她们是更要生发出许多联想的。

秋天提前来到江南古镇。诒让耐不住书楼的寂寞单调，常常由倚梅陪了到颐园消磨时光。秋夜的颐园，依旧是那样的美丽，厚厚的落叶铺满了石阶，早开的菊花散发出清香，一轮圆月走出如纱的云，娇娜娜地倒影在荷池中。每当这个时候，诒让会凄苦地摇头长叹，让抱了琵琶的倚梅为他唱一曲南唐李后主的《虞美人》：

春花秋月何时了，往事知多少？小楼昨夜又东风，故国不堪回首月明中。

雕栏玉砌应犹在，只是朱颜改。问君能有几多愁，恰似一江春水向东流。

这些愁苦难挨的日子，竟没有把诒让压垮。使他坚持下来的，除了日趋强烈的对妻妾儿女的责任感，便是如饥似渴地阅读维新报刊和朋友寄来的书信，而其中最令他激动不已的，是黄绍箕寄来的《强学书局章程》。

因战败而激起的维新变革思潮，像狂飙似的席卷中国，这是诒让愿意看到的；十八省一千三百名举人公车上书，请求"拒和、迁都、练兵、变法"，这也是诒让愿意支持的；① 北京成立了鼓吹变法的强学会，达官贵人甚至洋教士趋之若鹜，这更是诒让愿意接受的。但诒让没有料想到的是，引导这场维新变革的旗手，竟然是他所蔑视的康有为。

诒让难以想象，这位专事断章取义攻讦《周礼》的狂妄之徒，如今竟名噪京师，一呼百应。黄绍箕、文廷式、陈炽等维新派官员自不必说，连直隶总督王文韶和在小站练兵的温处道袁世凯也要捐资入会，甚至李鸿章也低声下气要捐银三千两入会，帝师翁同龢甚至亲自拜访这位新科进士。

更令诒让惊讶的是，他最崇敬的香师，接替刘坤一暂任两江总督的张之洞，也十分青睐康有为和强学会。他命侄女婿黄绍箕力邀康有为到南京，与其隔日一谈，总共会见了十余次之多。张之洞还命黄绍箕和梁鼎芬二人，陪同康有为到他的辖地上海，召集汪康年、黄遵宪、张謇、岑春煊、陈三立、章炳麟等大臣名流，成立了上海强学会。退休返乡定居瑞安的黄体芳与陪他回乡的侄子黄绍第，也在路过上海时一并入会。

诒让还知道，由维新派牵头属于民间结社性质的强学会，其势力已经过于强大，引起朝廷的震动。大学士徐桐怒言斥骂，御史杨崇伊上奏弹劾，军机李鸿藻迫使强学会改为官办的强学书局，并制

---

① 光绪二十一年，清廷与日本签订《马关条约》。夏四月初八日，康有为、梁启超合十八省公车上书，陈请拒和、迁都、变法，旋开强学会及强学书局，谋雪耻图强。先生闻而感愤，因倡兴儒救国之论，撰《兴儒会略例》二十一条并叙。(《孙仲容先生年谱简编》)

25-1 北京强学会旧址

订了《强学书局章程》。

对于泥沙俱下的强学会,乃至其后的强学书局,诒让的感情是十分复杂的,这其中既有他热爱的恩师挚友,又有他深恶的政客文敌。但尽管如此,他还是被《强学书局章程》中的维新言辞深深打动,以至于热泪盈眶。

一位年老的更夫踽踽独行在城墙下,有节奏地敲着竹梆宣告三更已经来临时,被黑蒙蒙的玉海楼里突然发出的尖声长啸吓得匍匐在地。如果把老更夫听到的间断的声音连接起来,是这样一段悲怆激昂却极富文采的词句:

> 窃谓今日事势之危,世变之酷,为数千年所未有,中国神明之胄,几不得齿于人类,似非甄微广学搜书购器所能支撑。鄙人秉资暗弱,与经世之学,夙未究心。然念家承诗礼,忝列士林,睹此危局,腆然人面,不愿坐视夷灭,窃冀有魁杰之士,勃然奋兴,与寰宇同志集成兴儒会。大旨合全国各行省四万万人为一体,以广甄人才,厚植群力,志气搏一,筋节灵通。运会大昌,则蔚起以致中国之隆平;外敌凭陵,则共兴以围异族之犷暴。以尊孔振儒为名,以保华攘夷为实。万不得已,亦尚可图划疆而守。此区区移山填海之拙微志也。[①]

倚梅和心苇听出是诒让的声音,连忙爬出被窝。各自在黑暗中摸索到洋火柴,哆嗦着擦出火苗点亮蜡烛,一人一支,端了去找诒让。诒让笔直站在书案前,双目炯炯。心苇推他,竟纹丝不动。

倚梅急得大哭,道:"二爷又是怎么了?"

---

① 孙诒让《兴儒会略例并叙》

紧要时还是心苇镇定，夫铜盆里拧来一把冷手巾，敷在诒让脸上。诒让一激灵，手脚便微微动了。

倚梅赶紧劝他坐下，道："大冷天的，干嘛非半夜三更起来说话，明儿也不迟嘛。"

诒让好像没有听她说的什么话，只是催促道："快把灯都点亮。"

玉海楼里点起许多支蜡烛，亮如白昼。诒让蘸了浓墨，用力写下"兴儒会略例并叙"七个大字，把笔一掷，跌坐在椅子上，狂笑不止。

勃然兴奋的诒让，打定主意要与寰宇同志合力建立兴儒会。他认为《强学书局章程》虽然所列精详，但所要做的只是传播新闻、翻译西方书籍之类的启蒙事宜，缺乏远大的规划。如果建立兴儒会，则中国富强指日可待。

25-2 《兴儒会略例并叙》，瑞安博物馆藏

《兴儒会略例并叙》即为兴儒会的章程。诒让对周朝制度最有研究，所以对兴儒会的章程也制订得缜密精细，一共分成二十一条，宗旨和方针大计是：总会设在北京，领导权由当代有名望的通儒掌握，首批入会者必须是志同道合的士大夫；提倡民主平等，总董选举产生，会员之间不分官阶大小、满汉文武、正途异途出身；采用西方议院制度，决策时少数服从多数，改变达官贵人独断营私的旧习；总会所办之事要印成月报，寄给各省分会，公示知照；监督省州县地方官员的政事，由各省分会呈寄总会备案。通过清议，把建议递呈给皇帝；入会者须交股金，每股十两银子，第一期先募十万两，用作会费和储蓄经商生息；设兴儒会海外分会，广招南洋、太平洋的华侨志士、富商巨贾入会；蒙藏回疆及黔广土司可造就者，知晓儒学有抱负者，一律收揽；开办新式学堂，设事务丛报局，开采五金煤矿，大兴农桑；设储财银钱局，自铸银圆流通于市；各省招募卫商团练数万人，平时自操生业，战时征用成军；把儒教传播到全世界，派遣懂外文的经师出国，向外国人传授中国的《四书》，教导他们要讲求仁义道德，使他们明白中国是文明先进之邦，儒家的中庸之道是真理，是所向披靡的，让他们明白中国人民有爱国心，有合群力，不可轻侮，这样，当需要交涉的时候，便可以引用国际法和国际公约交涉，大胆争辩，使

他们的皇帝和总理折服。①

写罢《兴儒会略例并叙》，已是次日下午，诒让热血沸腾，毫无倦意。只是苦了倚梅和心苇，从半夜三更服侍到现在，早已腰腿酸疼，呵欠连天。

诒让意犹未尽，让倚梅和心苇陪了说话。他把写好的《兴儒会略例并叙》通读一遍，藏住心里的得意，问她们道："这兴儒会大业是否可成？"

心苇直性子，道："二爷是读书人，办的又是兴儒会，招许多商绅入会，办学经商开矿，生息牟利分红，总觉得是商人所为，有些不妥。"

"你这小丫头只知其一不知其二了不是，"诒让笑道："以利和义，这是永嘉事功学派的共同主张。《易》经称：'利者，义之和。'《易》经还称：'何以聚人，曰财。'永嘉先贤薛季宣解释为，只要理财牟利是符合道义的，便是允许的。叶适则认为，义和利是统一的，不可偏废。"

心苇辩道："孔子说：'小人喻于利。'既然尊孔兴儒，怎么又违背了圣人的教诲呢？"

诒让又笑，拍手道："说得好，说得好。圣人说小人喻于利，牟利而不顾其他，但没有说仁人喻于利，牟利而不顾其他呀。兴儒会是仁人之会，弘扬儒教文明于世，是救中国于水火之中，是符合先贤事功之理的呀。"

心苇嘟哝："毕竟要拿红利。"

诒让脸上便有些挂不住，道："你这小女子，不足与谋，不足与谋，没有小头哪来大头，而大头总要归公的。"

心苇撑不住睡意，就势躺进床中，说话声逐渐迷糊："不足与谋，那别谋便是了，二爷，我要睡了——"

诒让摇头，道："等你睡足了，再调理不迟。"

倚梅却过了睡意，问道："没有朝廷的旨意，自己去办这个兴儒会，似乎不妥。"

---

① 孙诒让《兴儒会略例并叙》

诒让反问:"强学会不也办成了?"

倚梅认真:"后来改作官办的书局了不是。"

诒让坚持:"那也总算是开办了。"

倚梅担心:"大权由读书人掌握,总董选举产生,会员不分官阶满汉,采用西方议院制度,监督省州县地方官员的政事,这些事太后和皇上能同意么?每省招募团练数万人,操练编制成军,朝廷又会怎么想?派经师出国教授儒学,被红毛番抓去杀头怎么办?"

"也不要尽往难处想,太后心中如何想不清楚,皇上却是决意维新变革的。"诒让说着,慷慨激昂起来,声音逐渐响了,"中国这样大,兴儒会只要集得二三万股,就可有二三十万两银子,可选派留学生出国研究西学,学习机器制造及农矿化电等科目,还可在各省州县乡开办学堂书塾,教农工商人识字算账,开发民智;集到五六万股,则可有银子五六十万两,便可购进商轮,行驶各埠,运货经商,打破洋商的垄断;再集到十万股,一百万两银子,可建造机器、纺纱、织布局等,保护中国自有之利权;能再集到一百万股,则可有一千万两银子,可购买大轮船,通航到太平洋、大西洋和印度洋,与外国商人抗衡在海上;如能再集到二三百万股甚至五六百万股,便是二三千万两乃至五六千万两银子,可建造铁路和火车,改善中国陆上运输;一旦集到一千万股,那就是一万万两银子,可开采煤矿和金属矿藏,兴建铁舰、枪炮制造厂,中国有了制作精良的军舰、大炮,不必仰仗于列强,复仇雪耻的大功也差不多可以告成了!"①

倚梅见诒让把计划和盘托出,一气呵成,得意处摇头晃脑,意气风发,不禁哑然失笑。想到诒让尽拣好处说,全不顾虑日后的艰难,便小心劝道:"谋划得虽好,总是在纸上写着,您虽认真,只怕人家不理你。那些王公大臣,还有巨贾富绅,或是胆小如鼠见风使舵的人,或是一毛不拔吝啬之徒,让他们捐款比割了脑袋还苦,你哪里筹集得到这许多银子,办学堂购商轮,建大厂造兵舰?总觉得这些事不踏实,云里雾中,飘飘忽忽,让人看不太明白。"

① 孙诒让《兴儒会略例并叙》

诒让烦躁起来，道："圣人说女子难养，确是如此。这么细心地说过，连顽石也可开窍的，怎么依然不明白事理呢？"

倚梅哭道："老爷不在了，一大家了的人，二爷做事多思量才好。况且这办会是天大的事，总要找个贴心的人细细商量才好，不可仓促的。"

诒让心里也觉得倚梅说得有理，一些地方甚至入木三分，自己的一番苦心，纸上谈兵也说不定，不禁微微点了一下头，没意思起来。脸上仍然挂不住，胸口憋闷得很，一种要窒息的感觉，丢下倚梅走到窗边，开了窗让冷风灌进屋来。

那风劲大，钻进诒让的骨缝中去，让他觉得冰浸似的寒冷。孤单无援，深居书楼，自然联想起冻昏在扬州瘦西湖畔，被梅娘救活过来的事，不知不觉间，已经泪流满面。

梅娘，如果是你，会同意这兴儒会大业吗？一定会的，一定会的，当我临深履薄时，当我心如死灰时，你总是支持我的。梅娘，如若兴儒会大业真的夭折，我们同行，去遥远的泰西，去海那边的美利坚，去接受西方的文明，去传播中国的儒教，去证明西学源于中国——

"梅娘，你来了。"诒让看见梅娘了，冰清玉洁，婷婷而至，用她那如玉的纤手，轻轻地把一件披风披到他身上，然后倚靠在他的胸前，低声啜泣。

"梅娘不哭，"诒让抱紧她，把脸贴在她的脸上，他唯恐她会离他而去，"我们不会分离，我们扬帆同行——"

与诒让靠得这么紧，甚至脸儿都贴在一起了，但倚梅依然不停地啜泣，她的心空落落的，盛满了从窗口刮进来的寒风。

蜡烛燃尽了，微弱的火苗战栗着熄灭了去，玉海楼重归寂静与黑暗。

黄体芳与黄绍箕、黄绍第，是腊月十日回到瑞安的。路途劳累，又都在海上染了风寒，一到家便都躺了昏睡，闭门谢客。[①]

黄绍箕稍早些痊愈，坐了轿子急急去见诒让。

① 光绪二十一年腊月，先生全家抵里。（《黄绍箕集》）

看到他面黄肌瘦的样子,诒让都不敢认了,道:"也就是受了些风寒,不至于有这般病容的呀?"

黄绍箕的眼泪就涌了出来,哽咽道:"风云突变,一腔热血怕要付诸东流了。"

诒让急忙问:"好好儿的,怎么就变了?"

黄绍箕压低声音道:"四天前,朝廷谕令封禁北京强学会,姻丈张中堂电令解散上海强学会,并命我等从速回乡以避激变。"

诒让怒道:"没有天理了不成!"

黄绍箕担忧道:"还不知姻丈大人是否有不测之事。"

雨菱端了金漆托盘,过来上茶。诒让命她速去倚梅处拿前日写的书稿过来。

诒让去年离京时,曾把《墨子间诂》聚珍版交与黄绍箕,请他校勘。黄绍箕读后举正十余处,还撰写了《校墨子间诂跋》。

黄绍箕想不到与诒让分别一年,又可以读到一部大作,赞叹道:"那《周礼正义》《墨子间诂》已是空前绝后的经典之作了,却还有新著出世,老天爷不公平,把灵气都给了你。"

诒让道:"这回并非那些训诂考据的东西,而是投你所好的维新之作《兴儒会略例并叙》,一写定便寄上海给你的,只是你匆匆离沪,一定没有收到。"

黄绍箕道:"果然如此,尚未收到大作,东窗事发,丢盔卸甲折戟而归了。"

诒让道:"无妨无妨,待会儿就让你读,读后必定耳目一新,要到北京筹办去的。"

黄绍箕问道:"读后就会去京师筹办?"

诒让道:"正是。"

正在说话,倚梅拿了书稿过来,见是黄公子,连忙欠身,道了万福。黄绍箕慌忙离座,道:"这哪里还是从前,嫂夫人折杀我了。"

倚梅兀自发窘,忘了把拿来的书稿交给诒让。雨菱机灵,往客人杯里添完茶,轻轻问她:"二爷让您拿的东西呢?"

倚梅这才醒悟过来,赶紧把书稿递给诒让。诒让把它交到黄绍箕手中,道:"看仔细了,尽快去办。那《强学书局章程》虽详尽缜密,毕竟缺少远大规划,中国的事急,等不及的。但若按兴儒会的章程去做,则一定事半功倍,一年半载便可见效。"

黄绍箕上下看了几回,并不开口,冷汗却流了一脸。诒让觉得蹊跷,问他何故,黄绍箕道："强学书局的章程语气舒缓，且属官办，依然被朝廷封杀，兴儒会的章程措施比强学书局激进许多，是什么结果可想而知。按西方议院体制做事一点，康广厦在南京时屡次提及，因涉及立宪，姻丈张中堂最为反对，说修铁路、铸钞币、造机器、开金矿、折南漕、减兵额、创邮政、练陆军、整海军、立学堂诸事，样样可办，唯有创议院设议员一项断不可为。"

见黄绍箕提到康有为，诒让的脸就冷了，道："仲弢不必提及此人。"

黄绍箕知道诒让仍然记恨康有为，便打住不再往下说了。想起去年诒让参加甲午会试，自己约了张謇、皮锡瑞、杨锐诸人，在文廷式家聚会，因提及康有为而伤朋友感情的事，至今犹存悔意。自己虽是一番好心，为了皇上和社稷，与文廷式等朋友拉诒让出山，以便与康有为等维新派志士结成联盟，共谋雪耻图强大业，可惜未能如愿。至于兴儒会，诒让虽是一腔热血，但因已有强学会之事在先，谅不可为。强学会人多势大，又得到皇上和翁同龢、张之洞支持，尚且掀起轩然大波，这兴儒会硬要去办，只怕凶多吉少。

诒让知道黄绍箕有难言之处，却心有不甘，问："真的毫无回旋之地？"

黄绍箕见诒让还未醒悟，怆然道："若令人头落地，不如暂留青山。"

诒让悟道："是我孟浪了。"①

送别黄绍箕，诒让回书楼呆坐不动。适才那一番谈话，倚梅在一旁都听见了的，寻思好久，横下心说："既然无用，还不如烧了去干净，免得留下后患。"

诒让拿过书稿，撕了封面，别过头不忍再看一眼。倚梅会意，命雨菱端来火盆，把火柴擦着了，就去点燃厚厚的稿本。

一刹那间，雨菱觉得心里很疼。心想，这书与上次从放生池里救起的书一样，都是二爷的命，不好烧的，若勉强去烧，等于在烧

① 及读鸿议，乃知富强之原，在于兴学，其事深远，非一蹴所能几，深悔前说之孟浪，已拉杂摧烧之矣。（孙诒让《答梁卓如启超论〈墨子〉书》）

二爷的命，会折了他阳寿的。偷偷瞟一眼诒让，只见他面如土色，没有一点儿精神气，想来正是被那火烧着的缘故，鼻子一酸，眼泪按捺不住流了下来。

到了春节，除了传来文廷式将要被革职遣送回原籍的消息，北边尚无新的动静，心里便安定了些。玉海楼也渐渐恢复生气，门前常有轿子停留，来客络绎不绝。时局不稳，在外面当差的朋友大多回乡省亲，诒让这里是首先要去的地方。

诒让这几日为了陪客，破例不动笔墨，晚上早睡，清晨也就早起，让雨菱替他侍弄好衣服，走下书楼，到颐园和宅中到处走走。见倚梅正在吩咐下人料理各种杂事，又把几房孩子拢到一桌子吃饭。诒让看在眼里，思忖自己平日晚起，看不到倚梅如此辛苦，又想到惠屏生前也是这样忙碌的，禁不住平添许多伤感。

兴儒会是办不成了，但匡世救国的决心是不能改变的。朋友们都是满腔热血的志士，诒让渴望大家能聚在一起，做有用于中国的事。

最常来的是黄绍箕、黄绍第兄弟俩，因是常客，无须客套，只需茶水侍候便可。项崧、洪锦标两人都是新科进士，项崧如今是户部主事，洪锦标是江西余干县知县，回家省亲，自然也是玉海楼的常客。还有举人周拱藻，精通医术的王恩植，好友杨世环、鲍锦江等，也都常来聚会。都是一心要匡救社稷的，寒暄以后，少不了谈时局，谈要为救国做些什么。较为一致的看法，是教育救国开民智，在家乡办新式学堂，培养应时需的人才。

诒让认为六艺之中，现如今最需要去精通的莫过于算术，泰西一切政教理法，无不以算学为根基。① 众人赞同，决定先办一所"算术书院"。黄绍箕去函请张之洞题书，张之洞以为"书院"二字太旧，不如改为"学计馆"，书写了几幅字迹寄来，大家捧了如同宝贝。②

九人联名禀报官府立案，温处道台宗源瀚与温州知府、瑞安知

① 光绪二十一年，时诒让意欲创设地方书院一所，延师讲习时务，以课乡里子弟，特于冬十月间宴集城区士绅若干人，于小东门外莲湖左之话桑楼，相与商谈其事。当经初步拟定，试办瑞安算学书院，兼教中西算法，经费先募集捐资，俟将来办有成效，再请筹拨官款，即席推出发起者九人，以共同进行筹备事宜。九人者：黄仲弢绍箕，黄叔颂绍弟，项申甫芳兰，后改名崧，周仲龙拱藻，洪叔琳锦标，王雪璞恩植，鲍稚琴锦江，杨笑沧世环与孙诒让也。（《孙衣言孙诒让父子年谱》）

② 光绪二十二年三月，先生应张之洞之招，从瑞赴鄂。四月，先生请张之洞书题瑞安"学计馆"三字校牌。（《黄绍箕集》）

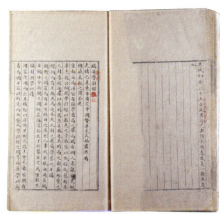

25-3 瑞安新开学计馆序（清·孙诒让），瑞安中学校史馆藏

① 宗道首出俸钱，赞助算学书院开办费。继又来书索取书院各项章则印本多份，转为分致上海、苏州及其乡里南京等处，意在宣传各地，引起注重，以及时推广算学风气。而温州地方官吏，如温州府知府舒□□及其继任者王雪庐琛、永嘉县知县程□□、瑞安县知县杨□□及其继任者苏□□等，亦各在宗倡率之下有所捐助。官捐之外，则向本邑绅商方面筹募。但由于热心者或感缺乏财力，殷富者或未重视及此，因而乐输之款不多。截至正月月底为止，共计仅收集捐款一千五百六十元，除开办费支用五百余元外，姑以其余作经常费。（《孙衣言孙诒让父子年谱》）
② 温州古称八蚕之乡，远当刘宋时代，郑缉之在《永嘉郡记》中曾载其名目，而后世失传，亟宜集合同人，重加研究。专设学馆，招生肄业，搜集历来相传之中国种桑养蚕旧籍，兼采近时新译出版之法、意、日本各国蚕桑书学，并作教材，以资讲习，附辟广场，以供实验，务使土桑劣种逐渐改良，多病蚕身随时疗治。（《告温州同乡书》）
③ 时有浙江人罗叔蕴振玉、徐仲凡树兰、江苏人蒋伯斧黼、朱祖荣等，创办务农会在上海，瑞安士绅先后加入会员者凡数十人，黄仲弢、黄叔颂、林和叔、周仲龙、王雪璞、鲍稚琴、杨笑沧等皆与焉。二黄先生乃与诒让发起自行组织农学会，初拟招收会员百人，集合股金五千元，购地三四十亩，为地方改良农作、增进农产之试验场地。诒让为撰《劝农通启》一篇，刷印数百张，发布于全县各地，征求赞助，并由诒让领衔联合邑绅三十九人禀官立案，内称议略仿鄂、沪成规，自集股份以为经费，于本城设立农学会，购置附郭田园，试种湖桑、瓯柑，酌采欧美种植之方，以兴本邑自然之利。（《孙衣言孙诒让父子年谱》）

县都愿捐俸禄相助，连同少数商绅捐资，一共集了一千五百两银子。① 三月初一，在瑞安县前街卓敬祠招生开馆。卓敬是明洪武进士，官至户部侍郎，因不肯改节事成祖被诛灭九族，与许景衡、陈傅良、高则诚并称"瑞安四贤"。瑞安历来以出才子闻名，但多走读经致仕这条路，研治算术者甚少，仅有卓敬精通历算，借卓敬祠讲学，寓含怀念先贤启迪后人之意。

第二年春，诒让还与朋友集资创办永嘉蚕学馆，采用新译的法兰西、意大利、日本蚕桑课本，引进日本优良树种，以求淘汰改良本地土桑弱蚕。永嘉蚕学馆与杭州西湖蚕学馆、江西高安蚕学馆，为中国最早的三所职业学堂。②

光绪二十四年二月，上海务农会瑞安支会成立，推举黄绍箕、黄绍第为正、副会长，诒让为研究部长，洪炳文为试验部长。这个支会已酝酿半年之久，诒让曾联络了三十九名会员，具名禀报官府立案，并先行筹款，购置西洋农具、试验仪器和植物良种，陈列在神农庙供人参观，又购进田地试种湖桑瓯柑。③ 事情有了结果，黄绍箕也要回北京供职，约诒让到话桑楼叙别。

话桑楼在小东门外，三面环水，登楼可远眺群山。只是尚未竣工，还没有刷上油漆的杉木柱子和屋梁，散发出原木的清香。告老还乡的黄体芳与老友王岳崧、胡调元，择

定此地建楼且取名"话桑楼",是借"把酒话桑麻"之意,闲来用作觞咏遣兴。

两顶绿呢轿一前一后在话桑楼前停下,轿中走出诒让和黄绍箕,人还没有上楼,依依离别之情已写在脸上。

诒让怅然问道:"此次离乡,什么时候回来?"

黄绍箕望着河畔的树苗,答道:"当然想早些回来,看看咱们的学生算术进步了多少,看看咱们种植的桑树和瓯柑长高了多少。"

诒让沉思道:"你虽有这番心意,但此去却一时难以回乡。"

黄绍箕神色凝重,道:"此次去北京,怕要与朋友们一起做许多事。甲午以后,法国乘我之危强取两广、云南开矿权,龙州至南宁、百色建铁路权;德国借巨野教案强占胶州湾;沙俄则强占旅大。国势如此险恶,维新却裹足不前,再不奋起,中国真的要亡了。"

诒让顿足道:"事情已经到了非朝廷幡然改弦万无挽救的地步了,而促使朝廷决意维新,非聚合二十个行省的贤士大夫为之痛哭流涕呼吁不可。我已致书上海时务书局汪穰卿兄,今年虽不赴京参加会试,但如果再举行公车上书,一定要替我签名,即使受到最严厉的处罚也在所不惜。"①

黄绍箕决然道:"国破山河碎,绍箕此番赴京,当再为维新振臂一呼。"

黄绍箕到北京后作出的一个重要决定,是参加康有为和御史李盛铎联名发起成立的保国会,并担任了常议员兼宣讲员。康有为在保国会成立大会上,声泪俱下地高呼要"保国、保种、保教",他的演说感动了黄绍箕,感动了到场的所有京官和举子。

康有为决心要使皇帝听到他的呼吁,他甚至在写给皇帝的信上使用了非常尖刻的言辞,并把它公开发表在天津和上海的报纸上,以求刺激皇帝。他在信中写道,若再不下决心维新变法,皇上与诸臣虽欲苟安旦夕歌舞湖山而不可得矣,且恐皇上与诸臣为求长安布衣而不可得矣。皇帝果然受到了强烈的刺激,通过翁同龢把康有为

① 卓如先生讲学湘中,前见所拟学约,综贯道艺,精备绝伦,不胜钦佩。闻本科公车当有陈论,惜弟决计不应试,未得附名纸尾也。通函时敬希道意。倘未到京人不妨列名,则无论如何抗直,弟均愿附骥,虽获严诘,所不计也。(孙诒让《致汪穰卿书》)

25-4 戊戌变法的代表人物：梁启超、光绪帝和康有为（从左至右）

特意为他撰写的《日本变政考》和《俄彼得变政考》带进宫里，每日阅读，做着有朝一日能够成为中国的明治皇帝或者中国的彼得大帝，通过施行新政复兴大清帝国的梦。

光绪是在四月二十三日颁布《明定国是》诏书，正式宣布变法维新的。性急的他连续颁布了一百多条变法诏令：命裁并机构汰减冗员，取消旗人特权允其经商谋生，废除八股文取士，建京师大学堂，允许官民上书，允许自由办报办学会；命保护农工商业，发展铁路采矿业，举办邮政，改革财政；命裁减绿营，添设海军筹建兵轮，训练新式陆军等。皇帝还一气之下，将阻碍他实行新政的总署大臣李鸿章、敬信，礼部尚书怀塔布、许应骙等尽行革职。

太后的忍耐力到了极限，她看到了维新派太多的飞扬跋扈，听到了王公大臣们太多的鸣怨叫屈。她派人赴天津与直隶总督荣禄密谋，董福祥和聂士成的军队也开始向北京方向调动。政变的风声像乌云一般，笼罩住了整座紫禁城。

光绪皇帝闻到暴力与血腥的气味，连续发出密诏，命军机处章京杨锐与谭嗣同、刘光第、林旭火速筹划解救之法，命康有为速赴上海督办官报，用意是让他离京避祸。五人在南海会馆碰头，抱头痛哭一场之后，开始进行激烈的争论，康有为最后拍板，把所有的希望和赌注押到袁世凯身上。谭嗣同当晚只身赴法华寺，向袁世凯出示密诏，劝他诛杀荣禄，派兵包围颐和园。但奇迹没有发生，袁世凯反复掂量手头的七千名新军，命轿夫抬他前往荣禄府邸。

黄绍箕找到康有为的时候，康有为还在翘首期盼袁世凯的新军进攻颐和园。黄绍箕把太后已经回宫的消息告诉他，康有为明白大势已去，犹豫良久，不忍心离开即将受难的皇帝。黄绍箕厉声道："皇上在危难中命林旭带出密旨，令你速赴上海避祸，以求保住维新火种，你要体谅他的苦心！"

康有为心如刀绞，痛哭流涕道："是我害了皇上。"

游弋在吴淞口的英国军舰"爱斯克"号，截住从天津驶来的"重庆轮"，英国人从旅客中找到康有为，护送他去了香港。

政变发生在戊戌年八月六日清晨。早起的皇帝刚到太和殿,便遇到前来宣读懿旨的太监,说太后命他到中南海。到了那里,已有李莲英和许多太监候着,也不说话,把他夹在人中簇拥入船,直达瀛台。瀛台是湖中的一个小岛,四面环水,光绪明白他已被幽禁,与世隔绝插翅难逃,欲哭无泪,眼前一黑昏死过去。

太后在当天宣布自己重新训政,"百日维新"寿终正寝。

北京的大街和胡同里,到处响着骑兵的马蹄声。南海会馆和浏阳会馆被御林军里三层外三层包围着,尽管康有为已潜逃出境,梁启超和谭嗣同已藏入日本公使馆。梁启超决定到横滨,与康有为会合,以图东山再起。谭嗣同则谢绝了日本公使的挽留,告别泪流满面的梁启超,义无反顾地走出使馆的黑漆大门。湖北巡抚谭继洵的公子,打算献出自己的生命,以唤醒四万万民众。

法场设在菜市口。军机大臣刚毅担任监斩官,他用尽全身力气握住朱笔,狠狠地勾去谭嗣同的名字。谭嗣同仰首大笑,唱道:"有心杀贼,无力回天。死得其所,快哉!快哉!"

刽子手挥刀一砍,谭嗣同的头颅随着闪过的寒光,滚落到布满沙石的青砖马路上。刚毅又把杨锐、刘光第、林旭、康广仁、杨深秀的名字一并勾掉,把朱笔掷到地上。五道寒光闪过,杨锐他们的头颅掉落下来,与谭嗣同的头颅聚合在一起。鲜血汩汩流淌,写下不朽的大字——戊戌六君子。

诒让在颐园点上香烛,遥祭在戊戌政变中死去的维新志士。谭嗣同、杨锐等人被囚禁后,他曾经驰书湖北,请张之洞设法营救,但信未收到,人头已经落地。①

诒让一次又一次低声吟诵谭嗣同的诗:

> 望门投宿思张俭,忍死须臾待杜根。我自横刀向天笑,去留肝胆两昆仑。

① 光绪二十四年,秋八月,政变,谭嗣同、林旭等系狱,先生驰书鄂督张之洞,请设法营救,张不能行。(《孙仲容先生年谱简编》)

25-5 戊戌六君子：谭嗣同（上左）；杨深秀（上中）；刘光第（上右）；林旭（下左）；康广仁（下中）；杨锐（下右）

这是谭嗣同被押在牢中待斩时，咬破指尖在墙壁上题的血诗啊，死去的志士已经成了伟哉昆仑山，但他们在九泉之下期望于尚留在人间的同仁，希望他们不要苟且偷生，要做伟伟大丈夫，要做巍巍昆仑山。

诒让于激愤中写了一首诗：

岂愿区区王佐学，苍鹅哀怨几人知？流离幸早一年死，不见天骄平郑时。
万里文明空烈火，人间犹有采薇篇。临风掩卷忽长叹，亡国于今三百年。

倚梅不认识那些受难的人，她也不太明白北京发生的事，她牵挂的是好心肠的黄公子，是他把她领进孙家的门，让她过上恍如梦中的好日子。

夜深人静，诒让和倚梅同枕而眠，辗转反侧难以入睡。倚梅道："不知黄公子怎样了？"

诒让道："逃过这一劫了。"

倚梅放下心来，道："这就好。"

诒让见倚梅关心，便说得详细些："太后本来一心想治仲弢的罪，但大学士徐桐以全家百口性命作保，请求老佛爷赦免他。徐桐善辩，说仲弢曾向朝廷进呈香师的《劝学篇》，力倡'中学为体，西学为用'，谓其余诸事可变，纲常和制度决不可变。百日维新，皇上颁发一百多条变法诏令，唯独未提设议院、开国会和制定宪法，与香师撰写《劝学篇》，反对君主立宪不无关系。"①

倚梅点头道："黄公子是张中堂的侄女婿，太后不想因为黄公子疏远了张中堂。"

诒让道："正是。"

倚梅又问："王佐是谁？"

诒让道："怎么突然问起王佐来了，反正也睡不着觉，说给你听。南宋元帅岳飞精忠报国，率岳家军北伐欲直捣金国老巢黄龙府，在小商河遇到武艺高强的金国小将陆文龙，宋将几番上阵战他不下。王佐是岳飞帐下的统制，自断右臂假降金营，设法找到陆文龙，告知其身世。陆文龙之父潞安州节度使陆登城破不降自刎报国，陆文龙年幼被金兀术劫去当了义子，如今宋金交战，长大成人的陆文龙因不知自己出身，不去为父报仇，反而认贼为父为虎作伥。陆文龙听后幡然醒悟，叛金归宋。"

倚梅倒抽一口气，道："与'亡国于今三百年'有关联了。"

诒让知道倚梅整理书案时，看见过他的诗了，道："你明白诗中的意思？"

倚梅道："这'亡国'二字还不是指的明朝。又是宋国忠臣王佐，又是明亡三百年，其实是反清反满。"

诒让掩住她的嘴，道："轻些儿说，有危险的。"

① 光绪二十四年六月，先生以张之洞《劝学篇》进呈，后奉旨饬下各省督抚、学政广为刊布，实力劝导，以重名教。八月，戊戌政变起，因先生与康有为等深有交往，慈禧欲治之，时大学士徐桐以百口保先生，慈禧始意解而得免。（《黄绍箕集》）

倚梅道:"有危险你干嘛还写,只顾自己一时痛快,全不顾家里这一大群人。"起身端来铜盆,从书案上拿来诗稿,擦了一根洋火要烧。

诒让道:"你现在烧迟了,我把校勘好的《顾亭林诗集》寄给章炳麟,顺便将此诗誊了一份夹在书中,已让富顺拿去寄了。"①

倚梅急得说不出话来,眼前一黑,支持不住,晕倒在地。

① 孙诒让校《亭林集》,后系以诗云:"亡国于今三百年。"是时尚畏清法,自署荀羕。其与余书,或触忌讳,亦皆署荀羕名。(章炳麟《检论》卷九《小过篇》)

第二十六章

扬帆重洋

戊戌政变已经过去一年了,在颇为沉闷的日子里,诒让埋头书斋,终日与笔墨为伴。除了今年二三月间忙碌些,与平阳县杨景澄等人共同出资在温州创办瑞平化学学堂,在孙氏诒善祠塾开办瑞安天算学社,帮助项崧、项湘藻兄弟建立教授英文和日文的瑞安方言馆,诒让几乎足不出户。

八月十五中秋节,全家人围着八仙桌,一起在天井里赏月。孙家又添丁增口了,倚梅前年生了女儿瑜儿,雨菱去年过门成了诒让的五姨太,十个月后生了儿子延炯。今年的月亮特别圆,月光如水银浇在天井里,大人小孩们仰头望着圆月,品尝着瑞安特产空心月饼,从闲适中咀嚼出难得的平安。尽管昔日官宦之家的显赫已淡去许多,但书香门第殷实人家的遗风仍存。

倚梅捏了团扇,轻轻地为延钊和瑜儿驱赶蚊子。心细的她屈指算来,"戊戌六君子"的忌日已过去两天了,但诒让并无异样举动,不禁暗自庆幸。公公明智,赐给诒让玉海楼,让九万多卷藏书包围着诒让,让他收心攻书。不求高中功名,不求高官厚禄,但求高高的围墙,挡住楼外的腥风血雨,但求深深的河水,隔开楼外那无穷无尽的喧嚣。

在一个明月皎洁的秋夜,诒让写完《周礼正义》。从同治十二年起,历时六年编定《周官疏》。再花了十一年时间,写成《礼疏长编》。继而,又费时十年,更张定例,全面朱改:删除繁芜,紧密结合经注;钩稽官联,阐明大宰八法;遍举古籍,不断充实论据;以是为归,修正驳议旧说。从遍寻资料到成书,《周礼正义》整整用了二十六年！①

诒让把写秃笔端的湖州狼毫笔，轻轻地扔进纸篓，长长地嘘了一口气。如水的月光，均匀地洒在书稿的封面上，这些厚厚的书稿铺满了宽大的桌面，一共八十六卷。诒让想起雨菱的话："都知道这些书就是二爷的命，我抱住这些书，也就抱住了二爷的命。"她说得没错，这些书是有生命的，而赋给它生命的，除了活着的人，还有离开人世的爷爷、奶奶、父亲、母亲、惠屏……

诒让心里激动，想在屋里踱踱步。他站起来的时候，不小心碰翻了桌子底下的纸篓，一堆残笔剩墨从篓中散落出来。诒让凝神看着这些残笔剩墨，忽然轻轻叫了声："春儿——"春儿闭了双眼，安详地躺在瞻园的碧池，她紧锁的眉心却分明透漏出几丝冤屈，她的手中紧紧捧住一只梳妆盒，盒里盛着许多写秃笔尖的毛笔和磨剩下来的残墨。"春儿——"两行清泪流在诒让的脸颊上，他突然读懂了春儿的心，他应该给她一种名分的，却疏忽了。

26-1 《周礼正义》（清·孙诒让），温州博物馆藏

"二爷，都三更天了，还不睡啊？"倚梅从被窝里钻出头来，睡眼惺忪地唤诒让，见他脸上尽是泪，慌问道，"又怎么了，为何烦恼？"

"也没有什么烦恼，不过是想起些往事来，"诒让道，"捉许多萤火虫放进瓶中，搁桌子上，写《礼疏长编》时不但多了些光亮，思绪也流利很多。"

"这有何难，赶明儿让富顺、富贵去捉，虽说是秋天，萤火虫少了些，总还是可以捉到些的。"倚梅知道诒让读书入迷时，常常会说些不着边际的话，也不去细究，顺了他的话道："知道父亲喜欢萤火虫，延畇、延钊、延锴、延瀚他们也会去捉些过来的。"

诒让未听清楚她的话，他看见春儿莲藕般白嫩的小手，正捏了一把丝织印花团扇，拽住裙子往那草丛中扑，那里飞舞着许多忽明

① 光绪二十五年八月，撰《周礼正义·自序》及《凡例》。是书先成长编，原多撮录宋、元诸说，以及近儒异义，辨论甚繁，继复更张义例，削繁补缺，廿年以来，稿草屡易，最后乃移录为此本，凡为卷八十六。整理者按：清代经学之研究成果颇丰，诸经皆有新疏，可谓鸿儒辈出，诒让书最后出，往哲遗著足资证明，故其采集之博，义例之精，考证之审，条理之密，实驾诸儒之上。所以章炳麟誉该书为"高文典册，蔚为国光"，"古今言《周礼》者莫能先也"。（《孙衣言孙诒让父子年谱》）

忽暗的萤火虫。

南方短暂的平安，很快就被北方来的凶讯扰乱了。瑞安街头巷尾到处在传说，义和团在山东起事，一呼百应从者如流，城市乡镇遍设神坛，并开始进入直隶。直隶天主教和耶稣教最盛，教堂达二千二百多座，偏这义和团最喜欢攻打教堂，几处大火一烧，吓得洋人和教民鬼哭狼嚎。

腊月，传来慈禧太后准备废光绪皇帝、立端王之子载漪为大阿哥、列强各国不允许太后废帝的消息。四五月间的事儿更多了，义和团大败清军于涿州，切断芦保、京津铁路；大批义和团涌入北京，全城设坛一千余个；俄、英、美、日、德、法、意、奥组成八国联军，攻陷大沽炮台；清军和义和团围攻东交民巷使馆区，朝廷向各国宣战，命庄亲王载勋、军机大臣刚毅统领义和团。到了七月，形势急转而下，八国联军攻陷北京，立誓屠城，太后挟皇帝仓皇出逃。八月，上谕发遍全国，令各地痛剿义和团。

朝廷向各国宣战，担任筹防局总董的诒让，又带领团练站到瑞安城楼上。① 自光绪十年中法战争，光绪二十年中日战争，到这次光绪二十六年的抗击八国联军，诒让已三次披挂上阵。接连不断的失败把勇士的壮志消磨殆尽，在这场战争开始之初，他就不相信，义和团神秘的拳坛和刀枪不入的咒语，能够战胜列强的铁舰巨炮。

像曾经蓑衣麻鞋击鼓御敌的诒让，现如今对战事悲观消沉一样，昔日威震南疆的张之洞，也已料到此役必败。没有先进舰队，没有新式陆军，却在一怒之下颁布宣战上谕，要与列强"大张挞伐，一决雌雄"，其结果必定是京师再次沦陷，百姓生灵涂炭。他的想法与两广总督李鸿章不谋而合，盛宣怀"东南互保"的主张被他们接受。赞成此举的还有投身商界的张謇，他可不想自己创办的南通大生纱厂毁于一旦。受张之洞之托，张謇游说两江总督刘坤一，使他接受"东南互保"。

亡命西安的太后，是那样的渴盼回到北京。为了回到北京，对

① 光绪二十六年秋七月，八国联军侵陷北京，瑞安县办团防，举先生总其事，有《答陈栗庵葆善庚子筹防刍议书》。（《孙仲容先生年谱简编》）

26-2 占领了紫禁城的八国联军士兵

洋人恨之入骨的她以皇帝的名义颁布《自责之诏》，要"量中华之物力，结与国之欢心"。她按照洋人制定的庚子之乱战犯名单，赐令主战的庄亲王载勋、军机大臣兼刑部尚书赵舒翘、军机大臣兼礼部尚书启秀、左都御史英年自尽，大学士徐桐、户部尚书崇绮、军机大臣刚毅等已在庚子之乱中自尽或病死，不再追究。太后还在年底下诏宣布变法，洋人希望中国推行新政，为讨洋人的欢心就实行新政吧。只是，推行新政有一个先决条件：必须由她挂帅。难道非得皇帝和康党才能搞新政吗？

盛宣怀是新政的极力拥护者。因倡议"东南互保"，使中国东南部避免战祸，他得到了太后的青睐，被钦命为正三品衔的宗人府府丞，会办商务大臣兼轮船招商局、电报局、铁路总公司督办。盛宣怀打算利用这个千载难逢的机会，在老佛爷回銮之时，献上供朝廷实施新政大计的《变法条议》，既博得她的欢心，又使自己成为一代中兴名臣。

盛宣怀无数次研读变法上谕，探求其中的要义。上谕称"世界上有万古不变的经义，但没有一成不变的治国的方法。三纲五常像照耀着世界的太阳和星宿一样，是不可以改变的，而那些制度和法令如同琴瑟，是可以改变音调的"。太后的意思已经十分明白，除了君主立宪不可谈，其他任何事宜都可以谈。盛宣怀定下主意，托古改制，堵住守旧者之口，以古学力挽狂澜，推行新政。当然，提到古学，康有为借今文经变法维新是已经证明彻底失败了的，现在唯一的途径是借古文经变法实行新政，而今首屈一指的古文经大师，便是以研究《周礼》闻名于世的鸿儒孙诒让。

盛宣怀不敢贸然行事直接写信给孙诒让，记得早年在扬州梅园与诒让有一面之识，诒让耿直狷介的性格给他留下了深刻的印象。盛宣怀请与他共谋此事的翰林编修费念慈务必说动诒让。费念慈想起江苏金坛县知县胡调元，既是他的好友又是诒让同乡，去年胡调元来信曾提起，诒让访求武进人张皋编修的《墨子经说注释》，二十年不得，最后还是他抄录了寄到玉海楼，诒让捧了抄本狂喜数日。以胡调元与孙诒让的交情，此事一定能办成。①

诒让先后接到胡调元的两封信函，函中夹寄了费念慈的索稿信。盛宣怀和费念慈建议，变法条陈的体例可采用以《周礼》为纲，结合西政且指出西政源于中国，最后提出变革陋政的方案，诒让觉得很有道理。盛宣怀和费念慈希望新政方案以古文经学贯穿始终，用来推行新政治理天下，扫除康有为以今文经变法的歪理邪说，诒让感到正合自己的意思。盛宣怀还提出，书稿完成后，他愿出资刻印《周礼正义》作为答谢。费念慈在信中还说"生平最钦服仲容先生"。想到终于有人重视《周礼》，并欲以《周礼》推行新政，诒让心潮澎湃，难以抑制，当下命倚梅备好纸墨，挥笔著述。

诒让闭门谢客，在玉海楼整整写了十天，写成《变法条议》。《变法条议》分上下卷，共四十篇，内容涉及变革政治体制、发展近代经济、大办新式教育等，十分详尽贴题。②

书稿既已完成，诒让蒙头便睡。也不知睡了多久，醒来已是傍晚时分，见身边无人，趿了鞋子下楼。快到楼梯尽头，肩上被人重重一拍，抬头看去，原来是宋恕。

宋恕快人快语，道："学问好了，架子便大，我来了三次，不能上楼。"

① 光绪二十七年，清廷重议更制，于庚子十二月初十日及是年二月初三日，两次下诏，通令京外各大臣，参酌古今中西政治，对朝章、国故、吏治、民生、科举、学校、军制诸端，各抒所见，陈候甄择施行。侍郎盛宣怀与诒让不识面，而闻诒让治《周礼》学，且知其乡人翰林院编修费峣怀（念慈）与诒让论学甚相契，即托费驰书，乞请代撰条陈，要以捃撫周制、证通时务为内容，冀有合于朝旨所谓参酌古今中西之意，旋再来电索之甚急。诒让乃于旬日之间，草成《变法条议》四十篇以答之，费、盛受读后，顾忌颇多，因不果上。盖所言废拜跪、除communications、革官监、裁冗官、革吏役、改兵制、伸民权各事，皆时人所不敢发者也。（《孙衣言孙诒让父子年谱》）

忽蒙赅怀（费念慈字）太史雅意，远征皇甫，实深悚愧。又如费丈盛德，不敢以减拙为辞。勉成一稿，再四省览，万无一是……赅怀太史所寄书拓，均收到，望先为致谢，容略暇，再回复。（孙诒让《与胡调元书》）

② 取西政与《周官》合者，成《周礼政要》二卷，开守旧顽固之风，祛专制淫虐之习。其书虽未施于朝廷，实普传于痒序矣。（宋慈抱《瑞安孙氏遗书总序》）

诒让看他身边，果然一左一右站着富顺、富贵，喝道："还不快请宋公子上楼。"

两人到了楼上，端了茶寒暄。宋恕与诒让武昌一别，至今已经十一年了，因张之洞不用他，便由岳父孙锵鸣介绍到李鸿章那里，做了水师学堂汉义总教习。维新变法时，宋恕与章太炎在杭州组织经世时学社，诒让还捐了许多书过去，并由宋恕介绍开始与章太炎通信。谈话间自然说到《变法条议》，诒让请宋恕先阅。

宋恕仔细看了，道："大作可以十六字概括之：开宗明义，已得骊珠，本末秩然，密切情理。"

诒让喜道："果真如此？"

宋恕道："仲容兄不可得意太早，文章虽好，只怕难以实行。"

诒让不解，道："这是什么道理？"

宋恕道："道理其实简单，盛宣怀不敢将此文呈给朝廷的，既然如此，又如何去实行。"

诒让道："不会吧，我是严格按照他们要求的体例写的呀。比如我在《变法条议》的《朝仪》篇中，提出废除大臣跪拜皇帝的陋习，就先援引了《周礼》《冬官·总叙》篇中的'坐而论道谓之王公'，说明古时候大臣上朝见皇帝时，可以坐着与君王说话；又援引了《春官·大祝》篇和《夏官·司士》中的内容，说明周代君王在祭祀的仪式中，必须向大臣和神之位、死者之位行各种拜礼，却并没有大臣须向君王行跪拜礼的记载，然后再举西方各国的大臣见皇帝、儿子见父亲无须行跪拜礼的例子，最后才建议今后大臣见皇上改跪拜为作揖，商议朝政时一律赐坐，百姓见官吏亦无须行跪拜之礼。又比如我在《变法条议》的《奄寺》篇中，说必须革除宫中使用太监的陋习，就先援引了《周礼》的《天官·叙官》篇'酒人''缝人''内司府'等章，说明周代宫中太监不过四十人而已，且都是因为犯了罪而受宫刑阉割去势，或在宫中当酒正，或在宫中做裁缝、为王后安排穿着，而清太祖时已废弃宫刑，现如今宫中所用的太监都是自宫之人，且委以重任权势极大，显然与周制不符，然后再举西方各国王宫中均不用太监，最后才建议革除宫寝内监，改用女使。其他各篇也都如此，先古法，后西法，再提出建议。"

宋恕道："且不说其他，废跪拜一说便行不通。变法诏令说三纲不变，三纲之首为君臣之纲，君臣之别根深蒂固，太后和皇上能应允废跪拜礼么？再说宫内废太监，李莲英肯吗？李莲英不肯，那就等于太后不肯，你说这宫里的太监怎么废？"

诒让不语，脸色凝重起来。

宋恕又道："您在《变法条议》的《达情》篇中，建议官员百姓可直接到午门上书，无所顾忌地论政议政；在《博议》篇中，建议设大议院于京师，定议员之数额，半数由特旨选派，半数由内外各衙门投票选举；设中议院于各省会，议员半数由总督和巡抚选派，半数由各州县乡绅选举；设小议院于各郡县，半数由道台县令选派，半数由乡绅耆宿选举。凡这些关系到伸民权、削君权的建议，虽然引用了《周礼》和西法，难道朝廷就会允许吗？"

诒让沉默良久，道："盛杏荪与费屺怀二人这回似乎是真心诚意的，是要下决心求书推行新政的。"

宋恕叹道："杏荪胆小，屺怀职微，此事不必过于较真。"

诒让还是十分期盼事情能办成的，寄出《变法条议》后终日翘首以待，但却如泥牛入海，音讯全无。到了七月底，得到的竟是朝廷与列强签订《辛丑条约》的噩耗。这个条约了得，规定中国要向列强缴纳战争赔款和利息十亿两白银；拆毁大沽至北京沿路的所有炮台，天津周围二十里不准驻扎中国军队，各国派兵进驻北京东交民巷及北京至山海关铁路的十二个战略要地；惩办主战的中国官员，永远禁止中国人成立反对列强的组织；总理衙门改为外务部，班列六部之首。

诒让气得病倒在床，恨道："中国的大臣要由洋人定罪，中国的衙门要由洋人设置，既如此还要什么《变法条议》，倚梅快把那劳什子拿去烧了！"

倚梅与心苇、雨菱商量，都说这回烧不得。一来二爷是气话，心里毕竟是肉疼的，二来盛大人那里虽没有回音，却也没有回绝，说不定又会有转机的。

宋恕再来，已是八月上旬，他今年在杭州求是书院当汉文总教习，暑假回家探亲。说起《辛丑条约》，宋恕叹道："大清这回气数已尽，不可救药了。"

诒让强打精神，道："总有救国之人，妹婿消息灵通，说来听听。"

宋恕道："逃亡在外的维新党人已经四分五裂，除康广厦仍然要保皇，要君主立宪，梁卓如、章叔枚都主张推翻满清，建立共和。章枚叔为表决心，甚至剪断发辫用以明志。广东香山人孙中山，更是一开始就主张武装反满，他在香港建立了兴中会，入会誓言是'驱除鞑虏，恢复中华，创立合众政府'。孙中山先后策划广州起义

26-3 唐才常像

和惠州起义,虽然事败,但恐怕终有一日会成星火燎原之势。"

听宋恕说起孙中山起义,诒让不由想起唐才常的两湖起事,不禁陷入深思,感慨良久。唐才常是湖南浏阳人,与谭嗣同是同乡,曾就读于香师所办的两湖书院,成绩出众。唐才常与谭嗣同共谋维新,谭嗣同就义后唐才常逃亡日本。庚子之乱,唐才常打算潜回汉口,成立自立军。行前,孙中山、梁启超要他反满,康有为要他以勤王为口号拥张之洞割据长江中游,达到君主立宪之目的。唐才常最敬佩香师,其会党也多为香师的学生,但事败后,张之洞含泪一概杀之。香师的立场是那样的坚定,"末"可变,"本"决不可变,"本"即"三纲",君纲为上。但孟子在《尽心》篇中曰:"民为贵,社稷次之,君为轻。"香师如此明智之人,为何错解了君臣之纲呢?更何况现如今的"君"是光绪皇帝,而决非慈禧太后呀?

诒让沉思不语,宋恕问他在想什么,诒让据实道:"想起唐伯平[①]的事来了,总觉得憋气。"

宋恕道:"他与您一样,视香师如同父亲,结果还不是血流汉江。"

诒让道:"我写了《浏阳二子歌》[②]哭悼。所谓二子,其一是谭复生[③],其二是唐伯平。但斯人已逝,纵然歌他哭他,也活转不过来的。一些原先很看重的事情,现如今也似乎渐渐看得空了,淡了。"

宋恕道:"光绪二十三年在上海,章枚叔[④]与康广厦门徒闹翻,离开《时务报》,心中没意思起来,还是由我授读《涅槃》《维摩诘》《华严》《法华》《起信论》诸经,渐近玄门,心境明朗许多。"

诒让道:"章枚叔是曲园年伯第一高足,却醉心革命,不但反满,还要创建共和,奇煞了。你说他由你引路遁入佛门,只怕不见

① 唐才常,字伯平。
② 光绪二十六年,维新志士唐才常等秘密组织自立军,准备乘机起事,事泄被捕杀害,年三十四。诒让闻而叹息曰:"湘中振奇志士,又弱一个矣。"为作《浏阳二子歌》以哀之。(《孙衣言孙诒让父子年谱》)
③ 谭嗣同,字复生。
④ 章太炎,字枚叔。

得吧,到了日本,还不是照样绞剪发辫,立誓反清么。"

宋恕道:"这就叫江山易改,本性难移。您也一样,原先很看重的事情,现如今未必就看得空了,淡了。"

诒让道:"到底是汉学总教习,说你不过。"

宋恕道:"我也不想做什么汉学总教习,那年因病未能随许竹筼钦差出使泰西,心有不愿,总想有机会泛游世界,不虚此生。"

诒让道:"宋恕的雄心壮志不减当年。"

"您当年不也有如此壮志吗?别说不记得了,让妹婿把您当年的豪言壮语诵读一番如何?"也不待诒让同意,宋恕便高声朗诵起来,"思乘长风,破巨浪,先东至扶桑,访吴太伯、周灵王、秦扶苏之裔,寻徐市之墓,阅盖次公之谱牒;遂横绝太平洋,登新世界,瞻华盛顿之铸像;折北渡白令海峡,西经万里沙漠,循中亚细亚以入欧罗巴,纵目希腊罗马古都,治通西洋古今文字,以与其哲学家上下议论;复由地中海、红海转至印度,治通梵文,搜释迦遗迹;然后具舟载同志及耕夫织妇百工,向东南极天无际之重洋,觅无主之荒岛,谋生聚教训,造新世界以施行周官之制、墨子之学说。"[①]

诒让先是沉吟道:"具舟载同志及耕夫织妇百工,向东南极天无际之重洋,觅无主之荒岛,谋生聚教训,造新世界以施行周官之制、墨子之学说——"继而奋臂而呼:"与其在这里毫无希望地枯等苦熬,不如孤注一掷,或许可以拼出一番新天地来!"

宋恕听了很是感动,道:"即便天涯海角,妹婿愿意跟随。"

两人热血沸腾,不能自已。大计既定,便又把细节反复斟酌,决定马上分头行动。诒让负责联络同志,以及农户和各行各业的能工巧匠,筹措银两财物;宋恕负责购置海船,雇用水手。

想到即将扬帆出海,在一个荒无人烟的孤岛上,施行周代的制度和墨子的学说,创造出一个美似蓬莱仙岛的新世界,从而实现平

---

① 宋恕(《孙籀颐居士六十生日寿序》)

生的远大抱负，诒让心潮澎湃，不知不觉间，病已好去大半。

放生池成了孩子们习船游水的好去处，既然要到深海大洋中去寻觅理想的岛屿，没有过硬的休魄和很好的水性是不行的。宋恕是北洋水师学堂出身，虽是汉文教习，但耳濡目染，航海知识还是比较丰富的，便自告奋勇担任教员。宋恕是认真严格的人，孙家的孩子们又都是绝顶聪明的，几日下来，不但延畇、延钊、延锴、延瀚能在放生池中游上一圈，连五岁的瑜儿、四岁的延炯也都能够由仆人抱入池中，在水皮子上扑腾几下了。

姨太太中，心苇是爱热闹的人，也不管自己五月刚生了三公子延撰，月子过去才两个月，便巴不得早日启程。见延撰的哥哥姐姐们在放生池练得欢，心苇性急起来，把延撰放到洗澡用的木盆里练习水性，延撰乐得手舞足蹈，汤水溅得满地都是。雨菱则是没有主张的人，二爷拿定主意要出海，她跟紧了不落下就行。只有倚梅心事重重，看着疯癫了似的人们，不住地唉声叹气。

脑袋清醒的人中，还有宋恕的夫人孙思训，这位温文尔雅的女人含着泪，用父亲的病情来阻止丈夫的远行。她在枕头上无数次重复的一句话是："父母在，不远游。"这是句极有威力的格言，出自圣人之口。

孙思训并没为要阻止丈夫远行，把父亲的病情形容得过于沉重。孙锵鸣确实病得很重，并有不久于人世的预兆。孙锵鸣常常把全家人召集到床头，似乎要说临终遗言，却又一言不发，挥手让人们离去。

宋恕当然牵挂老岳父，他与诒让一起去探望孙锵鸣，打算听听老人的意见，然后再决定自己的下一步行动。

孙锵鸣躺在病榻上，虽骨瘦如柴却仍然目光炯炯，他费力地拉过诒让的手，道："贤侄要去办大事，我怎么可以阻拦呢？同治四年，你祖父新亡，你父亲回家守制，浙江巡抚马谷山力请你父亲赴杭州任官书局总办并主持紫阳书院，你父亲一直犹豫，我就极力让他去，说国家有事你当哥哥的可去尽忠，我做弟弟的留在家中守孝。现如今也一样，你这个做侄子的出海去成就儒家大业，我这个当叔叔的留下来守住祖坟。"

宋恕在一旁听了感动万分，孙思训却在一旁顿足暗叹："父亲久病，竟糊涂了。"

诒让欲别，孙锵鸣言犹未尽，嘱思训从书案上拿来《龙门书院读书日记》手稿，翻开"西洋效中国音"①一章，对诒让道："大洋之中的岛屿，来往的各国人士一定很多，西语是必不可少的。光绪十三年，我在上海主持龙门书院，自学过英文，方法是用汉文为英文注音，你或可一用。"

诒让翻开来念："孔夫子——康弗育修司，孟夫子——蛮弗育修司，北京——批开音……此等字旨，试推其义，恩克而为长辈兄弟，勃勒头为平辈兄弟，爱而头为年长，盈辫欧为年少，挨恩脱为长辈姊妹，昔可偷为平辈姊妹，音牢则姻亲与家人同情者也。"诒让感概道，"想不到叔叔十几年前就自学英语，还创造此种绝招，真是温州学习西语第一人矣。"

"哪里哪里，贤侄见笑了。"孙锵鸣摇手，道，"光绪八年，少荃就给我写信，说西学在他日必有实用，门径甚多，要从语言文字入手。光绪十一年，少荃任两江总督，邀我去上海做龙门书院山长，那时起便试着学英文。"

诒让道："光绪十二年五月，我去过龙门书院，购西书，学西语，西式得很。"

孙锵鸣点头："记得记得，那年六试礼闱不第，从北京回瑞安途经上海。"

孙思训撇嘴："父亲也是，就记得这些老皇历。"

诒让道："说也无妨，光绪甲午年，八试礼闱不第，于是打定主意，此生不会再去京城。"

孙锵鸣轻叹："时局变化，西学兴起，科举局限经书，恐怕不会长久。"

诒让道："叔叔科举致仕，由翰林院庶吉士做到广西学政，顺风顺水。道光丁未会试任同考官，一并发现李沈两中堂，功莫大焉。八十高寿了，还主讲多家书院，不离不弃。一辈子与科举交集，现在有这种想法，叔叔真正开通明理。"

又想，叔叔其实早就开通明理，十多年前赴试途经上海，去叔

① (《孙锵鸣集》)

叔家中，接风的家宴十分隆重，叔叔把夫人和几位姨太太全都叫来陪坐，公子小姐也凑成一桌。房子是新买来的，中西式混合的建筑，客厅铺着青砖地面，卧室则是柚木窄条地板，典雅温文的气氛让他知晓，叔叔已然重回上流社会。宴毕，叔叔对他说，一切也就这样，不会再回官场。叔叔说当年奉旨回籍办团练，得罪地方官以致罢职，事后左宗棠自知不妥，为下台阶将平阳县令瞿惟本遣送边关戍边，温州巡道志勋剿海盗战死免议，瑞安县令孙杰因病故不予追究。两江总督曾国藩知他蒙冤，多次荐他出仕，他看破仕途险恶不愿做官。当年任同考官时荐李鸿章沈葆桢为进士，两人后来做了封疆大吏，顾及师生之谊对他尊敬有加。李鸿章担任江苏巡抚时请他主讲苏州紫阳书院，任两江总督后请他执掌上海龙门、求正两书院。李鸿章奉旨北上任直隶总督，沈葆桢接任两江总督，又力邀他去金陵主讲锺山、惜阴两书院。十余年下来桃李满天下，却未踏入仕途一步。不论近礼闱者还是远礼闱者，开通明理最为要紧。

正想着，听见叔叔对宋恕说："平子在天津水师学堂学过英语，不妨与仲容切磋。"

宋恕连忙应允："这是自然，岳父大人放心便是。"

告别叔叔，诒让犹自感叹不已，对宋恕说，想不到老人家如此开通如此明理。

为出洋之事又忙碌数旬，进展不大。为邀请同志一事，诒让数次走访好友，众人大多面露难色，说家里多有反对之人，他们做不了主。农户与各行各业的能工巧匠更是难觅，除了老家演下村几户佃农，没有几个肯随船去冒险的。筹措财物之事更加困难，田地一时变卖不了，倚梅又死活不肯把宅子贱卖了去，说答应过公公，无论战乱或事变，她一定要守住这孙家栖身之处。至于玉海楼，诒让自己也是绝不敢动变卖之心的。宋恕那边更是毫无进展，别说没有钱造船，就是有钱造船，也不是一朝一夕可以完成的。

再在玉海楼碰面的时候，都已经灰头土脸全无精神气了。

宋恕叹了一口气，道："妹婿不才，没有将这事儿办成。杭州求是书院多次来函，催我赴杭，特来辞行。"

诒让苦笑道："此事不成，原因在我而不在你，不必过于伤心。你须静下心来，一门心思教书，我则心无旁骛，专心致志办学。"

宋恕点头而去。

慈禧太后是十一月底回到北京的，在离开西安之前，朝廷颁布了《江楚会奏三疏》，这是由湖广总督张之洞和两江总督刘坤一联衔上奏的折子。朝廷命令各地，以这个折子的内容为范本，实行变法图强。《江楚会奏三疏》与《变法条议》比较，虽然许多主张相同，但没有一处提及立宪、民权和废跪拜、革宫监。

张之洞曾经是那样热烈地支持维新党人，但维新派的所作所为，使他很快就退回到洋务派的立场。中国是需要变革的，但在激进与温和，皇帝和太后之间，他选择了后者。不搞君主立宪，这是他支持维新变法的底线。况且李鸿章已经去世，这位曾经不可一世的重臣，生前权倾一时，死后身败名裂，留下了一个巨大的权力真空。他要去填补这个空间，他也必须去填补这个空间。他已经为此提出"中体西用"之说，他已经为此忍痛斩杀了自己的学生。

盛宣怀不敢向朝廷进呈《变法条议》，此事不幸被宋恕言中。即将补授正三品宗人府府丞的盛宣怀，嫌《变法条议》言辞激进，便将其束之高阁，不敢进呈给慈禧太后。盛宣怀是胆怯的，他的胆怯使成书在前的《变法条议》让位于成书在后的《江楚会奏三疏》，失去了有可能成为清廷推行新政的蓝本的机遇，而这个机会是千载难逢的。盛宣怀又是大方的，对于应允由他出资刻印《周礼正义》一事，没有反悔也决不食言，他把银票寄到瑞安，并建议诒让采用日本铅铸活字排版印制此书。

腊月，孙锵鸣去世，享年八十四岁。①

① 光绪二十七年十二月十三日，孙锵鸣薨田卒，年八十四。诒让作联语挽仲父锵鸣：四朝眷清德，衡文修史，久钦望重蓬瀛，忽乞骸卅载，犹许盛宴观光，卿贰锡崇衔，共庆温纶传薄海；八秩晋高年，课子抱孙，方喜禧延椿荫，盼转瞬九龄，何意微疴怛化，家庭踵厄运，空余哀泪痛终天。(《孙衣言孙诒让父子年谱》)

第二十七章

总理之任

诒让一心办学，与项崧、项湘藻兄弟等人商量，把学计馆、方言馆合并了，办规模大些的瑞安普通学堂。项家兄弟及杨景澄凡事都听诒让，便依他的意思，在玉海楼设了瑞安普通学堂筹备事务所。①

既然要办瑞安普通学堂，章程和课程自然十分重要。诒让细细订下章程，又安排了课程。瑞安官绅因有朝廷广办学堂的诏令，便也听从诒让的建议，除带征库串，还从宾兴、义渡两项中抽取银两，充作办学基金。

事情顺利，只等过了春节便可开学。其间，京师大学堂寄来聘书，聘任诒让为经学教习，诒让回信辞了，一来瑞安普通学堂开学在即，黄绍箕虽是公推的总理，但身在武昌一时不能回来，二来也放心不下家小。②

正月二十，瑞安普通学堂在卓敬祠学计馆原址开学，一共分中文、西文、算术三个班，每班学额三十名。中文班教授经、史、子、掌故、西政、西艺、舆地；西文班教授英文读本、会话、文法、世界史、世界地理；算术班教授代数、三角、制图，兼学物理、化学。三班通授国文、伦理、体操三门课。诒让任副总理兼总教习，主持学堂校务，除制订章程、安排课

① 光绪二十八年冬（据《孙仲容先生年谱简编》，应为光绪二十七年冬），诒让等筹办瑞安普通学堂，设筹备事务所于玉海楼下，系将县城原有学计、方言两馆合并为一，而加以扩充，预定于壬寅春首开始成立，分设中文、西文、算学三专修班。自手订章程及各班课程：中文班课以经、史、子、掌故、西政、西艺、舆地七门。教习口授，不编讲义。口授之后，指定参考书目，令学生取书自读，各为札记，备有考问簿。教习日常授课之余，留二十分钟就前所已授各课中出题发问，当场令答，以作测验。诸生各将答案写入簿中，在退班时呈缴教习，评记分数。每逢星期六、试作策论一篇，仍如家塾书院改卷旧制，评定名次，揭榜出示；西文班课以英语读本、会话、文法及英文世界史、世界地图、世界文选等门。学生中之初习者，用《华英初阶》《英文法程》为基本教材，程度较高者，酌授以英文史地、英文文选等，由教员选录，用誊写版印发诸生；算学班课以中西新旧数学及物理、化学等门。初习者，用《笔算数学》一书为入门，程度较高者，用《代数备旨》《数理精蕴》及《勾股三角》《测量制图》等书，除三班分课各门外，另有国文、伦理、体操三门，则全堂学生共同上课，预定学额，每班三十名，以年在十五岁以上、三十岁以下，文理清通、身心健康者为合格。修金，兼学者每年二十元，专治者每年十二元。《孙衣言孙诒让父子年谱》
② 时年（光绪二十七年），京师大学堂聘先生任经学教习，辞不就。(《孙仲容先生年谱简编》)

程，还要筹集经费、聘请教员，大小一应事务都要亲自操办，忙得不亦乐乎。

诒让是最不怕忙碌的人，见还有许多年幼学浅者，没有机会受到新式教育，索性在县城东南、东北、西南、西北四隅，各办蒙学堂一所。一时无法增建校舍，便设学在广济庙、忠义庙、关帝庙与显佑庙。

27-1 孙诒让牵头创办的瑞安学计馆（今瑞安中学前身）旧址

黄绍箕是开学后的第二个月回乡探亲的，到瑞安后未曾歇息，便到瑞安普通学堂去。① 好一所普通学堂，校舍幢幢，书声琅琅，风光与先前的学计馆已大不相同。

诒让已闻讯来迎。黄绍箕疾步上前，紧握诒让的手，道："仲容兄把学堂办得如此之完美，让我这个虚担总理之名的人，没脸见父老乡亲了。"

诒让假装生气，道："仲弢兄主持两湖书院，便可说这些生疏的话了。"

黄绍箕连忙辩解，道："千万不可有如此想法，你我之间从来不说这些的。"

诒让方才一笑，道："那又说什么？"

黄绍箕放下心来，道："我这几年所做之事都与办学有关，就说说办学堂又如何？"

诒让道："最好不过。"

原来戊戌政变之后，因大学士徐桐相救，慈禧太后未将黄绍箕治罪，又想起黄绍箕为朝廷进呈过张之洞的《劝学篇》，书中的"中体西用"之说甚合她意，一时高兴，提拔他当了京师大学堂总办。黄绍箕任总办后，以中国教育法为主体，参考引进日本和西方的学制，制订了京师大学堂的管理制度和教育规则。因丁忧黄绍箕离京去职，又应张之洞之聘，赴武昌主持两湖书院。

两人在中堂坐定，诒让道："我人在瑞安，却知道你在两湖书院的事，每每亲临课堂操场督课，寒暑不辍，乐此不疲。"

① 光绪二十八年二月，自鄂归里省亲。端方以秦权铭拓本与跋语，介先生寄孙诒让审订。(《黄绍箕集》)

黄绍箕大笑道:"彼此彼此,我虽远在湖北,却也知道你在瑞安的所作所为,还不是与我一样,凡事务必躬亲,为教育之事煞费苦心。"

诒让道:"说到煞费苦心,达到目的倒也罢了,怕的是费尽心思也没有结果。比如合格的理化科教员奇缺,真是踏破铁鞋无觅处。"

黄绍箕道:"湘鄂也是这种情况,求得张中堂同意,我从两湖书院选派优等生三十人,去日本学堂的师范科求学理化,这批学生回国后,以一教十,以十教百,再以百教千,如此繁衍蔓延开来,不愁理化师资不足。"[1]

诒让拍掌赞道:"听仲弢一席话,胜读十年书矣,待时机成熟,瑞安普通学堂亦可照此办理。"

黄绍箕道:"这里的事便全仰仗仲容兄筹谋策划了。"

诒让沉下脸道:"又说起生分的话来了不是,须知你不但是两湖书院的主持,还是瑞安普通学堂的总理呀,切记切记。"

"绍箕记住就是了。"黄绍箕自知失言,连忙作揖。又道:"听说仲容兄对化学情有独钟,当年创办瑞平化学堂,即有应时需之意。"

诒让感慨道:"知我者仲弢也。我以为西方各国的学科,没有不以数学为根底的,但各门学科中,又以化学用途最广。西国老幼皆通化学,所以国富民强,称霸五洲。而我国士大夫对此懵懂无知,农工商界更是生疏,以愚笨拙劣之术去与智巧长技相拼,必然失败无疑,这是如同宇宙般永恒而不灭的真理啊。[2]"

诒让说得兴起,执着黄绍箕的手去化学实验室。走进屋中,只见桌子上摆了许多实验仪器,橱柜中放着一瓶瓶化学试剂。诒让领了黄绍箕坐到凳子上,把一台显微镜调试好了,让他仔细看其中名堂。

黄绍箕看了许久,只觉得模糊一片什么也没有,摇头道:"年老眼花,看不出东西来了。"

诒让说:"我也年老眼花,却是看得出一些名堂的。"

黄绍箕敬佩不已,道:"想不到仲容兄对西方技法,涉及程度如此之深。"

[1] 曾选优等生三十人赴日本游学师范,学成回鄂,辗转传习,又得教员数千人,鄂受其赐,且及他省,为功至巨。又以办学事繁,事权不一,谋于张之洞,特设湖北全省学务处,以统汇之。自是十八行省皆仿设。(《黄绍箕集》)

[2] 迩来中土士大夫始知自强之原莫先于兴学,内而京师大学堂,外而各行省公私学堂林立,无不以化学为首务,而温州独未有兴者,斯不可谓非缺典也。不佞曩与同志探研西艺,浏览新译各书,深知斯学之体精而用博,而苦无堂舍以资其聚习,无器质以闳其考验,故略涉其藩而未能深窥其奥秘。(孙诒让《籀庼述林》卷十《瑞平化学学堂缘起》)

诒讦滔滔不绝道:"西方技法虽然奥妙,却源于咱们中国,《周礼》《墨子》里有详尽的记载。国人迂腐,不去发扬光大源于中国的技艺,却被西人捷足先登,后来居上,反制于我。现如今只要明白道理,亡羊补牢犹未晚矣。通过学习化学原理,掌握化验、制药的技法,儒者可以借此博物穷理,成为贤达之士,农工商者则可一艺百获,成为通达之士,再推而广之,将化学运用到治兵、医术、办矿中去,中国则受益无穷。化学,乃中国富强之大计啊!"

黄绍箕道:"绍箕听说,见瑞安办了这许多新式学堂,温州府及下属各县纷纷效法,相继开办普通学堂。温州衙署的义学、乐清县的梅溪书院、永嘉县的中西学堂,都已改设为普通学堂,平阳县也在坡南汇头开办了普通学堂。"

诒让道:"瑞安还在县城四隅办了蒙学,试行新式初等教育,各县城乡也是闻风而动。永嘉县开办养正学堂,乐清县开办高等小学堂、爱国蒙学堂、同善蒙学堂,平阳县开办平阳中学堂、致用蒙学堂、白沙蒙学堂,泰顺县开办罗阳学堂。瑞安西港乡学风最盛,虽地处偏僻,却在大岙办了群益两等小学堂。"

黄绍箕慨然道:"都说湖北有张中堂,办学之风最盛,今天才知道浙江有孙仲容,办学最为努力。从今以后,湘鄂与浙江的新式教育,将成掎角之势领先于全国。"

诒让正色道:"保种保教,皆系于教育,诒让能不鞠躬尽瘁,死而后已。"

黄绍箕感动得流下眼泪,道:"环球各强国所以能自立而日益强盛者,其力量来自智力开化的国民。若通过教育,使我国国民的智力得到开发,然后出力扶助国家,则我大清国无论到何地步,必有翻身之日。"①

学堂办得有声有色,诒让放心不少。倚梅、心苇和雨菱见了面都说,二爷心情好了,又不把自己拘在书楼里,常去学堂走走,甚至与学生在课间一起做体操,胃口开了,面色也红润了许多。

① 光绪二十八年初春,湖北省城设立文普中学堂,先生致开学演说辞云:现在环球各强国,所以能自立而日益强盛者,其真实力量全在国民。中国人士涉及猎新书见闻稍广者,便自命为国民,不知欲成国民宜先讲人格。人格者谓人之资格,必有三事皆完俱,即品行、知识、技能者也,而后方成其为人。而若无品行,虽有知识、技能,皆不足论,若只讲品行,而无知识、技能,无论心地如何好,气概如何盛,亦是无益,而且有害。(《黄绍箕集》)

新书报刊越发订得多了,每日需花一个上午时间才能够看完,下午料理各种事务和友朋信函,整理旧稿和写作新著,只能留待夜晚。诒让还不耻下问,抽暇向从上海聘请来的英文教员蔡华卿学习英文。[①] 对于时事和教育的事,诒让已到了如饥似渴的地步。

上海书坊不但出版了石印本的《周礼政要》,求新图书馆还印行了铅印本《周礼政要》,消息传来,诒让高兴至极。《周礼政要》就是《变法条议》,原来只是觉得束之高阁可惜,改了书名刊印了用作瑞安普通学堂教材,想不到流传到上海,竟由那里的书坊印行了许多,发送到各省去了。

适逢堂弟孙诒棫和上海南洋公学优等生林文潜回乡,在日本留学的堂侄孙衡也因暑假回乡探亲,约好一起到玉海楼,与诒让商量在瑞安创办演说会。诒让当然同意,便当了会长,陆续加入演说会的会员有四五十人。

每逢初一和十五,演说会召集城乡学堂师生和各界人士数百人,聚集在旧县学明伦堂,听会员们轮番上台演讲。名士陈虬、陈黻宸,也登上讲台宣讲新政好处。

林文潜虽然年轻,演讲的水平却很高。他从瑞安学计馆学成后,就读上海南洋公学。南洋公学系盛宣怀筹资所办,是当时中国最先进的新式学堂,日后成了名闻遐迩的上海交通大学。林文潜精通日文,知识丰富,除了宣传新政,讲解中外史事,还把近代科技知识用通俗的语言,讲给到会的听众听。诒让见他年轻有为,对他很是赞赏器重。

几次三番演说下来,地方民风已开通许多。实用书塾、工商学社、商务学社也相继成立,招收不识字的工匠农友,以及欠缺账务知识的商人店员。课目是实用的识字、作文、笔算、珠算、会计、阅报等,算是开了职业教育先河。

一日从明伦堂回来,听见小女瑜儿啼哭,原来是倚梅拿布去缠她的脚。诒让突发奇想,不如趁热打铁,开温州风气之先,干脆把

[①] 光绪二十八年五月,重订读书治学课程:上午,阅览新书报刊,下午,料理地方事务及友朋函札,晚,整理旧稿及新著,以点完和礼氏牌矿烛一支为度。(《孙仲容先生年谱简编》)

自以读外国书,仅看译本为不足,意欲略识外国文字,使可直接看原书。时有普通学堂西文教习上海蔡君华卿,寄寓孙家,因乘便请其教读英文,即用普通学堂课本,蔡君口讲之后,诒让随手在课本上以朱笔细楷附注读音于英字旁,如是学习两三月,惟同时尚须兼顾著述旧业及地方事务,不能专心研读,复以脑力渐就衰退,深有得一遗十之感,戚友力劝止,乃辍学。(《孙衣言孙诒让父子年谱》)

27-2 孙诒让自题《周礼政要》后八绝句手迹

女子缠足的陋习废了。

当下备好课,以"天生素足"为题,在明伦堂演讲。诒让以《周礼政要》的体例,先说明周代并无缠足之习,再说西方各国从无缠足之举,证明缠足不仅无聊,而且野蛮,不但把女子的正常肌体扭曲了,还把她们的精神健康损害了,结论是如此不文明的陋习不可不除。诒让讲完道理,闭目摇首,吟诵诗词。他先念陶渊明的《闲情赋》,"愿在丝而为履,附素足以周旋";又念李白的《越女词》,"东阳素足女,会稽素舸郎。相看月未坠,白地断肝肠";再念苏东坡的《读孟郊诗》,"吴姬霜雪白,赤脚浣白苎。嫁与蹋浪儿,不识离别苦"。然后沉默良久,突然瞪大眼睛,大声喝问:"素足天生,如此美丽,何罪之有,任意摧残?"众人吓得面如土色,想起家中缠足的女人,一个个都惭愧得不得了。

诒让要废缠足,诒械也正有此意,便一起筹划成立瑞安劝解妇女缠足会。诒械最会办事,竟说动他母亲林太夫人当了会长。不到一个月时间,瑞安士绅家中妇女解开缠足布的几近大半。永嘉、乐清、平阳等地,也纷纷仿效。①

家中最高兴的莫过于瑜儿。六岁年纪,刚好是缠足的年龄,正心惊肉跳地看着母亲为她准备缠足布,却看见父亲一把拿去,尽数丢进放生池,让池中的鱼儿叼了,在水皮上漂成好些条彩色的长带子,乐得抱住诒让的腿笑个不停。

① 光绪二十八年,本省有杭州成立天足会,诒让闻之,着手订立会章九条,云:凡人家幼女尚未缠足,而能首先函向本会声称从此决不再缠者,由本会查明确实,即赠送鞋面布料每人一双,以供新制备穿,并将其家长及幼女等姓名列榜示众,以资劝导。所备鞋面布料,以三百双为限,送完而止。又云:本办法先在城内及近郊绅商家小试其端,俟有成效,再谋逐渐推广及各界各乡等语。该会成立后,即印刷诏文附办法,发送传观,并由会员家妇女先自放足,以示提倡,同时由会员随时随地向其亲戚朋友讲说我国古来妇女缠足之害,使得有所感动。于是旬月之间,本城士绅家解者几半云。(《孙衣言孙诒让父子年谱》)

心苇和雨菱也乐了许久。心苇性倔，又是从小娇惯了的，不曾缠足。嫁到孙家后，虽然依旧把一双脚板重重踩在地上，走路风似的，但看见倚梅不悦的目光，心里总有些顾忌。雨菱原是丫头，自然是天生的素足，偏又做了姨太太，礼数上要讲究的，走路更是处处小心，生怕给家人留下不佳的印象。现如今不须再顾虑这些，当然是件好事。

倒是倚梅，常常凝神对了自己的小脚细看，没来由地一声声叹息。

转眼一年过去。诒让接到英国牧师苏慧廉的帖子，请他携夫人同去参加温州艺文学校开学典礼。诒让正在犹豫，又接到温州道台童兆蓉的信函，除问起瑞安教育之事，还提及温州艺文学校开学典礼，言下之意是请诒让不妨赴温参加典礼。诒让对童兆蓉十分敬重，乃各回一函，同意赴温。

艺文学校开学典礼的时间定在九月初一，诒让八月二十九日一早动身。本想带心苇去，也好让她顺便回一趟娘家，但请帖上写的是携带夫人，便决定带倚梅同去。夫人惠屏故去之后，姨太太中倚梅为长，平日家中大小事务都由她操持，难得出门。

当日到了温州，先去道署拜见道台童兆蓉。

童兆蓉是湖南宁乡人，同治六年举人，因统兵剿捻军和回民叛乱有功，历任西安府知府、汉中道台等职，前年奉旨南下任温处道台。童兆蓉刚上任，法国天主教神甫赵保禄便领军舰进入瓯江，谎报瑞安乡民杨茂奶焚毁教堂，不但要处杨以死罪，还强索土地五亩新建教堂。童兆蓉查实此事属赵保禄诬告，拍案而起，喝道："彼丁律不当死，我不能杀人以媚你，必欲强我者，请执我至北京，对质于外务部。"法国神甫见童兆蓉刚正不阿，无法可施，随舰而退。童兆蓉清廉为官，勤勉政事，在赈灾备荒、实行新政方面，也颇有建树。尤其是劝谕农桑一项，更是勤勉有加，他每年捐出俸禄一千元，从杭嘉湖一带购进桑苗十万株，无偿分发给桑农种植，坚持至今，深得民心。①

① 诒让乡举，忝与公同岁，而踪迹暌违，未尝一瞻颜色。暨公备兵温处，始得以部民修谒，感时局之艰棘，慨岁月之不居，宾坐雅谈，辄复竟日，以是获闻公之治绩甚悉。（孙诒让《清诰授光禄大夫浙江温处兵备道童公墓志铭》）

童兆蓉正在澡盆沐浴，赤身躺在水中，翻看《东游日记》一书中的"跋"。《东游日记》是福建道台沈丹曾所著，他前年秋天奉四川总督奎公的命令，到日本枥木观察日军军事演习，回来后写了此书，内容有军事、工艺、商务、教育等。诒让则应他所请，为此书写了"跋"。

童兆蓉正看得津津有味，忽听家人报说诒让来访，顺手披上一件衣衫慌忙出来，把诒让迎进内花厅。

诒让坐定，微笑着端详童兆蓉，道："童大人依然鹤发童颜，温州子民有福了。"

"孙征君如此说，愧煞兆蓉了。鹤发是真，毕竟六十五岁过了花甲的人了，但童颜却是没有，有的只是汗颜，因为没有把温州治理好啊。"童兆蓉道。他称诒让为"征君"，是因为朝廷三次下诏开经济特科，命大臣们推荐匡救时世的大儒到朝中担任要职，诒让则屡征屡辞。①

诒让见童兆蓉手中拿着《东游日记》，问："童大人喜欢此书？"

童兆蓉道："岂止喜欢，简直爱不释手呢，尤其是征君您写的'跋'。"

诒让道："不过一篇'跋'罢了，能有这样的吸引力？"

童兆蓉道："兆蓉虽是举人出身，但半生征战沙场，只不过一介武夫罢了。打了半辈子的仗，现如今亦是快入土的人了，却有疑问难以解开：为什么曾经威震四方的大清军队，见了红毛番总是望风披靡丢盔卸甲？总不能把疑问带到坟墓中去呀，读了征君的这篇'跋'，兆蓉明白其中道理了。"

诒让道："诒让没有学过军事，只是略微研究过《周礼》。周天子统率的六军，每军一万二千五百人，一共七万五千人，来自于郊区四百里之内的六个乡七万五千户人家。周时每五百户为党，五党为一州，五州为一乡，就在招募六军的方圆之地，就有六所乡立学校、三十五所州立学校、一百五十所党校，国立学校和远郊学校

---

① 光绪二十四年，诏开经济特科，湖南巡抚陈宝箴、江苏学政瞿鸿禨以先生荐，不赴。光绪二十七年，复开经济特科，尚书张百熙、侍郎唐景崇、湘抚端方交章以先生荐，不赴。光绪二十九年，清廷又开经济特科，唐景崇、张之洞、张百熙、端方、吴士鉴均以先生荐，不赴。(《孙仲容先生年谱简编》)

尚没有计算在内。盛周时代，教育是与军事相提并论，同样重视的。孔子说，'驱使没有受过教育的老百姓去作战，等于让他们去送死'，是说必须让他们先到学校受教育，不但学习武功，还要学习德行和技能。这一百年来，西方各国变得十分强大，日本也称霸东方，这些国家都极其重视教育，开办了许多与兵力相适应的学校。反观咱们中国，虽有八旗、绿营、团练，兵将众多，但因没有与军事相适应的教育制度，民智没有开启，将领学问浅陋，兵勇愚昧笨拙，怎么能不打败仗呢。"①

童兆蓉听得如醉如痴，道："征君说得太透彻了，真是入木三分啊。"

诒让接着道："甲午战败，朝廷与日本签订《马关条约》，失地赔款，丧权辱国。有识之士才明白兴学为自强的根本，开办的学校也渐渐多了起来，却惹恼了那些守旧的官绅，把办新学斥骂为师法西方，却不知以教育来壮大军队，原本就来自于《周礼》，是中国在二千年前就运用过的方法啊。"

童兆蓉击掌而呼："痛快，痛快，与君一席话，胜读十年书。"

见童兆蓉谦虚，诒让道："童大人如此说，诒让无地自容了。"

童兆蓉道："要说无地自容，也轮不到您征君呀。去年为办新学，与知府王大人商量好了，把温州中山书院改为温州府中学堂，又邀请六县乡绅齐聚府城，公推经纶满腹的您担任总理。谁知道您坚辞不就，让我这张老脸没地方搁。"②

诒让知道这事让童兆蓉为难了，作揖道："诒让谢罪了。"

童兆蓉连忙道："征君不可！瑞安普通学堂开创初始，即请您离瑞来温主持中学堂，是兆蓉考虑不周，无地自容也是应该。只是日后若用到征君之处，还请务必体谅兆蓉。"

诒让道："也就四个字：万死不辞。"

"征君……"童兆蓉动情地看着诒让，眼里盈满了泪，竟说不出话来。想道，光绪二十四年，朝廷下诏开经济特科，诒让有湖南

① 孙诒让《沈丹曾〈东游日记〉跋》
② 光绪二十八年秋七月，府城中山书院改为温州府学堂，众推先生为总理，辞不就。（《孙仲容先生年谱简编》）

巡抚陈宝箴、江苏学政瞿鸿禨推荐，因办学初始，难以离开。光绪二十七年，有尚书张百熙、侍郎唐景崇、湖南巡抚端方推荐诒让，为筹划瑞安普通学堂，又推辞不就。今年除张百熙、唐景崇、端方之外，湖广总督张之洞亦参与推荐，诒让醉心家乡教育，再次力辞不就。温州有这样的人在，何愁教育不走在全国之前。

温州艺文学校开学典礼按时举行，来参加典礼的宾客很多，且都是官府要人和地方名士。道台童兆蓉、知府王琛和各县知县尽数来了，府、县学的教谕和温州府中学堂的教习也都在来宾之列。

苏慧廉是个高个子，真是奇怪得很，他在人群中一眼就发现了诒让，并且用熟练的温州话喊道："孙先生，我是苏慧廉，非常欢迎您的光临。"

诒让先是一愣，自己从来不认识这个英国人，他怎么会认出自己来呢？正在想着，苏慧廉已经站到他的面前，说："我很钦佩您，因为我看了您的《周礼政要》，非常博古通今，又非常实用。"

未等诒让回答，苏慧廉又转身对倚梅道："非常荣幸，美丽的孙夫人前来出席典礼，连金色的秋天都变得温和灿烂了。"

倚梅虽是见过世面的人，但自进了孙家后就几乎不出门，胆子也变小许多。突然间一个黄毛碧眼的洋人站在她面前，用发音准确的温州话对她说个不停，心慌得不得了，脸一红，便把头低了下去。

苏慧廉顺着她的目光看去，只见一双绣花小鞋局促地扭动着，里面裹着一对金莲小脚。苏慧廉的脸顿时变得通红，气愤地对诒让道："缠足是野蛮的，您是文明的绅士，不应该让太太缠足！"

倚梅知道这个洋人误会诒让了，而且还对诒让这么凶，便忘了羞怯和害怕，挺起胸膛护着诒让，道："不许你糟践二爷，他最反对女子缠足，他在明伦堂演讲的'天生素足'，最受女子欢迎！"

苏慧廉发现自己的冒失和冲动了，再次用尊敬的目光看着诒让，道："原来我们志同道合。"

下午一时，温州艺文学校开学典礼准时举行。

27-3 苏慧廉，著名汉学家，教育家，曾任山西大学堂西斋总教习，讲授世界史、世界宗教等课程，任教期间曾用中、英两种文字编写《孔子文集》并将《论语》翻译成英文出版

27-4 李提摩太像

　　先由专程从上海赶来的英国牧师李提摩太演讲。李提摩太是深受李鸿章、张之洞器重的资深传教士，曾在上海任同文书会总干事，与康有为等维新派交往也十分密切。诒让虽然不认识他，却早在光绪二十二年，就把他和蔡尔康的合译本《泰西新史揽要》，择要选编成《泰西史约》，刻印了作为学计馆学生的课外读物。

　　李提摩太在演讲中说，苏慧廉牧师自光绪七年到温州传教，至今已有二十三年之久，他刻苦学习温州方言，运用温州方言翻译《新约圣经》，还集资建成温州城西教堂，建立了九个联区和二百七十处分会，发展基督教徒一万余人。对苏慧廉光绪十三年即在康乐坊租用民居开办私塾，招收儿童学习《圣经》和《四书》，光绪二十三年在瓦殿巷租房开办艺文中学堂，六年后的今天，又在瓯江南岸的海坦山下建造了规模宏大的温州艺文学校，李提摩太是赞不绝口。他说，苏慧廉钻研中国古典文学，成就为西方传教士中所罕见；特别是他深入研究中国的名教和佛教、道教，撰写了《儒释道三教研究》一书，使西方人能够更清楚地了解中国。李提摩太还特意指出，苏慧廉是把西方医学技术传入温州的第一人。在盛赞苏慧廉之后，李提摩太很详细地宣扬了西方的各种文明。

接下来由苏慧廉演讲。他讲述了温州艺文学校办学经过，对回英国养病也不闲着、为建造艺文学校募集到一千二百五十英镑的夫人露茜表示感激。苏慧廉的演讲不长，他说要把时间留给久仰大名的朴学大师孙诒让先生，然后带头鼓掌。

诒让站在礼堂的讲台上，即席发表演讲：

"今天为艺文学校落成的日子，兄弟到堂瞻礼，躬逢其盛，深为忻兴。又得闻李提摩太先生、苏慧廉先生两位演说开学的宗旨，意在以西国文明，教育吾温少年子弟，更为感激。

"吾想中国文明开化，远在黄帝轩辕氏教史官仓颉造作书契。而伏羲八卦同后来《尧典》《舜典》，并算作中国圣经最古的书，都在距今四五千年的光景。西国文明，开于埃及、巴比伦，那金字塔古碑，都在西历纪元前四千多年的时候。可见东西文明，都开于上古时代，真是遥遥相对呀！苦于那时未有铁路、轮船，欧罗巴洲与吾中国不能相通。虽然，西国《旧约·圣经》上有一句话，说：秦人到郁山。大概在中国前汉，西历元年以前。这是中国人到西国最早的事情。而犹太教入中国，亦在那个西汉的时候。至今河南省城还有犹太人子孙住在那里，有羊皮写《旧约》的书。这算是西教入中国最早的事情。到了后汉安帝的时候，大秦王安敦贡狮子。大秦就是罗马，现在教皇所住的地方。唐朝的时候，有《景教流行中国碑》。元朝的时候，成吉思皇帝用兵西方，直到意国、奥国边境。但是从前交通不便，虽说偶然有人来往，而东西文明还未能彼此传布。仅有中国罗经指南针，相传的话，说周以前已经传到西国。这算是吾中国文明输入西国的事情。明末时候，利玛窦、艾儒略诸位教士把《几何原本》同《几何格致》的书带到中国，经徐光启、李之藻等翻译，盛传于世。本朝开国，南怀仁等又蒙我圣祖优礼，修订《灵台仪象志》及历法各书，这是历史上西国文明输入我国的事情。到了嘉庆以后，蒸汽之学发明，火轮船、火轮车次第造成。从此全球五大洲几万里路程，彼此交通，犹如邻居一般。而西国文明一天盛一天，到今天，无美不备。吾中国人开通的，心中自然很钦佩。所以前后翻译出来的书，已有百多种。各处好学的人，都喜欢读西国的书。就是中国皇上，亦下谕旨，教人用功西学，尊重宝贵，同孔子圣经及历朝正史一样。可见天道循环，以前中国文明盛时，有几件事情传到西国；现在西国文明盛了，又有许多学问传到中国。大概地球上万国文明，总要处处开通。

"但是一国文明的表征,不在一二个有大名的通儒,要在全国人民个个都有普通知识,程度不相上下。总而言之,国民普通知识,总要人人平均,才能够共同努力,以谋文明进步。如西国文明,在现在算得极盛了,其原因在于无分男女,无分贵贱,无一人不识字,一切士农工商,都有普通的知识,所以个个都是有用之才。吾中国地方太大,人口太多。从前科举时代,只有士人读书,但其宗旨又多为猎取功名计,其真正研究有用学问的人,亦是少数。至于农工商各界,识字的很少。所以讲到普通知识四个字,恐怕士人之中也不能个个都有,农工商更不必说了。到了近来,开通的士人才晓得读西国科学书以启发其普通知识。但是顽固守旧的士人,仍不能个个都知道西国文明之盛。

"吾温州虽是通商码头,而地方偏僻,读书人见闻更不能广阔。即兄弟虽少年读过中国经史,而不识西国文字,但看译本的书,总自己惭愧学问浅陋。敝处瑞安近年立有几处学堂,而经费支绌,课程都未完备。恨自己不能一到西洋各国,考察文明政治教化的规模及一切大小学堂的办法,增长知识。现在苏先生开设这艺文学校,用西洋文明开发吾温州地方的民智,想见苏先生要热心推广教化,不分中西畛域。力量既大,心思又细,各种教科,无不齐全。兄弟登堂瞻礼,如同身到西洋看学堂一样,心中不胜欢喜。至于李先生,是西国有名的通儒,向来听见大名,仰望已久。今幸惠临吾温州,把西洋极精的道理讲与吾温州人听,这是极不容易得的事情,所以兄弟带领各学堂教习、学生到这里来恭听教训。兄弟藉此可以开其顽钝,增广教育学识,获益实在不浅。尔等少年子弟,既然有志向学,应当知道仰慕西国文明。此番心领两位先生教训,必须牢牢记在心里。将来用功学问,由平常进于高等,由普通进于专门,开了门径,宏其造就,庶几不负两先生的热心毅力。这是兄弟与吾阖府官民所厚望,而对于两位先生今日演说的话,益觉感激于怀,永远不敢忘记的了。"①

---

① 孙诒让《温州艺文学校开学典礼上的演说辞》

27-5 温州艺文学校开学典礼嘉宾合影。前排正中是李提摩太，右边是温处道道员童兆蓉，后排最中央是苏慧廉，最后排左三便是孙诒让

诒让演说完毕，在场的官员士绅都说精彩之极。童兆蓉更是暗地里对诒让道："孙征君在演讲中说'天道循环，以前中国文明盛时，有几件事情传到西国，现在西国文明盛了，又有许多学问传到中国，大概地球上万国文明，总要处处相通'，其意不言而喻，还是中国文明先传到西国的。当然，现如今西国技艺先进了，咱们也可学习引用，此乃天道循环。"

随后是参观温州艺文学校教学大楼。一路走来，诒让看得仔细。那楼的墙壁都是用厚厚的青砖扁砌了的，砖缝都勾了白色蛎灰，春季可防雨，冬天可御寒。楼中的窗户开得既宽又低，都用了上好的玻璃，想是让光线好些，以免学生看书眼睛劳累。楼梯的木板十分厚实，新刷了红色的洋漆，散发出一阵阵油漆的清香。诒让在这清香中呆呆地站着，直到苏慧廉在他身边担心地问："孙先生身体不适么？"

诒让醒过神来，道："只是觉得有些累了，我们继续参观吧。"

苏慧廉放下心来，道："我还是不明白，与孙先生刚见面时，您说话有那么一点点不连贯，可是一开始演讲就连贯而动听，真的比音乐好听不知多少倍，这是用了什么东方魔法？"

诒让微笑道："你慢慢研究去吧。"

苏慧廉很有些失望,道:"因为是秘密,所以您不肯向我透露其中的奥妙,太令人遗憾了。"

诒让想,你精通温州话,我却偏偏说不顺温州话,于是就说官话,这叫以己之长击人之短。心中高兴,问:"温州艺文学校如何设置课程?"

苏慧廉扳开手指,道:"有算术、历史、地理、音乐、宗教。"

诒让问:"为什么没有化学、物理?"

苏慧廉迟疑一会儿,道:"当我们的学生从这里毕业的时候,我们要为他们欢呼,使我们快活的是,他们将成为虔诚的传道者和这所学校的老师。"

诒让从那一刻深深理解了苏慧廉,他信仰的宗教,使他的教育目的是为了培养传道者和教会学堂的教师。而自己在瑞安的教育,除了应时需,还应该增加一些什么呢?自己办的学堂,什么时候也能够像温州艺文学校这样漂亮宏大呢?宣传中国名教的学堂,什么时候也能够办到苏慧廉的家乡大英帝国去呢———

苏慧廉的问话,打断了诒让的沉思:"孙先生,我有一个问题不明白,想请教您。"

诒让道:"请讲。"

苏慧廉道:"在您的著作《周礼政要》中,有一个篇章的题目是《广学》,说'盖郊甸之内,距王城不过二百里,校其广轮,不及今一大郡,而有学三百七十有奇'。"

诒让道:"您的记性很好。中国开化四千年,而文明之盛莫尚于周。"

苏慧廉道:"按照您的说法,在远古的周代,王城郊区的一个甸,竟拥有三百七十所学校。那么以此类推,周代一个县管辖四个甸,每个县就拥有了一千四百七十所学校;一个都管辖四个县,每个都就拥有了五千九百二十所学校;再类推下去,周朝下属九州邦国,岂不是拥有了数万所学校吗?上帝,太多了,简直令人难以相信。孙先生,我想请教您的问题是,周代的人口有限,经济规模也不太大,能够容许存在这样大的教育规模,能够兴办这么多的学校吗?"

诒让一惊,想不到这个英国人对他的著作研究如此之深,深到竟然要挑其中的谬误之处。然而对于周代的制度,他是那样的深信不疑,甚至可以说到了神往的地步,所以对苏慧廉的质疑,他的反驳是:"如果您相信上帝,上帝就会在您面前。同样,如果您尊古宗周而相信圣人,那么《周礼》所记载的一切事物,包括数千所、数万所学校,就一定曾经在中国的土地上存在过。"

苏慧廉叹了一口气，摇摇头，道："还是很难理解，几千年的历史太久远了，远到难以追溯。"

诒让道："如果您不相信中国的历史，那么您可以很快看到中国的现实。不出几年，您的传教之地温州，就会开办数百所学堂，以验证我的《周礼政要》中的《广学》篇之说。"

苏慧廉耸耸肩膀，摊开长满金色汗毛的双手，道："亲爱的孙先生，我伸长脖子在这里耐心等候，等候参观您的数百所学堂。哦，上帝！除非这些学堂突然像星星一样从天上掉下来，否则我决不相信，在短短的几年里，温州会冒出如此之多的学堂来。但是我又很矛盾，因为我相信您的东方魔法，这已经在您的比音乐还动听的演讲中得到印证。"

第二十八章

重拾墨学

28-1 孙氏藏书《墨子》,浙江大学图书馆藏

一连几夜未眠,终于校定《墨子间诂》。[1]诒让吹灭蜡烛,推开窗子,光芒迎面扑来,刺痛他的眼瞳。

是些什么光?是太阳光,还是各种星光掺杂交织,涌入书房?光的本原,生于太阳,生于恒星。光的支流则叫作火,也叫作冷光。还有回光,譬如月亮,本身并不发光。行星也不发光,如金星和水星。光,播洒在万物之上,是无法计数的。人看见光并进行测算,靠的是自己的肉眼。肉眼能看见的光,需要有一定的度数,倘若那些光太弱,低于肉眼可以观察的度数,那就无法看到。凡是比人大一万倍以上,或者体积是人万分之一甚至以下的东西,人们对它就会熟视无睹,这是因为形体过大或过小的缘故。自从太阳诞生以来,没有一天不发光,也没有一天不回光。那么光的行走速度是多少呢?光的行走速度快得难以想象,竟然快到一秒钟四十八万里。[2] 光的速度这样快,距离地球最近的恒星,它的光到达地球也需要十多年的时间。那些距离地球十分遥远的恒星,它们发出的光,则需要数千年、数万年,甚至无数年的时间才能到达。如果一颗恒星消亡了,它在消亡之前发出的光,要到数千年、数万年,甚至无数年之后才能到达地球,也就是说,虽然这颗恒星消亡了,它

---

[1] 光绪三十年春,重校《墨子间诂》竟,复为跋。(《孙仲容先生年谱简编》)
[2] 1983年17届国际计量大会定义光速为299792458米/秒。

发出的光却并未消亡。反而言之，我们地球的回光，到达其他恒星，最快也要十多年，远一些的就须数千年、数万年，甚至无数年。如此说来，咱们地球那些洪荒上古的光，有刚到达恒星的，也有至今尚未到达的。洪荒上古的光，咱们地球上的人以为早就消亡了，但是它们没有消亡，它们是不灭的，还在茫茫宇宙中不倦地行走着呢。

站在窗口，面对光亮，诒让凝神而思。自从理科知识大白于天下，其精髓之处，在于认为世界上所有之物，没有不消亡的，却又是不能消亡的，光也如此。想到此处，诒让正色道："光无不灭，亦无能灭！"回到书桌前坐下，铺开宣纸，握笔题写"光不灭说"四字，随即疾书：

> 自理科之说大白于天下，其至精而不可破者，曰：无不灭，亦无能灭。佛家之言：大千世界，天地日月，皆如泡影梦幻。是无不灭之义也。而其论性识也，则曰神不灭，则固有无能灭者存焉。欧罗巴儒者之说，亦曰：元质不灭，能力不灭。是亦无能灭之义也。吾执是以推物理，又得其一焉，曰：光不灭。
>
> 夫光之大原，生于太阳、恒星。而其支流则曰火，曰冷光。其回光则月也，行星也，金、水也……①

一气呵成《光不灭说》，共一千六百字。诒让想，墨子虽是东周末年的人，与他相隔两千多年，可他们脾性相同，都是这样地喜欢光，都想知道光的质地是什么，都为了光的原理研究探求，那么，他们的心必定是相通的。

墨子太了不起了！诒让赞叹。全世界所有人中，从古到今探究光为何物的，他是第一人，比希腊人欧几里得还要早。墨子在《经下》说光，"景到，在午有端与景长，说在端"。他认为影子颠倒，是在光线相交下，焦点与影子造成，这是焦点原理。墨子在《经说下》说光，"景，光之人，煦若射，下者之人也高，高者之人也下。

① 孙诒让《光不灭说》。（《经微室遗集》卷一）

足敝下光，故成景于上；首蔽上光，故成景于下。在远近有端，于与光，故景内库也"。他做实验，在黑暗小屋挖个孔，屋外的人对着小孔站着，屋里的墙上会出现倒立的人影。他认为光穿过小孔，如射箭一般呈直线运动，人的足部遮住下面的光，成影在下边，人的头部遮住上面的光，成影在上边，这就有了倒立的影子。① 墨子在《墨经》中八次说光，与现在从西国传到中国的几何光学原理，几乎一模一样。

《墨经》太神奇了！诒让迷醉。墨子不但叙述光，也叙述力学、数学、几何学、物理学、宇宙学、逻辑学。令诒让激动不已的是，《墨经》之理与西学诸科相通，早在两千多年前，中国人就有绝顶聪明之人。《墨经》又称《墨辩》，出自《墨子》，《墨子》兴于战国，除墨经墨辩之术，还有兼爱、非攻、尚贤、尚同、节用、节葬、非乐、天志、明鬼、非命之说，言之有理，均可致用。《韩非子》曰："世之显学，儒、墨也。儒之所圣，孔丘也；墨之所圣，墨翟也。"可见战国之时，墨学如何兴盛。

平生所著，除了《周礼正义》，诒让最看中的莫过于《墨子间诂》。初稿是赶在光绪癸巳年初冬写完的，为的是《墨子》成书于周安王十四年，那年也是癸巳年，西历为公元前388年。次年夏天，出资让苏州毛翼庭印了三百本《墨子间诂》，是用木活字排版的，便借用清宫说法，称作聚珍版。今年甲辰，距甲午印行聚珍本《墨子间诂》时隔十年，重校《墨子间诂》，是为精益求精。

光绪三年，诒让访杭州钱塘嘉惠堂，见到明吴文定影写《墨子》于抄本，翻了几页便爱个稀圣，让堂主丁松生割爱予他。之后又求到明代吴宽写本、日本宝历仿刻明代茅坤本。看过这些古本，诒让倍觉心寒，《墨子》精妙绝伦，毕竟绝世两千余年，文中古字古语很多，深奥至极又无注释，后人在传抄过程中更是谬误百出，世人读懂《墨子》极难，更不用说了解其中真谛。诒让打定主意，担当疏正此书大任。②

① 参见针孔成像原理
② 墨氏弟子，网罗散佚，参考异同，具有条理，较之儒分为八，至今遂无可考者，转似过之。乃唐以来韩昌黎外，无一人能知墨子者，传诵既少，注释亦稀。乐台旧本，久绝流传，阙文错简，无可校正，古言古字，更不可晓，而墨学尘埋终古矣。国朝镇洋毕氏始为之注，嗣是以来，诸儒益加仇校。涂径既辟，奥窔粗窥，《墨子》之书，稍稍可读。于是瑞安孙诒让仲容，乃集诸说之大成，著《墨子间诂》，凡诸家之说，是者从之，非者正之，阙略者补之。至经说及备城门以下诸篇，尤不易读，整纷剔蠹，脉摘无遗。旁行之文，尽还旧观。讹夺之处，咸秩无紊。盖自有墨子以来，未有此书也。（俞荫甫《墨子间诂叙》）

墨子书多古字古言，《经上下》尤难读，《备城门》以下诸篇，非审曲勿能治。始，南海邹伯奇比次重差旁要诸术，转相发明，文又犹诘诎不驯。诒让集众说，下以己意，神旨迥明，文可讽诵。自墨学废二千岁，儒术孤行，至是较著。诒让行亦大类墨氏，家居任恤，所至兴学，与长吏楮柱，虽众怨弗恤也。（章太炎《瑞安孙先生传》）

疏正《墨子》，须得找到此书残卷和前人注本，此事才能有所进展。墨学既是异端邪说，皇家书楼哪里肯藏，倒是道教中人甚是看重此书，尤其是其中的《墨经》，便千方百计密存残本，成为道藏秘籍。至于注本，最早的要追溯到晋时建康令鲁胜著《墨辩注》，可惜佚失，仅存序言。之后有位叫乐台的，也为《墨子》作过注，没有流传下来。明末清初，道士傅青主注完《庄子》，发现道藏本《墨经》，

28-2 《墨子间诂》（清·孙诒让）

心血来潮为其注解，写成《墨经·大取篇释义》，实属难得。思适居士顾千里校《墨子》，用的也是道藏本。乾嘉年间，考据学兴盛起来，校注《墨子》的饱学之士逐渐增多。诒让既要博采众家之成就，便四处寻访注本。

知道诒让治《墨子》，好友黄绍箕、刘恭冕、刘寿曾、谭献等，纷纷寄赠珍本或抄本。名士冒广生是热心肠的人，探得亲戚藏有张惠言《墨子经说四解》，请其抄录全书寄给诒让。德清县通判蔡汇沧，得知陆心源十万卷楼有顾千里校道藏本《墨子》抄本，出资购来赠予诒让。诒让为校勘注解《墨子》，几乎把当时所有墨学专著，如毕沅、孙星衍、戴望、俞樾、卢文弨、王念孙、王引之、洪颐煊等人之作，一本不漏悉数集存。这些都是清代学人倾尽全力之作，训诂校勘时有突破，却依旧难以诠释全书，让人能够读懂《墨子》。至于参悟《墨子》技艺，昭示义理精华，更是力所不逮。

诒让疏正《墨子》，自然亦从校正讹误入手。从光绪十八年草创《墨子间诂》，至光绪三十年，历经二十二年，诒让纠错六百四十余处。这六百四十多处纠错，做起来实在是艰辛得很。好在诒让是治过《周礼》之人，大可以触类旁通，《墨经》《墨说》及兵法诸章的旁行句读，讹文错简甚多，旁人决难深入，到了诒让这里，居然一一厘清。诒让为治《墨经》，还熟读近译西书，光电几何数学逻辑全都涉及。在写给梁启超的信中，诒让写道："《经说》诸篇，闳义眇旨所未窥者尚多。尝谓《墨经》楬举精理，引而不发，为周名家之宗，窃疑其必有威言大例，如欧土伦理家雅里大得勒之演绎法，培根之归纳法……如《经上》篇云：'伛有以相撄，有不相撄也。'此疑即《几

28-3 "自此书出,《墨子》人人可读,现代墨学复活,全由此书导之。"(梁启超评《墨子间诂》)

何原本》所云:两线于同面行走至无穷,不相离亦不相远而不得相遇为平行线。"诒让为治《墨子》,索性把墨子籍贯何地,也考证得清清楚楚,省得有人说他来自西土,是古波斯人。诒让为此写了《墨子传略》和《墨子年表》,论定墨子为鲁国人,生卒年代为周定王初年至周安王之际。

诒让校勘《墨子》,时断时续长达二十年,沉迷其中难以自拔,激越之余亦黯然神伤。让他黯然神伤的是,汉时独尊儒家,魏晋大兴玄学,隋唐笃信佛道,唯有墨学一沉到底,埋没千年。

墨子主张兼爱,相爱不分长幼,不分富贵贫贱,不分君与臣,不分国与国。墨子认为,倘若家人间不相爱,家族间不相爱,阶层间不相爱,国家间不相爱,就会导致动乱引发战争。墨子主张非攻,反对入侵别国,即便发动战争的是国君,亦属不义之人。孟子以仁爱为本,他的仁爱存有等级差别,指责墨子倡导无父无君,世人绝不可信他。诒让为墨子悲哀,治墨经时时常叹息:"众口铄金,墨学因兼爱之说湮没,天理何在?"

墨翟之徒身怀绝技,隐名埋姓行走民间,鄙视王权特立独行,身负道义援救弱小,以武犯禁制衡威权。墨翟之徒以绳墨自矫,而备世之急。墨翟之徒以裘褐为衣,以跂跷为服,日夜不休,以自苦为极。墨翟之徒如此所为,自然引起君王怀疑,必欲除之而后快。诒让为墨家不平,校《墨经》时时常嘟囔:"成了众矢之的,墨家如何能够不亡。"

墨家有严格的行为准则,极强的社会责任感,日常生活则十分俭朴。诒让想,如此艰辛困苦,除意志力超乎寻常者,谁人经受得了。即便要做的事做成了,兼爱了也非攻了,接下来又是节用又是非乐,还是要过裘褐为衣跂跷为服的日子,为精雅情趣设置藩篱,视精致物件如毒品,跟随者势必逐渐散去。诒让为墨家惋惜,疏墨经时轻语:"但凡要使从众聚而不散,总得有个念想才好。"

就想到永嘉先贤功利之说,倘若墨家当年有此念想,当不至于腹背受敌,于显学之后速朽。又想到谭嗣同推崇永嘉之学,说墨家分两派,一派叫作任侠,一派叫作格致,任侠者讲究仁义，宋代永嘉就有这样一群人。诒让想，和墨子意气相投的，莫非是先贤止斋先生①水心居士他们。越想，越觉得像。

像的是精神气，明知道事不可为，偏要一路走去，舍弃生命也在所不惜。楚国以强凌弱进犯宋国，墨家七十二位侠士握剑驰援，明知是去赴死，策马向前绝不回头。是为理想而死呢，人虽死了，精神气不死。永嘉先贤亦如此，宋绍熙五年，太上皇孝宗病重，李皇后阻止光宗皇帝问安，中书舍人陈止斋执光宗之手，定要他前往重华宫。皇后大怒，声色俱厉地斥责他，先生愤而辞官回乡。宋开禧二年，叶水心领军驻守长江北岸，金军分九路兵马南下，叶水心率军攻克金营，重创仆散揆部。宋金议和，叶水心在江北修建瓜步、石跋、定山三座城堡，屯垦备战安置流民。永嘉先贤与墨家侠士一样，做的都是赴死之事。自古以来宫斗险恶，止斋先生把生死置之度外，执君之手劝他去尽孝道；金国铁骑急驰而至，角鸣鼓急地动山摇，水心居士握剑面对。为道义不畏死，为弱小不畏死，永嘉学人和墨翟之徒居然志趣相同，这是诒让治墨学前不曾想到的。

永嘉之学与墨学亦有不同，不同之处在于墨家执意苦行，永嘉之学有道不离器之说。永嘉先贤以为道义自然要紧，把道义用来抑制物欲，这就是褊狭极端了。永嘉先贤以为，道义寄托于物，与物相辅相成，义理功利一体，如此方能长久。永嘉学人与墨家之徒的不同，还在于倾尽所学跻身庙堂，去实现治国平天下的理想，墨家中人则云游江湖，誓不与强权为伍。诒让想，为庙堂所不容的他，性情脾气行为举止，竟然越来越似墨子之徒了，似墨子之徒偏爱技艺呢，似墨子之徒仗义行侠呢，似墨子之徒振世救弊呢，似墨子之徒身处江湖心想庙堂之事呢。这也没有什么不好，毕竟儒学独大，废黜诸子百家，结局昭然眼前：国力羸弱不堪，技艺远逊列强，割地赔款了事。

想到此处，诒让轻抚《墨子间诂》道："既做儒家弟子，又谙墨翟精髓，西学更是要紧，以求救世图强，如此才合心意。"②

① 陈傅良，字君举，号止斋，北宋名臣。
② 让少溺于章句之学，于世事无所解。曩读墨子书，深爱其揅精道术，操行艰苦，以佛氏等慈之旨，综西士通艺之学，九流汇海，斯为巨派。徒以非儒之论，蒙世大诟，心窃悑之。研校廿年，略识旨要，遂就毕本补缀成注。然《经说》诸篇，闳义眇旨所未寛者尚多，尝谓《墨经》楬举精理，引而不发，为周名家言之宗，窃疑其必有微言大例，如欧士论理家雅里大得勒之演绎法，培根之归纳法及佛氏之因明论者，惜今书伪缺，不能尽得其条理。而惠施、公孙龙窃其余绪，乃流于儇诡口给，遂别成流派，非墨子之本意也。（孙诒让《答梁卓如启超论〈墨子〉书》）

光,源源不断地涌进书楼,满桌都是光。诒让高声道:"光不灭,墨学不灭。"

光,源源不断地涌进书楼,满屋都是光。诒让放声道:"思乘长风,破巨浪,先东至扶桑,访吴太伯、周灵王、秦扶苏之裔,寻徐巿之墓,阅盖次公之谱牒;遂横绝太平洋,登新世界,瞻华盛顿之铸像;折北渡白令海峡,西经万里沙漠,循中亚细亚以入欧罗巴,纵目希腊罗马古都,治通西洋古今文字,以与其哲学家上下议论;复由地中海、红海转至印度,治通梵文,搜释迦遗迹;然后具舟载同志及耕夫织妇百工,向东南极天无际之重洋,觅无主之荒岛,谋生聚教训,造新世界以施行周官之制、墨子之学说。"①

光,源源不断地涌向诒让,满脸都是光,全身都是光。诒让大笑:"荒岛之说孟浪了,大凡做事,须从眼前现时做起,一件事一件事地去做,新世界或许也就成了。"

诒让收笔盖砚,合拢《墨子间诂》改定本。自此,《墨子》全书贯通。

---

① 宋恕《孙籀颐居士六十生日寿序》

第二十九章

集资办矿

诒让从温州回到瑞安,刚下轿子进了家门,就见堂弟诒棫在客厅候他,告诉他林文潜病重了。

诒让着急,道:"前几日还好端端的,怎么说病就病了。"

诒棫道:"先是有些风寒,服了几帖药不见好,已在旦夕之间了。"

诒让跺脚道:"人在何处,快带我去。"

当下坐回轿子,去小东门外的飞云阁。飞云阁就是原来的话桑楼,为告老还乡的黄体芳与老友王岳崧、胡调元所建。楼建成后,"把酒话桑麻"的日子还来不及品尝,王岳崧丁忧,黄体芳去世,胡调元回家奔丧,坊间都说"桑"与"丧"同音,"话桑楼"成了"话丧楼"。黄绍箕遂与诒让商议,把话桑楼改名为飞云阁。①

林文潜是在今年正月与诒让组织师范教育研究会的,会址设在飞云阁。三月,林文潜告别诒让,东渡日本留学。适逢沙俄违反《交接东三省条约》,拒不撤出驻扎在中国东北的军队,想独霸东北。留日学生闻讯,在东京组织拒俄义勇队,策动拒俄运动。林文潜是性情中人,立即回国,在瑞安明伦堂演说图强救国,声援拒俄运动。为兼顾师范教育研究会,搬到飞云阁住下。

上了飞云阁,只见林文潜面色铁青,气若游丝,已是阴阳两界之人了,一双眼睛却大睁着。诒让的眼圈便红了,道:"事业才做到一半,你可不能甩手不管。"

① 光绪二十九年,诒让与林左髯等组织师范教育研究会。同时,林左髯又发起举办词曲改良研究会……两会会所并在小东门外飞云阁下。飞云阁者,话桑楼之易名也。(《孙衣言孙诒让父子年谱》)

林文潜想说什么，却说不出来，额头青筋突起，喉咙咕噜咕噜响，眼角流下浑浊的泪来。

诒让知道人已不行，安慰道："你是惦念东北的事么？中国总有富强起来的一天，时势总会有变化的。"

林文潜的喉咙又发出咕噜咕噜的响声，眼泪却已干了。

诒让握住他冰凉的手，动情道："我知道你的心思，你放心不下演说会和师范教育研究会，这两件事情有我呢，难道你不相信我？"

林文潜睁大着的眼睛中，突然闪烁出灿烂的火花来，呼吸却已停了下来，人也随即僵硬了去。

诒让两眼含泪，坐在飞云阁中提笔写道："呜呼痛哉！桂以芬折，膏用明煎，伤我国士，竟厄盛年……"

写罢祭文，下楼坐进轿子，看一眼寂寥静穆的飞云阁，心中空落落的。回到家中，林文潜的身影不散，依稀总在眼前，或在明伦堂演说，或在飞云阁读书——想到这么一个热血有志的青年，说走就走了，心里刀绞似的，病倒在床，一躺就是半个月。

倚梅和心苇、雨菱急得不行，天天侍候在诒让身边。名医自然请了不少，药也煎了一罐又一罐，人却总不见好。林文潜的去世，对诒让来说损失太大，好像失去了左右手，演说会与师范教育研究会的事，也不得不停办了。

年底，永嘉孙坑的乡绅孙世彪率众乡亲，把山货送到瑞安孙家。咸丰十一年金钱会暴动，孙家曾经在孙坑避难，自那以后，孙家年年都要往孙坑接济些财物，逢年过节，孙坑的亲戚们也会送山货到瑞安，来往十分密切。

倚梅请亲戚们坐下叙事，听说二爷贵体欠安，乡亲们说要见他。倚梅怕他们吵着诒让，生着法儿说许多理由不让见。大户人家节前事多，好几个丫鬟来问倚梅过节的事，倚梅便让心苇过来，替她应付客人，自己先到后屋去了。

点心上来了，是龙须面上盖虾米炒鸡蛋。打老远赶了路来，乡亲们的肚子早就饿了，狼吞虎咽几筷子便把碗中的面条吃得底朝天，看得心苇目瞪口呆。

见心苇看着大家笑，孙世彪觉得她好说话，道："这次来是必定要见二爷的，贵体欠安总要问个安，否则回去不好向同族的乡亲们交代。再则，要告诉二爷孙坑发现矿产的大事，请他定夺。"

心苇道:"二爷不是贵体欠安么,养病要紧,矿产的事与他不相干的。"

孙世彪道:"夫人这话说得欠考虑,这些年来我们得了孙家不少恩惠,现在地方上发现了宝贝,怎么可以私吞。"

说得心苇心动起来,道:"那我去说与二爷知道。"

孙世彪道:"不是说与他知道,是请他出来见见我们,只有靠夫人说动二爷了。"

诒让身体尚未康复,正由雨菱陪着,在玉海楼翻阅旧稿。雨菱告诉他心苇来了,也不回头,道:"来了,一起坐着读书。"

心苇轻声道:"孙坑来的亲戚说,山中发现矿藏了,让我告诉你一声。"

诒让依旧在书角上注写蝇头小字,脸对了书稿道:"发现矿藏好啊,挖些出来冶炼,可以换钱养家糊口。"

心苇道:"不跟您说了,没有意思得很。"

诒让依然提了笔写字,头也不回地道:"生气了呀,什么地方得罪你了?"

心苇嗔道:"人家从山里挖到宝贝,首先想到的就是您的好处,赶紧跑来告诉您,要您分享这些宝贝,可您把眼睛贴在书上须臾不离,全不顾人家是热心肠碰到冷屁股。"

诒让看书时最烦人家吵他,板下脸道:"是存心气我了。"

心苇偏不怕他,道:"先别说我气您,说一段话儿给您听听,'以中国自有之富,弃之不取,而日忧罗掘之穷,为计已左,而慢藏海盗,又以启彼族之觊觎,以致俄夺东三省之矿利,德夺山东之矿利,英于扬子江上游,法于云南边界,皆首要索开矿之权。十年以后,中国矿利尽归西人,噬脐之悔,不可复及,不可不深思而长虑也'。"①

诒让笑道:"这小蹄子,居然把《周礼政要·矿政篇》背得滚瓜烂熟。"

① 诒让尝谓《周礼》矿人专掌治矿,此古今矿政之权舆。既设有专官,其矿所出之地又咸有图。官民之取之者,此官咸按图以授之,而又有厉禁以防其弊。《汉书·地理志》郡县置铜官、铁官者数十处。唐、宋亦有坑冶,皆即古矿官之职。惟明季奄宦用事,矿税之扰,流毒海内,后世遂以开矿为弊政。奸民私开往往滋事,地方有司遂请封闭矿硐,垂为厉禁,此因噎废食不察之论也。清初以来,惟云南有铜矿、银矿,户部、工部专恃滇铜以资鼓铸,而他省则民间私行淘采不足比数。近年来有奏请开办者,虽略有端倪,而规模不广,资本亦微,其弃于地者仍不少矣。以中国自有之富,弃之不取,而日忧罗掘之穷,为计已左,而慢藏海盗,又以启彼族之觊觎,以致俄夺东三省之矿利,德夺山东之矿利,英于扬子江上游,法于云南边界,皆首要索开矿之权,十年以后,中国矿利尽归西人,噬脐之悔,不可复及,不可不深思而长虑也。(《孙衣言孙诒让父子年谱》)

心苇道:"还以为您忘了这文章呢?"

诒让道:"说错了不是,自己写的东西,自己会忘了不成?"

心苇道:"那您去见孙世彪,他说的事不就是矿政么。"

诒让道:"还真是这回事。"

说着起身,一起去客厅。路上,雨菱扯扯心苇衣角,道:"二爷正在读书静养,心苇姐姐您偏要他出去,待会儿让倚梅姐姐知道,大家都不痛快。"

心苇压低声音,道:"你老待屋里行吗,还不是屁颠屁颠跟出来了。大老爷家的,老窝在这楼里写书,不跑出去透透新鲜空气,没病也给闷出病来了。"

雨菱服气,连连点头,道:"还是心苇姐姐做得对。"

说话间到了客厅。众乡亲见诒让面色不差,放心不小。又由孙世彪领头,说了孙坑发现矿产的事,请诒让定夺。

诒让见他们真心诚意,心情大好,萎靡之态全无。在客厅坐下,道:"诒让十四岁那年到孙坑避祸,弹指间四十三年过去了,孙家没有为孙坑的百姓做些什么,孙坑的百姓发现矿藏,却先来告诉诒让,令人惭愧至极。"

孙世彪连忙摆手,道:"哪里哪里,孙坑之矿若无二爷援手,官府断不能允许开采。"

"光绪二十五年诒让撰《周礼政要》,文中提及开矿之事,主张官府'咸许士民考察矿苗,准其开采'。"诒让对孙世彪道:"民间开矿好处很多。山中有矿,自行开掘,则权在我手,可保祖宗坟墓,否则列强外人必来开采,一切任其所为听其摆布,蛮力万无可拒,地方种族必受害无穷,此为一;开采矿产,办厂冶炼,不至于事事依靠西人,国家强大起来,可以复仇雪耻,此为二;利用卖出矿砂之钱,可解我民困,助我办学,此为三。"

众人听得仔细,厅堂中鸦雀无声。诒让说完,孙世彪道:"开矿既有这么多的好处,就请二爷快报官,早日动工才好。"

诒让道:"我这里赶紧筹措,你们须与族人细谈,商定矿权之事。"

众人千恩万谢回去。诒让则精神抖擞,让雨菱把墨磨浓,写了书信寄给费念慈,请其转达盛宣怀,让他派专家来孙坑勘察矿藏。

盛宣怀如今了得,不但身任工部左侍郎,管着轮船招商局、电报局、中国通商银行、铁路总公司等一大摊子，连张之洞耗尽心血、花了五百万两官费、因计划不周亏损停产的汉阳铁厂，也快要被他接办过去。几年前，又探得储量丰富的江西萍乡煤矿，集资一百万两动工开采。收到费念慈转来的信函，想起当年诒让托他呈送《周礼政要》未果之事，不免心中愧疚，当下命英国工程师一人和译员两人，去永嘉孙坑勘探矿藏。

三人来到孙坑，已是开春三月，拿了小铁锤子冒雨在山中找矿。诒让也到孙坑，住在孙世彪家，等待勘探结果。谁知七天过去，英国人带了译员下山，又耸肩膀又摇头，还"NO"了老半天。问译员怎么回事，回说没戏了，是铅矿，含千分之二的银，蕴藏量不多，在当地设厂冶炼不合算，若运到外地去，又得修筑轻便铁路，弄不好会亏本。①

送走三人，众人不免垂头丧气。诒让精神依旧，说既然山中真的有矿，总有出头一天。风尘仆仆回到瑞安，命瑞安普通学堂教员郭凤鸣打点行装，赴湖南、湖北两省，调查那里的开矿情况，并征聘技师来温州开矿。

郭凤鸣上船欲行，诒让写诗送他：

> 矿学榛芜几百年，奇书蟬蠹地员篇。越山金锡推天府，可有吴王解铸钱。
>
> 曲突何人识远谋，铜官今已遍遐陬。无穷地宝长扃鐍，枉费司农仰屋筹。
>
> 昆弟君家各振奇，峥嵘棣萼照华楣。稇生锻灶销长日，谁识雄心在救时。
>
> 西行饱看楚山青，万里江流接洞庭。此去布帆定安稳，蓬窗细读矿人经。②

① 光绪三十一年，矿务署派英籍工程师一人，由翻译员王省三（丰镐）伴同来至其地，经勘察后，据说系铅矿内含有银质千分之一二，但初步估计，全矿产量不多，利源有限，而且地方交通不便，设厂提炼，甚不合算，若将矿物向外运销，又非先筑轻便铁道不可，亦须大垫本钱云。(《孙衣言孙诒让父子年谱》)
② 孙诒让《送郭潄霞赴湘鄂调查矿务》

29-1 送郭漱霞赴湘鄂调查矿务诗（清·孙诒让），温州博物馆藏

从轮船码头回到家中，已有大双坑金家族人候在中堂，欲与诒让商谈开矿的事。

诒让道："孙坑和大双坑，现在探明的都是铅矿。铅这种金属，中国人很早就用它，商殷时铸造酒器铜戈，把铅加入进去，金文图纹便棱角毕露，看上去清楚许多。到了现在，铅也大有用处，焊料武器建筑都离不开。"

众人见他这么说，高兴起来，领头的金显巽作揖，道："既如此，二爷领我们开矿。"

诒让应允道："那就把这事做起来。改日把孙坑的族人也请来，把矿地和股金的事一并商议定当，成立矿业公司呈文报给官府。等批复下来，漱霞兄也已从湘鄂带技师回来，届时此事便成了。"

过了几日，孙世彪、金显巽与十余族人即来，与诒让签下合约。合约写明，三方共组富强矿务公司，矿山抵作股金，占公司股份　成，只可领息，不可提本。孙、金两族不得转让股份予他人，亦不许私挖矿砂。自光绪三十年始，两矿由富强矿务公司开挖三十年，期满后再商议续约或另行处置。

第三十章

学子东渡

郭凤鸣带技师回来，富强矿务公司开办，诒让心情甚好。为开矿的事，瑞安普通学堂去的少了，便去察看。发现师生说不准官话，心想若这般下去，则日后不堪大用。通知各位教员，每到礼拜天须去飞云阁，由他亲自授教官话。① 诒让自小就在南京，能说一口南京官话，后又去刑部做主事，北京官话也字正腔圆。听了几堂课，教员们都觉得受益匪浅。

一日课后，正要坐轿子回家，富贵送一封书信来。拆了看，原来是道台童兆蓉所写，说温处两地若教育和实业要发达，派遣留学生赴日本一事宜早不宜迟，苦于难以聚集聪颖子弟，请诒让动员瑞安普通学堂优等生赴日留学，学费可由官费补齐，他本人也要捐出银两助学。诒让为之感动，当下让众教员分头通知家长开会。②

三年新学办下来，家长已经开通许多，听说道台老爷和仲容先生，要用官费派遣学生留学，学的又是中国稀缺的声光电化师范诸科，自然巴之不得，纷纷报上名去

把名单呈送给童兆蓉，童兆蓉圈定多人，搁笔默坐良久，道："咱们温州有这许多聪颖子弟，东渡去日本留学，今后事业了得！只是优等生都送出来，孙征君的瑞安普通学堂，日后如何是好？"

诒让何尝不知道，输出这许多高才生，瑞安普通学堂的日子也就到头了，可学子东渡留学事大，顾不到这些了。

见到学生兴高采烈的样子，普通学堂青年教员许藩、陈恺二人，

---

① 光绪三十年，以本乡土音特殊，当与官署人员或外地来宾相见时，往往语言难通，不便利于接谈，因发起举行普通话之讲习，设社于飞云阁，凡学堂教职员及地方各界人士，愿参与共学者，可向住阁人缴交茶水费，属其备茗招待。自是年八月上旬起，每逢星期日下午，讲习一次四小时，由诒让自任教导之。（《孙衣言孙诒让父子年谱》）

② 光绪二十九年，童道通饬温处十六县，各选送学生赴署报考，令其留学日本师范、实业各科学校，被录取者（略）二十二人。童自捐出二千一百五十元，分给各生，作装治费。又因玉环、泰顺、龙泉、庆元、宣平五县，无人报考，捐出一千元，以补助各该县办学经费，而此批留日生，均于甲辰春出洋。（《孙衣言孙诒让父子年谱》）

心中不免痒痒，平添许多烦恼，怨自己早生了几年，不能与他们一道去日本求学。

许藩为不能赴日本留学，今后难为仲容先生分忧，甚至暗中哭了一场。自己十三岁那年到学计馆求学，连续数年名列前茅，十八岁考中秀才，次年在温州府六县算术会试夺冠，靠的是仲容先生办学育人。仲容先生聘他为瑞安普通学堂助教，更是对他的恩惠。瑞安普通学堂最缺乏的是物理化学教员，仲容先生曾经托人找遍中国，也没有合适的人肯来温州。他多么想成为合格的物理化学教员，但想归想，却没有学习的机会，现如今机会来了，偏与自己擦肩而过，怎不让人悔得肠子发青。

许藩正在苦恼，忽然听见有人唤他姓名，抬头一看，正是仲容先生，微笑着看他，好生慈祥。许藩张口想说很想到日本留学的事，但话到嘴边又收回来，仲容先生为教育的事已费尽心血，他不忍心为自己的事再去麻烦他。

诒让像看透了许藩的心思，温和地说道："若学堂拨款，助你和陈恺二人带职东渡深造，学成归国须回本学堂任教，你意下如何？"

许藩听到这个天大的好消息，简直不相信自己的耳朵，半晌才回过神来，道："学生求之不得。"

当晚，诒让与许藩、陈恺二人签订合同，由瑞安普通学堂提取墨银六百两，作为二人留学费用，二人须学习理化学科，毕业后须在本学堂任算术、理化教员，任期须满三年。①

赴日本留学的事情都准备停当了，便一户一舟经塘河到了温州南门埠头，上得岸来，只见一溜崭新的怪车拦在身前。学生们没见过这种新鲜事物，都围上去看，还有用手去摸人一样高的铁皮车轮的。

诒让亲自送学生到温州，命学生和家长把行李装入车中，道："温州街道不宽，电车、汽车不能驶。诒让为此决定创办东瓯通利

① 光绪三十年，派瑞安普通学堂高才生陈恺、许藩二人公费留学日本东京宏文院习数理化，以培养地方师资。（《孙仲容先生年谱简编》）

公司，与同人集资从上海购进铁皮车五十辆，仿造人力车试行城中，东瓯通利公司董事会请你们这些贵客免费乘坐。"

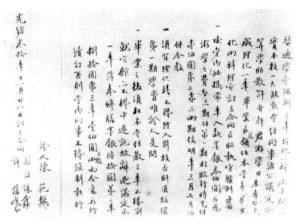

30-1 瑞安普通学堂合约，瑞安中学校史馆藏

学生们雀跃，纷纷跨上车来。车夫拉车就跑，只是那道路坎坷不平，石桥凹凸起伏，坐车的人颠得东倒西歪。偏车座又极高，由上往下看没有人不倒抽冷气的。到了温处道衙门，一个个已面如土色，赶紧溜下车来。诒让问感觉如何，大家又不好照实去说，只好惊魂未定地摸着震疼的屁股，编派着说自己一路浏览街景十分惬意，坐在人力车上又如何快捷舒服。诒让听他们夸人力车的好处，心中很是得意。他是股东，亲自撰写《东瓯通利公司章程》，又致信温州知府王琛和永嘉知县程子良，言明人力车公司之所以取名"通利"，其一在于便利交通，其二可为贫苦百姓解决生计困难。他在信中说，上海一地，即有数千人以拉人力车养家糊口，温州偏僻，尚无通行电车汽车火车的可能，人力车便尤为重要。①

诒让正想着，学生们已排好队伍，朝道署鱼贯而进。

道台童兆蓉、知府王琛，还有各县知县、教谕、商绅，都已在道署聚齐了，欢送温州首批留日学生，叮嘱他们早日学成归国，以实学使中国富强，以实学使家乡发展。

学生们从道署出来，神色凝重许多，感到压在肩上的担子蛮重。当高高的人力车拉着他们，飞快地跑向瓯江安澜亭码头时，也不感觉到颠簸和害怕了。

几只小舢板，分批载着他们登上湖广号轮船。湖广号将送他们去上海，然后再换英国海轮赴日本。

① 光绪三十年二月，诒让撰《东瓯通利公司章程》，送官立案，并分致手札于温州府知府王雪庐及永嘉县知县程子良。(《孙衣言孙诒让父子年谱》)

这艘载重三百吨的湖广号轮船，归属瑞安大新轮船公司，公司总理是诒让。温州是浙南通商大埠，瑞安的木炭、草纸，平阳的明矾，瓯海的柑橘等，贸易量十分可观。但瓯江、飞云江、鳌江的运输，自古以来依赖帆船，运量少，航速慢。诒让便在今年六月，约同项申甫，从盛宣怀辖下的轮船招商局租借湖广轮，创办了大新公司。湖广轮往返于瑞安、温州、上海，是温州首度开通轮船航海线路。①

湖广号鸣笛，缓缓向东驶去。先前还看见学生们向自己招手，逐渐就模糊了，即使摘下眼镜去看，也看不清楚了。

诒让忽然想起，宋平子是去年到日本去的，说要漫游扶桑，观赏旖旎的樱花，寻找徐福的后裔，觇风土咨学术，延揽奇士洗清国耻。他在樱花丛中找到徐福的后裔了么？他延揽到为国雪耻的奇士了么？本该捎封信函给他的，却因千头万绪，疏忽了去。

湖广轮已经看不见了，江天交接处茫茫一片。诒让伫立在江埠上，纹丝不动。身边的人群早已散了，只剩下富贵、富顺兄弟二人和一个候他的人力车夫。

"二爷，船到海上了，您还不回去，是因为江上的鸟儿好看么？"富贵看着江面上飞过的几只白鹭，问道。

"哦，船到海上了，那我们该回去了。"诒让梦呓似的说道。但虽说回去，人却依然在遥望江口。

"二爷是去苏教士处么？"富顺问。

"去苏教士处——怎不早说，快去快去。"诒让记起是要到苏教士处的，急忙上了人力车，催车夫快走。

诒让是五更时分出门的，伭梅、心苇、雨菱和儿女们，聚在放生池的石埠送他，唯独不见延炯。问雨菱延炯哪去了，雨菱说延炯鼻子里长疮已有数日，中医和草药医生都已找了，却不见好。诒让最疼延炯，想回房看他，又想时辰已到，学生们已候在东门吊桥头，不能误了大家行程，便上了船去。在船上对富贵说起过，延炯的病既然中医不能治，只好去找苏教士了。不想忙了一天，却把此事给忘了。

① 光绪三十年夏六月，租湖广轮船，设大新轮船股份公司于瑞安。（《孙仲容先生年谱简编》）

第三十一章

痴情甲骨

到城西教堂见苏慧廉。苏慧廉听说延炯是鼻内生疮，神色严峻起来，说此处是危险三角区，不可耽误的，便与诒让同去杨柳巷定理医院。① 定理医院是苏慧廉与英国人约翰定理创办，主治医生鲍理茂医术高明，刚从英国探亲回来，见诒让由苏教士亲自陪来，知道是极重要的事，仔细听诒让讲完延炯病情，说不妨让患者过来住院，或可根治。

告别苏慧廉，诒让让富贵、富顺连夜赶回瑞安，让延炯立即赶来温州治病，自己则在温州候他。

倚梅接到诒让的家书已是半夜三更，信写在村山正隆的名刺上。想是诒让匆匆写就，顾不得寻找信笺了。她也不知道村山正隆是谁，看名字是个日本人，自从《周礼正义》和《墨子间诂》流传到日本，就不断地有日本学者写信来向诒让求教，信函中常常夹寄漂亮的名刺。也不知怎么的，诒让把这份村山正隆的名刺带在身边。

心苇和雨菱听说有家书到，披衣赶到倚梅房里。雨菱不识字，便由倚梅读给她听："炯姆鼻疮，刻到苏教士处一问，渠说外国医生已到，但最好在医局楼上住数日便可包好。亦可带阿嫂同住照料，费用亦不多，可告李姨娘。如日内能差东山送来，我可多留数日也。西医局即苏教士所开，洋房，有花园，极好。饭食亦由局供给，不必自带也。"②

雨菱听了感动，双眼便红了。回房里唤醒延炯，收拾行装，命

① 1897年（清光绪二十三年），英国基督教传教士苏慧廉因医事渐增，请建筑师定理来温，在杨柳巷（现墨池小学内）兴建以建筑师为名的定理医院。霍厚福任院长，时有工作人员20多人，此为浙南地区首家西医医院。1904年（光绪三十年），霍厚福离任，鲍理茂医师接任院长。

② 此书未著年月日，随手写于日人村上正隆名刺上。现藏"温州博物馆"。书中所称炯姆，系先生第六子延炯，李姨娘为先生侧室李氏，苏教士指英人苏慧廉。（《孙诒让遗文辑存》）

仆人东山送他去温州治病。信中提及的阿嫂是延炯的保姆,与东山一起送延炯赴温。

鲍理茂医生果然医术高明。延炯在定理医院住了一些日子,用了西洋针药,疮不见了,肿也消了。苏慧廉教士更是常来探望,诒让心中很是感谢。

延炯已经痊愈,诒让打算回瑞安。坐了人力车去城西教堂,向苏慧廉辞行。

苏慧廉正与基督徒们一起唱赞美歌,用的是纯正的温州方言。看见诒让在教堂门口站着,唱完赞美歌便急忙走过来,问:"公子的病有什么变化么?"

诒让道:"已经大好,诒让来谢苏教士的。"

"孙先生太客气了。既然公子已经痊愈,您是否在我这里逗留几日,我有许多中国文化方面的问题,想要请教您。"苏慧廉见诒让迟疑,微笑道:"您想早一点去和太太们团聚,我就不好意思留您了。不过,我有一本天书,为了这本天书,您一定会同意在这里稍稍逗留一会儿。"

一同去书房。苏慧廉打开抽屉,拿出一本线装拓本,递给诒让。诒让看了,惊道:"这不是《铁云藏龟》么,终于可以一见这本奇书了!"

苏慧廉道:"都说是天书,全世界无人可以解释,孙先生说是奇书,难道有什么办法,能够知道书中记载的内容吗?"

"虽是第一次见到此书,对此书来历却也略知皮毛。"诒让捧了拓本翻来覆去看,一时间神采奕奕,"光绪二十四年至二十五年间,河南省安阳县小屯村人在农田中,掘出一种奇怪的龟甲兽骨,上面锲刻着的图形好像是文字,却又无人能辨。当地人把它们当做龙骨,贱价卖给药铺做药材。光绪二十五年,潍县古董商范维卿,购进八百斤龙骨,作为世间奇物带到北京出售。国子监祭酒王正儒[1]大人,恰巧这年得了疟疾,索得药方差人抓药。因是懂医道之人,待下人把药带

[1] 王懿荣,字正儒。光绪六年进士,尚经世之务,嗜金石,为收藏殷墟甲骨第一人。庚子八国联军入京,投井殉国。

回东华门外锡拉胡同府中，便打开纸包按方检药，却见入药的龙骨上刻有纤细划痕。这划痕极其奇异，从来不曾见过，顾不得自己生病，赶紧捧到灯下细看。"

苏慧廉一脸迷惑，道："龙骨既是奇物，怎么又变作一味中药了，还可以用来治疗疟疾，真是奇上加奇。咱们刚才讨论《铁云藏龟》，龙骨跟这本奇书有关系吗？"

诒让道："自然有关系，关系大了去了。王大人金石造诣非同小可，他在灯下察看龙骨刻痕，虽然奇特未知何物，却与家藏钟鼎铭文颇为相似，或许是某种文字也说不定。如此一想，喜不自禁，当下差人拿了银票。去北京各大药房挑有刻痕的龙骨，总共八百余块，以二两银子一块的高价尽数购进收藏。即成了家藏密品，便可详细察看，那些刻痕之意不曾解出，龙骨为何物倒是识出来了，应是千万年前的龟甲兽骨之类。之后这些甲骨，由王家二公子王翰甫卖给江苏丹徒刘铁云①。刘铁云亦是痴迷金石之人，既购得王家甲骨，一发而不可收，倾尽家财搜寻世上刻痕甲骨，三年后收藏了五千余块。又是有心之人，愿与世人共赏奇物，精选了一千零五十八块甲骨，拓印成书共计六册，称'抱残守缺斋石印本《铁云藏龟》'。"

苏慧廉在胸前画了个十字，道："奇怪的书，藏着奇怪的故事。上帝啊，东方太神秘了！"

诒让道："奇书难求。玉海楼藏书九万册，唯独缺这本《铁云藏龟》。"

苏慧廉道："谁说无缘，您手里不正拿着它吗？"

诒让道："苏教士的意思是……"

苏慧廉道："从现在开始，您就是这本书的主人了。"

诒让大喜，谢过苏慧廉，连夜雇了船赶回瑞安。一

31-1　孙氏藏书《铁云藏龟》（清·刘鹗辑），浙江大学图书馆藏

31-2　殷商甲骨文残片

① 刘鹗，字铁云。清末小说家，著有《老残游记》；重实业，喜收藏，所刊刻的《铁云藏龟》《铁云藏货》《铁云藏印》《铁云藏陶》是研究古文字演变过程的重要资料。

进家门，便宝贝一般捧住《铁云藏龟》，上玉海楼把门关紧，吩咐倚梅不许让任何人进来。倚梅看他拿着的是本旧书，里面画符似的弄不懂是些什么，心想，二爷不是一心倡办新学么，怎么又把心思用在这些东西上了？

石印本《铁云藏龟》，印制质量不佳，许多地方模糊不清，诒让戴了老花眼镜，一页页细细翻看，唯恐遗漏点滴。入夜更是挑灯探察，全然不顾陪他的倚梅呵欠连天。三更时分，诒让突然放声狂笑，高声道："研究古文大篆之学，算起来已有四十年时间，看过的金文彝字也超过二千种，但每每遗憾没有机会一识真正的商代文字，现在得到这本《铁云藏龟》，此生无憾矣！"

倚梅连日劳累，正在打瞌睡，被诒让一阵狂笑惊醒，惊惶得不得了，以为他得了疯病，一时间手脚冰凉，放声大哭。心苇和雨菱披衣赶到玉海楼，楼梯下已围满仆人和丫鬟，一个个看着楼上，只是都不敢上去。两人跑上楼去，却见诒让正抱了倚梅，拿手绢为她揩泪。

心苇恼道："你们又哭又笑，整个孙宅都醒过来了。我们以为出事，赶紧过来，却原来书楼幽深，鸳鸯情浓。"

倚梅啐道："你这小蹄子，出口就没有好话。刚才梦里听见二爷笑声，以为出了什么要紧事，惊得哭了。"

心苇道："这后半夜么，就让我来侍候二爷，也好听他笑声，惊惶得哭叫，便让他抱紧了我，拿手绢替我揩泪。"

诒让笑道："看美了这人，你要哭嚷，打乱了思路，看我不找来棍子打断你的腿。"

心苇真的哭了起来，道："二爷就是偏心。"

倚梅和雨菱做齐笑了，道："我们走了，看二爷是为你揩泪，还是去找棍子打你的腿。"

既然已经看出这《铁云藏龟》中的些许端倪，诒让便宽衣解带，把灯吹灭了，与心苇云雨一番，又搂了她安心入梦。梦中渡过黄河，去到殷商古国。

成排巨树轰然倒伏，刚砍伐出来的空地血雨飞溅，上百头刚宰杀的牛羊，躺在点亮火把的祭台前。年老的王戴上皮胄，立在四匹马拉着的战车上。年轻的贵族握着盾牌，立在两匹马拉着的战车上。奴隶们挥动肌肉鼓凸的手臂，手掌中握着戈、殳、矛、斧、钺、刀。是战斗不息的武士，为攻城略地而生，须砍下敌国男人首级，须押回敌国女俘为奴,让族群壮大起来,无敌于天下。轮到掌管占卜的巫史上场,在出征前预测吉凶祸福,看看天意如何,没有比这更重要的事了。巫史把龟甲和兽骨放在地上,跪下来虔诚地向鬼神祈求,然后把奇怪的细纹刻到龟甲和兽骨上。巫女们开始舞蹈,青铜色的乳房蹦跳成兔群,树林中的风撩起兽皮,捂住细如赤练蛇的腰肢,棕褐色的光腿晃闪不止,混入跃动不止的鹿群。诒让疾步上前,挡开鹿角穿过战车,径自走到巫史身前,拿起刻了细纹的甲骨,问他这可是文字,这些文字是什么意思。巫史夺回甲骨,用力推开他,隐入到出征的队伍中……

诒让惊醒,周围漆黑一片,那些远古的王、贵族、武士、巫女都不见了。诒让爬下床来,在地上摸索好久,去找刻了细纹的龟甲兽骨,更是无影无踪。心中一急,翻身坐起,清楚过来,现在是五更时分,他身在书房之中。

诒让点上灯,看见心苇睡得很死,大概也在做梦,嘴角边漾着几丝细细的笑纹。孩子气的她翻了个身,见他醒来便也醒了,揉着眼睛赶紧去磨墨,摊平纸张,好让他坐着著书写字。

诒让摇了摇头,把睡眼惺忪的心苇拉回床榻,让她睡下,替她掖好被子,自己去书案上磨墨。墨汁黏了匀了,把狼毫搁砚台上理顺,挥笔疾书。行云流水之间,忘了日月时辰,饮食起居,男女之事。

整整两月,偌大的玉海楼鸦雀无声。仆人、丫鬟不用说了,连倚梅、心苇和雨菱都压低嗓子说话。等诒让搁笔,离年关已不到一个月了。

在这两个月中,诒让使尽浑身解数,破解甲骨文字共一百八十多个。用金文与《说文》,考释甲骨文字形;凭《礼仪》等经书,考证甲骨文字形;又将甲骨文字意,对比卜辞内容,以文义考证甲骨文字义;论定甲骨文字,象形字多,字形不固定;论证甲骨文,出于商、周之间。凡此种种,分两卷十篇,共五万字。上卷为《日月》《贞卜》《鬼神》《卜人》《官氏》《方国》《典礼》八篇;下卷为《文字》《杂例》二篇。书名取为《契文举例》。①

---

① 光绪三十年冬十一月,先生撰《契文举例》成。(《孙诒让年谱》)

31-3 《契文举例》成书前的手稿（清·孙诒让），浙江大学图书馆藏

苏惠廉赠他《铁云藏龟》时，说此书是天书，他当时则说奇书。天书也好奇书也罢，皆因甲骨文字绝难识破。可这比登天还难的事儿，居然由他做成了，他是凡人，能凭一己之力完成如此大任？诒让摇头，觉得不可思议，亦觉得冥冥之中，有谁注视着他。此人是谁？他不知道。

无论如何，解开甲骨文字，应该谢过丹徒刘铁云。没有他的《铁云藏龟》，也就没有《契文举例》，甲骨之谜依然还是谜。铁云他经商谋生，喜金石甲骨，亦写《老残游记》，揭贪官之恶与清官之庸。他有奇才，却又清醒，如此这般，日后或不会好过。想到此处，诒让叹息。为有《契文举例》，还须谢过国子监祭酒王正儒，是他发现龙骨刻痕，宝贝一般购来藏于密室。王祭酒这一藏不要紧，藏出了中国文字的源头来历。只是他处乱世，庚子年义和团起事，八国联军攻陷京城，西太后光绪帝逃往西安，命王祭酒荣留北京当京师团练大臣。这明明白白是要他赴死，他也就果真领着夫人、长子、长媳投井而死。祭酒大人既然家破人亡，金石甲骨自然易主，到了丹徒刘铁云手中。想到此处，诒让又是一声叹息。再想，就觉得蹊跷起来，收藏甲骨之人未必有好结局，那么破解甲骨者，又会是什么归宿？想不出结果，便定定地看着《契文举例》，直到双眼涩重酸痛。

不想了不想了，想也没用，诒让揉揉眼睛。管他什么归宿结局，天降大任于斯人，把该做的事都做了，这个最要紧。《契文举例》写成了，还得再做一件事，论证甲骨文字与绘画同源，继而独立成义字，从此文字有象形、指事、会意、形声、转注、假借之分，称为六书。文字随着世事内容而变，由简到繁，又由繁回到简，会不断地造出新字，淘汰掉旧字，谁也无法阻挡中国象形文字的规律。

诒让想，他必须得把这个文字演化过程和规律写出来，书成后取名《名原》。[①]如此想过，哑然而笑，说不想，结果越想越远。不想了，真的不想了，诒让关上门，蹑手蹑脚走下楼梯。他的脚步是那样地轻，连一向警觉的倚梅也没有醒来。

约莫四更天，大宅寂静无声。诒让信马由缰，走过雨廊，走过天井，来到颐园，道一声："久违了，别来无恙。"

已经两个月了，诒让置身书楼，硬是不进颐园一步，尽管这园子只有咫尺之遥。秋去冬来，颐园中，芳草黄了，菊花谢了，荷池中的莲蓬枯萎了。站在颐园中的人呢，也已经年近花甲，时日不多了。

冬日的寒气袭来，诒让一个激灵，脑子却是从来没有过的清醒。拓字不足，无力亲赴殷商故地考察，《契文举例》难免存有讹误。然而，再像先前著述《周礼正义》和《墨子间诂》一般，花数十年工夫精益求精，已经不可能了。人生苦短，他还有许多重要和紧迫的事情要做。筚路蓝缕，披荆斩棘，匆匆而就的《契文举例》，只能算是甲骨文之学的开山之作罢了，深入下去，只有留待后人。

诒让侧身坐在荷池的砖栏上，面对池水里的枯枝败叶，如同冰雕一样，一动不动。没有痛苦，没有忧伤，甚至没有遗憾，他的心中一片清澄。

31-4 《契文举例》（清·孙诒让），浙江大学图书馆藏

① 光绪三十一年，撰《名原》二卷成。盖谓文字之初，象形为本。无形可象，则指事为之，迨后孳乳寝多，而六书大备。况自黄帝以迄于秦，更历八代，积年数千，王者之兴，必有所因于故名，亦必有所作于新名，新故相袭，变易孳益。今略摭金文、龟甲文、石鼓文、贵州红岩古刻，与说文古籀，互相勘校，揭其歧异，以著省变之原；而会最比属，以寻古文、大小篆沿革之例。凡为篇七：曰《原始数名》，曰《古章原象》，曰《象形原始》，曰《古籀撰异》，曰《转注揭橥》，曰《奇字发微》，曰《说文补缺》，每篇各有小叙，以发其凡，而以《象形原始》论之较详者，以愤于外人著文明史者，有中国象形文已灭绝之谬说也。（《孙衣言孙诒让父子年谱》）。

《名原》二卷，父执瑞安孙先生仲容诒让作也。先生少酖仓雅，博综名言。上䌷初文，迹其蜕化，以为许书小篆，实准秦文，略见远源，惟资古籀，顾所捃摭，犹有未备。重文千字，名式弗瞻，又现存之字，疑眩难一，是由竹帛易书，错其形兆。深惟废绝之缺，宜有理董。爰征铭勒，旁综龟书，摭彼殊文，通其缘兆，成《古籀拾遗》《古籀余论》《契文举例》若干卷。其《例略》七篇，别为兹录，所以审蹄远之迹，著省变之原。叙录具存，义例可睹，固无得而述矣。（刘师培叙《名原》）

第三十二章

恩怨香师

瑞安高等小学是光绪三十一年正月开办的，地址就在瑞安普通学堂原址。学生从四所初等小学招来，一共六十名，分甲乙两班。诒让亲自编了国语课讲稿，向学生授课。①

诒让掀起的办学之风，从温州府吹到了处州府。处州府下属的丽水、龙泉、松阳县，也纷纷开办初等和高等小学。松阳县办新学最早，一举开办了玉岩、麓阳、古市三所初等小学，又把明善书院改为两等小学；丽水开办了崇实两等小学；龙泉改金鳌书院为剑川高等小学。

留学日本的吴钟镕、黄群、陈琪，是这年六月暑假时回乡探亲的，他们对温州和处州的教育现状进行课题调查，两地如雨后春笋般冒出来的新式学校，如火如荼铺张开来的新式教育，令他们感叹不已。回到客栈后，三人彻夜未眠，热烈地讨论着家乡的教育，在晨曦映亮东窗的时候，他们决定去拜访温处道台童兆蓉，提出自己的见解和建议。

童兆蓉对三位留日学生的来访十分高兴。吴钟镕他们提出的温、处两府距省城遥远，亟须设立教育管理机构，上承省学务处，下联两府十六县官府、学界，以利新式教育更快发展的建议，童兆蓉听后十分赏识，大加褒奖，并设宴款待了客人。童道台雷厉风行，很快把两府各县的五十余位士绅召集到温州，让大家听取三位留学生的建议，并请大家议决此事。士绅们的决议是，立即成立"温处学

① 光绪三十年，瑞安普通学堂，因学生多数人将出洋留学日本，即决定办至是年年底为止，同时议就原校址改高等小学。光绪三十一年，瑞安县城公立高等小学堂成立。（《孙衣言孙诒让父子年谱》）

务分处",并在纱帽河沙氏宗祠设筹备处。

童兆蓉大喜,待众士绅联名具禀道署,立即附函转呈抚院。浙江巡抚聂缉椝阅后,允准照办。谁知道半路杀出个旗人宝棻,对此事是百般阻挠。宝棻是浙江布政使兼浙江学务处总办,恰好管着教育这一摊子事,他刚接到上谕,清廷决定从明年丙午科开始,废除科举,于城乡普设学校。宝棻原本就对朝廷改行新政之事很是不满,现如今朝廷一退再退,竟然屈从压力废除科举,满腔怒火正按捺不下,偏偏那巡抚聂缉椝、温处道童兆蓉二人,未与他商议,就擅自决定设立温处学务分处,不禁拍案大怒。他命师爷拟好电文,星夜发出,令童兆蓉不得设立温处学务分处。童兆蓉接读宝棻的电报后,愤懑之极,口吐鲜血,气病在床。

此事传开,温处两府士绅学人共愤,由诒让领衔,联名发电报到京师,向学部大臣张百熙、孙家鼐陈情,请设温处学务分处。在京的温籍官员也集会声援,推黄绍箕、徐定超为代表,向张百熙、孙家鼐进言。张百熙素与黄绍箕交好,又最看中诒让的学问和为人,正要聘诒让为京师大学堂总教习,① 哪里容得下别人对他蛮狠,立即以学部名义,电令浙江学务处特准设立温处学务分处。宝棻不敢违抗,勉强准许设立温处学务分处。②

诒让是在道署得知这个消息的,童兆蓉在病榻上强作笑颜道:"此案大定,兆蓉死而无憾了。"

诒让动情道:"诸事还只开了个头,士绅学人都盼望道台大人早日康复。"

童兆蓉又道:"近日两府各县士绅便要决定温处学务分处总理人选,以征君推测,谁会被公推之。"

诒让思索片刻,道:"只怕众人又会属意于诒让。"

童兆蓉微笑道:"英雄所见略同。"

诒让摇头道:"既然温处两府教育已经有了眉目,诒让还是归隐书楼为是。衰年之人,光阴似金,平生所学所擅长的,又是

① 光绪三十一年,京师大学堂复聘先生为总教习,再辞不就。(《孙仲容先生年谱简编》)
② 光绪三十一年,温、处两府联合设立学务分处,诒让被推举担任总理。初,青田陈兰薰(琪)、平阳黄溯初(群)、永嘉吴碧华(钟镕)三君归自日本,以两府距省较远,新学尚未大兴,建议设一管理学务之机关,集群策力,庀财举事,上为政府之辅助,而下以广其劝导,言于温处道童兆蓉,童公深韪之。三君乃招温州士绅:永嘉张文伯(之纲)、刘冠三(景晨);乐清吴郁哉(熙周)、黄仲荃(式苏)、石聘南(蕴辉)、陈春波(锡麟)、郑雨农(良治)、刘久安(之屏)、冯地造(豹);瑞安郭筱梅(风诰)、杨志林(绍康);平阳刘次饶(绍宽)、王仲平(宗尧)、泰顺刘宏卧(项宜)及处州士绅龙泉叶筱圃(维周)、青田徐寿九(南)等五十余人,集议张氏池上楼,众谋金同,当经决定机关名称及总理人选,具牍道署,转详于省,奉巡检聂缉椝批准照行,假永嘉城内纱帽河沙氏宗祠设筹备处,已有日矣。而宝棻来为浙藩兼省学务处总办,以《奏定各省学务处章程》,无下设分处之规定,饬道从缓举办。瓯括人士大失所望,溯初、春波、地造诸人士尤愤慨甚,联合曾与集议之各县士绅,公电京师学务大臣陈请。学务大臣孙家鼐得电以为可权宜办理以顺舆情,遂檄浙学务处特准分设,案始大定。(《孙衣言孙诒让父子年谱》)

校雠之学，每每想到，《名原》是必须完成的，《古文大小篆沿革表》也待撰写，《墨子间诂》总要再校理一番，作为最后定本，便夜不能寐，食不知味，即使身不在书楼，心却仍在书楼啊。"

童兆蓉深情地凝视着诒让，道："征君虽这样想，却不会这样去做。南通张季直先生，多次请征君担任江浙渔业公司副总理，征君固辞不就，却接受瑞安商绅公推，担任瑞安县商会总理。① 学部大臣张野秋大人，几次三番聘征君为京师大学堂教习，日前又以京师大学堂总教习之衔相聘，其位已居学界至尊了，征君依旧不为所动。由此可见，征君对兴办家乡教育之心，如磐石之坚不可移，必定会再次接受温处两府十六县士绅公推，屈尊担任温处学务分处总理。"

童兆蓉是在温处学务分处成立后去世的。道台走得很安详，应了对诒让说过的那句话：死而无憾。②

温州学务分处是十月正式成立的，公推诒让为总理。③ 学务分处下设文牍、管理、编检、调查、评议五部，学务经费由厘卡带收和盐局拨款两项筹取，一年共计七千元。自此，温处两府教育气象一新。

光绪三十二年，温州府学堂改为中学堂，永嘉、乐清、平阳各县又新开办了数十所学校，连海岛玉环④、楚门，亦设立了中学堂和小学堂。瑞安女子教育也进入高潮，建立了宣文、毅武、德像三座女子初等小学。去年因优等生赴日本留学，瑞安普通学堂停办，今年不但恢复起来，还领到官银，改名瑞安公立中学堂，且规模空前，共设五个班，收学生一百余名，由诒让亲自兼任总理。学堂仿日本中学标准，购置了五千余元的理化仪器，设备之新，在全省各府县中学堂少见。加上陈恺、许藩已从日本学成归来，分任瑞安中学堂和高等小学堂理化教习，瑞安学界更是如虎添翼。温州如此，处州也不甘落后，不但丽水、龙泉、松阳县增设了许多学堂，青田、云和、缙云、松阳、遂昌等县，也纷纷开办新式学堂。

---

① 江苏、浙江两省士绅张謇等，向清廷建议集资创办江浙渔业公司于上海，用渔轮在两省沿海捕鱼，经奉商部批准，派上海道兼任监督。两省士绅推张謇任总理，而副理属意于诒让，诒让以地方教育事务殷繁，未能兼顾，固辞不就，乃改推镇海樊时馨（棻）为公司副理。（《孙衣言孙诒让父子年谱》）

② 光绪三十一年，时温、处兵备道童兆蓉在温五载，以是年七月十六日卒于任，年六十八。其子光岳等以状来，乞为铭幽之文，诒让为撰神通碑铭及墓志铭各一通。（《孙衣言孙诒让父子年谱》）

③ 光绪三十一年十月，温、处两府联合设立学务分处，诒让被推举担任总理。二十二日至郡就总理职，派瑞安蔡逸仲主文牍部。（《孙衣言孙诒让父子年谱》）

④ 雍正六年（1728），设玉环厅，属温州府。

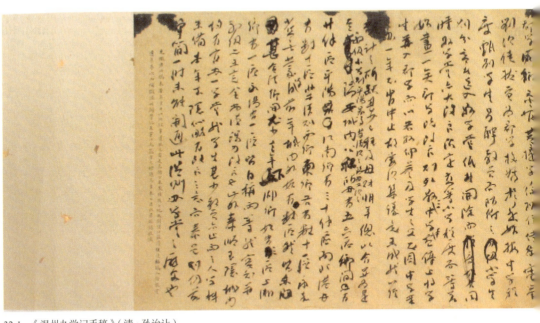

32-1 《温州办学记手稿》(清·孙诒让)

学堂越办越多，诒让是喜忧参半。喜的是新式学堂风气已开，实用之学大受欢迎，每日来学务分处申请办学者，摩肩接踵络绎不绝。忧的是学堂陡然增至百余所之多，教员多为旧学塾师，合格师资甚少，理化教员更是凤毛麟角，虽有从日本学成返乡的留学生，但往往一县仅得一二人，大多数中、小学堂只是徒有虚名而已。开展师范教育，开办师范学堂，已迫在眉睫。诒让于是一边筹建温州初级师范学堂，一边开办理化讲习所、博物讲习所和唱歌讲习所，先行培养小学教员。①

诒让决定在温州校士馆旧址营建温州初级师范学堂。温州学务分处也由纱帽河迁入校士馆。工程已经展开，资金却未到位，诒让正在苦恼，乐清富绅洪国桓、徐干前来拜访，二人各自带来银圆一万五千元，志愿捐助学款，令诒让感激不尽。又有永嘉富绅徐元凯捐银圆三千元，徐韶九、沈德斋各捐二千五百元，令诒让喜出望

① 光绪三十二年夏六月，决定创办温州师范学堂。未设前，为培养各类小学教师，曾先后举办唱歌传习所、博物讲习所、理化讲习所。八月，鸠工于郡城原校士馆营建师范学堂校舍，乐清洪国桓、徐干，永嘉徐元凯、徐韶九、沈德斋，各报效巨款，先后共募得助学款三万八千元。(《孙仲容先生年谱简编》)

外。既然募得三万八千元巨款，诒让便将其中一万元拨给温州中学堂，又将五千元拨给乐清高等小学堂，其余二万三千元，作为温州师范学校校舍建造费和仪器设备费。

自孙诒让创办新学以来，乐清知县何士循的心情一直不好。童兆蓉在任时，他还敷衍一时，但程恩培接任温处道台，要把温州各县按例奉送给他的礼钱，尽数捐给学务分处时，他斗胆抗命，拒不送达乐清县应送的一份。所幸程恩培只在任四个月，继任的道台贺元彬与他一样，反对新学，合了他的意。对于这次洪国桓、徐干两位富绅，不与他商议，便把巨款捐给温州学务分处一事，何士循是翻来覆去地揣摩忖度，寝食难安。对靠旧学科举挤进官场的他来说，像星火一样燎原开来的新式学堂，简直就是毒蛇猛兽，而他治下的绅民竟然捐献巨款，去喂养这些毒蛇猛兽，能不令他痛苦烦恼！不错，朝廷是有诏令，命各省开办新式学堂，但这都是被迫无奈的所为啊，做臣子的当然心知肚明。身为七品小官，不可能力挽狂澜，但坚守中庸之道总可以做到，他不允许乐清县出现出格的事，可事与愿违，偏偏就有出格的事发生在他治下的乐清县。

何士循正在烦恼，一群塾师不经门人通报，哭进门来。何士循闻声而出，只见秀才出身的塾师们，全无昔日斯文，身穿破衣烂衫，跪在地上不起。问是何事，都说新式学堂越办越多，私塾无人光顾，他们的饭碗没了，只有来求父母官做主。何士循说新式学堂是朝廷诏令开办，科举也已经废了，大家只有自谋出路，好自为之。塾师们便聒噪起来，有说自己也要办学堂，要求县衙拨款的；有说现在的学董都是滥竽充数之人，既然都是旧学的底子，自己也要去当学董的；也有说朝廷放话出来，要废学堂重开科举的。各说各的，莫衷一是。待塾师们说得口焦舌燥，自觉没趣，何士循便让他们先行散去，又命衙役备了轿子，径直往温州而去。

何士循到了知府衙门，看见大门外已停了一乘绿呢轿，走进府署一看，原来比他早到的是永嘉知县丁维晋。

丁维晋也在为治下的富绅捐款一事气愤不已，如此大的数目，也不与他商议一番，就捐给了温处学务分处，不免太抬举了孙诒让。这孙诒让自恃学问高深，向来目中无人，温州初级师范学堂筹备之时，自己曾经举荐治下的乡绅梅佐夑出任校董，谁知孙诒让以梅佐夑品行恶劣，极力反对。① 此次捐款的富绅中，丁维晋最恨的是徐元凯，年仅十四岁，却已经偏厚孙诒让，引起乡人大愤。有乡绅指控，徐元凯亡父掌管十六都义仓亏空粮食二万斤，丁维晋听后正中下怀，命处以百倍之罚，先交纳粮食二万石。②

知府锡纶在内花厅接见了两位知县。耐心听完他们对学务分处的指责，锡纶拿出了浙江布政使兼浙江学务处总办宝棻的手令，手令称永嘉乡绅梅佐夑控告孙诒让任用私人，演说革命，命他严查。

何士循点头道："不但要严查，还须快查。据下官所

① 惟贵治讼棍梅佐夑，去年夏间，挟敝同年张筱华别驾湖北来函，求充挂名董事。弟以其声名太劣，且敝处向无挂名支薪之例，峻却之，因此怀恨。正月间，遂与其党吴木天，捏名庆元陈志东，向抚、学宪处控告弟并学界同人多款，最重者为任用私人，演说革命。旋经温人及旅学杭沪两处者联名公剖陈志东并无其人，实系梅棍背捏，奉宪批严查。而丁大令深庇梅棍，并举为劝学所董事，极力与敝处反对。弟亦请严传陈志东到案，当亲到对质。嗣查邮局号簿，捏禀系吴木天经手送交，木天自知无可推诿，遂禀称途遇不识姓名人，自称庆元陈志东，托其代递。种种诪张，肺肝如见。锡太尊饬传数月，处州萧太尊、庆元口大令均查明并无其人。窃念梅佐夑、吴木天积案数十起，想老公祖前驻永局，早有所闻。此案控情重大，万不宜含糊了事。弟不请查办，则是畏惮缄口，安能任此重咎。顷闻太尊已札传端密查，陈志东既无其人，非传吴木管押着交，万不能得其实情，而梅佐夑之背捏，亦无从究诘。兹将梅、吴劣迹旧案并控剖各禀抄出，恭呈台览。（孙诒让《致永嘉县尹大令书》）

② 兹有启者，缘敝处前因开办师范学堂经费支绌，恭遵部章，劝募富绅义捐，而因风气未开，应者绝少。惟贵治上河乡庵下富户徐元凯奉母陈氏命，慨捐银一千两，业经敝处具文申详抚宪、学宪并咨呈道、府宪，均奉批嘉奖，致送匾额。并蒙抚宪批准年终汇奏建坊，以为好义急公者劝。乃因贵前任丁象明大令与敝处反对，而劝学所劣董又从中播弄，谓徐元凯捐巨款兴学，不免偏厚总汇处，遂大有意见。适因元凯故父徐玉生承管十六都义仓，报明存谷十万斤，已经贵前任秦庭莘大令批准有案。去年玉生病故，元凯年止十四，未能经营，自禀退办，由县另择城内董事严绍尧接办。（孙诒让《致永嘉县尹大令书》）

知,各县人等上府城,总是去温处学务分处,而非知府衙门。现在府县各界人士,只知道有孙仲容,却不知有锡知府,如此下去,孙仲容一人得了温州府半壁江山。"

丁维晋道:"最要紧的是孙仲容演说革命,一旦人心乱了,局势不可收拾。"

锡纶压低声音告诉他们,朝廷得到密报,孙中山的同盟会近来活动猖獗,一心要推翻帝制。列强又虎视眈眈,唯恐中国不乱,逼迫朝廷立宪。老佛爷去年派载泽、端方、戴鸿慈、徐世昌、绍英五大臣,出洋考察政治,现如今内外交困,竟听信了载泽的话,准备下诏预备仿行立宪。

何士循和丁维晋听后脸色发青,怔怔地半晌说不出话。

锡纶洒泪道:"大清已在风雨飘摇之中,难得你们为朝廷作想,且体谅下官的苦衷,咱们同舟共济,以应时局之变。"

温州师范学堂正在按图赶建,教学楼等渐成雏形。张謇题写的校名已刻了青石阳文,镶嵌在大门上。原来取的校名是温州初级师范学堂,张謇接到诒让请他题写的书信后,认为"初级"词义较狭,改为"高级"又为时嫌早,不如去掉"初级"二字。诒让认为所言极是,同意将校名改了。

只是操场一事颇费周折。学校毗邻官仓之地,这个地块须用来做操场,温州学务分处请温州府署和永嘉县衙拨给此地,锡纶、丁维晋当面答应,背地里却让商会的董事争夺此地。双方相持不下,学务处提出权宜之计,愿意让出师范学校西边的土地,调换这边的仓地,商会不但不依,还开会决议动用商团武装,定要夺下此地。诒让大怒,针锋相对,从瑞安密调乡勇,以防不测。温州商会总理王岳崧正在瑞安老家养病,闻讯大惊,知道是锡纶与丁维晋挑唆,让商会背了恶名,带病赶回郡城,召集全体董事开会,请大家顾全大局,礼让仓地。王岳崧费尽口舌,总算平息了一场风波。①

光绪三十三年,温州师范学校招生,一共七十五名。在学校东

① 又温州师范学堂向府县请拨校旁毗连仓地,作为操场之用,府县当局阳予允许,而阴嗾商会出争此地。相持不下,校方只得让出西隅若干丈饴商会;而商会仍施种种阴谋,意图全占,竟开会决议将用武力对付,校方也不得不转取强硬态度。最后,经人力劝商会勿再无理要求,于是师校操场之案方得解决。(孙延钊《孙籀公与清季温处地方教育》)

32-2　1905年12月,清廷派遣载泽、尚其亨、李胜铎、戴鸿慈、端方五大臣出洋考察,图为五大臣及随员在罗马合影

32-3　温州师范学堂旧址

32-4　由张謇题写的"温州师范学堂"墨迹

首新教室，先开博物讲习所。同年，乐清县设师范讲习所，处州府城设处州师范学堂。

朝廷是七月十三日宣布预备立宪的。诒让读了报上的消息，激动不已，心想，这回终于合了《周礼政要》之说。因是暑假，学务分处的公事稍减，便回瑞安，差人把明伦堂打扫干净，邀集士绅与工商学界人士发表演讲。

诒让站在台上，精神饱满，容光焕发，用字正腔圆的北京官话道：

"现在五大洲各国，大小通有百多国。论其传国统系，止有两等：一为君主，一为民主。论其立国政体，亦只有两桩：一为专政，一为立宪。

"专制政体，唯独君主国有之，这是皇帝一人独揽大权，政府大臣，帮助做事，民间一点权都没有。立宪政体，则君主国民主国都有之。民主的立宪，皇帝是由地方百姓公举，政事都由上下议院公议，皇帝并无大权，这就是所谓共和立宪政体。君主的立宪，皇帝和大小臣工、地方绅士、百姓公议庶政，上下权力平等，这就是所谓君民共主立宪政体。

"什么叫做立宪？这就是国中公立一个宪法，一切治国的章程规矩，都包在这个里头。初定宪法之时，由皇帝监督政府，议定了多少条，颁下叫百官同绅士、百姓公议。倘若大家都肯承认，说是可行，这就决定通国永远遵行；倘或大家说这个宪法是行不得的，一定必须更改，这就可以收回重新再议；或者大家另有特别意见，要添上几条，也可以进上政府斟酌添补。就是平日内治外交一切事情，都是要照天下的公议而行。总是上头皇帝政府同下边地方绅士、百姓都要遵照这个宪法。倘是违背了宪法，就是皇帝，也不能做一件事。这个宪法算是大家都有份的。无论君主立宪、民主立宪，大概都是如此。

"现在外国，如美洲的美利坚、智利、秘鲁、阿根廷各国，欧洲的法兰西国，都是民主的立宪政体。欧洲的俄罗斯、土耳其国，亚洲的波斯、阿富汗、暹罗、高丽各国，都是专政的政体，国主极其尊崇，除了政府大臣以外，地方绅士百姓，一点不能干预国家的政事。再如欧洲英吉利、德意志、奥地利、意大利，亚洲的日本几个有名的强国，都是用君主立宪政体，大小政治，人人可以议论，地方上自治的事，人人都可以互相帮助。国家富强，大家都有了体面。国家贫弱，大家都是受害。如有外国人来侵犯，大家都齐心协力要去抵挡他。打起仗来，人人都要拼死。百姓同国家休戚相关，保护国家，就是保护自己身家子孙。这样的国，岂有不兴旺的道理。

"我们中国在尧舜时候,皇帝是传贤,也是公举。那时也有五典五刑各种宪法,这就同民主立宪政体差不多。自夏禹王以后,皇帝都是传子,以至商汤、周文、武诸王,开国都是如此。它的政治,表面虽然像是专制,骨子里却有君主立宪的意思。如我们读书的人从小读的《孟子》,所说

32-5 孙中山与同盟会新加坡分会的同志

"国人皆曰贤,然后用之,国人皆曰可杀,然后杀之",同那部《周礼·小司寇》有三询之法:询国危、询国迁、询立君,也是叫诸侯百官同万民都聚在外朝,国王亲自问他们大众,凡有决大疑,行大事,总要候大家商议定妥,方才能颁行——"①

诒让在瑞安演讲庆祝预备立宪的时候,张謇在上海组织了预备立宪公会,康有为、梁启超在日本组织了中华帝国宪政会,汤化龙在湖北成立了宪政筹备会,谭延闿在湖南成立了宪政公会。他们一心想催促清廷尽早立宪,以至于没有深刻理解清廷颁布的上谕,在宣布预备立宪的同时,用十分暧昧的语调提及"目前制度未备,民智未开",将"视进步之迟速,定期限之远近"。

主张共和的同盟会员,是没有耐心等待立宪的,而且,在他们的脑海里,君主立宪是落伍的、早该抛弃的政治制度。同盟会员们崇尚法国式的革命,向往美国的民主制度,于是,他们纷纷从日本潜回中国,发动了一场又一场暴动。

光绪三十二年年底的萍乡、浏阳、醴陵暴动,是留学日本的同盟会员刘道一、蔡绍南组织发动的,由矿工、农民和绿营兵组成的暴动队伍,兵力达到了三万余人,号称"中华国民军南军革命先锋队"。国民军发布檄文,历数清政府十大罪状,声称务必建立共和民国。两江总督端方、湖广总督张之洞,急调湘、鄂、苏、赣四省

① 孙诒让《瑞安庆祝仿行宪政典礼大会演讲词》

清军共五万人，围攻弹压，终于剿灭国民军。

光绪三十三年四月，孙中山竟然接连策动了六次暴动，先后为饶平黄冈暴动、惠州七女湖暴动、钦州廉州防城暴动、镇南关暴动、钦州马笃山暴动和云南河口暴动，清廷调集各路清军极力围剿，终于将其击败。

与此同时，由革命党人陶成章、徐锡麟、秋瑾组织的光复会，在浙江秘密联络会党，以大通师范学堂为据点，筹划起义。徐锡麟捐款任安庆巡警学堂及巡警处会办，刺杀安徽巡抚恩铭，并攻占安庆军械所，后被捕斩杀。安庆事败，秋瑾于六月四日，在大通师范学堂被捕，斩首于绍兴轩亭口。

温州知府锡纶在府署，秘密召见了乐清知县何士循、永嘉知县丁维晋。已经有太多太多的消息，证实孙诒让同情革命党，掩护革命党。潜伏在府城和各县的耳目们密报，秋瑾被捕后，孙诒让曾拍电报至湖北，力请张之洞营救；嘉兴革命党头目敖嘉熊潜逃来温，孙诒让秘密护送他东渡日本。何士循带来的消息更使人吃惊，乐清东乡明强女学堂堂长、光复会会员陈耐新，聚众讲演排满反清的《新山歌》，得知乡人向县衙告发后，于日前仓皇潜来温州，先躲入温州中学堂，后藏至虞师里李宅。①

"虞师里李宅，那不是孙仲容在郡城的住处么？②"锡纶警觉道。

"止是，乱党陈耐新就藏在那里。"何士循点头道。

"勉之，此事非同小可，你可有把握？"锡纶看着何士循，问道。

"士循以性命担保。"何士循的语气斩钉截铁。

锡纶紧锁眉头，脸色发青。他闹不明白，这位朝廷命官太仆寺卿之子、学富五车的一代鸿儒，为什么与乱

32-6 秋瑾像

32-7 徐锡麟像

① 光绪三十三年，革命党人秋瑾被捕，先生电鄂力请张之洞密电其侄浙抚张曾扬设法营救，不果。嘉兴秘密革命组织"温台处会馆"负责人敖嘉熊避难来温，先生以"永、瑞耳目甚多，非避嚣之地"，护之东渡日本。（《孙仲容先生年谱简编》）
② 同治五年，正室诸恭人来归。寓永嘉城南虞师里李氏居。

党搅在一起，偏要与清廷作对。因温处学务分处改为温处学务总汇处后，诒让仍为总理，统管两府学务，且被学部任为学部咨议官，又兼浙江学务四议绅之一，学界地位极高，更有礼部新设了礼学馆，以诒让为当代鸿儒之首，奏派他为礼学馆总撰，锡纶心存惧意，不敢造次率兵捉拿，便命师爷写就密报两份，派人分送浙江巡抚张曾扬与布政使宝棻，控告诒让私藏乱党。一边又拟好缉拿乱党陈耐新的文告，命印好了四处张贴，只要他一出李宅，立即拿下。

虞师里李宅的前门后门，一律关得严严实实，把一切想探到其中虚实的细作，统统挡在外面。精力充沛不知疲倦的细作们，把行动的时间放到夜里。

子夜，一个胆大的细作闪入小巷，把爪钩往围墙上一扔，顺着绳索攀缘上墙，翻入李宅。

南方的夏夜很是闷热，尽管在卧室外面拨了许多水，但屋里依然火烫烫的。心苇脱了所有的衣裙，只剩一件薄薄的胸兜儿，还是觉得难以入睡。突然，她听见一种非常轻微的声音，从门口移近她的耳郭，强睁困涩的眼睛看去，天哪！活生生一个蒙面大盗。心苇缩拢身子，用双手护住胸脯，歇斯底里地尖叫："有贼啊——"

蒙面大盗用力瞪大他的眼睛，恋恋不舍地再看一眼心苇高耸的酥胸，然后扭头转身，燕子一般轻轻穿过窗子，消失在黑暗之中。在他扭头的一刹那，长辫子的末梢旋转而来，扫过心苇微颤着的双乳。

心苇就是在那一瞬间愤怒起来的，她摸一下自己羞得滚烫的脸颊，打开衣橱，拿出从娘家带来的毛瑟枪，走出屋子。

灯笼已经把李宅照得通红，心惊胆战的细作在花草中躲藏一阵后，决定翻越后门的围墙逃命。当他顺着爪钩爬到半墙高时，心苇已把乌黑的枪口瞄准他，当他攀到墙上时，毛瑟枪的准星准确地对准他的脑袋。凄厉的枪声很快就响了，火烫的子弹飞向高墙，黑暗中弥漫一股焦煳的气味。富顺、富贵兄弟俩提着灯笼找去，在墙脚发现了被子弹切断的半根长辫子。

倚梅听见枪声，纤细的手指变得尖硬，在诒让的手臂上留下十个红色小坑。她几乎是哭喊着对诒让说道，应该立即送走陈耐新，不然这位不速之客将成为孙家的灾星。诒让同意送走陈耐新，而且越快越好。他倒不是害怕客人会连累孙家，而是闻到了充斥在李宅周围的浓烈的血腥味。

天才蒙蒙亮，两乘轿子便出了李宅前门，往安澜亭轮船埠头而去。前面一乘是绿呢官轿，四名粗壮的轿夫抬了，飞快地走，紧随其后的，是一乘小巧的花轿。绿呢官轿前有大灯笼领路，红彤彤的灯壁上写着：温处学务总汇处。围了花轿的，是数十个精壮的乡勇，手里一律握了刀枪，喘着粗气小跑着断后。

穿着黑衣黑裤的细作们蚊子一般，在黎明的暗色中猫着身子跟着轿子，须臾不离。贼眉鼠眼的夜行者们远远地看见，轿子停在了安澜亭埠头，孙诒让与姨太太侯心苇走出轿来，牵了手走过跳板，进入普济轮。过一会儿，侯姨太出了船舱，由仆人护着回到岸上，坐回轿子。潮平了，轮船生火起锚，离埠而去。侯姨太命随从起轿，打道回府，原来她是送孙诒让到上海去。细作们见探不到乱党陈耐新，知道这一夜又白忙乎了，都打着响欠回去睡觉，好养足精神到晚上再干，那几两赏银总要拿到手才是。

看见心苇从轿子里走出来，一直候在家中的诒让才放下心来。倚梅和雨菱更是抱了心苇低声哭泣，说她们揪心地等了几个时辰，简直就是过了几辈子。原来，诒让并没有去上海，他让陈耐新扮作自己的模样，坐他的绿呢官轿出虞师里，好乘普济轮到上海，官轿则让心苇带回。陈耐新到上海后，便可伺机换船东渡日本，或远赴南洋避祸。

得知陈耐新出现在日本的消息，温州知府锡纶气得暴跳如雷，招来何士循、丁维晋密议一番，写了紧急文书，差人送往杭州。浙藩宝棻见文书上说乱党是坐了官轿，由温处学务总汇处的灯笼掩护，才得以脱逃，拍桌大怒，立即备轿子去找巡抚张曾扬，要他重办孙诒让。

张曾扬是张之洞的侄子，素来敬重诒让，来浙江任巡抚前，张之洞又多有嘱托，一定要关照诒让。现如今见宝棻与锡纶等，事事与诒让过不去，心中十分气恼，又不好发作，只好按下性子，说先派员查实了再处置不迟。派官员到温州去查，回来敷衍说并无陈耐新演讲《新山歌》一事，请求结案，并办告密者诬告罪。张曾扬照准。

宝棻闻讯怒不可遏，张巡抚如此昏聩，非但不追究乱党，反而要将向官府告发之人办为诬告罪，这还了得。忍无可忍，决定写折子参奏张曾扬。何士循、丁维晋则以为，可让张曾扬派员再查，若把事情查个水落石出倒也罢了，如再敷衍，再上折子不迟，宝棻方才暂且忍耐。张曾扬知道案子已经闹大了，怕危及自己，密电飞驰京城，求叔叔张之洞速为疏通。

事态还在扩大，青田知县姚文清、云和知县朱起琇，以在温处学务总汇处任职的刘祝群私藏军火为名，搜查了他在青田九都的老家。刘祝群是从日本学成归来的留学生，学问品行皆优，诒让对他最为欣赏。刘祝群痴心教育，任劳任怨，不但在温处学务总汇处分管处州教务，还兼任温州师范讲习所监督。青田、云和官兵搜查刘家老宅，矛头所指实为温处学务总汇处。①

温处学务总汇处人人自危，辞职避难者越来越多，日常事务几近瘫痪。诒让按捺不住心头的愤恨，写了致浙江省学务公所的信，信中写道："吾浙自绍案发后，杯弓蛇影，遍及全省，缇骑四出，学界哗然。窃谓近来告讦之风大炽，一纸谤书，付邮投递，上游不复根查，遽行捕索；及按验无据，而诬告之人，纵其逍遥法外，不加反坐。循此不改，则士民重足，将成瓦解之忧。光天化日之下，魑魅横行，非徒国家无此政体，而荆棘弥天，亦复成何世界？言之可为痛哭！"②

寄出信去，诒让心里的愤恨仍然难消，又想，自从徐锡麟、秋瑾案发之后，浙江学界便没有一天安宁，那些冥顽不化的地方官，整日把眼睛盯住新学堂。五月在绍兴斩了秋瑾，六月则又要捕杀敖嘉熊，七月企图再杀陈耐新，现如今又想置刘祝群于死地。浙江最缺的就是教育人才，而他们要杀要砍的恰恰都是些极其难得的办学精英，长此下去，浙江新学必定胎死腹中。兹事体大，诒让不敢耽搁，又拟了电文发给湖北提学使黄绍箕，请心系家乡教育的黄绍箕务必尽力相助。

大学士、军机大臣张之洞，是九月中旬到北京入值军机处的。他虽然人到京师，坐在军机处里，心却还留在两湖。

湘鄂之地是值得留恋的，作为湖广总督，张之洞苦心经营，付出了太多心血。深深的额纹，斑白的两鬓，终于换来了工商农学各业的兴起。湖北新军强盛，芦汉铁路铺通，新式教育铺开——张之洞就像一位良医，给日趋衰微的大清国献上一帖帖补药。

① 初二日，朱部成来瓯，云前月二十九日知县姚文清会同知县朱起琇带兵到乡，搜查全家及劫甫家居宅，云有人告密私藏军火。(刘祝群手稿《劫余日记》)
② 孙诒让《致省学务公所及省教育总会书》

在张之洞离任之时，汉阳铁厂、枪炮厂、两湖高等师范学院、武昌军营等处，开始自发地铸造他的铜像，商绅们更是纷纷集资，要为他建造一座"风度楼"。然而，张之洞的眼睛虽然细小，近来更是老眼昏花，却依然能够洞察到仇恨与蔑视，这些仇恨与蔑视，积聚在两湖门生们内心深处。

光绪二十六年，有着排满思想的门生唐才常从日本归国，在汉口组织自立军总机关，试图在安徽、江西、湖南、湖北起事，拥立张之洞割据长江中游，实现君主立宪。张之洞破获自立军总机关，并捕杀唐才常及其余门生二十余人。去年，刘道一、蔡绍南从日本回乡，发动萍乡、浏阳、醴陵暴动，又是张之洞会同两江总督端方予以剿灭，并在长沙捕杀刘道一、蔡绍南。门生们亲切地唤他为"香师"，而这位香师的手上，却沾满了门生的鲜血，怎么能不遭到仇恨与蔑视啊。

长久地凝视着深宫中的琉璃金瓦、汉白玉栏杆和青砖地面，张之洞坐在书案前默默沉思。他是时时懊悔着的，他的懊悔在于，越是用力办新学，越是把门生送往外国深造，回国造反的人就越多，自己手上沾的鲜血也就更多，招致的怨恨与蔑视也就更多。

说到对他的怨恨与蔑视，除了两湖的众多门生，还有浙江的门生孙诒让。诒让与唐才常、谭嗣同三人，是中国办新式算术馆最早之人。诒让撰有《瑞安新开学计馆序》，唐才常撰有《浏阳算术记》，谭嗣同撰有《兴算学议》，相互视为同道者。但朝廷杀谭嗣同，自己于旁观望；至于唐才常，更是自己捕而杀之。此一令诒让怨恨也。今年六月初四，大通学堂监督秋瑾因徐锡麟案被捕，诒让得知后急电湖北督署，请他速令浙江巡抚张曾扬营救。对于反满的革命党，即便是门生，他也是决然忍痛杀之的，何况素不相识的所谓"鉴湖女侠"。他回电诒让，曰：秋果与徐无关望即提出确证。诒让第二封电报过来，并未提供确证，自己也就不便出面，只能让侄子张曾扬按绍兴知府贵福的要求，将秋瑾斩杀于轩亭口。此二令诒让怨恨也。

他是为大清而遭受怨恨与蔑视的，但他即使粉身碎骨也要补天，补大清国的天。作为吮吸着儒家学说长大的汉臣，他坚信满族皇帝统治中国的正统性，以及满汉大臣共治中国的合理性。他对近来流传得很广的口号"驱除鞑虏，恢复中华，创立民国，平均地权"，从本能上恨之入骨，因为这违反了纲常。他曾经是个清流派中坚，认为洋务派违反了纲常。他后来又成了洋务派大臣，认为维新立宪违反了纲常。他呈给朝廷的《劝学篇》，提出了"中体西用"的宗旨，这简直是医治中国所有弊病的灵丹妙药啊，可惜好景不长，虽然实行了一阵子，现如今却连太后也改弦更张，抛弃了他的"中体西用"，颁发上谕要预备仿行立宪了。

大清的根基已经动摇了，他这位大清国的大学士、军机大臣，又能够再为朝廷为社稷做些什么呢？他为朝廷做的事是化除满汉畛域。他已奏准太后允许满蒙汉互通婚嫁，大家情同一家事情就好办多了，"驱除鞑虏，恢复中华，创立民国，平均地权"之说，也就会慢慢被人淡忘了去。至于预备仿行立宪，既然朝廷颁布了上谕，再把这事儿翻过来是万不可能了。上谕中说"目前制度未备，民智未开"，将"视进步之迟速，定期限之远近"，这句话本来十分妥帖得体，但按今天的情形，敷衍也是不可能了。而为立宪计，办好教育，开化民智，已是当今第一要务，不可有丝毫疏忽。说到教育，军机处分工由他掌管学部。京师大学堂为学术人心根本，关系重要，要把它建成造就各门人才的综合性大学，他已奏准由户部拨款二百万两，在德胜门外与阜成门外建造教学楼、实验场。京师女子学堂、京师图书馆两项，更是刻不容缓，要加紧去办。

说到教育，还须说动诒让来京任职。学部曾经先后召诒让为京师大学堂教习、总教习，他却找出种种托词一概谢绝。他主持两湖尚未进京时，想到世衰道微，正学将晦，特奏朝廷，于湖北设立存古学堂，延聘海内名儒以为师表，存绝学，息邪说。而自己心中选定的第一位人选，便是瑞安孙仲容，聘他担任存古学堂总教习最好不过。不想礼部先他一步，奏派孙仲容为礼学馆总撰，令他倍感遗憾。

正在想着，就有差役送来两份电报，一份是浙江巡抚张曾扬的求救信，另一份是湖北提学使黄绍箕的，请他对诒让速施以援手。

张之洞读过电报，摇头叹息。说唐才常造反他相信，说秋瑾造反他也相信，但要说诒让主张革命，他万万难以相信。诒让博学淹贯，著书满楼，现如今位居儒林之冠。诒让秉承永嘉学风经世致用，以《周礼》《墨子》之学借古刲今，最多只是到了拥护立宪的份上，虽先走一步，现如今朝廷却是允许了的。诒让主张选举，君民共享权利，这事儿他也是知道的，《周礼政要》里面就提到此事，当时虽有些逾越，现如今也是朝廷预备去仿行的。以当今形势来看，不妨说诒让目光甚远，很有些先见之明。诒让饱读经书，为富强中国，抵御外侮，为开发民智，放着京城的官儿不当，放着藏书万卷的玉海楼不顾，呕心沥血，在偏僻家乡筹经费，寻教员，办新学，却每每得罪不懂事理的昏官劣绅，他在湖北时便风闻此事，常常为之叹息。宝棻位居浙江学务总汇处总办，锡纶身为温州知府，不但不对诒让心怀感激，还对他冷眼相看，处心积虑，必欲置之于死地而后快，真是全无人性，天理何在！宝棻、锡纶二人身为旗人，位居要职，不思化解满汉畛域，反而添设藩篱，唯恐天下不乱，真是昏聩蠢笨，成事不足，败事有余。既如此，也就由不得他们，待禀明太后，先将宝棻调离浙江，其余官员由张曾扬去处置。善后之事完结后，张曾扬亦须调离浙江，以免授人话柄，说他袒护侄子，排斥旗人。

张之洞站起身来，走出地处偏殿之隅的军机处，面向南方，轻轻道："仲容，香涛知道你心中对他的怨恨，香涛知道你心中对他的鄙视，但香涛不能让你受委屈，香涛要为你做主。仲容，你听见香涛的话了吗？"刚从昏暗的屋里出来，夕阳的余晖射来，刺痛了他的眼睛，张之洞闭上双眼，两行清泪从他清癯消瘦的脸上流淌下来。

宝棻是十月初奉旨调任山西布政使的。宝棻走后，浙江巡抚张曾扬调锡纶为金华知府，何士循为桐庐知县，丁维晋为长兴知县。事毕，张曾扬奉旨调往江苏。

第三十二章

东瓯三士

陈虬①去世,是项崧告诉诒让的。项崧说这话时,脸上没有任何表情,诒让也只是淡淡地点头,其实两人心照不宣,与陈虬芥蒂已久,如今总算了结。送走项崧,诒让怔怔地坐着,忽觉心里一梗,陈虬五十三岁而卒,此生活得也不容易。

陈家祖籍乐清,后举家迁居瑞安。陈虬出身低微贫寒,父亲是个漆匠。他少时练拳棒,好读书,是个有志之人。有志不假,心术不正,说陈虬是肖小之人,翻手为云覆手为雨,一点都不为过。光绪四年春,随父宦游的诒让,由江宁经杭、沪归里,为写《永嘉郡志》与陈虬过往甚密,相谈甚欢。陈虬为尽友情,还把收集的几本藏书送给诒让,诒让回江宁藩署后,写信表示感谢:"承示先哲遗书各种,可相助搜缉,尤切铭瑗。"②次年初夏,陈虬参加乡试后,专程去江宁访诒让,还见到孙衣言,与之谈经论文,藩衙幕僚为之色动。就在这次见面中,陈虬告诉诒让,科举险恶家境困苦,他要遍访名医坐诊开方,做悬壶济世的仁医。诒让亦对他说,家父与江督沈葆桢不和,或由朝廷内召回京。

很好的一段交情,皆因陈虬建立求志社而断然终结。此年为光绪八年,陈虬已写成《蛰庐诊录》,成为东瓯名医。此人偏又放着好端端的名医不做,要走求志社这个途径,做成布衣士绅首领,专

33-1 陈虬像

① 陈虬,字志三,号蛰庐,乐清人。光绪己丑(1889)举人。1872年,倡议合资聚书,创心兰书社,开全国公共图书馆之先。1881年组"求志社",以布衣党自命,抗衡瑞安大族士绅。1884年著《医院议》,提出建立中医医院和中医学堂的方案,次年实施,创全国第一所新式中医学堂利济医学堂。他和陈黻宸、宋恕合称"东瓯三杰"。

② 孙诒让《答陈子珊书二通》

与官绅大族作对。此时诒让已随父归里,孙家和黄、项、洪诸家,合称为瑞安四大世家,亦被陈虬怒目敌视。

陈虬向孙家发难始于光绪八年,由陈虬撰《瑞安何氏旌节坊》缘起①。明明是褒彰节妇之事,到了陈虬笔下,却成了声讨孙家女眷笃信神佛的檄文。更有求志社的金晦,出言不逊,给陈虬写信抨击孙家求佛,曰"且今之学士、大夫,其所自为者诚得矣!彼其日暮途远,自唯生平行事不获甲于天地,又见佛家有祸福祈祷之说,妄谓罪之可免而福之可邀也。乃以老悖垂死之年,乞灵于朽质淫鬼之鬼。方今圣上忧于上,小民穷于下,夷狄交订于中国。身任方面之重,漠然不顾,而日出其剥削侵刻之钱求田问舍,较锱铢,析秋毫,以树身后子孙百世不拔之业。然恐天下后世之难也,于是作文著书,阴窃陈、薛绪语,显附永嘉之骥尾,以掩其邀福图利之迹。以欺天下,欺后世……"②似金晦这样无中生有肆意发挥,由孙家女眷信佛,延伸到孙衣言于任上贪渎,孙氏倡导永嘉之学的动机,已经不是信口雌黄,而是杀气腾腾了!

求志社诸人为何如此?诒让想来,诒善私塾亦是缘由。诒善私塾于光绪元年开办,收的是孙家子弟。光绪五年,父亲与他自京都南归,次年重振诒善私塾,倡乡哲薛郑陈叶之学。而此后求志社建立,便要与诒善私塾一争高低,争取求学之人。既要争高低,陈、金之辈市井出身之人,哪里顾得仁义道德,狂言恶语也就任意发挥了。诒让想到此处,环顾高墙围着的宅邸,觉得陈虬的目光无处不在。这个才高八斗的狷狂之徒,正站在墙外隔河的利济医学堂楼栏边③,怒视着

33-2 陈虬手迹

① 胡珠生《陈虬集》
② 金鸣昌《答陈志三书》
③ 利济医学堂创于清光绪十一年(1885),毗邻孙宅,位于玉海藏书楼北。

玉海楼呢。这就对了,建藏书楼,也是孙陈两家的过节之一。

藏书楼最要紧的是有水护着,玉海楼当然也得如此。诒让和父亲察看地形,选定临河建楼。河里是集云山流下来的水,经西河桥、矮凳桥、塔儿头、五显殿,在利济医学堂门前向南转,贴玉海藏书楼东面墙角,流经金带桥、虞池,汇入温瑞塘河。孙衣言为书楼着想,觉得三面环水心里才踏实,便雇人在楼南挖一条小河,又命工匠挖空楼东北和利济医学堂间的空地,凿出一口池塘。陈虬大怒,认为利济医学堂建于光绪十一年,玉海藏书楼光绪十五年才建成,玉海楼所用池塘挖在利济医学堂前,这可是他的地盘,怎么可以不经商议占为己有,这不是孙衣言仗着自己是太仆寺卿,用朝廷命官之权势欺压布衣吗?一边制止工匠动土,一边扬言要拼死抗争。孙锵鸣教过陈虬经书,托人过来劝和,陈虬激愤之下脱口说道:"我这个现任的生员,还怕你这个被罢免的翰林!"此言一出,便有人说他得理不饶人,翻脸不认人。陈虬听了更为恼火,打算将孙氏兄弟居乡称霸,在城墙下挖池有碍城防之事,不符官制于宅南隔街建照壁一事,统统通报给监察御史,请他们上奏弹劾。乡人闻讯纷纷劝阻,说瑞邑书楼本来就少,这书楼有水围着也是应该,还是息事宁人为妥。陈虬见状只得罢休,让孙衣言写"放生池"三字,刻成石碑立于池边,才算了结此事。①

33-3　陈黻宸像

二十岁考取生员,被孙锵鸣称为"龙门飞将"的陈黻宸②,是站在陈虬这边的,且十分地坚定。陈黻宸如此,自有他的道理。他十六岁结交陈虬,平日里视为兄弟,二十二岁加入求志社,持有布衣党立场,与官绅世家势不两立。诒让乃经学泰斗,时人高山仰止,唯独陈虬敢与他争雄,使瑞邑学子分为二拨,或去孙家求学,或去求志社求知。陈黻宸书生意气,尤其看重陈虬的狷介桀骜,引

① 林炜然《改良派的重要人物陈虬轶事》
② 陈黻宸,字介石,晚年改名芾,室号饮水斋、烛见知斋。近代著名教育家,清末民初誉为"浙江大儒""史学巨子""东瓯三先生"之一。

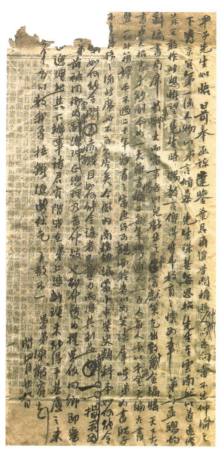

33-4 陈黻宸手迹

其为知己。诒让曾主动邀陈黻宸一谈，让他疏远陈虬。陈黻宸不为所动，反而更加疏远诒让，令诒让对其十分失望。①

陈黻宸最钦佩陈虬之处，在于他深谙经学之余，还热衷新学主张变法。陈虬、许启畴深感瑞安地处浙江尽头，苦无书读，组织求志社成员出资购书，放在他们创办的心兰书社中供乡人阅读。心兰书社，是中国第一家公共图书馆。陈虬广读欧洲新书译本，光绪十六年赴京会试归途，向山东巡抚张曜上呈八条条陈，提出"创设议院以通下情"，为中国首提欧式体制之人。光绪十七年，陈虬著《治平通议》《经世博议》《救世要议》，光绪十九年刊印成书，流行于世。他在《经世博议》中主张，"欲图自强，首在变法"，"县各设议院，大事集议而行"；经济上，裕财用、兴制造、奖工商、讲懋迁、开新埠和抚华商；军事上，变营务、设经略、制兵船、改炮台、编渔团。文中还有保民、治河、筹海、筹边诸篇，表达了布衣士绅的改革愿望。他的《救世要议》，张之洞十分赞赏，梁启超将其列入《西学书目表》，宋恕则写文赞赏。令陈黻宸没齿不忘的是，甲午战败后，陈虬约他一起上京参与公车上书，戊戌变法失败后陈虬被清廷通缉。

陈虬又是学以致用之人，光绪十一年，与陈黻宸、陈葆善等人创办利济学堂和利济医院，这利济学堂是中国最早的新式中医学校，利济医院发行股票，在中国也属首举。

陈虬熟谙经典，慎求古训，所著《蛰庐诊录》多有辨证诊治疑难疫病范例。后又著《利济医药讲义》八册、《元经宝要》二卷、

① 参见宋恕《致叶浩吾书》

《瘟疫霍乱答问》一卷、《利济本草》六卷、《利济医统》六卷、《医雅》四卷、《医绎》四卷等医书多种，所编《利济教经》是中国最早新式医学课本。除此之外，还向全国发行《利济学堂报》。光绪二十八年，温州霍乱流行，陈虬不避艰危日夜出诊，推广《白头翁验方》，救治无数病患。疫情过后，陈虬为开发民智，在郡城利济医院开办新字瓯文学堂，撰写《新字瓯文七音译》《瓯谚略》，以独创的字母标注温州方言，尝试地方文字改革。

诒让想，陈虬终究是怨恨他的，即便辞世西去，那双深陷在眼窝中的眼珠，还会怨恨地盯着立于利济医学堂正南的孙宅，盯住玉海楼中的他，不会合上因劳累而发黑的眼帘。陈虬不服，他如此奋发努力，终因劳累贫病早亡，而被他视为富家大族子弟的孙仲容，却坐拥良田千亩，藏书满楼，妻妾成群。陈虬那双眼睛，是一直盯住孙家的大院田产女眷的，他甚至向官府举报，孙家购置田产之钱来路存疑。极有可能是孙衣言为官时贪渎所得。诒让想，倘若陈虬的主张得以实行，各县设置议院，大事集议而行，布衣党又占议员多数，孙家岂不是要日日受辱。想到此处，诒让不寒而栗，摇头行至孙宅北门，隔河望那挂了白纱白花的利济医学堂，仰天叹息道："世间之事不可思议，都是图谋富国强民，都在探求变法自强，为何同道者不相与谋？"

诒让又想到陈黻宸。此人自恃才学高，授徒众，也是不可与谋之人。不但不相与谋，还曾与其大动干戈。一次是光绪二十二年，为的是开河之事。瑞安邑人大多务农，农事以水为重，河事为头等大事。既是头等大事，当由地方大绅出面主持，哪知无良乡人，唆使陈黻宸出任董事，他自然十分恼怒。适逢有商绅指控陈黻宸贪渎，他便向道台呈文，指明陈黻宸侵吞河款。哪里晓得陈黻宸居然清正，并无假公济私之实据，此事也就不了了之。光绪二十四年的事就大了，惊动整个瑞安，乃至省城京城。

此事因瑞安考场斗殴案而起。陈黻宸的妹夫黄泽中，以童生身份参加府试，考生中有廪生认为此事违例，理由是黄泽中的祖父做过县衙衙役，按清律不得参试。陪同妹夫前去考场的陈黻宸训斥考生，说温州知府都已同意黄泽中进考场，你又啰唆什么。那位考生不服与其争辩，其他考生也阻止黄泽中考试。陈黻宸一气之下，居然去利济医院召集朋友，进考场痛殴廪生。这事闹大了，又值光绪变法维新失败，谭嗣同、林旭系狱，康有为出逃日本，官绅黄体芳便指责陈黻宸、陈虬是康党。黄体芳一时激愤，意气用事，忘了自己曾经支持康有为维新变法。

33-5 宋恕像

诒让是不屑陈黻宸所作所为的。以为陈黻宸是愚拙之人，受陈虬蛊惑，为其利用而已。陈黻宸以饱读诗书和欧洲书籍自居，执教乐清梅溪书院、永嘉罗山书院、永嘉三溪书院，号称从学者数千人，却在考场大打出手，丑态毕露全无体统，可见布衣者虽满腹经纶，内里却是不堪得很。对于黄体芳指控陈黻宸、陈虬康党一说，诒让认为并非事实。他在给上海报人汪康年的信中说："此乃介石[1]自取，为康党而起。且其事在六月间，时康、梁方得志，岂有假以攻二陈之理？"[2] 诒让这样认为，内心其实还是惜才，不忍陈黻宸因此事受牢狱之灾。

说到黄体芳，诒让苦笑。他既为黄体芳苦笑，更为自己的姻亲宋恕苦笑。这个宋恕，好歹也是锵鸣叔叔的女婿，虽家有良田两千余亩，却因其父仅是廪生并非官绅大族，便对求志社诸人百般同情。宋恕素知他与黄绍箕交好，对绍箕的父亲却甚是不屑。在写给密友的一封信中，宋恕写道："通政为通籍前素有无行之目。近日居乡，倚其亲家张南皮之势，横行纵索，无所不至，遇事生风，勒贿不遂其欲，立使破产或褫革囚禁。地方文武及四民之驯良者，畏之如虎，道路侧目，敢怒而莫敢言。"[3] 宋恕是和善之人，可一旦攻击起官绅，却也如刀矛，必欲置之死地而后快，全然不见黄体芳清廉耿直，早年与宝廷、张佩纶、张之洞有"翰林四谏"之称，官至内阁学士、江苏学政、兵部左侍郎、左都御史，因弹劾李鸿章被降职为通政使；后主讲金陵文正书院，参加强学会，主张变法图存，创办江阴南菁书院。如此劳苦功高之人，在姻弟宋恕笔下，却成了横行乡里的劣绅，可见布衣士绅与世家官绅之间，横着如何之高的一道藩篱。因为横着这道藩篱，看人看事也就难除偏见。宋恕曾说，"通政素不学无术，外间酬应之作，其稍妥者皆他人代笔"，难道他不晓得黄体芳是咸丰元年举人，同治二年进士，选庶吉士、授翰林编修吗？不晓得他与兄黄体立、子黄绍箕、侄黄绍第、侄孙黄曾铭，是一门

[1] 陈黻宸，字介石。
[2] 孙诒让《致汪康年书》
[3] 宋恕《致叶浩吾书》

五进士吗？

宋恕亦是饱读经书遍览西学之人。光绪十七年因出洋未成，在上海旅馆起草《上李中堂书》，要谒见直隶总督李鸿章，提出变法维新政治纲领。次年端午节前抵天津，向李建议"易服改制，一切从西"，为事成可采变通之法，参考西方制度行事。李中堂嘉其为"海内奇才"，聘他为水师学堂汉文教习。甲午战败，宋恕离津居沪，著《津谈》，撰《卑议》，托孔子之言斥程朱理学，为农、商、妇立言。"著书专为世界苦人立言"之说，即出自《卑议》。眼界如此开阔之人，且又是孙家大族女婿，处世立场亦与布衣党无异，令人内心充满不安。

诒让从孙宅北门折回，进玉海楼走上楼梯，在书桌前坐老半天，嘴里翻来覆念叨："世间之事不可思议，都在图谋富国强民，都在探求变法自强，为何同道者不相与谋？"

第三十四章

乾嘉绝笔

浙江教育总会是十一月在杭州成立的，会址在崇文书院旧址，公推海盐张元济为会长，诒让与金华王廷扬为副会长，设事务所在福圣庵巷。到会的一百六十六位学界代表一起制订章程，讨论浙江教育之事。①

诒让在浙江办学最早，温处两府教育已具规模，自然被人器重。诒让在会上的发言观点新颖，切中时弊，令人耳目一新。

"欲求全国无不受教育之士民，必先求无不受教育之官吏。如果教育连官吏都不能够普及，又如何在全国五千万学童中普及呢？西国的官吏，胸中藏有百科知识，可以放眼四海；日本明治维新变法，规定不通西文者，不可以任命县知事；而吾国的官吏，则利禄之见梗塞胸膛，五洲方位难辨西东。相互之间，程度差别太过悬殊。以不通教育之官吏，去治理未受教育的绅民，就好比一群文盲相遇，却强谈学务，不但滑稽，还会误了大事。正因为如此，才使学校有了轻蔑官吏之心，而官吏亦日益厌恶学校，政学两界，彼此交恶，牵连纠纷，变幻百出。所以，朝廷应该制定法令，十年之后，非京师大学堂毕业者，不得担任知府；非各省中学以上毕业者，不

---

① 光绪三十三年十月二十七日，诒让自家首途赴杭……浙江全省教育总会，于十一月初五日在杭州成立，以旧崇文书院为会址，而设事务所于城内福圣庵巷。是日到会员一百六十六人，举海盐张菊生先生元济为正会长，诒让与金华王孚川先生廷扬为副会长。诒让到杭后，出席会议数次。（《孙衣言孙诒让父子年谱》）

得担任州县长官。"①听者都是学界中人，诒让又是深思熟虑后说出的话，各各心领神会，叹为精彩。

诒让话锋一转，又谈起教育经费一事，听者无不洗耳恭听，生怕漏了一个字去。诒让道："办学何为最难，最难的是筹集经费，因为没有大宗正项经费，兴学资金来路纷杂，或由绅民捐助，或由商税抽取，或由陋规款项拨付，或由祠庙田产提调，名目浩杂，烦冗万状，常常使得群谤众疑，且引起商民与学校交恶，官吏与学校交恶，旧学董与新学董交恶，新学董与新学董交恶。长此下去，普及教育很难实行，除非取得大宗经费。教育之道，是为了增进国民的知识，开发他们的智慧，所以教育的经费，当然也应该取之于国民。最好的方法，莫过于实行'地方地丁钱粮带征毫厘'，由官方统一收取，专款专用，公正分拨。"②

此次与会，诒让最为高兴的事，是与新任浙江提学使支恒荣的相逢。光绪九年，诒让五试礼闱，分校官丹徒支恒荣，见了诒让的卷子连声叫好，推荐上去，却未被主考官看中。事情过去二十四年了，支恒荣依旧耿耿于怀。此次见到诒让，紧执了他的手，生怕他又要别自己而去，颤声道："高山流水，曲高和寡，恒荣无能，委屈仲容了。"

诒让道："恩师看重诒让了，诒让何德何能，敢劳恩师牵挂。"

"恒荣虽到任不久，但知道温处两府教育蒸蒸日上，仲容身为总理，筚路蓝缕，功不可没。"支恒荣动情道："适才会上的发言，恒荣听后如醍醐灌顶，茅塞顿开，浙江教育成败，系于仲容一身啊。"

诒让道："恩师言重，诒让实不敢当。诒让不过一介腐儒，虽然年少时治过旧学，略知些章句，但刍狗已陈，屠龙无用，实不足以应付时需。诒让致力于新学，实赖二三同志，共为戊戌、庚子之耻椎心泣血，愤懑填胸力求振作，才有现如今的温处教育。"③

支恒荣感慨良久，道："大清多有几个仲容，国势也不至于

① 孙诒让《学务本议》
② 孙诒让《学务本议》
③ 孙诒让《报支季卿提学使二通》

如此了。"

冬日的西湖，萧寂之中散落着凄冷的美。梧桐与红枫的枯叶，铺满在长长的石板路上。诒让坐了轿子，来到仁和县高等小学堂。

仁和县高等小学堂就是原先的紫阳书院，光绪二十八年改办新学。同治四年，父亲应浙江巡抚马新贻之邀，曾在这里担任主讲，主持教学。父亲到任后废寝忘食，重整几经战乱毁于蚁火的紫阳书院，修复坍塌的旧学舍，新建学舍数十间，使紫阳书院成为浙江四大书院之一。而那时的他，年方十八，熟读诗书，风华正茂，就在这座书院里，草《白虎通校补》，定《广韵姓氏刊误》。

诒让信步走去。路旁竹林仍在，但已茂密了许多；园中芭蕉依然，却是高大了许多。前面就是景徽堂，诒让急走几步，站在寂静而肃穆的堂中。景徽堂里，那张红木讲席依旧，却永远不见了侃侃讲经的父亲。

父亲，您知道涵儿又回到紫阳书院了么？您知道涵儿现如今正站在景徽堂里么？父亲，您高风亮节嗜书不倦，学宗宋儒秉承永嘉，且以平生所学经世济时。涵儿身处衰世，为疗救世人力挽颓势，摈弃读经讲经生涯，鼓吹新政新学，是您的不肖子孙呢，还是追随您的足迹而行呢？诒让正在沉思，一阵清朗的读书声传入景徽堂。好动听的声音，这是高等小学堂的学生们发出的声音啊，诒让听了为之一振。父亲是开明通达的，他老人家如若在世，是会接受这个现实的，尽管对听惯了美妙悦耳的读经声的他来说，这变化了的一切不免生硬冷酷。但如若在读经声不绝于耳的同时，还得去听列强铁舰发出的炮声，去听国人痛楚的呻吟声，去听皇族逃离紫禁城时绝望的哭喊声，倒还不如多听听高等小学堂学生们发出的声音。这些声音可能是稚嫩的，没有读经时的抑扬顿挫；这些声音可能是纷杂的，声、光、化、电变化无常；这些声音可能是抽象的，枯燥而缺乏诗情画意。但这些声音又是在积聚着的，在壮大着的，总有一天，会汇成钱塘人潮般的怒号，用她的科学去阻止异族的觊觎，用她的强力去抵抗列强的蹂躏。

离开紫阳山麓很长一段路了，诒让仍然恋恋不舍，好几次掀开帘子，朝远去的书舍看，直到湖畔的树丛遮住了泥墙黑瓦。心情激动的他，在轿里吟成两首绝句，留给这片写着父亲授经生涯与他青春时光的故地：

弱冠趋庭梦影中，先人讲席久尘封。卅年剩有孤儿泪，重到吴山作寓公。

学界飞腾万少年，故乡兰芷更翘然。镜中短鬓都成雪，合向西湖酌冷泉。①

轿子过了湖滨，便是白堤，又攀过断桥，到了孤山。沿湖西行，便可看见昔日的诂经精舍，俞樾曾在此讲经三十一年。诂经精舍亦是当年的浙江四大书院之一，几年前才改为杭州蚕学馆学舍的。再往西走，便是著名的俞楼。

俞樾的晚年是有福的，门生们为了孝敬他，在六一泉边为他建造了精美的俞楼。俞樾的亲家、湘军元老彭玉麟闻讯，也接济了许多银两，扩大俞楼规模，并在院中叠石成山，凿池引入西湖之水与六一之泉，自己也搬过来同住。

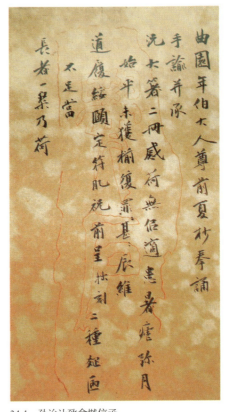

34-1　孙诒让致俞樾信函

诒让下轿，走进俞楼，只见里面景物雅集，气象万千。小曲园别有风味，碧霞西舍宛然如画，一池如瓢不落窠臼，池东有亭取名"伴坡"，由亭循廊西上是灵松阁，再上即是小蓬莱、西爽亭，亭下鹤守岩，岩上垒石为台，曰曝书台，下曝书台，是文石亭、曲园书藏，西有大池，曰文泉。

然而，身居人间仙境之中的俞樾，心境却依然是寂寞的。去年夏天，他写信给远在瑞安的诒让："仲容世仁兄早举孝廉，不乐仕进，文章经术，推重一时。所居近飞云渡，余曾至其地，虽山乡，实水乡也。"老年人总是沉醉在回忆中的，在追忆了当年去福建路过瑞安的往事后，巍颤颤地站在书案前，又为诒让写了一副楹联："到老不离文字事，所居合在水云乡。"

① 孙诒让《西湖感怀》

"曲园年伯亦如此,到老不离文字事,所居合在山水间。"诒让凝视着波平如镜的文泉,在心中默默地说道。

曲园是去年冬天辞世的,这位终身著书桃李天下的长寿老人,在这个越来越难以理解的世界上,整整活了八十六岁。诒让得到老人在苏州仙逝的消息,立即写了挽联寄去,联中有一句话是:"朴学销沉同堕泪。"①

是的,随着朴学大师俞曲园的辞世,乾嘉之学的时代将要彻底结束了,无情的历史之笔,将把辉煌一时的朴学一笔勾销。想到此处,怔怔地坐在文泉边的诒让不寒而栗。曲园年伯生前是知道这一切的,他在留给子孙的遗言中写道:"吾家自南庄公以来,世守儒业,然至今日,国家既崇尚西学,则我子孙读书之外,自宜习西人语言文字,苟有能精通声、光、化、电之学者,亦佳子弟也。"无可奈何之中存有明智开通。曲园又是坚忍不拔的,他又在遗书中说:"吾一生无所长,唯著书垂五百卷,颇有发前人之所未发;正前人之错误者,于遗经不为无功。敝帚千金,窃自珍惜。子孙有显赫者,务必将吾全书重刻一版,以传于世,并将坚洁之纸印十数部,游宦所至,遇有名山胜境,凿石而纳之其中,题其外曰'曲园全书藏',庶数百年后有好古者,发而出之,俾吾书不泯于世。"②

曲园审时度势,早已把世上万事看得透透彻彻,知道世人必将冷落他的心血之作,便要子孙将其藏纳于洞窟之中。相比之下,自己却浮躁许多,热切地希冀把毕生之作,舒展于桌案之上,作用于当代。这或许是因为二人虽根系乾嘉之学,同走朴学之路,但曲园年伯心中多存了一份禅意,寄情山水,淡去红尘,远离佞臣小人;而自己却兼习永嘉之学,急功近利,难以超凡脱俗,以至群小围攻,诽谤四起。

那么,是该像曲园年伯一样,把尽毕生之力所著之书,藏纳于洞窟之中?还是坚持己见,逆流而上,把自己最为看重的《周礼正义》和《墨子间诂》,推广至中国乃至全球?诒让深知,现如今的

① 光绪三十二年,俞曲园先生于十二月二十三日考终苏州寓邸,诒让挽以联:一代硕师,名当在嘉定、高邮而上,方冀耄期集庆,齐算乔松,何因梦兆嗟叱,读两平议遗书,朴学销沉同堕泪,卅年私淑,愧未列赵商、张逸之班,况复父执凋零,半悲宿草,今又神归化鹤,拈三大帙手墨,余生孤露更吞声。(《孙衣言孙诒让父子年谱》)
② 俞润民《德清俞氏》

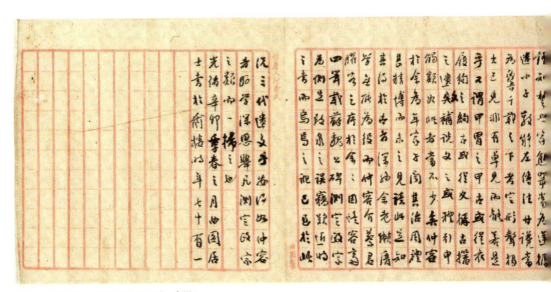

34-2 《古籀拾遗》序行书横幅（清·俞樾）

中国乃至全球，没有人相信西国的政治制度源于《周礼》。今文经学者恶毒地咒骂过《周礼》，视它为伪经；维新人士痴迷西学，视《周礼》为旧学；只有盛宣怀心血来潮，嘱他以《周礼》为纲，西学为目，使他得以费二旬之时，汲取《周礼》精华，匆匆草成《周礼政要》，结果却被束之高阁。同样，没有人相信西国的科学技艺源于《考工》和《墨子》，人们的目光是那样的短浅，只看到支流而不见正源。究其原因，是因为中国实在太弱了，以至于人们难以想象远古时代完美无缺的盛周，不敢接近远古时代的圣贤周公、孔子、墨子……

天色暗了。残叶瑟瑟，吹皱一池冷水。站在山巅的诒让放眼望去，满湖风光尽收眼底。

曲园又是达观的。"庶数百年后有好古者，发而出之，俾吾书不泯于世",他的谶语会应验吗?或许会应验吧。数百年之后,中国强大了,世界文明了,各国的势力平均了,必定会出现振兴儒学之人,到那时,乾嘉之学一定会重新受到重视,受到欢迎。曲园年伯,您可别把大作藏得太好了,以至于后人难以找到。

俞樾的心境透亮了许多,他轻轻踩着枯叶下山,穿过亭子,走过长廊,回到湖边。俞楼寂静无声,俞樾一动不动站在楼前,秋叶在晚风中飘旋着,叠成厚厚的一层,渐渐盖住他的双脚。

第三十五章

光无能灭

令诒让预料不到的是，他一回到瑞安，便卷入保路拒款的风暴之中。这是一场异常激烈的风暴，是为反对借外资建苏杭甬铁路而起。

甲午战争以后，中国铁路都向外国借款建造，因此，路权利权尽握在洋人手中。以芦汉铁路为例，光绪二十四年开工建造，六年后即分段通车，开始营业。光绪三十年，年收入净利润银圆二百三十七万五千元；光绪三十一年，年收入净利润银圆三百五十三万四千元。按照铁路督办大臣盛宣怀与债权人比利时公司签订的合约，在未偿清借款之前，中方除了付出借款回扣和利息，每年还须另付比方铁路盈余的百分之二十。国人都觉得借款筑路损失太多，盛宣怀有出卖国家权益而中饱私囊之嫌。此言不差，外国公司与中国官员做生意，向有回佣的惯例，一般回扣为借款回扣的百分之五十。盛宣怀担任铁路督办大臣九年，借款筑建五条铁路，竟得了回佣五十八万五千七百五十英镑，合四百四十万两银子。后来因袁世凯与盛宣怀有隙，奏派唐绍仪接办铁路事务，出卖利权、营私舞弊等事，暴露无遗。苏杭甬铁路，亦是盛宣怀拟议中借款待建的铁路。借款筑路利权尽失的既成事实摆在眼前，江浙两省绅商学人无不愤起声讨，要求朝廷立即废除向英商借款筑路的草约，改由两省绅商自筹路款，建造铁路。

诒让还在杭州，浙江保路拒款会即已成立，公推诒让、张元济、孙庭翰三人为代表，年底到北京外务部抗争。江苏则公推王同愈、许鼎霖、杨廷栋、雷奋四人为代表，届时同行。诒让是十二月初三回到瑞安的，一进家门，就见项崧、王岳崧候他，说瑞安已成立浙江保路拒款会瑞安分会，公推诒让为会长，他们二人为副会长，议定先在本城募集路股五万元，再由保路分会干事分头到各乡筹集。诒让当即自认路股二千元，初八，又率干事二人赴四乡宣传募捐入股，路上跌跤崴了脚，到二十四日方才回家。①

见诒让拄着木拐，冒着雨雪回来，腿又肿成馒头似的，倚梅、心苇、雨菱都心疼得不得了，围住他嘘寒问暖，生怕他会融化在雪野中不再回家了似的。

倚梅亲自去厨房烧了姜汤过来，让诒让喝了身上暖和些。雨菱拿来好多封电报，诒让一看，都是省城来的，诒让是浙江代表，约好年底同去北京外务部交涉的，因为足疾，去不成了。

心苇口快，道："黄大人昨日去世了。"

诒让随口问道："哪一位黄大人？"

倚梅突然哭出声来："在武昌的黄大人呀。"

诒让眼前一黑，手中端着的瓷碗掉落在地，滚烫的姜汤淋了一身。

黄绍箕是因患肺炎病逝于湖北提学使官署的，终年五十四岁。去年曾率各省提学使去日本考察学务，虽有博士井上哲次郎、加藤宏之、菊池大麓，教育家若让新次、嘉纳治五郎等热情接待，但在东京帝国教育会发表演讲时，竟有日本学者提出废除儒教，黄绍箕据理反驳，洋洋数千言，使居心叵测者哑口无言。黄绍箕在日本除考察学务，还加意查访政治、司法、税务、银行，途中劳累，咳嗽常见血丝，重症之兆已经初现。回国之后，即赴湖北，开办湖北师范学堂，设置湖北实业专门学堂，划分武昌二十八个学区，凡学区内子弟均归学区入学。事无巨细，皆必躬亲，病症加重。

临终之时，黄绍箕不停地唤着诒让的名字，无论如何，他必须

① 光绪三十三年冬间，浙江全省绅商，为反对借外款办苏杭铁路，于十月间组织成立浙江保路拒款会。瑞安于十一月二十日成立分会，推先生为会长，项申甫、王岳崧副之。江浙两省又公举代表同赴北京外务部进行抗争。江苏推王同愈、许鼎霖、杨廷栋、雷奋为代表，浙江推先生及张元济、孙庭翰为代表，定年底到京集议。临时，先生以患足疾，不果行。（《孙仲容先生年谱简编》）

再见诒让一面。对于中国的教育,对于湖北与家乡的新学,他还有许许多多感受,要推心置腹地说给诒让听。他还要写完那部《中国教育史》,孔子、释迦牟尼、苏格拉底、耶稣同为世界四大圣主,但孔子实为环球第一大教育家,虽西学东渐,国人切不可忘了根本。然而,他身上的血很快就要咳完了,他的生命之树已经枯萎了,他马上就要离开这个世界了,壮志未酬,他不甘心啊!

远在桑梓故乡的仲容兄,您听见绍箕的召唤么?远在玉海书楼的仲容兄,您听见绍箕的遗言么?当今中国,权利之说,深中人心,而道德日以沦丧,当复宋诸儒讲学之风,挽回士气。转移学风,看似空言,实乃是重,须有真实精神贯注,方有转机。今学界必有宅心正大,办事坚苦之人,学务乃有生机——①

泪水不停地从诒让的眼中涌出来。他不相信他最信赖的好兄弟就这样永远离他而去,把他孤零零地留在这个险恶丛生的世界上。他不相信他最钦敬的好兄弟,就这样永别他而去,让他孤单单地走在一条荆棘丛生的荒路中。

诒让挂了拐杖,巍颤颤地走到天井中,扬头向西,哭喊道:"仲弢,你不能走,不能走哇——"

大雪兜头而下,染白了诒让的发辫与须眉,打湿了他身上的棉袍棉裤。

倚梅、心苇、雨菱冒雪跑来,知道难以相劝,便各自擎了纸伞,遮在诒让头上。

诒让感动了,诒让振奋了,他用力张开都快咬碎了去的牙关,道:"快拿笔墨过来!"

富贵、富顺兄弟飞一般奔跑,端来桌子,捧来笔墨。众人摊开红纸,诒让挥笔疾书:"甄综中外,陶熔古今""绪昌旧学,业振新民""殷周国粹,法美民权""通理博艺,务农兴工""五洲物竞,九域春熙"②……

见延畇、延钊、延锴、延瀚、延炯、延撰等,都围了桌子看他

① 光绪三十三年冬月初旬,先生已不支,而垂危梦呓,皆平时公事,语不及家事,学务之外,尤念桑梓不已。逝之前几日,尚阅教员条陈,学务说帖,手批蝇头小楷千数百言。曰:"权利之说,深中人心,而道德日以沦丧,当复宋诸儒讲学之风,挽回士气。""转移学风,看似空言,实乃是重,须有真实精神贯注,方有转机。""今学界必有宅心正大,办事坚苦之人,学务乃渐有生机——。"十二月二十三日,先生病逝于鄂署。(《黄绍箕集》)
② 联语见《孙诒让遗文辑存》

写字,瑜儿抱着的延灏,也睁圆了乌黑的眼睛瞅着他,诒让停下笔来,拍拍孩子们的头,柔声道:"还不快去把春联贴在门台上。"

孩子们发一声喊,各自拿了红纸春联去了。延畇、延钊跑得最快,爬上富贵端去的凳子,把一副对联贴在玉海楼台门。诒让擦去眼镜片上的雪花看去,这副对联写着:殷周国粹,法美民权。他觉得心里暖和,于是,雪中的大宅也是暖和的,在寒气中流溢着春意。

温州师范学校是二月初十竣工开学的。自光绪三十二年八月动工,仅费时一年四个月。

诒让率众走进正门,听见的是一片惊叹之声。这是当时温州最巍峨的建筑群,沿青砖甬道而行,东西两旁是四幢高大的教学楼,高楼之间,各盖八幢楼房、十二幢平房。各楼之间都用长廊连接了,可以遮阳避雨。操场十分宽大平整,设置了许多新式体育器具。

诒让看得高兴,在道贺的人群中找到苏慧廉,问:"苏教士印象如何?"

苏慧廉一边眯着眼睛,细细打量崭新的校舍,一边点头道:"非常好,超过温州艺文学校了。"

诒让又问:"苏教士可知温处二府现有学校几座?"

苏慧廉对当地的教育状况非常了解,赞叹道:"简直令人难以置信,在您的努力下,短短几年,温州和处州两地,一共筹集教育经费五十万元,开办了三百多所学校。上帝,我终于目睹发生在东方的奇迹了。尽管我仍然怀疑远古时代中国教育的规模,但是我开始相信神秘的《周礼》所具有的力量了。"

二百四十位首届学生,立队在操场欢迎。温州学务总汇处文牍部主任郭凤诰、管理部副主任徐陈冕,分任温州师范学校监督、监学,恭请诒让上台训话。①

诒让发表演讲,对师生们勉励一番。然后转身,向捐款办学的各县富绅深深鞠了一躬,道:"饮水思源,诒让铭记各位的善举,日后有机会一定报答。"

① 光绪三十四年,温州师范学堂校舍,自光绪三十二年八月动工,至是全部落成,计用费三万六千余元。二月初十日,学堂开学,任郭凤诰筱梅为监督,徐陈冕寄颀为监学。(《孙仲容先生年谱简编》)

一位捐过款的乡绅，听诒让说了"一定报答"四字，忽然躬身下跪，道"鄙人正在建造新屋，三月二十二日上梁，恳请孙总理届时光临寒舍。"

诒让见他诚恳，便答应道："诒让一定前去道贺。"

三月二十二日，诒让真的雇了船去道贺。酒宴上经不住劝，喝了几杯水酒，才得以告辞。三春梅雨天气，乡间的小路湿滑泥泞，脚疾尚未大好，一不小心，竟然跌仆在地。随行的富贵、富顺兄弟，慌忙把诒让背到埠头，催船夫快划。回到瑞安家中，诒让已人事不省了。

倚梅、心苇、雨菱三人连忙分工，倚梅、雨菱去利济医学堂请中医师，心苇赶赴温州定理医院请英国医师鲍理茂。中医师们按了诒让的手腕号脉会诊，鲍理茂拿了听筒在诒让的胸口听诊，结论一致，病人得的是中风之症。于是服药打针，均无显著疗效。

延至五月二十二日，诒让已卧床整整三个月。倚梅含泪看着昏睡中的诒让，又是一宿无眠。突然间她发现，诒让的脸色红润起来了，诒让的眼睛睁开来了，诒让还想说话，很努力地张开嘴巴，却发不出声音来。

倚梅啜泣着把耳朵贴向诒让的脸，道："二爷，您要说什么？倚梅在这里听着呢？"

心苇和雨菱也一直在屋里侍候，这时都醒过来，围到诒让身边，含了泪听他要说什么。

诒让终于发出声音来了，只是声音轻极了，轻得令人难以辨别。倚梅她们屏住呼吸聆听，仍然不明白他要说些什么。

延畇孝顺，自从父亲病了，每日早起，率延钊、延锴、延瀚、延炯、延撰、瑜儿、延灏过来问安。他看见父亲睁大着的眼睛了，他听懂父亲几近无声的话语了，他对弟妹们说："父亲想听咱们吟诗。"

倚梅、心苇、雨菱同声道："延畇，好孩子，你听明白了么，那就快去做吧，快去做吧。"

延畇将弟弟妹妹们排成一队，围着床榻站好，吟诵父亲的《〈周礼政要〉自题诗》：

六典周官炳揭橥，辒轩绝域更搜书。中西政礼元同贯，始信荆公太阔疏。

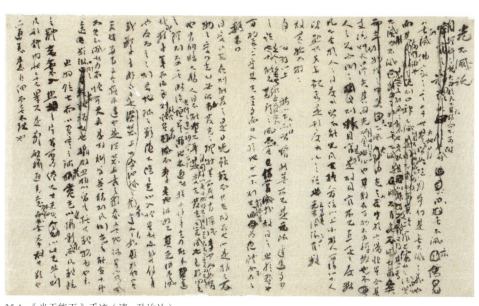

35-1 《光无能灭》手迹（清·孙诒让）

太平经国细参详，王道由来足富强。重见始元论盐铁，昔年星散几贤良。

锲舟瞀论陋儒冠，急就奇觚属草难。纵是屈平能制法，却愁腾怨到椒兰。

百年礼乐未嫌迟，微管经纶亟救时。周室成均汉街弹，承平治教此荄兹。

党禁纷纷士气伤，秋荼禁网到文章。兰陵祭酒杜门久，犹有新书法后王。

绵絶孙迪世所宗，议郎博士自雍容。中兴事业由图谶，作奏何劳属葛龚。

午贯姑榆战教宗，漫天飞旌苦连烽。杀机金火终当尽，要看潜霆起蛰龙。

东西瀛海匝环球，行见隆平接盛周。中外文明倘同轨，岂徒闳侈说齐邹。①

① 光绪辛丑，天子将更法自强，广求众议。友人属为具稿，乃以周礼为纲，西政为目，成此四十篇。陈古剀今，觊以杜守旧者之口，与诂经属文谊例不能强同，偶存此副，迻示家塾子弟。即题八绝句，用代跋尾。端阳后五日书。（孙诒让自题《变法条议》副本）

代大儒孙诒让，在天籁一般纯美的童声中，停止呼吸，辞世而去。时为光绪三十四年五月二十二日，公元1908年6月20日。①

孙诒让去世的消息传到浙江巡抚府署，新任浙江巡抚冯汝骙立即下令，裁撤温州学务总汇处。温州学务总汇处所有拟办未办之事，一概停止办理。

光绪三十四年十月二十一日，公元1908年11月14日，光绪皇帝去世。

光绪三十四年十月二十二日，公元1908年11月15日，慈禧太后去世。

宣统三年十一月十三日，公元1912年元旦，孙中山在南京就任中华民国临时大总统。

宣统三年十二月二十五日，公元1912年2月12日，清帝溥仪退位。

2018年戊戌正月初一定稿于沪上

---

① 光绪三十四年三月二十二日，猝患中风，四月二十七日病增剧，延至五月二十二日（阳历六月二十日巳时逝世）。（《孙仲容先生年谱简编》）

参考征引书目

《周礼正义》，孙诒让著，王文锦、陈玉霞点校，中华书局1987年版
《墨子间诂》，孙诒让著，孙启治点校，中华书局2001年版
《契文举例》，孙诒让著，楼学礼点校，齐鲁书社1993年版
《名原》，孙诒让著，戴家祥点校，齐鲁书社1986年影印本
《籀庼述林》，孙诒让著，1961年刊本
《温州经籍志》，孙诒让著，浙江图书馆1921年刊本
《古籀拾遗》，孙诒让著，上海中医学院出版社1989年版
《札迻》，孙诒让著，梁运华点校，中华书局1989年版
《十三经疏校勘记》，孙诒让著，雪克辑点，齐鲁书社1983年版
《古籀余论》，孙诒让著，戴家祥点校，华东师范大学出版社1988年版
《籀庼遗著辑存》，孙诒让者，雪克辑点，齐鲁书社1987年版
《孙衣言孙诒让父子年谱》，孙延钊著，周立人、徐和雍整理，上海社会科学院出版社2003年版
《孙诒让遗文辑存》，张宪文辑，浙江人民出版社1990年版
《孙诒让年谱》，朱芳圃编，商务印书馆1934年版
《孙诒让研究》，杭州大学语言文学研究室，1963年
《孙诒让纪念论文集》，《温州师范学院学报》编委会，1988年
《张文襄公全集》，张之洞著，中国书店1990年版
《张之洞评传》，冯天瑜、何晓明著，南京大学出版社1991年版
《曾国藩全集》，曾国藩著，岳麓书社1986年版
《严复集》，严复著，中华书局1986年版
《章太炎全集》，章太炎著，上海人民出版社1985年版
《章太炎生平与学术自述》，章太炎著，江苏人民出版社1999年版
《饮冰室主人自说》，梁启超著，江苏人民出版社1999年版
《中国近代化的尝试——沈葆桢评传》，[美]庞百腾著，陈俱译，上海古籍出版社2000年版
《康有为评传》，马洪林著，南京大学出版社1998年版
《翁同龢评传》，谢俊美著，南京大学出版社1998年版
《薛福成评传》，丁凤麟著，南京大学出版社1998年版
《魏源集》，魏源著，中华书局1976年版
《德清俞氏》，俞润民、陈熙著，中国人民大学出版社1999年版
《王国维评传》，袁英光著，上海人民出版社1999年版
《张謇传》，周栋著，安徽文艺出版社1997年版
《李鸿章传》，梁启超著，百花文艺出版社2000年版
《八旗子弟》，龚泽华著，海燕出版社1991年版
《盛宣怀别传》，寒波著，上海人民出版社1997年版

《恭亲王奕訢》，赵大力著，中国文联出版社 2001 年版
《唐才常集》，唐才常著，中华书局 1980 年版
《汉学师承记》，江藩著，中华书局 1989 年版
《宋元学案》，黄宗羲著，全祖望补修，中华书局 1986 年版
《清儒学案新编》，杨向奎著，齐鲁书社 1994 年版
《经学通论》，皮锡瑞著，中华书局 1954 年版
《汪康年师友书札》，上海古籍出版社 1986 年版
《汪穰卿笔记》，汪康年著，上海书店出版社 1997 年版
《清代学者整理旧学之总成绩》，梁启超著，商务印书馆 1999 年版
《梁启超公车上书》，寒波著，湖南文艺出版社 1996 年版
《经义考》，朱彝尊著，中华书局 2000 年版
《越缦堂读书记》，李慈铭著，上海书店 2000 年版
《复堂日记》，谭献著，河北教育出版社 2001 年版
《孙衣言集》，孙衣言著，刘雪平点校，浙江古籍出版社 2017 年版
《孙锵鸣集》，孙锵鸣著，胡珠生编注，上海社会科学院出版社 2003 年版
《金钱会起义》，马允伦著，浙江人民出版社 1983 年版
《陈黼宸集》，陈黼宸著，陈德溥编，中华书局 1995 年版
《宋恕集》，宋恕著，胡珠生整理，中华书局 1993 年版
《文廷式集》，文廷式著，文廷式、汪叔子编，中华书局 1993 年版
《谭嗣同全集》，谭嗣同著，蔡尚思、方行编，中华书局 1981 年版
《陈虬集》，陈虬著，胡珠生整理，中华书局 2015 年版
《习斋四存编》，颜元著，上海古籍出版社 2000 年版、上海人民出版社 2006 年版
《晚清士绅与地方政治——以温州为例》，李世众著，上海人民出版社 2006 年版
《挺经》，曾国藩著，吴樵子注译，中国言实出版社 1998 年版
《清史稿》，赵尔巽、柯绍忞等著，中华书局 1976 年版
《中国近三百年学术史》，梁启超著，东方出版社 1996 年版
《中国近代经学与政治》，汤志钧著，中华书局 1989 年版
《中国经学史》，吴雁南、秦学颀、李禹阶主编，福建人民出版社 2001 年版
《晚清学术史论》，朱维铮著，上海古籍出版社 1996 年版
《中国藏书楼》，任继愈主编，辽宁人民出版社 2001 年版
《中国甲骨学史》，吴浩坤、潘悠著，上海人民出版社 1985 年版
《中国古文献学史》，孙钦善著，中华书局 1994 年版
《浙江近代史》，徐和雍著，浙江人民出版社 1984 年版
《浙江方志考》，洪焕椿著，浙江人民出版社 1987 年版
《浙东学派研究》，王凤贤主编，浙江人民出版社 1993 年版
《悲凉绝唱》，李立峰著，南京大学出版社 2000 年版
《孙衣言在远东》，陈瑞宣著，《上海瑞中校友会通讯》
《晚清七十年》，唐德刚著，岳麓书社 1999 年版
《张之洞与中国近代化》，河北省炎黄文化研究会、河北省社会科学院编，中华书局 1999 年版
《清末维新潮》，焦润明著，辽宁人民出版社 1997 年版
《清末共和潮》，李书源著，辽宁人民出版社 1997 年版
《戴东原与乾嘉学派》，申笑梅、张立真著，辽宁人民出版社 1997 年版
《叶适与永嘉学派》，周梦江著，浙江古籍出版社 2005 年版
《中西体用之间》，丁伟志、陈崧著，中国社会科学出版社 1995 年版
《晚清海军兴衰史》，戚其章著，人民出版社 1998 年版
《清朝野史大观》，小横香室主人著，上海科学技术文献出版社 2010 年版
《财政、赋税、官吏、俸禄——中国历史漫谈》，翁礼华著，中国税务出版社 1998 年版
《西潮激荡下的晚清地理学》，郭双林著，北京大学出版社 2000 年版

跋

2002年和2006年，作家出版社两次出版我们合著的长篇小说《末代大儒孙诒让》。今年10月，承蒙北京大学出版社厚爱，出版修订版《蝉蜕——晚清大变局中的经学家》。

《蝉蜕》与《末代大儒孙诒让》的不同之处，在于不仅写朴学大师孙诒让，还把笔墨用在经学家群，写近代变局中的礼学变迁、经学家蜕变，以及士人群体分化，通过众多经学家的生命个体，凸显晚清士人阶层在国门洞开西学东渐之时，文化观念上的抵牾和政治理念上的拮抗。本书收录了孙诒让和经学家们的手迹、钤印、藏本的图片，晚清政坛和学术界著名人物的照片，重大历史事件的图片资料，具有史料价值的批注和图注共480余条，由此具有了颇强的资料性与纪实性。使作品具有清末社会百科全书的功能，使历史小说体裁具有实验意义，是我们在书写过程中坚持去做的。

从上世纪末至今近二十年，我们一直专注于经学家这个题材，放不下寂寞的孙诒让，也放不下或显赫或寂寥的经学家们。许嘉璐先生曾以《拂去历史尘埃，再现寂寞大师》为题，为《末代大儒孙诒让》作序（刊2002年6月13日《人民日报》）。他说"孙诒让作为有清一代鸿儒、'小学'（文字音韵训诂校勘之学）殿军，其著述之丰、造诣之高，实在不让乾嘉诸公；而他对国家命运、百姓疾苦、乡梓兴衰的关心和为兴办实业所付出的心血，则只有清初顾炎武可以与之相提并论。但是七八十年来，他却远没有乾嘉江、戴、段、王、钱等人荣光"。"感谢两位作者在我国第一次描绘出了我国冷门学科古代学者的形象。"许嘉璐感受到了孙诒让的光芒，也洞察到了孙诒让的光芒被遮蔽了。有此同感的还有鲁迅，他在《趋时与考古》中说，"清末治朴学的，不止太炎先生一人，而他的名声远在孙诒让之上者，其实是为了他提倡种族革命，趋时而且'造反'"。两人说的都是孙诒让的声名被埋没了的意思。2000年，许嘉璐以国家领导人的身份,在孙诒让的故里组织倡导了一个活动。他在序言中说:"我之所以发起组织孙诒让研讨会,就是因为觉得他真正体现了'士'的全部含义,为其时所寡有,想通过研讨来宣传他,让更多的人明其事,效其人。"

如果说,许嘉璐先生从孙诒让身上看到了中国历史长河中的士曾经有或者说应该有的高度,那么,曾镇南先生则从孙诒让身上,看到了"中国近代变局怎样催生、铸塑出一个艰难地蜕去旧壳,勉力与时俱进的鸿儒学者"。担任过茅盾文学奖评委的曾镇南先生在为《末代大儒孙诒让》撰写的评论《艰难的蝉蜕》(刊2002年8月28日《光明日报》)中,对孙诒让的赞颂充溢笔端,"不管孙诒让的学术灵魂的家园曾经是多么古老、多么典雅,但就人物的现实生命来说,就人物的生存意义而言,孙诒让仍不失为近代中国变局中孕育出来的一个时代之子,是石破天惊中从坚硬的古老岩隙里奔逸而出的迎向新时代的精灵——这样的知识分子的典型,在当代历史小说的文苑中,我似乎还没有看到过"。孙诒让们无论作为历史人物还是文学人物,他们的存在至今依然具有人格魅力和现实意义。

谢谢许嘉璐先生的序和曾镇南先生的评论,让我们得以坚持和固守。谢谢北京大学出版社,今年出版了我们合著的《蝉蜕》精装与平装版。谢谢赵柏田先生,用生花妙笔为书写了引人入胜的导读。因他的书写,宁波天一阁藏书楼的书香亦飘过高墙南来,弥漫在瑞安玉海藏书楼。也谢谢浙江省图书馆、浙江大学图书馆、福建省图书馆、温州市图书馆、温州市博物馆、瑞安市博物馆、瑞安中学图书馆,以及孙氏后裔孙义燧、洪焕松、孙建森诸先生,在成书过程中对我们的帮助和支持。北京大学出版社编辑闵艳芸老师为这两部书的出版付出甚多,一并谢过。

胡小远　陈小萍
戊戌年于草木居